HOMO SAPIENS

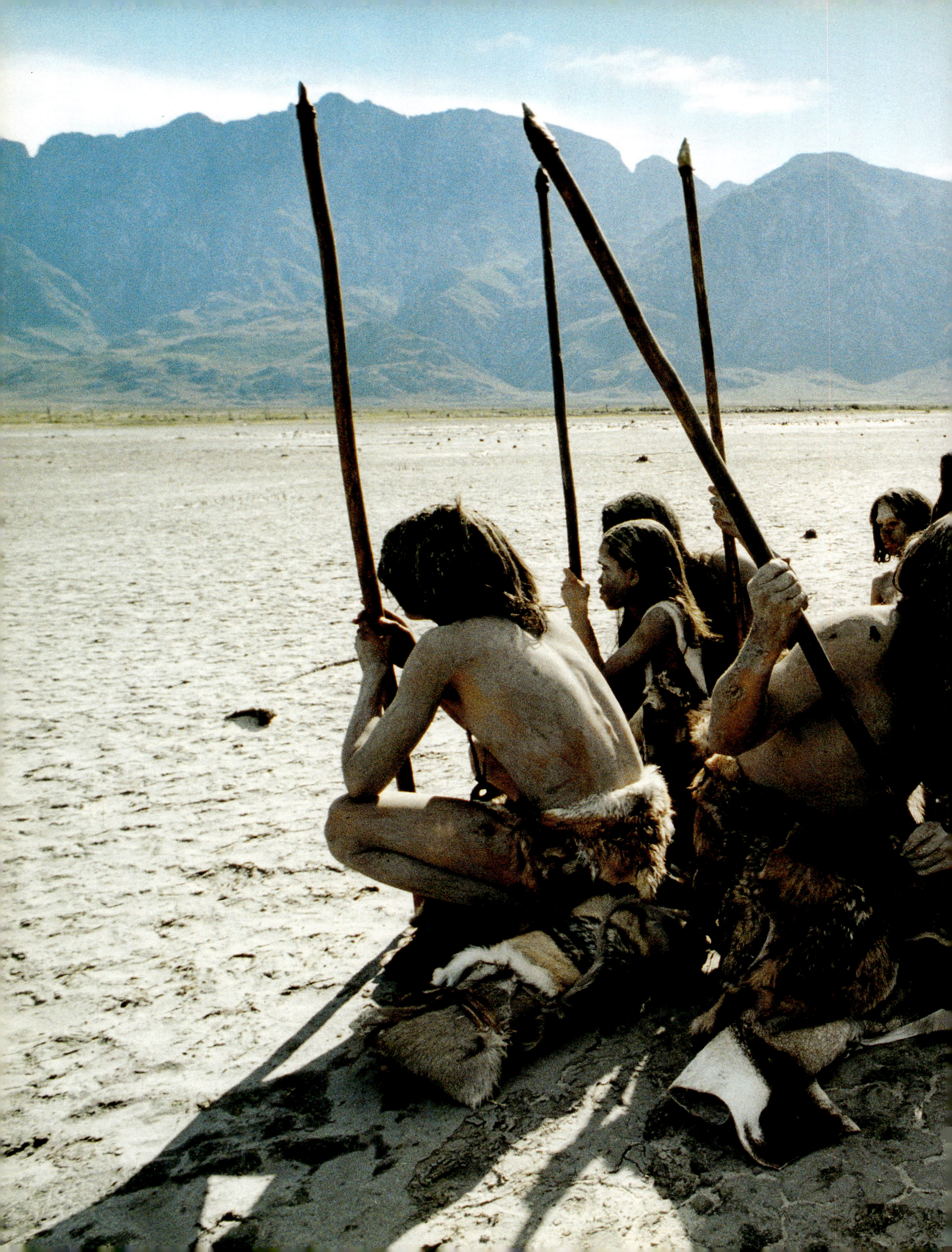

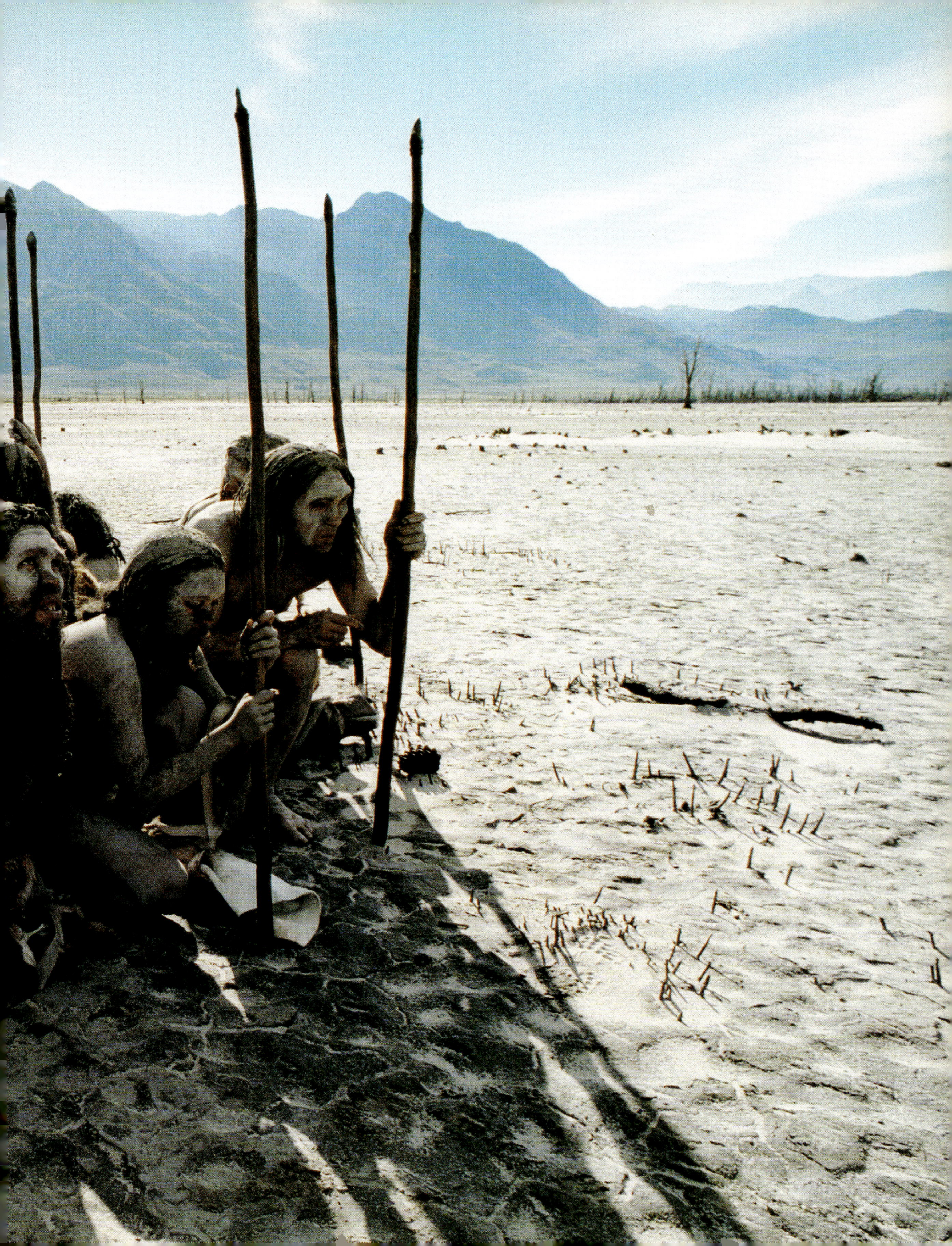

Responsable éditoriale : Kristina Briaudeau
Adaptation : Cécile Degorce
Conception graphique : jeanyvesverdu
Fabrication : Corinne Trovarelli
Photogravure : Color'way, Arras
Tirages : Dupon

26 rue Racine 75006 Paris
Numéro d'édition : FA1408
ISBN : 2-08-011408-5
Dépôt légal : décembre 2004

HOMO SAPIENS

TEXTE
ISABELLE BOURDIAL
PEDRO LIMA

D'APRÈS UN FILM DE
JACQUES MALATERRE

PHOTOGRAPHIES
PATRICK GLAIZE

SUR UN SCÉNARIO DE
JACQUES MALATERRE
FRÉDÉRIC FOUGEA
PIERRE PELOT

SOUS LA DIRECTION SCIENTIFIQUE DE
YVES COPPENS

BORÉALES Flammarion

HOMO SAPIENS, QUE SIGNIFIE HOMO SAPIENS ?

par Yves Coppens

Au XVIIIe siècle, le grand naturaliste suédois Carl Von Linné proposait de nommer tous les êtres vivants par une appellation binominale latinisée, le premier terme désignant le genre, le deuxième l'espèce.

Nous sommes donc des Homo sapiens, car nous sommes du genre Homo, l'Homme – dont l'histoire a près de 3 millions d'années et qui a englobé tout un bouquet d'espèces dans le temps et dans l'espace – et nous appartenons à l'espèce sapiens qui a environ un demi-million d'années et qui est désormais la seule espèce du genre Homo vivante.

Parfois, nous parlons même de Homo sapiens sapiens ; le troisième terme de cette dénomination désigne en fait la sous-espèce. Mais comme les autres sous-espèces d'Homo sapiens, qui ont pourtant certainement existé depuis la naissance de l'espèce, n'ont guère été nommées, Homo sapiens sapiens ne peut, de manière rigoureuse, se comparer à aucune autre sous espèce. Dans ces conditions, disons que Homo sapiens sapiens n'est plus qu'une façon de désigner l'Homme d'aujourd'hui, c'est-à-dire des 100 derniers milliers d'années.

De qui descend-il et d'où vient-il donc cet Homo sapiens ? Sûrement de l'Ancien Monde, de l'Afrique et de l'Asie, voire même peut-être seulement de l'Afrique. Une certitude : nous venons, nous, Homo sapiens, d'une autre espèce du genre Homo, l'Homo erectus. On dispose en effet de tout un lot de restes d'Homo erectus en cours flagrant de sapientisation.

Qu'a donc Homo sapiens de plus que son ancêtre ?

C'est, et toute l'histoire du genre Homo le prouve, particulièrement le système nerveux central qui s'est développé chez cet homme-là, avec de nombreuses conséquences. Homo sapiens s'est incontestablement montré plus performant que Homo erectus dans sa pensée et ses réalisations. Ce qui laisse présager, bien que ça ne soit pas notre propos, un Homme à venir, Homo sursapiens, qui naturellement dépassera le précédent que nous sommes. Mais revenons à nous : c'est aussi l'Homo sapiens qui a terminé l'exploration de la Terre et commencé celle du système de son étoile, le système solaire. Et Homo sapiens n'a évidemment pas fini de nous étonner !

L'Odyssée de sapiens est donc une fantastique aventure dans le temps et l'espace, celle d'un drôle de petit mammifère à grosse tête qui cherche à comprendre comment est fait le monde et comment il marche pour en détourner éventuellement certaines fonctions à son profit. Mais la grosse tête, ça contient aussi un imaginaire extravagant qui va accompagner partout et sans cesse l'Homme de raison, le faire rêver, aimer, créer, inventer avec les débordements de passion, de compétition, de pouvoir que l'on connaît mais qui font partie de ce personnage paradoxal, « puissant et misérable », libre et responsable.

SEPT MILLIONS D'ANNÉES APRÈS L'APPARITION DE SES PREMIERS ANCÊTRES

L'HOMME MODERNE

VOIT LE JOUR

L'AVENTURE DE SAPIENS COMMENCE

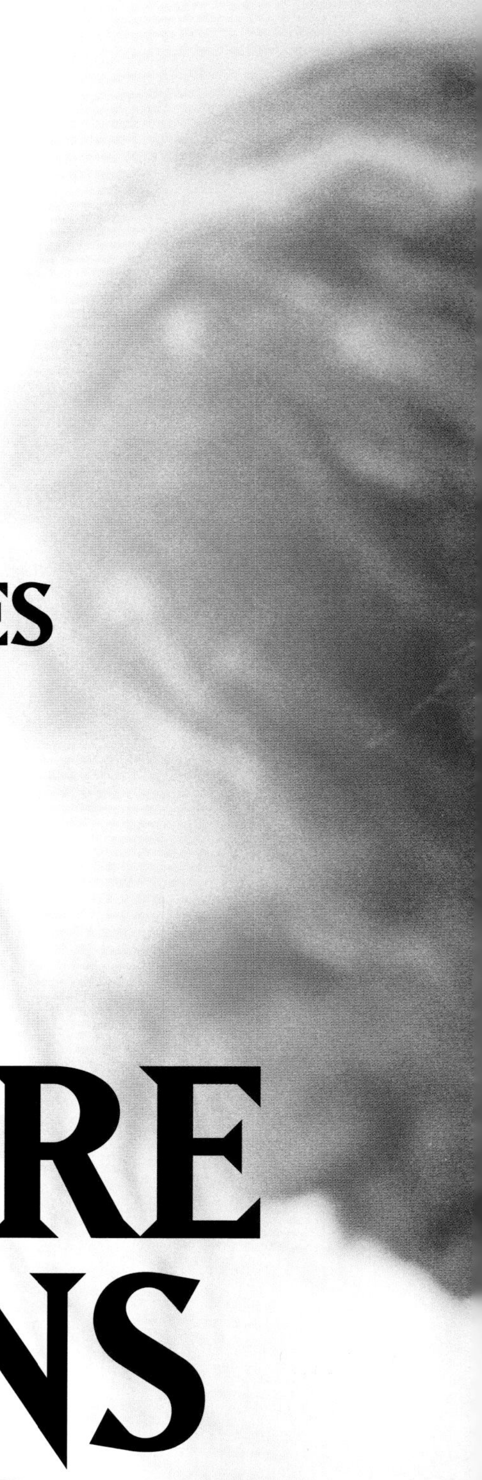

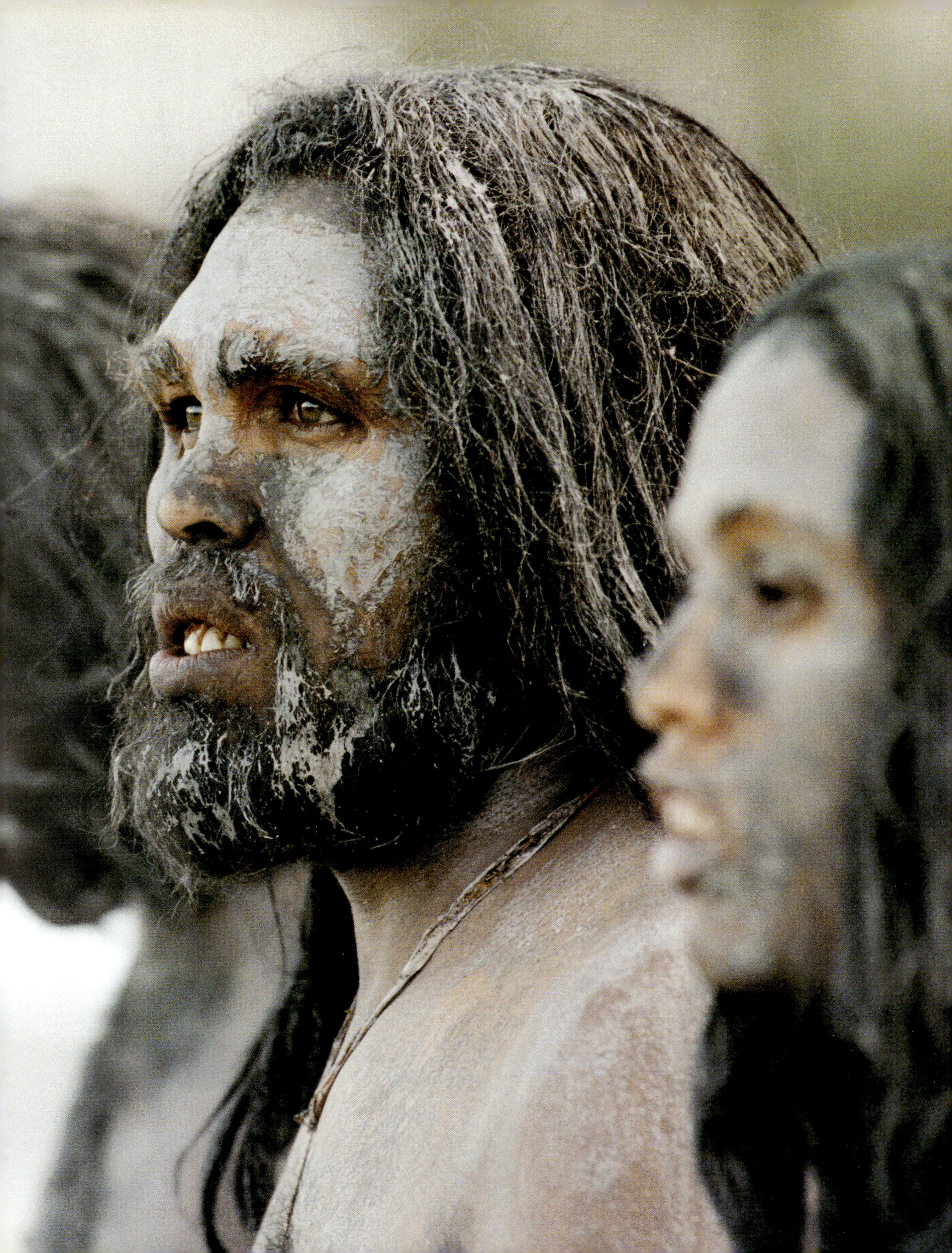

Un nouvel homme né d'erectus L'Odyssée d'Homo sapiens est longue et complexe à retracer. Car elle ne repose pas sur un événement fondateur qui offrirait une unité de lieu et de temps. Le premier homme moderne n'est pas venu au monde par un beau matin de mai, au pied d'un acacia en fleurs, dans une savane dûment identifiée. L'espèce qu'il représente et à laquelle nous appartenons, Homo sapiens, est née graduellement d'une espèce plus ancienne : Homo erectus. Aussi son émergence – qui commence vers –700 000 –400 000 ans, à l'époque des « pré-sapiens » retrouvés en Afrique méridionale et orientale – s'étale-t-elle sur plusieurs centaines de milliers d'années.

Au fil de l'évolution, de nombreuses espèces et formes de transition ont vu le jour et se sont superposées en arborant un mélange de caractères archaïques et évolués.

À l'instar de celle des autres êtres vivants, l'évolution de l'homme n'est ni régulière ni linéaire. Elle procède par à-coups. Mais on peut tout de même dater l'achèvement de cette différenciation, ou du moins situer l'époque de la survenue de cette nouvelle espèce d'hominidés. Ses premiers représentants ont vu le jour il y a environ 200 000 ans en Afrique. Les plus anciens des ossements humains anatomiquement modernes trouvés à ce jour – en Éthiopie, sur le site de Herto – datent en effet de –160 000 ans.

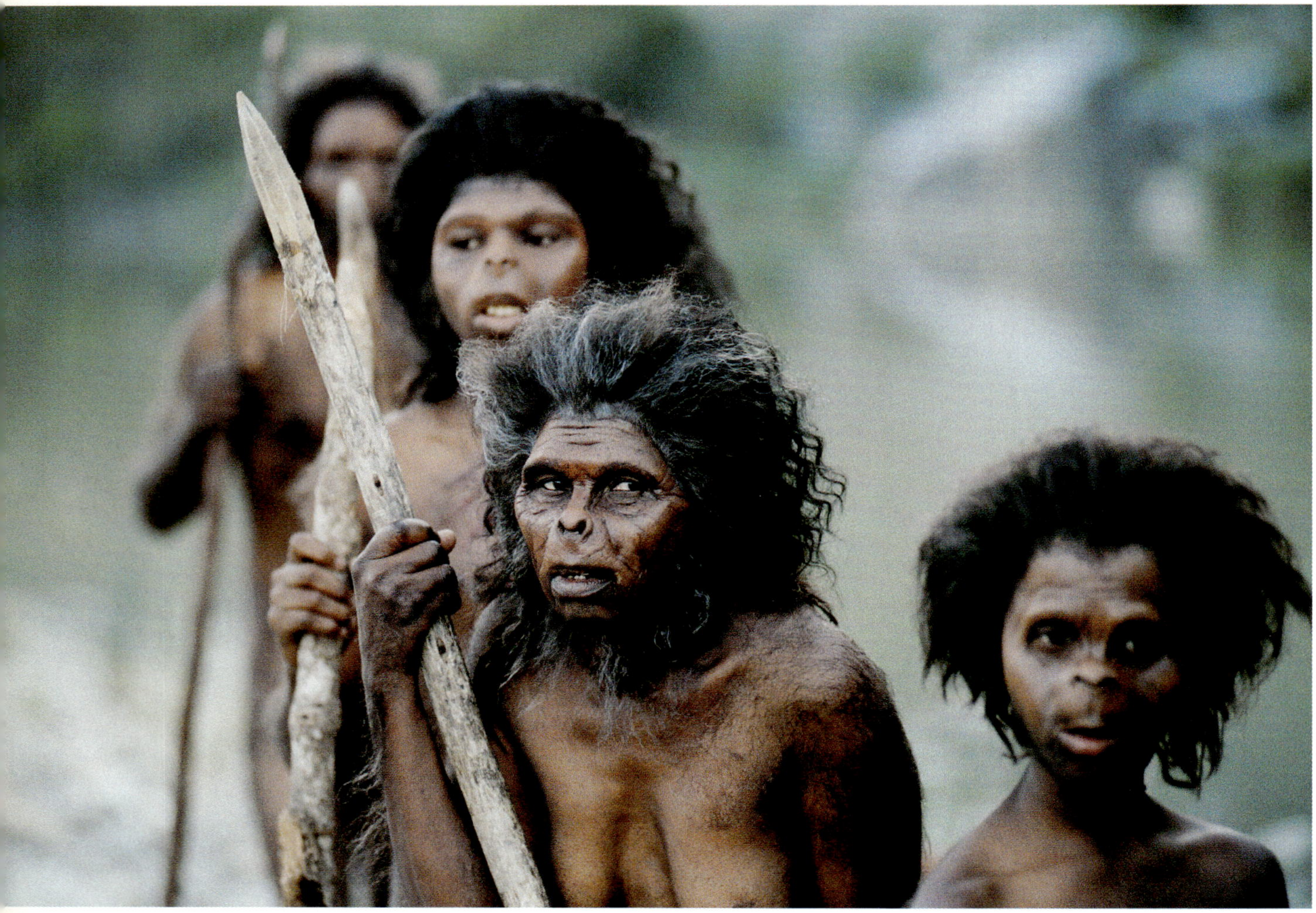

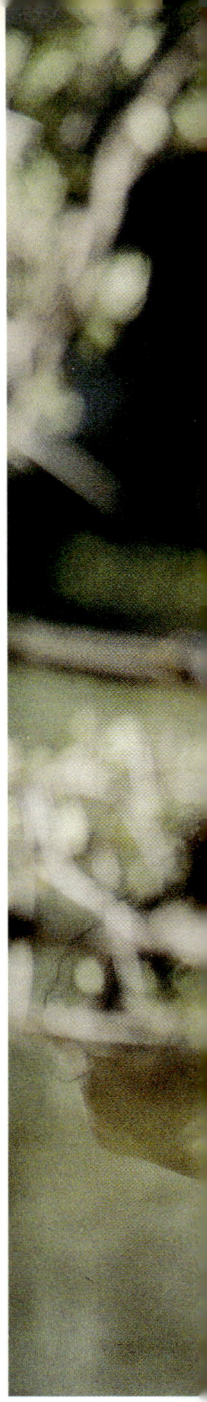

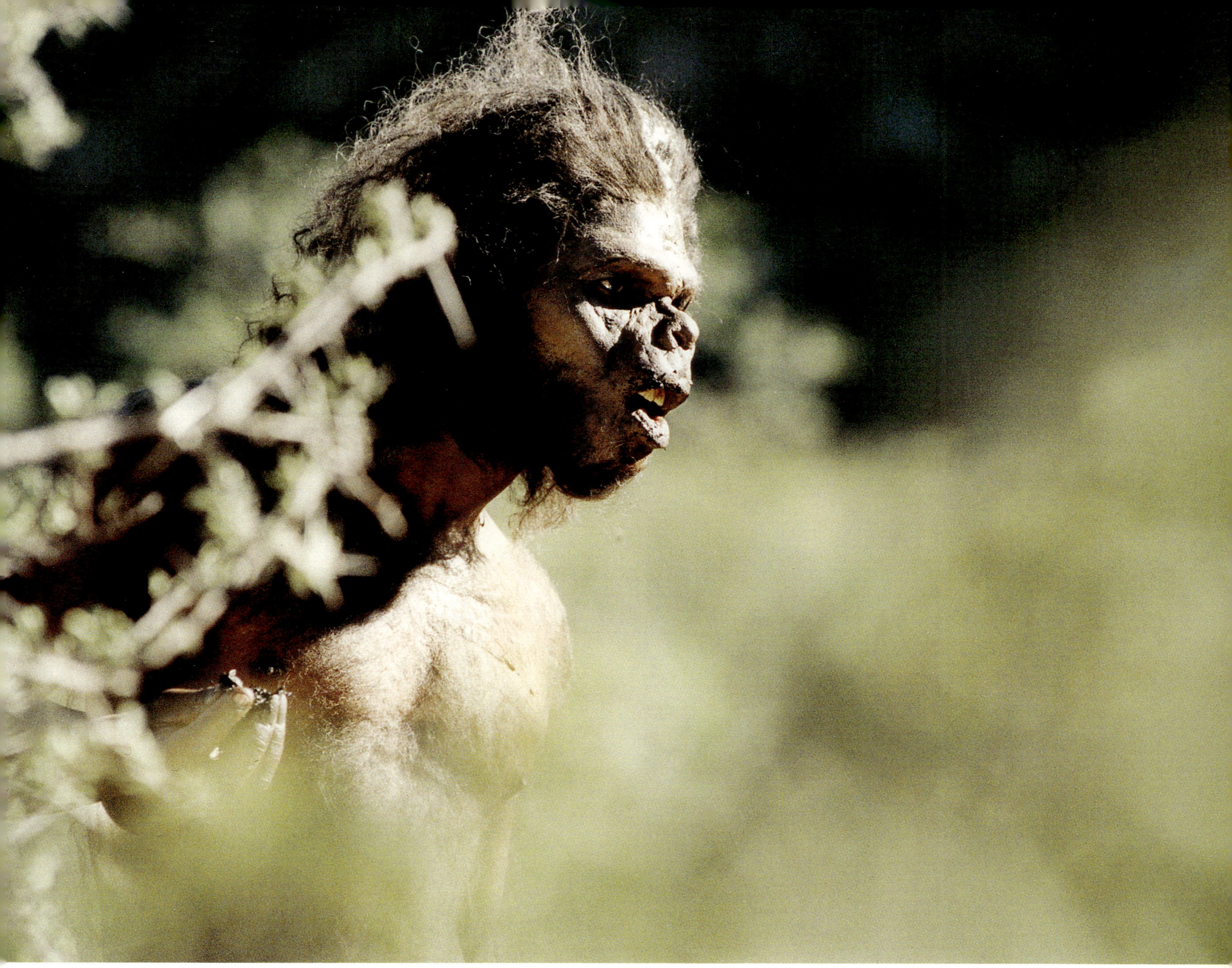

Quelque 8 000 générations nous séparent
des plus anciens Homo sapiens connus à ce jour.
Ces premiers hommes modernes apparus il y a 200 000 ans
descendent eux-mêmes d'une longue lignée de pré-sapiens
possédant à la fois des caractères
archaïques et évolués.

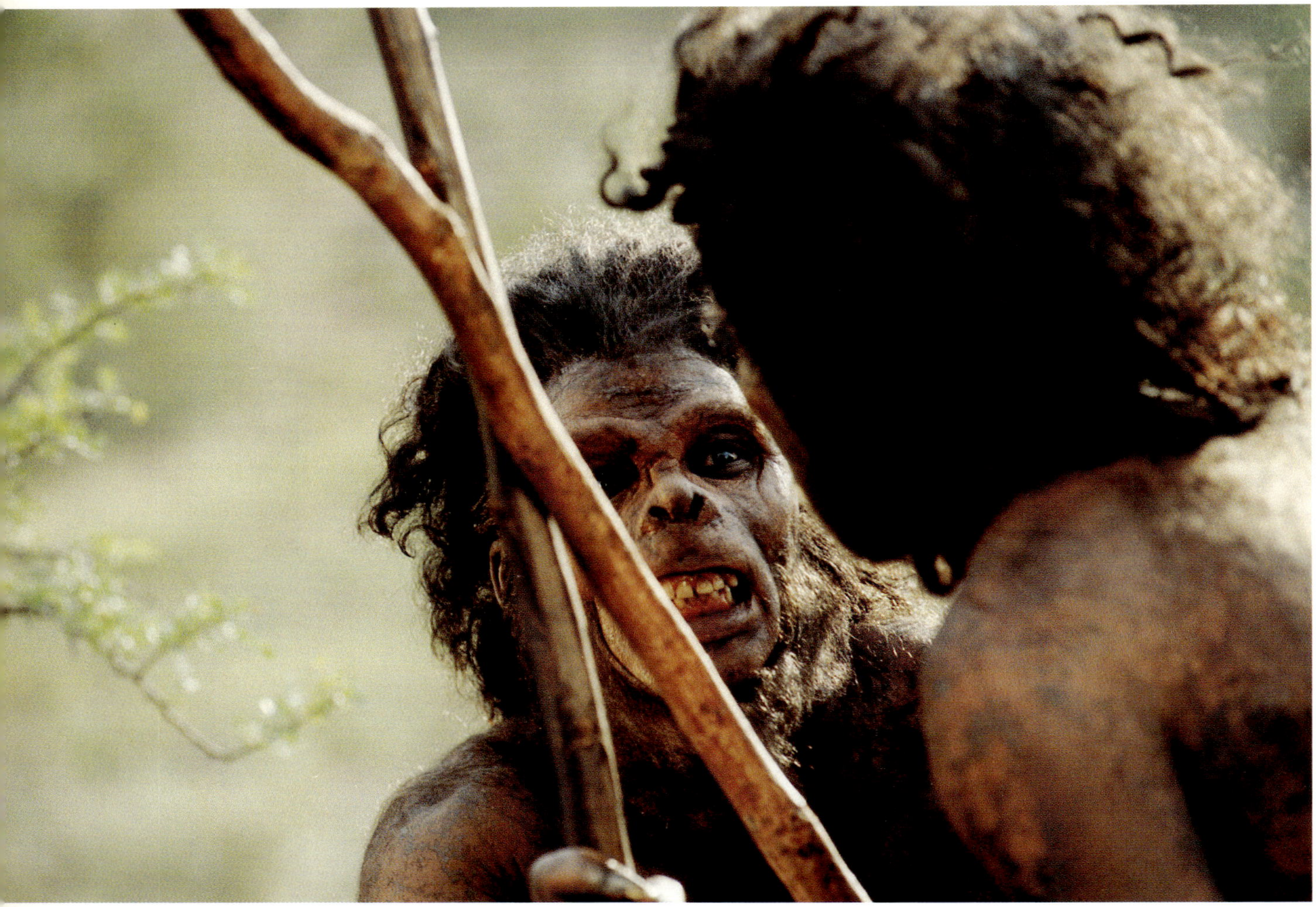

Différent de son ancêtre À l'époque, ces premiers vrais sapiens vivent sur les berges d'un lac peuplé de poissons-chats, d'hippopotames et de crocodiles. Dans la prairie environnante, ils chassent le kob, une antilope des milieux humides, le thryonomys, un curieux rongeur, et s'attaquent parfois à des proies plus conséquentes, des gnous, des chevaux... Leur taille élancée, leur ossature fine et leurs traits ne diffèrent pratiquement pas des nôtres, et il est désormais impossible de les confondre avec les Homo erectus qui n'ont pas encore disparu du paysage africain à cette époque et auxquels sapiens doit encore tant de choses...

Erectus, « celui qui se tient droit », est déjà un bipède. Si son espèce, qui a laissé ses premières traces en Afrique il y a près de 2 millions d'années, rassemble des types humains assez disparates, ils ont tous en commun un squelette massif avec un crâne proportionnellement modeste. Leur visage est très éloigné de celui des hommes modernes : leur mâchoire est projetée en avant, leur front fuyant, leur menton escamoté et leurs orbites surmontées d'un gros bourrelet osseux. En dépit des conditions de vie très difficiles auxquelles elle est confrontée, la solide espèce Homo erectus perdure pourtant 1 850 000 ans avant de disparaître, il y a sans doute 150 000 ans ou peut-être plus récemment encore.

CETTE TRIBU D'HOMO ERECTUS VA BIENTÔT FÊTER LA NAISSANCE D'UN BÉBÉ DIFFÉRENT DES AUTRES, LE PREMIER HOMO SAPIENS. EN RÉALITÉ, L'ÉMERGENCE D'UNE NOUVELLE ESPÈCE EST PROGRESSIVE ET ÉTALÉE DANS LE TEMPS.

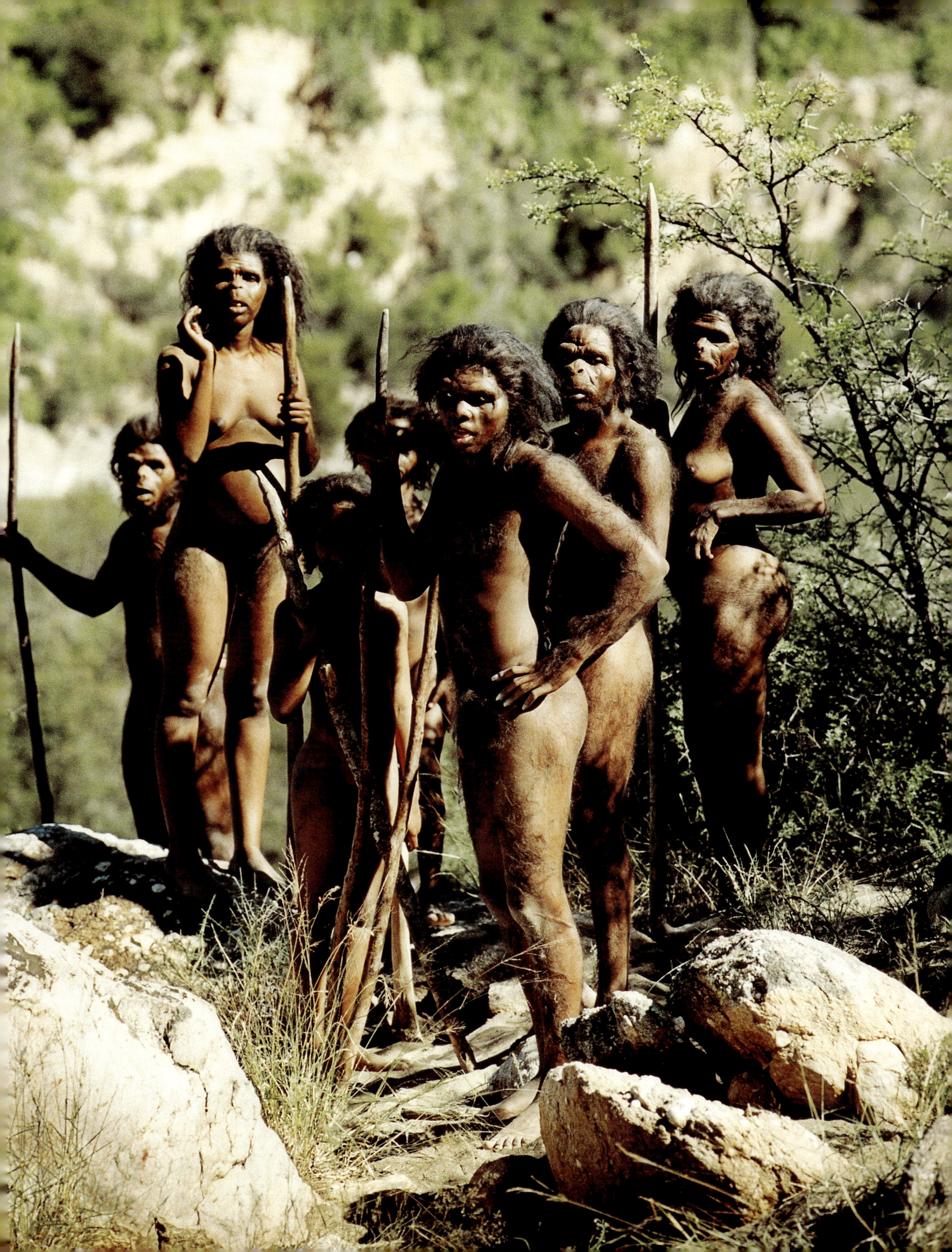

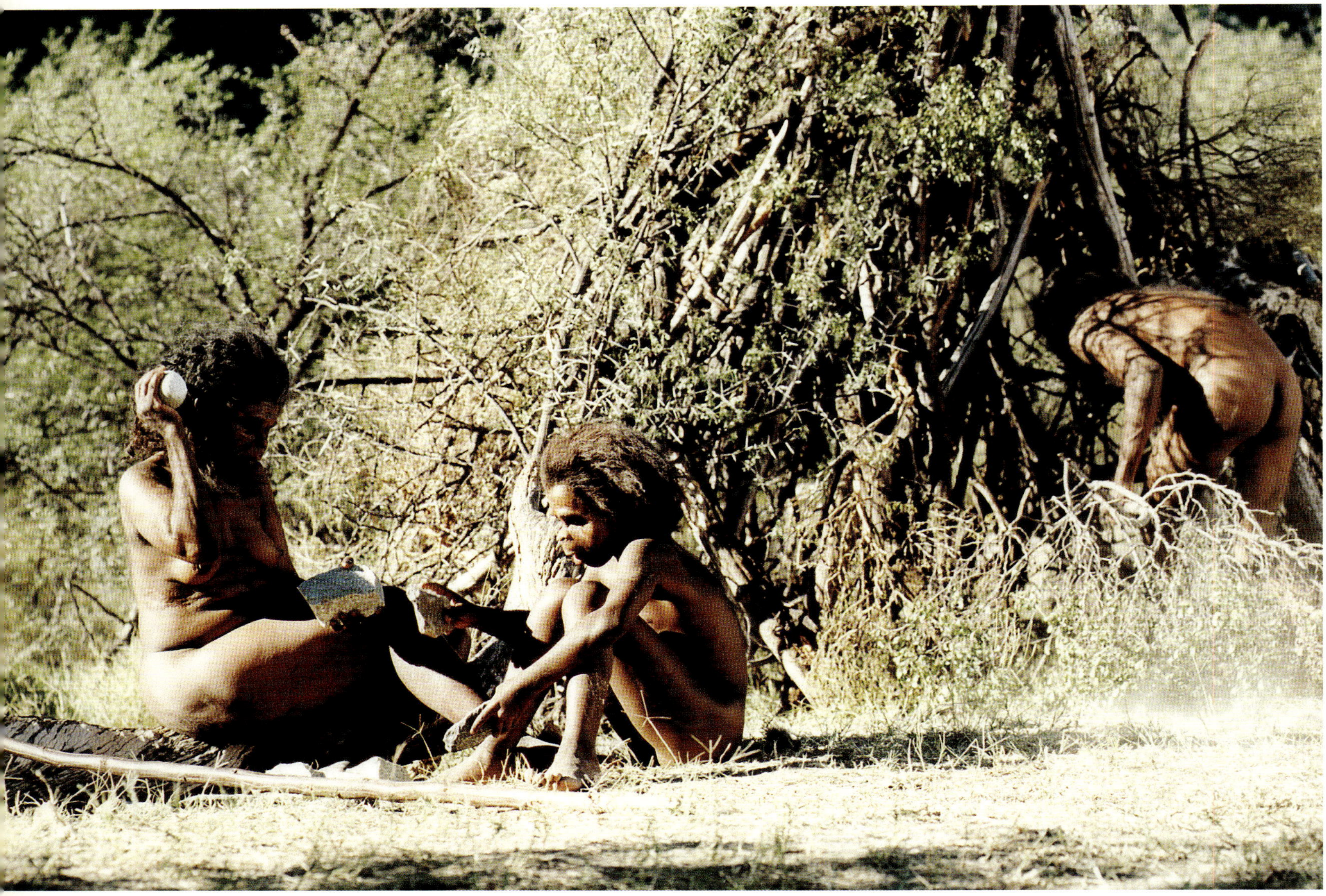

IL Y A PRÈS DE 2 MILLIONS D'ANNÉES, HOMO ERECTUS EST LE PREMIER HOMINIDÉ QUI QUITTE LE CONTINENT AFRICAIN. IL VA COLONISER L'ASIE ET L'EUROPE.

PAGES 18-19 NAR-IAW TENTE D'ÉCHAPPER À UNE AUTRUCHE RENDUE AGRESSIVE PAR LE VOL D'UN DE SES ŒUFS. HOMO ERECTUS VIT DE CUEILLETTE ET DE CHAROGNAGE. IL CHASSE À L'OCCASION MAIS SES ARMES SONT RUDIMENTAIRES.

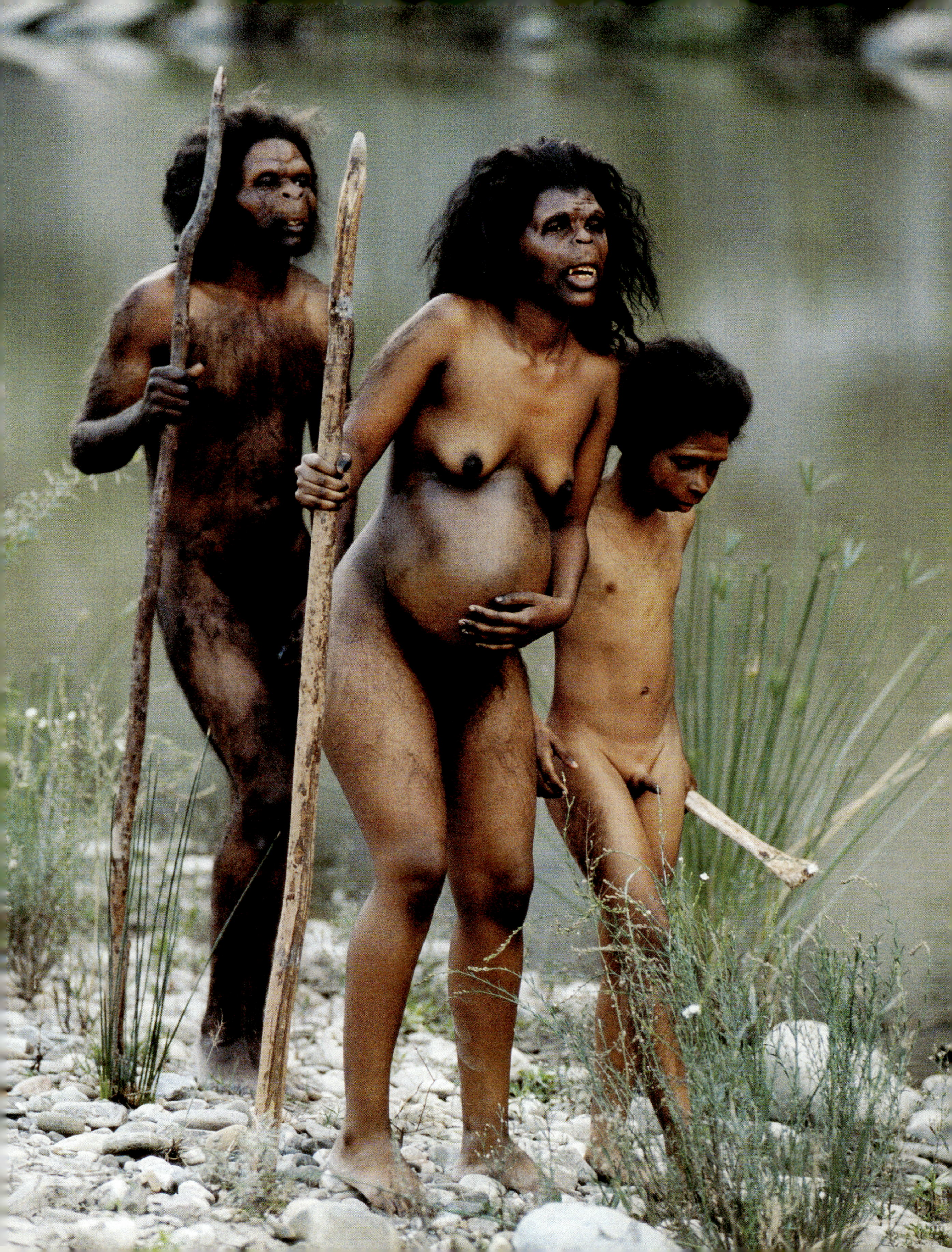

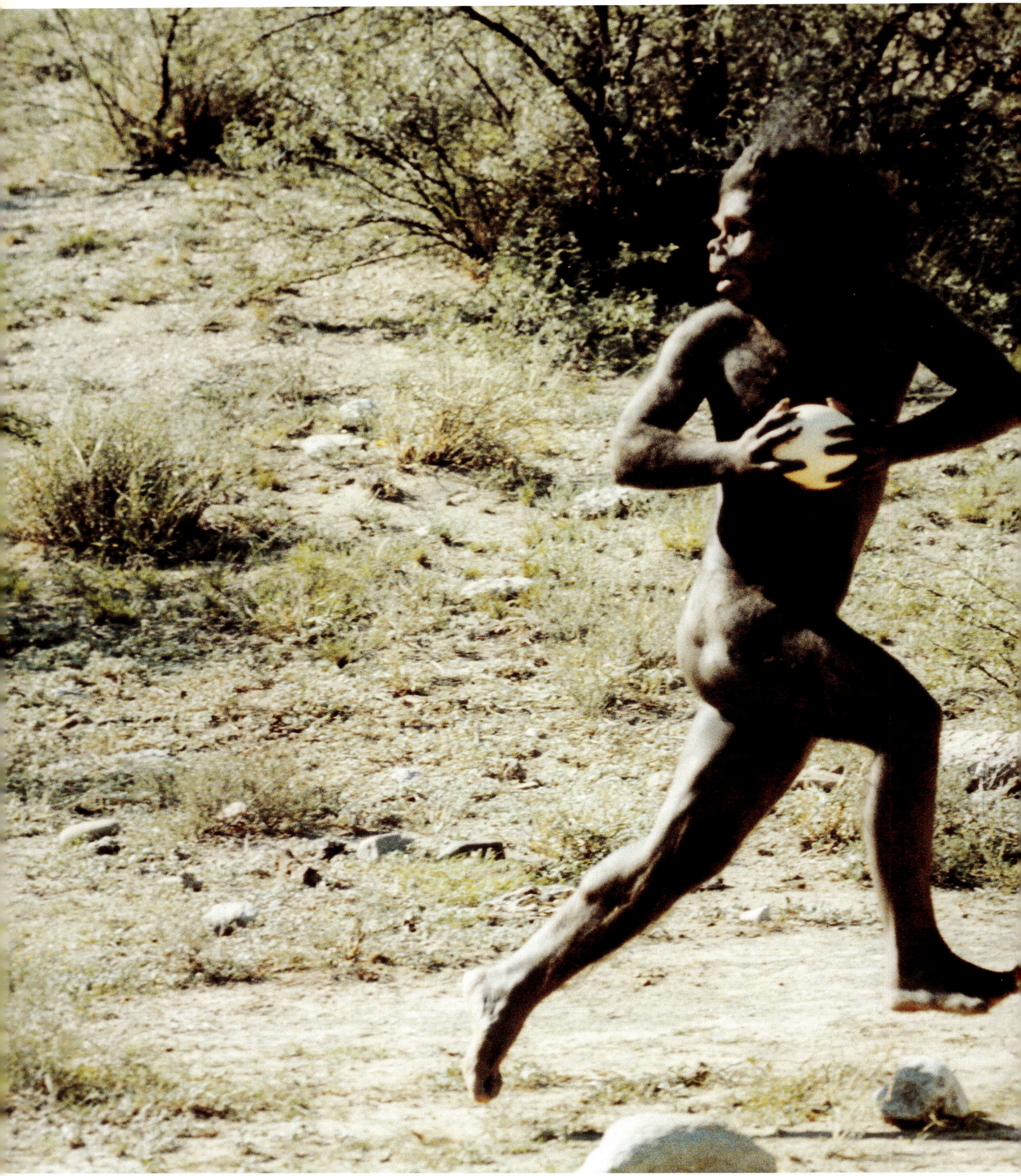

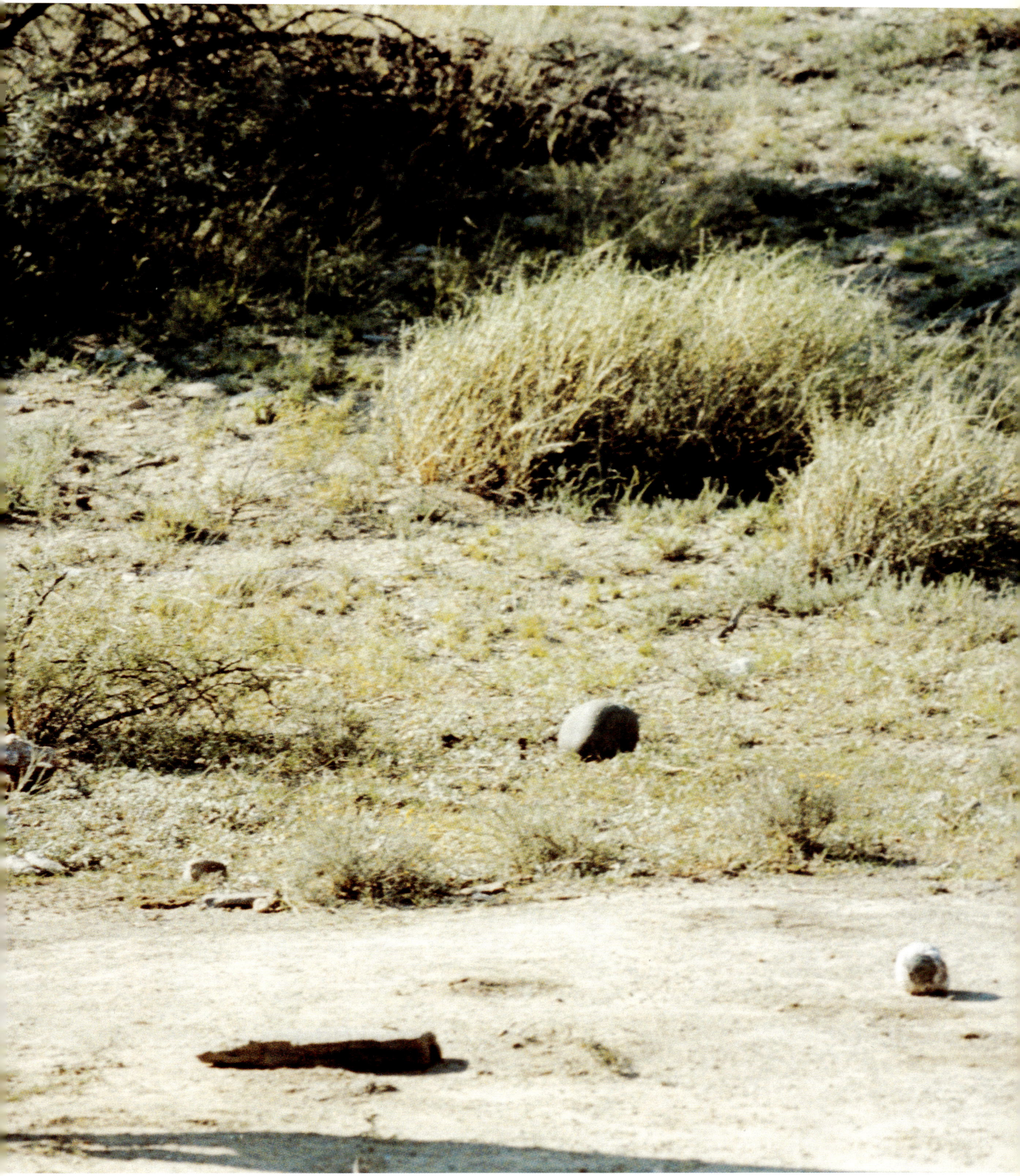

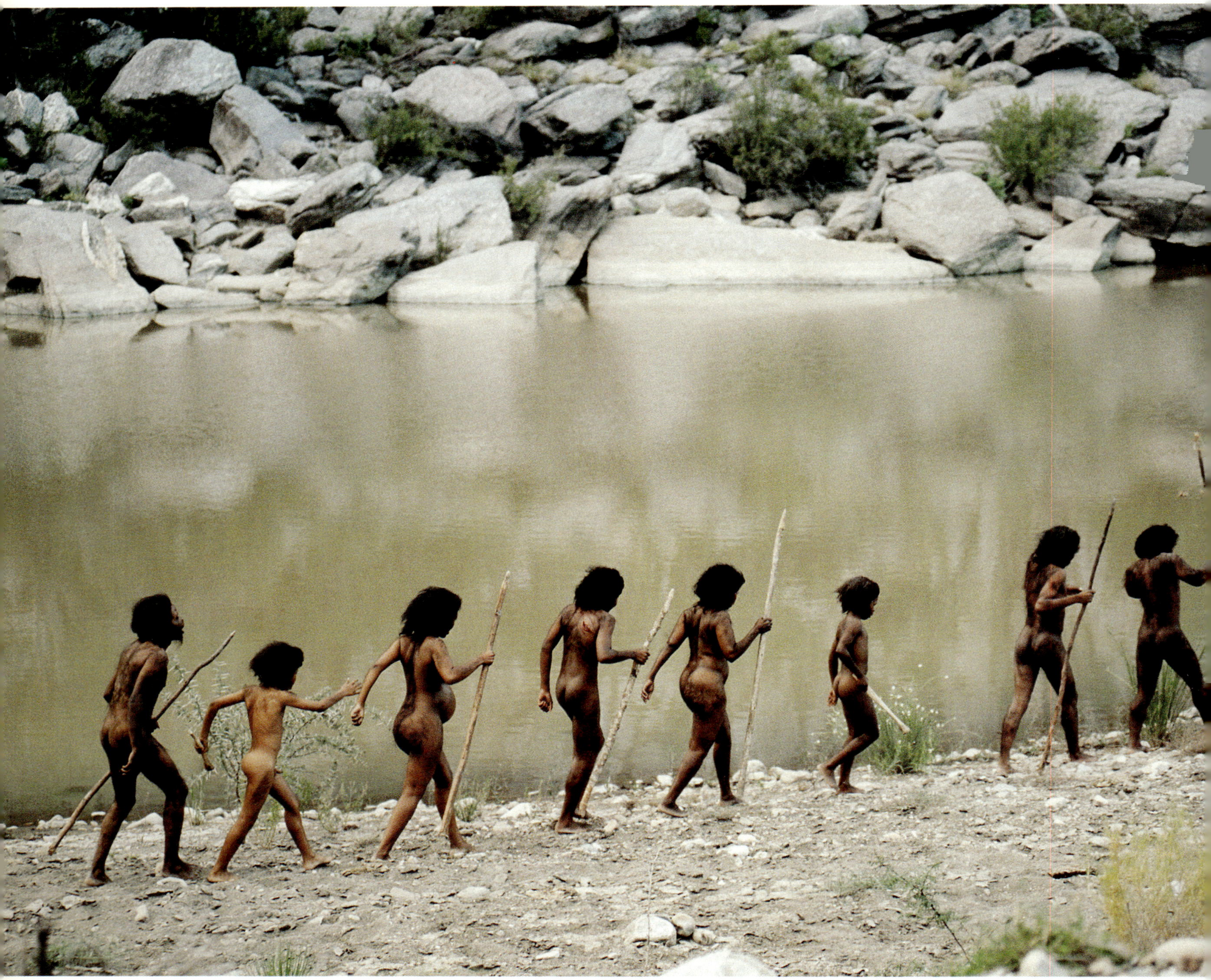

LES CONDITIONS DE VIE D'HOMO ERECTUS SONT RUDES ET LE POUSSENT À INNOVER POUR SURVIVRE. IL DOIT SOUVENT PARCOURIR DE GRANDES DISTANCES POUR TROUVER DE QUOI SE NOURRIR. ENFANTS, VIEILLARDS, FEMMES ENCEINTES, TOUS LES MEMBRES DU CLAN SUIVENT.

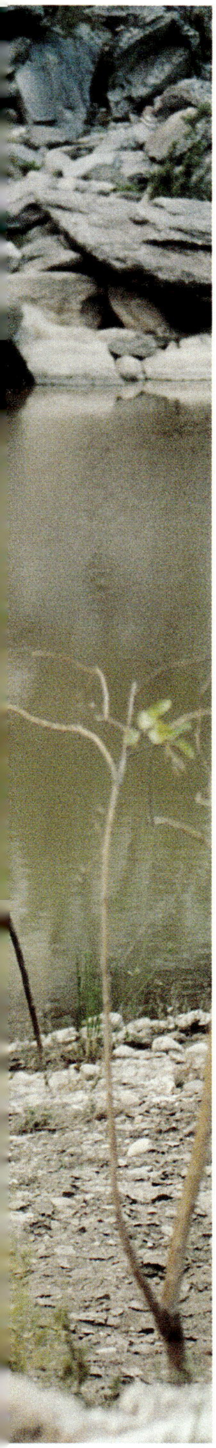

Les tribulations de l'ancêtre erectus

Pour se nourrir, ce chasseur-cueilleur qui se déplace en fonction des migrations de ses proies doit parcourir de longues distances, parfois jusqu'à une cinquantaine de kilomètres en une seule journée.

Aussi son aire géographique s'étend-elle comme tache d'huile et déborde d'Afrique pour gagner l'Eurasie. Rejoignant ainsi les endroits les plus reculés, certains représentants d'erectus vivaient déjà en Georgie il y a 1,7 millions d'années avant de pousser leur fastidieuse migration jusque dans le sud de la France et en Espagne. Et s'ils se sont souvent heurtés à des obstacles – bras de mer ou désert – qui ont considérablement ralenti leur progression, la géologie leur a été favorable. L'Indonésie ayant été rattachée au continent asiatique en période glaciaire, cela leur a permis, il y a un million d'années, d'aller jusqu'à Java à pied en passant par l'Asie du Sud. Dans le même temps, ils n'en ont pas moins continué à peupler l'Afrique. Leur dispersion contribua à créer des sous-ensembles de l'espèce, comme celui des erectus asiatiques qui rassemble les hommes de Pékin et les hommes de Java. D'autres hominidés proches d'erectus reçurent parfois le statut d'espèce à part entière comme Homo ergaster en Afrique de l'Est et en Asie, Homo heidelbergensis en Afrique, en Asie occidentale et en Europe, Homo antecessor en Europe occidentale et en particulier en Espagne...

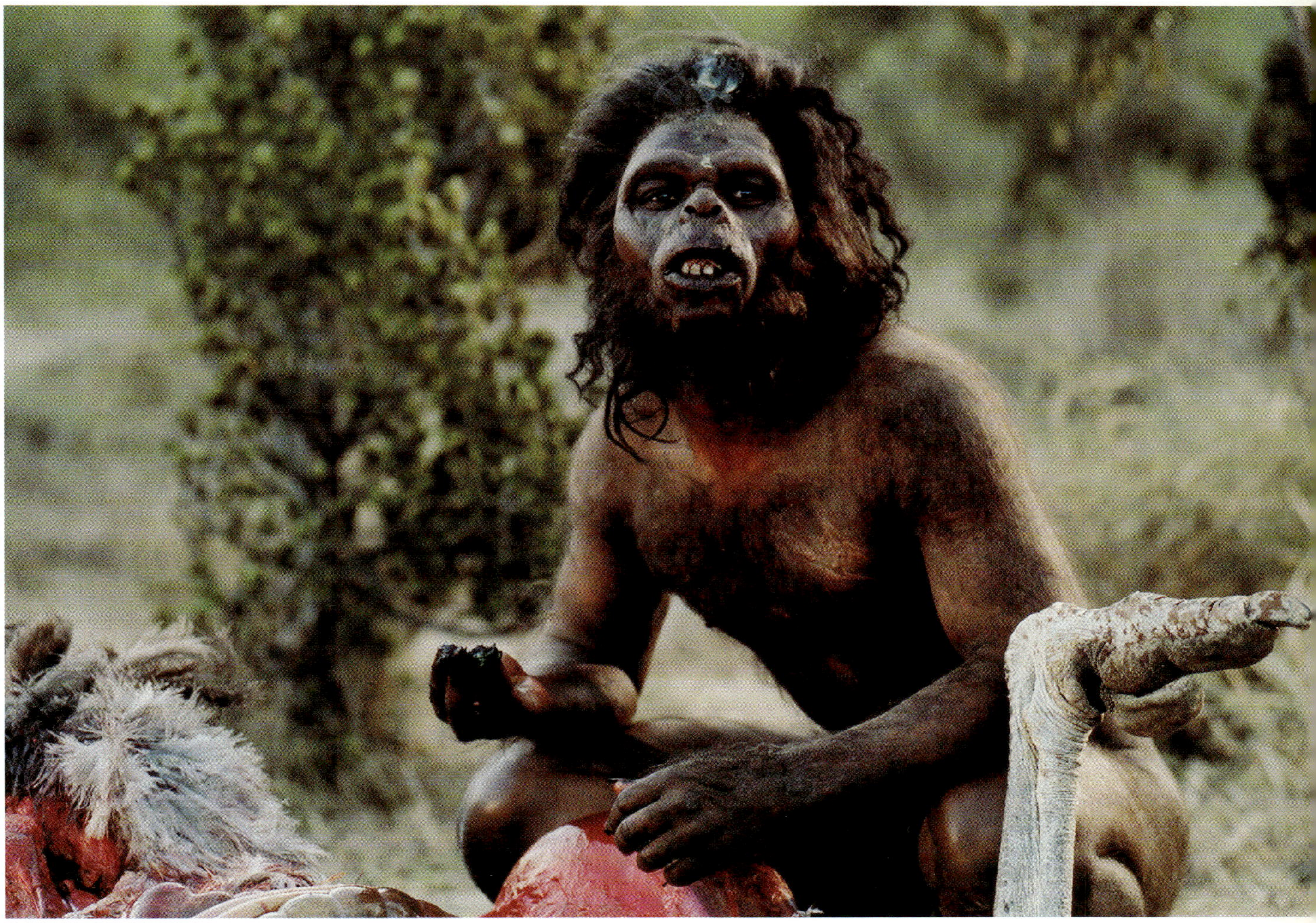

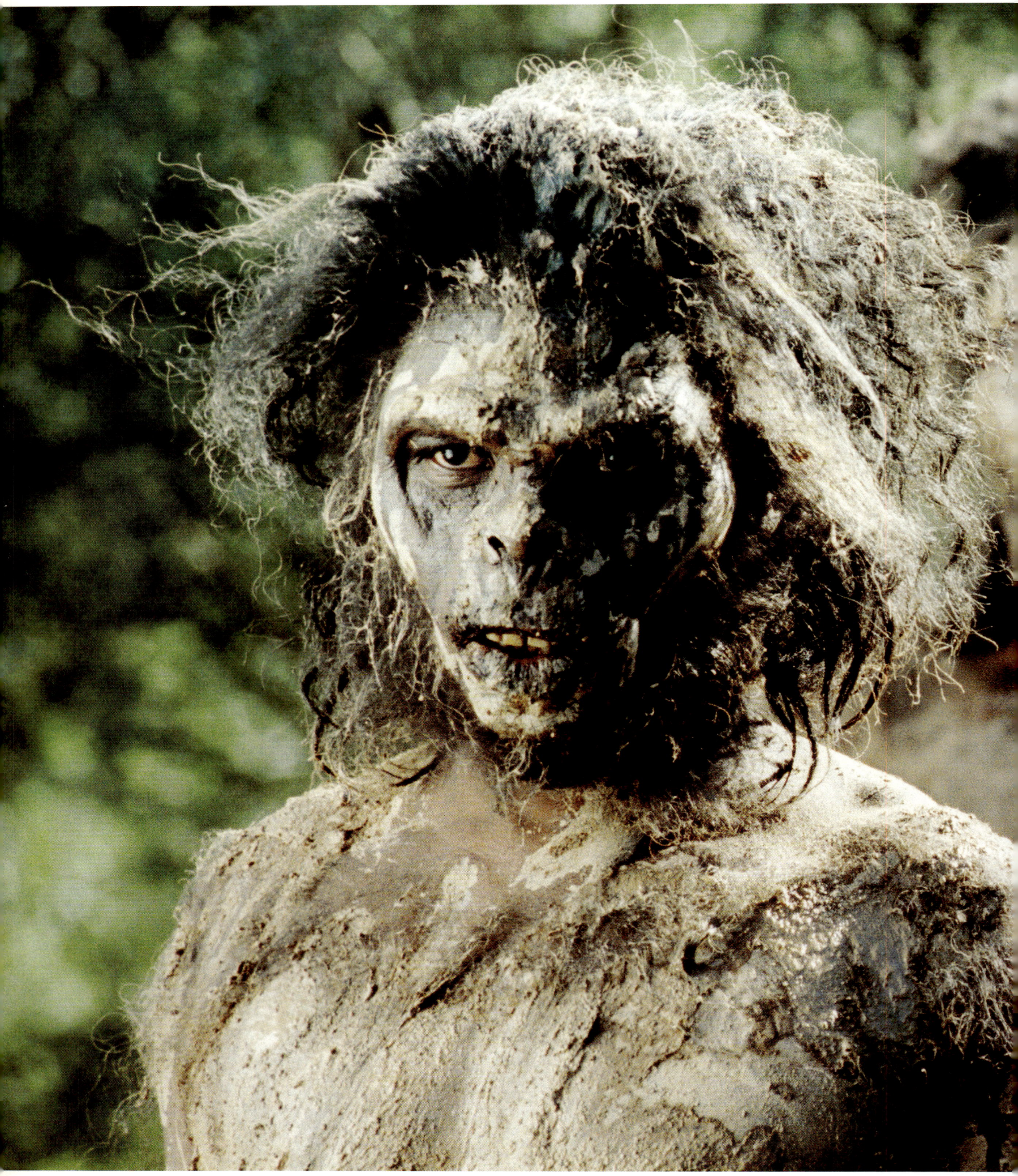

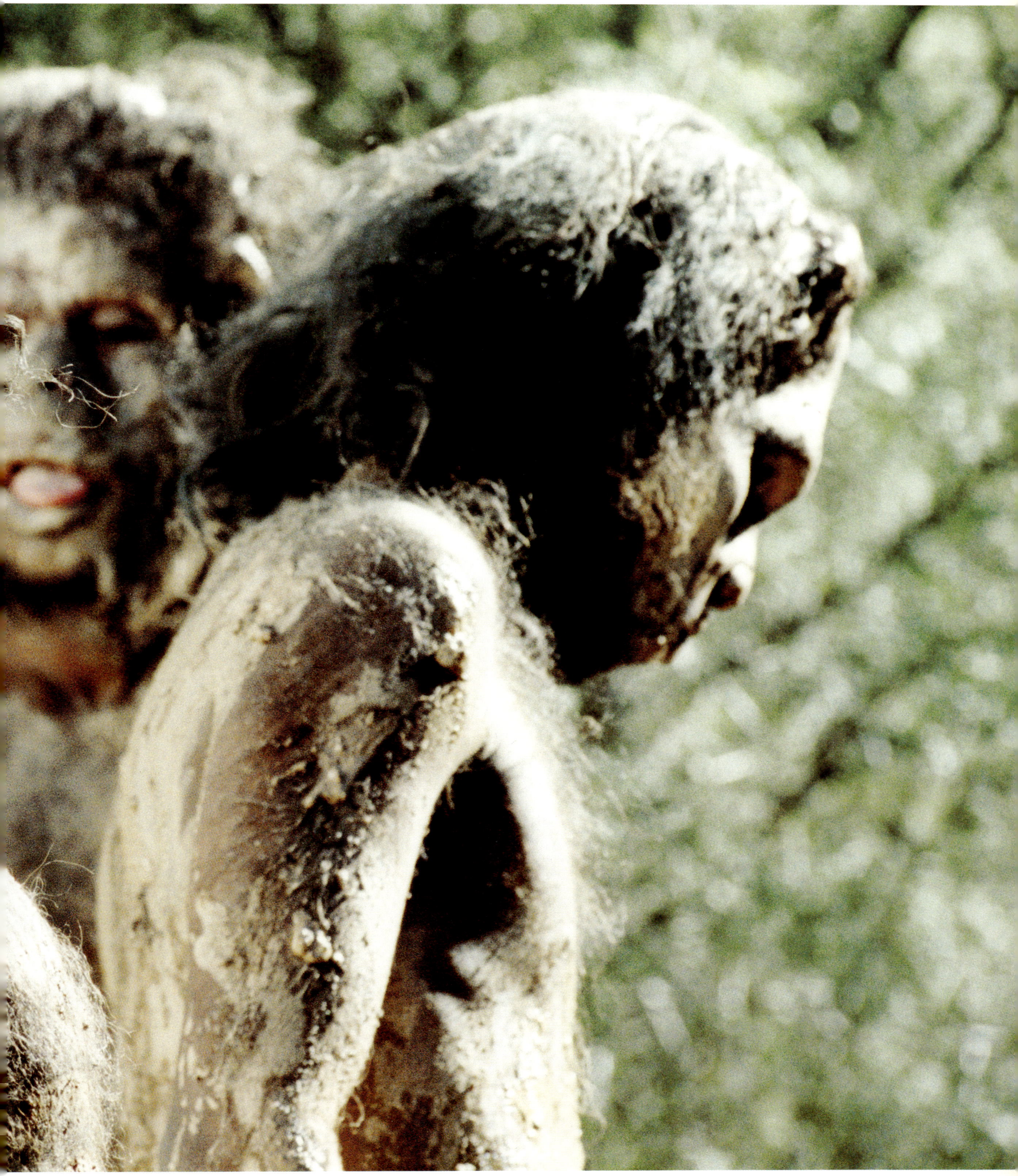

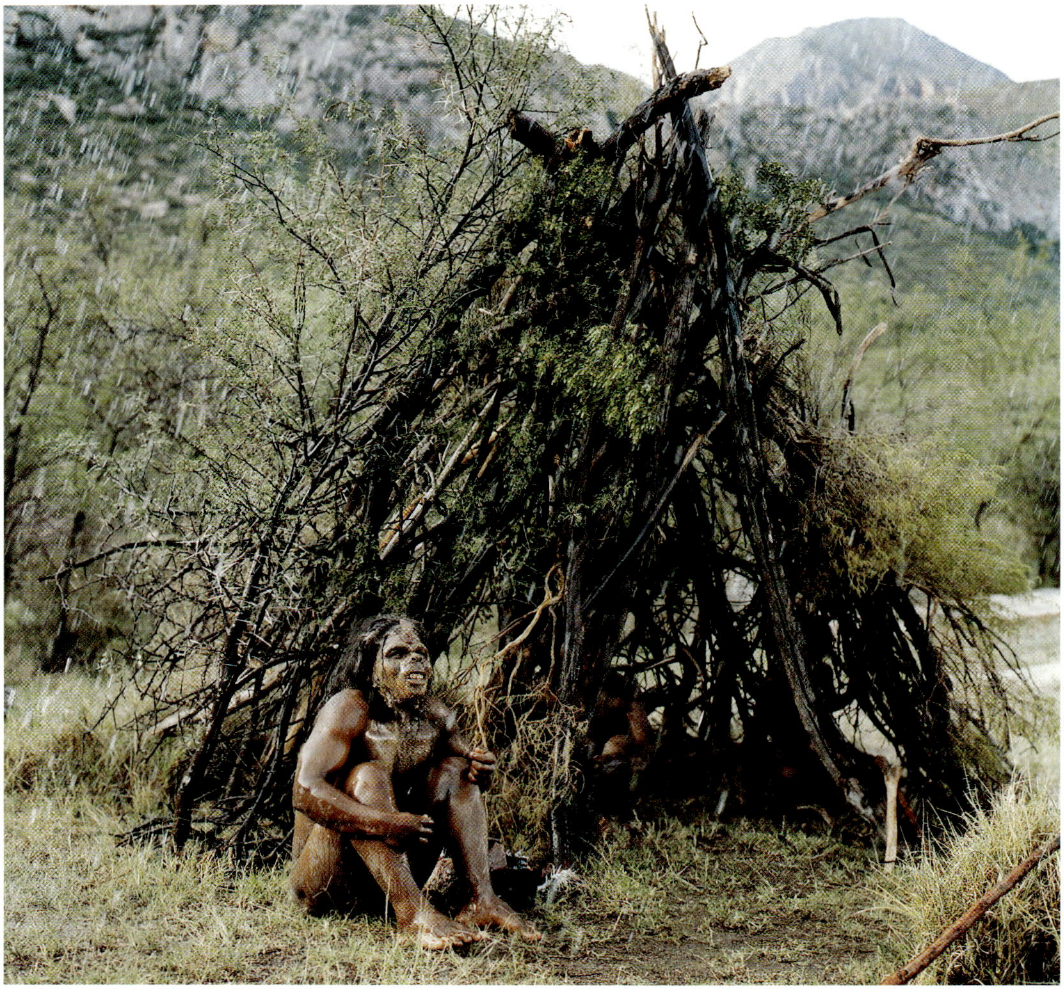

L'héritage transmis par erectus

Cette grande diversité et cette large répartition jouent d'ailleurs un rôle fondamental dans l'épopée de leurs descendants sapiens, à qui ils lègueront non seulement une partie de leur patrimoine génétique mais aussi leur savoir-faire. Sapiens aurait-il survécu s'il n'avait hérité des acquis de son aïeul, qui construisait déjà des cabanes de branchages maintenus au sol par des pierres disposées en cercle et qui maîtrisait l'art du campement ?

Après avoir longtemps eu l'habitude d'établir ses bases près des points d'eau, erectus avait en effet fini par s'installer sur les terrasses les plus hautes des fleuves, et même à flanc de colline, pour soustraire ses habitations aux crues. Cette pratique offrait plus de sécurité mais présentait un inconvénient, celui de l'obliger à transporter l'eau nécessaire à sa vie quotidienne. Il inventa donc à des solutions pratiques en concevant et en fabriquant des récipients, des outres en peau ou des réceptacles en écorce d'arbres. Les campements subirent d'ailleurs d'autres modifications au fil du temps, parmi lesquelles leur division en aires d'activités bien organisées comprenant par exemple un campement de base pour les occupations diurnes (boucherie, atelier de taille de pierre...) et un refuge

LES COMPAGNONS DE NAR-IAW DRESSENT UN CAMPEMENT PRÈS DU FLEUVE. HOMO ERECTUS MONTRE DES FACULTÉS D'ADAPTATION REMARQUABLES. IL DÉCOUVRE COMMENT MAÎTRISER LE FEU ET SE CONSTRUIT DES ABRIS.

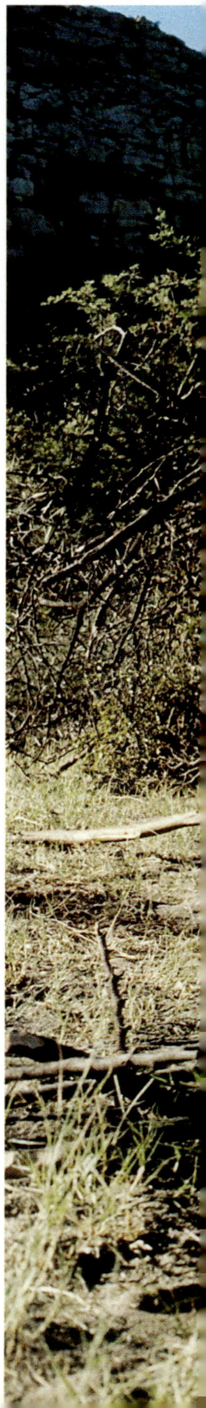

plus abrité pour la nuit. Les premières traces de foyer firent leur apparition vers –700 000 ans en Israël, et vers –450 000 ans en Bretagne et en Hongrie. Car c'est aussi à erectus que revient le mérite d'avoir domestiqué le feu, pour durcir les pointes des épieux, tenir à distance les prédateurs et enfin pour cuire les aliments et les rendre plus digestes.

Fort du savoir accumulé et des techniques perfectionnées au cours des millénaires par Homo erectus, Homo sapiens va acquérir de nouvelles connaissances et développer d'autres cultures. Espèce à part entière dotée d'une identité propre, il se démarque très nettement de son aïeul. Sa différenciation achevée, l'homme moderne prend bel et bien place dans l'histoire.

Son épopée peut commencer...

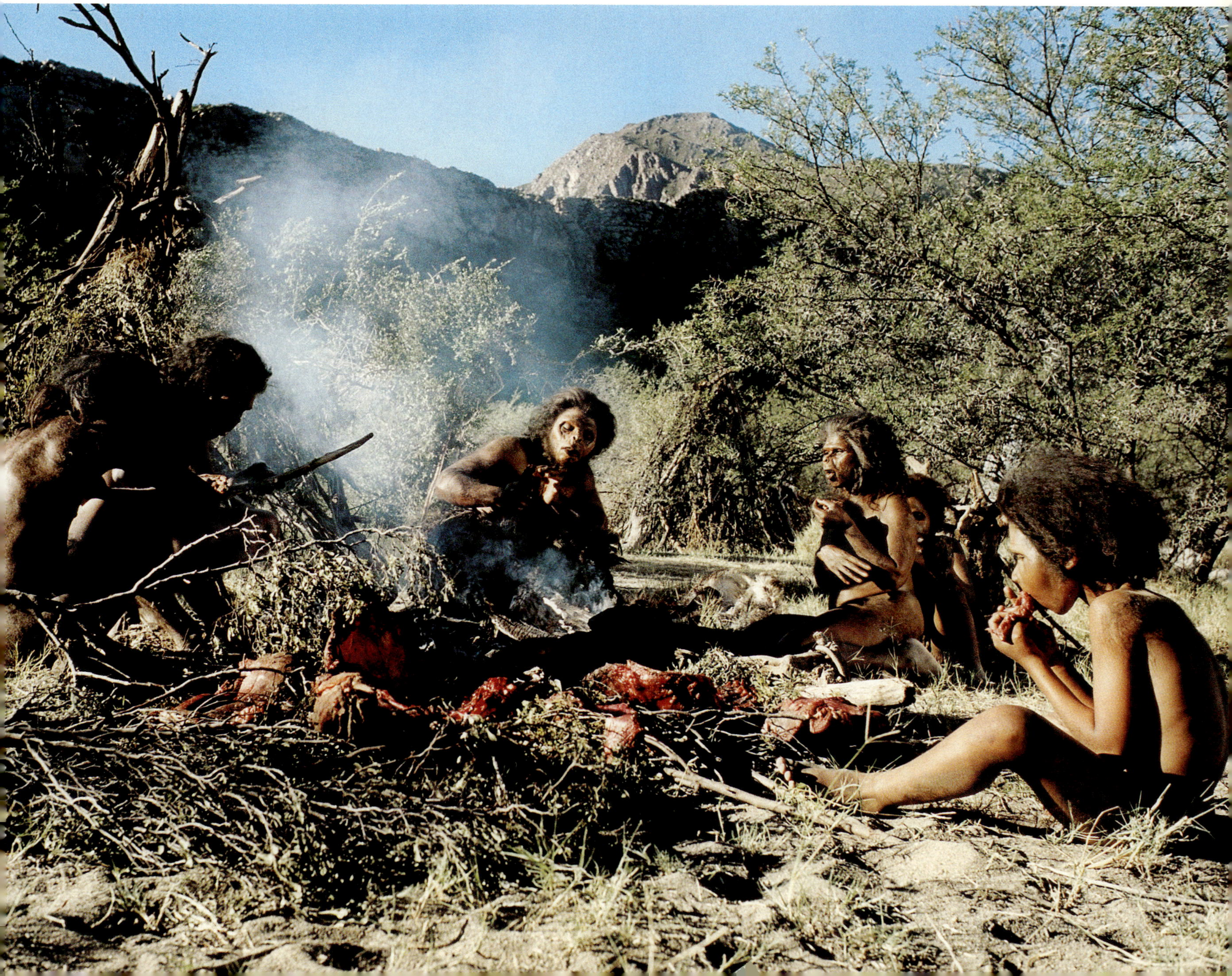

Lorsqu'il apparaît, l'homme moderne
n'est pas le seul représentant du genre humain.
Mais peu à peu, les autres hominidés vont s'éteindre.
Son espèce est aujourd'hui la seule encore en vie.
Nous sommes tous des Homo sapiens.

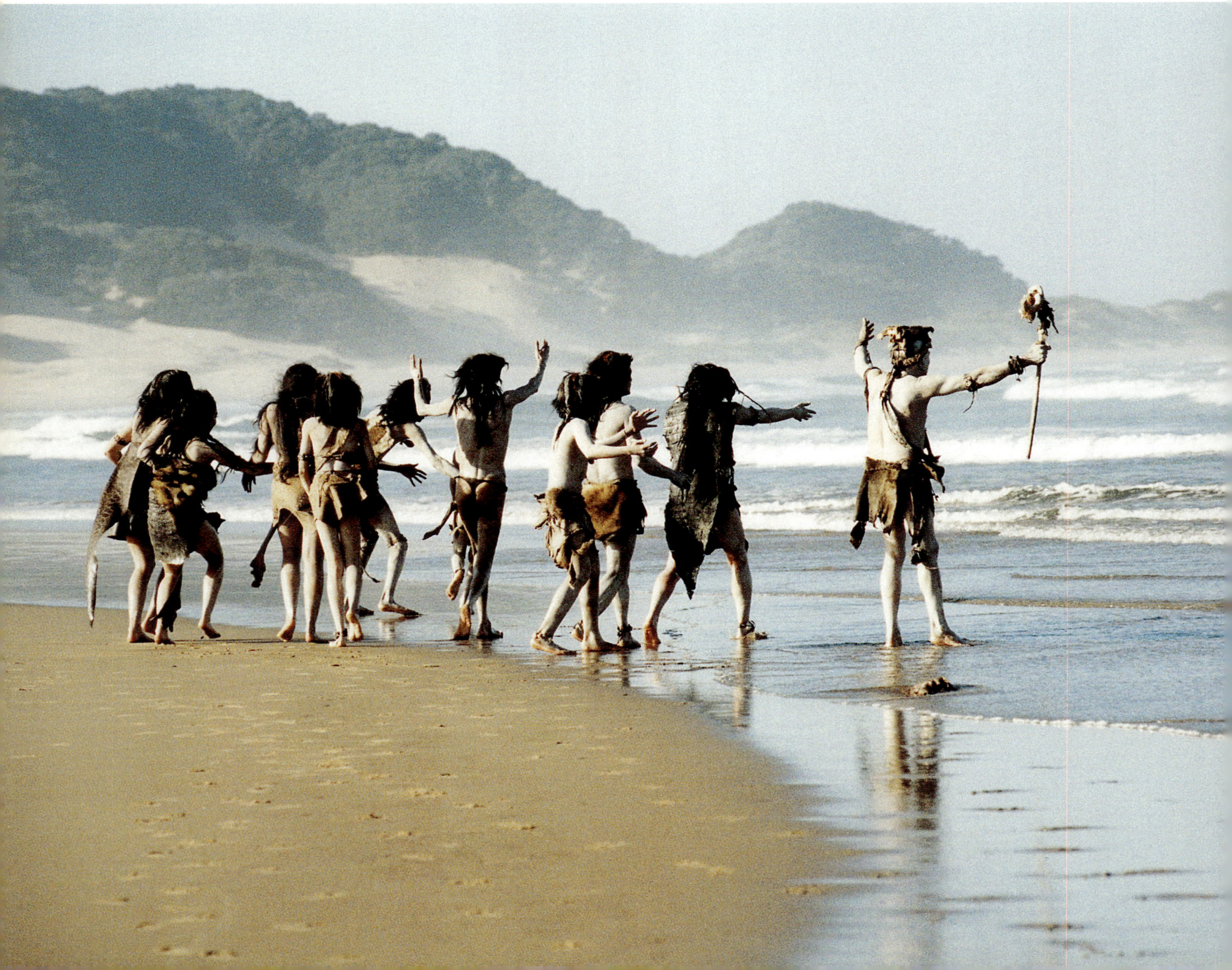

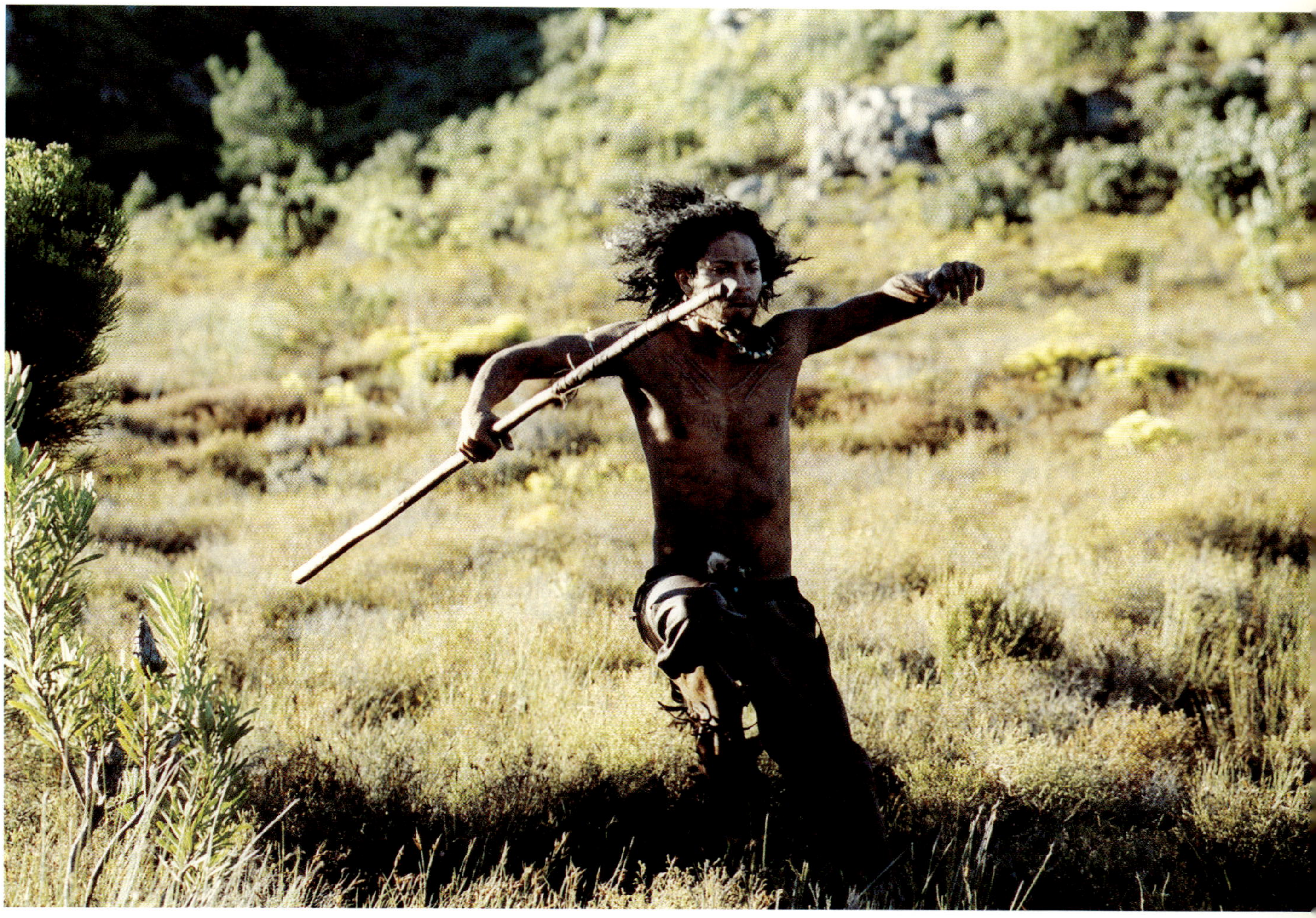

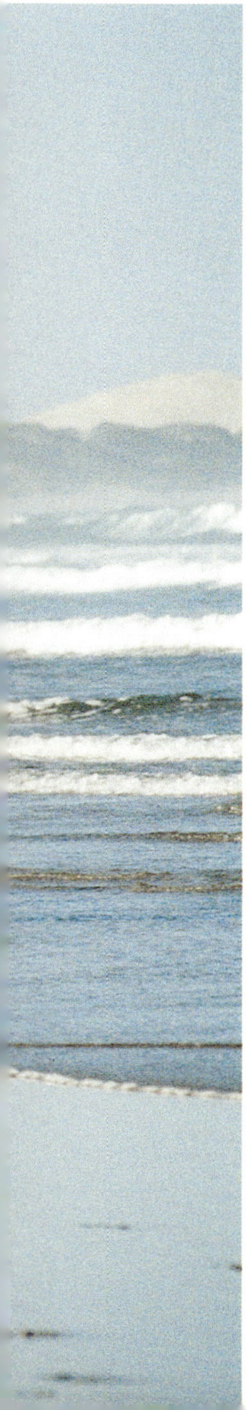

Rencontre avec des êtres humains différents

À peine différencié, l'homme moderne met ses pas dans ceux de son ancêtre erectus en quittant lui aussi le berceau de l'humanité : si l'on s'en tient au scénario de « l'arche de Noé » qui attribue à notre espèce une origine anthropologique et géographique unique, il part en effet d'Afrique pour gagner l'Eurasie. Il passe par le Proche-Orient vers –100 000 ans avant de se répandre dans toute l'Asie, puis de gagner l'Australie vers –65 000 ans, pour finalement pénétrer l'Ancien Monde à partir de –35 000 ans. Sur sa route, il rencontre d'autres hominidés avec lesquels il entretient des échanges.

Au fil de sa progression, sapiens va donc être amené à côtoyer des Homo erectus très différents les uns des autres et aussi un proche cousin, Homo neanderthalensis, sans toutefois mêler ses gènes aux leurs. Cet homme de Neandertal, un autre descendant d'erectus, a vu le jour comme sapiens il y a environ 200 000 ans à la suite d'une longue période de « néandertalisation », et peuple le Proche-Orient, l'Asie centrale et l'Europe. Petit à petit, il se retranche en Europe occidentale où il disparaît vers –27 500 ans, pour une raison inconnue. Par la suite, le brassage des populations humaines explique qu'une seule espèce du genre Homo subsiste aujourd'hui.

Nous sommes tous des Homo sapiens...

HOMO SAPIENS VA METTRE À PROFIT LES CONNAISSANCES TRANSMISES PAR ERECTUS. IL VA LUI AUSSI SORTIR D'AFRIQUE ET EXPLORER D'AUTRES CONTINENTS.

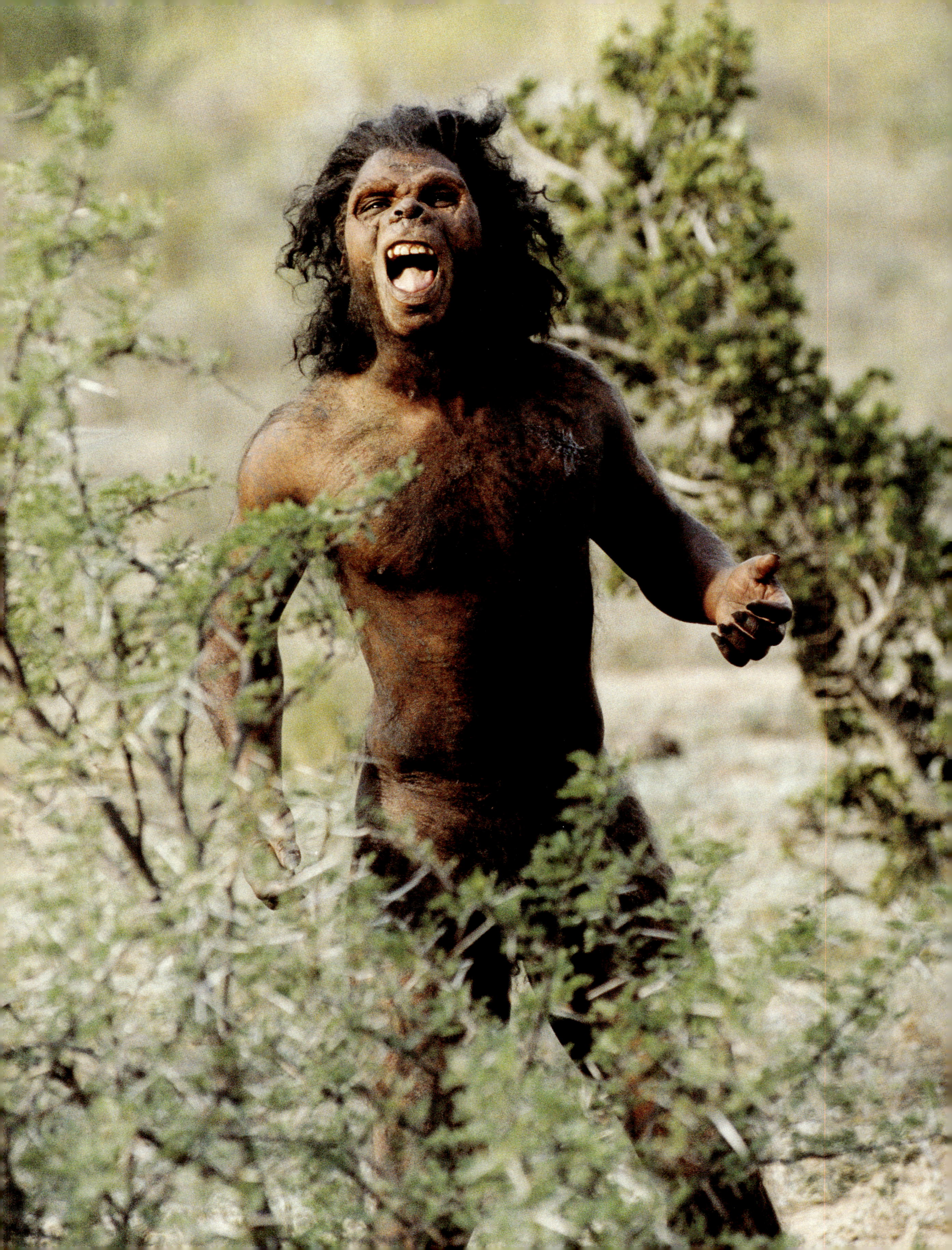

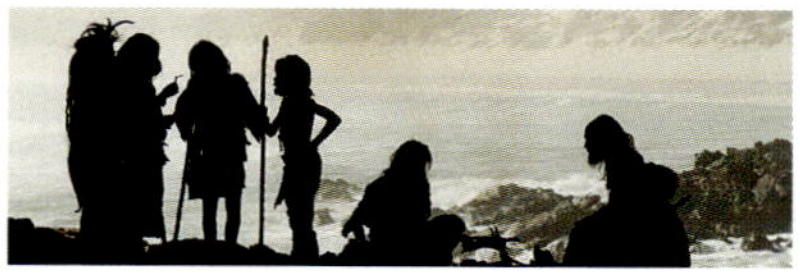

Combien étaient nos ancêtres ?

Depuis l'apparition des premiers hommes modernes, 8 000 générations d'Homo sapiens se seraient succédées, 97,5 % d'entre elles ayant vécu durant la préhistoire. En l'absence de recensement écrit pour les périodes préhistoriques, établir une démographie de ces premiers sapiens tient du casse-tête !

Les paléo-démographes proposent bien des estimations des populations préhistoriques, en se basant sur une méthode de comparatisme avec des sociétés traditionnelles actuelles censées vivre dans les mêmes conditions que nos ancêtres. Le calcul consiste à multiplier la densité de la population observée dans la société traditionnelle par la surface de territoire occupée par le peuple préhistorique, afin d'estimer sa taille. Ainsi, d'après le paléo-démographe français Jean-Noël Biraben, on peut estimer que la population de l'Europe a dû osciller, lors des premières périodes d'occupation d'Homo sapiens, entre 140 000 et 170 000 habitants.
Pour dépasser ensuite, à la fin du paléolithique, vers –10 000 ans, les 200 000 habitants, voire atteindre 250 000 individus. Des chiffres contestés par d'autres spécialistes, qui estiment que les premiers Européens devaient être nettement moins nombreux. Le seul point sur lequel s'accordent les scientifiques concerne le premier « boom démographique » de l'humanité, qui date du Néolithique, à partir de –10 000 ans au Proche-Orient. Grâce à la maîtrise de l'élevage et de l'agriculture, et au stockage des denrées, les groupes humains sont de plus en plus nombreux. Plusieurs démographes pensent que la population mondiale serait passée d'environ sept millions en –6 000 ans... à près de 100 millions en –2000 !

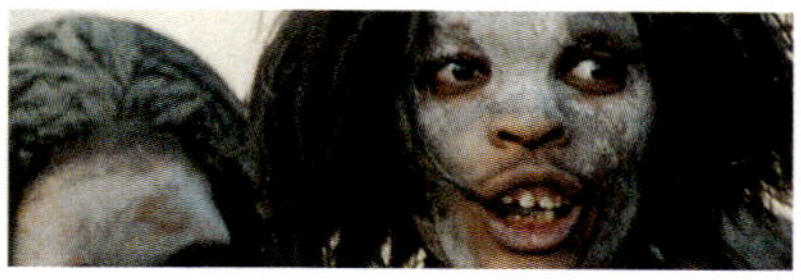

À la source des mots

La possession d'un langage est capitale pour une espèce car la langue contribue à développer et à diffuser la culture, à renforcer les liens sociaux et à augmenter les chances de survie. Mais aucun scientifique n'a pu dater l'apparition du langage parlé.

Tout au plus recueille-t-on des indices plaidant pour ou contre la maîtrise du langage chez les hominidés fossiles, suscitant de vifs débats. L'observation des reliques osseuses révèle si l'anatomie d'un hominidé lui permet d'articuler des sons. La position haute du larynx et la forme allongée de la cavité buccale d'hominidés très anciens comme les Australopithèques font dire qu'ils n'étaient pas équipés pour parler. Le doute subsiste chez des hominidés plus récents, Homo habilis et Homo erectus. Posséder un « appareil phonatoire » fonctionnel ne veut pas dire pour autant que la maîtrise du langage est assurée. Ainsi, un scientifique comme Richard Klein pense que seul l'homme moderne a pu et su communiquer par la parole. Inversement, pour Jeffrey Laitman et une majorité d'auteurs, erectus parlait déjà un langage primitif. Le paléontologue Philip Tobias pense que Homo habilis, un hominidé qui vécut de 2,6 millions d'années à 1,5 million d'années, possédait déjà une aptitude à parler. Sa conviction repose sur la présence, sur les parois internes de la boîte crânienne, de l'empreinte d'une aire cérébrale dévolue au langage, l'aire de Broca. À l'inverse, en étudiant FOXP2, un gène lié à la faculté d'apprendre et de pratiquer une langue, Wolfang Enard qui en date la dernière mutation à –50 000 ans, chez sapiens, soutient que les hominidés possédant la version antérieure ne pouvaient parler. Peut-être maîtrisaient-ils une autre forme de langage. Pour le généticien Alec Knight, dont les travaux reposent sur l'étude du génome des Bushmen d'Afrique du Sud et des Hadzabes de Tanzanie, la langue des clicks pourrait bien être l'un des premiers langages humains.

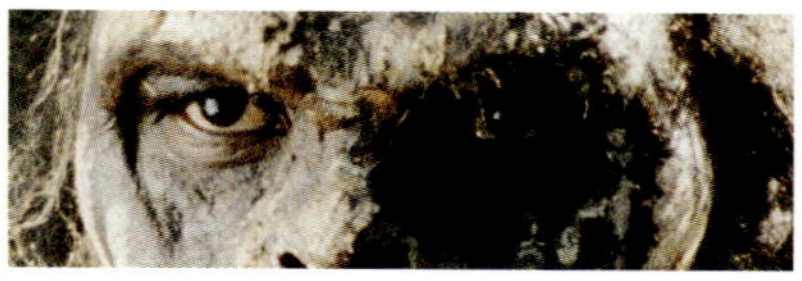

Histoires d'une conquête

Comment notre ancêtre sapiens s'est-il lancé à la conquête de la Terre ? Deux grands scénarios se partagent les préférences des préhistoriens.

Pour les partisans du modèle dit de « l'arche de Noé », il sort d'Afrique et gagne l'Eurasie il y a un peu plus de 100 000 ans. Là, il rencontre d'autres Homo erectus et aussi Homo neanderthalensis, l'homme de Neandertal, mais ne se reproduit pas avec eux et conserve son patrimoine génétique. Notre espèce aurait donc une origine anthropologique et géographique unique, rappelant le récit biblique qui attribue la paternité de tous les peuples aux trois fils de Noé. L'autre modèle très soutenu dans la communauté scientifique est celui du « multirégionalisme ». Il prévoit que l'homme moderne descend bien d'erectus, mais qu'il est apparu dans un grand nombre d'endroits différents : en Afrique bien sûr mais aussi aux confins de l'Asie et au Proche-Orient. L'aïeul erectus avait déjà quitté le continent africain il y a un peu moins de 2 millions d'années. Il a évolué sous de multiples formes, en fonction des conditions climatiques et environnementales des régions où il s'est installé. Selon ce scénario, plusieurs de ces populations régionales auraient engendré des formes sapiens archaïques qui auraient à leur tour évolué simultanément en formes modernes. Les sapiens qui peuplent l'Europe proviendraient de la lignée sapiens proche-orientale, qui a elle aussi voyagé. Les échanges de gènes entre populations auraient imposé une seule espèce partout dans le monde. Et donc notre espèce aurait une origine anthropologique et géographique multiple. Entre ces deux modèles extrêmes, se dessine un scénario intermédiaire qui commence à rassembler quelques partisans : l'émergence de l'espèce sapiens proviendrait du mélange, à des degrés divers, de lignées anciennes migratoires avec des populations locales, au Proche-Orient et en Asie.

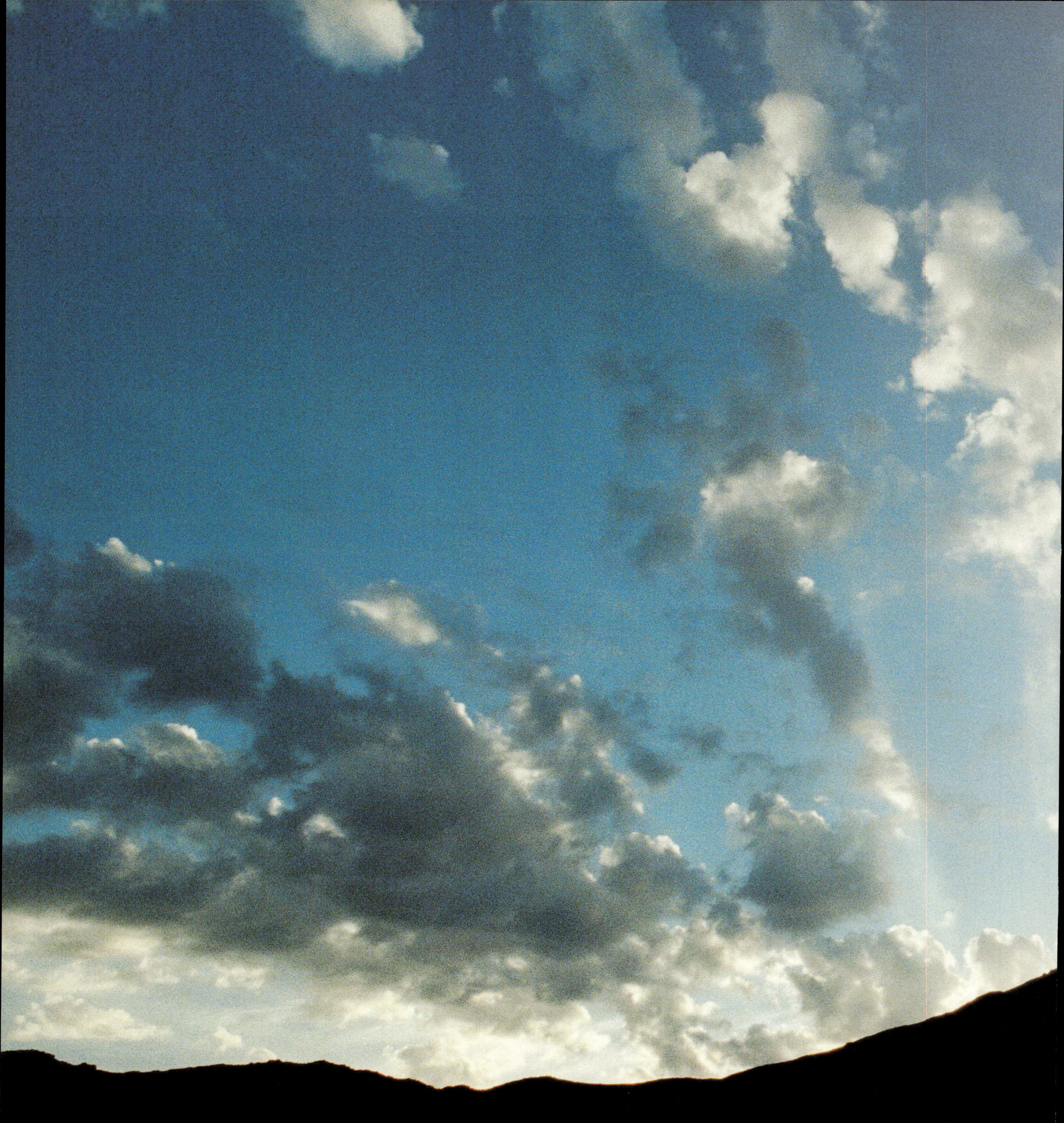

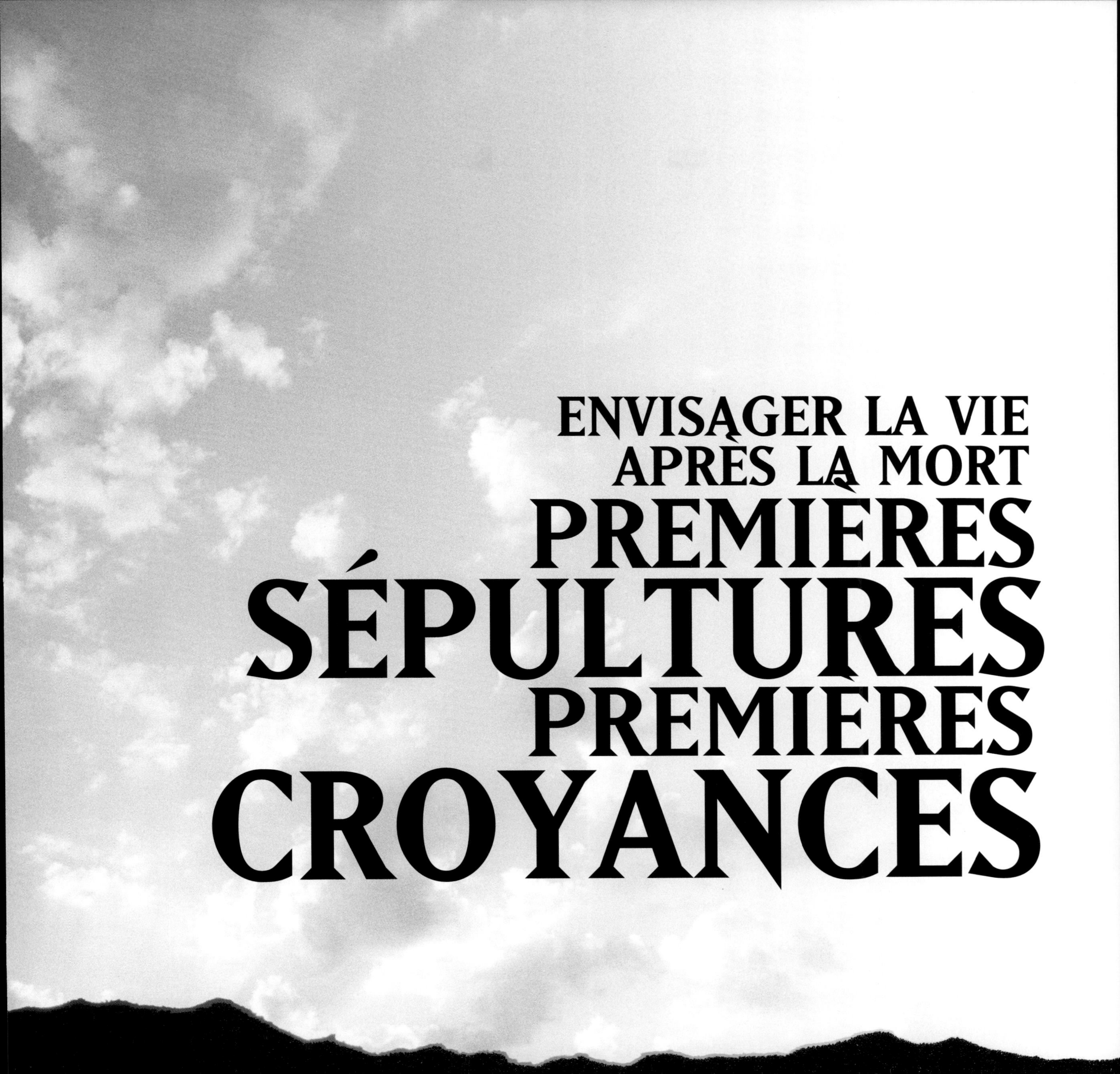

ENVISAGER LA VIE APRÈS LA MORT

PREMIÈRES SÉPULTURES PREMIÈRES CROYANCES

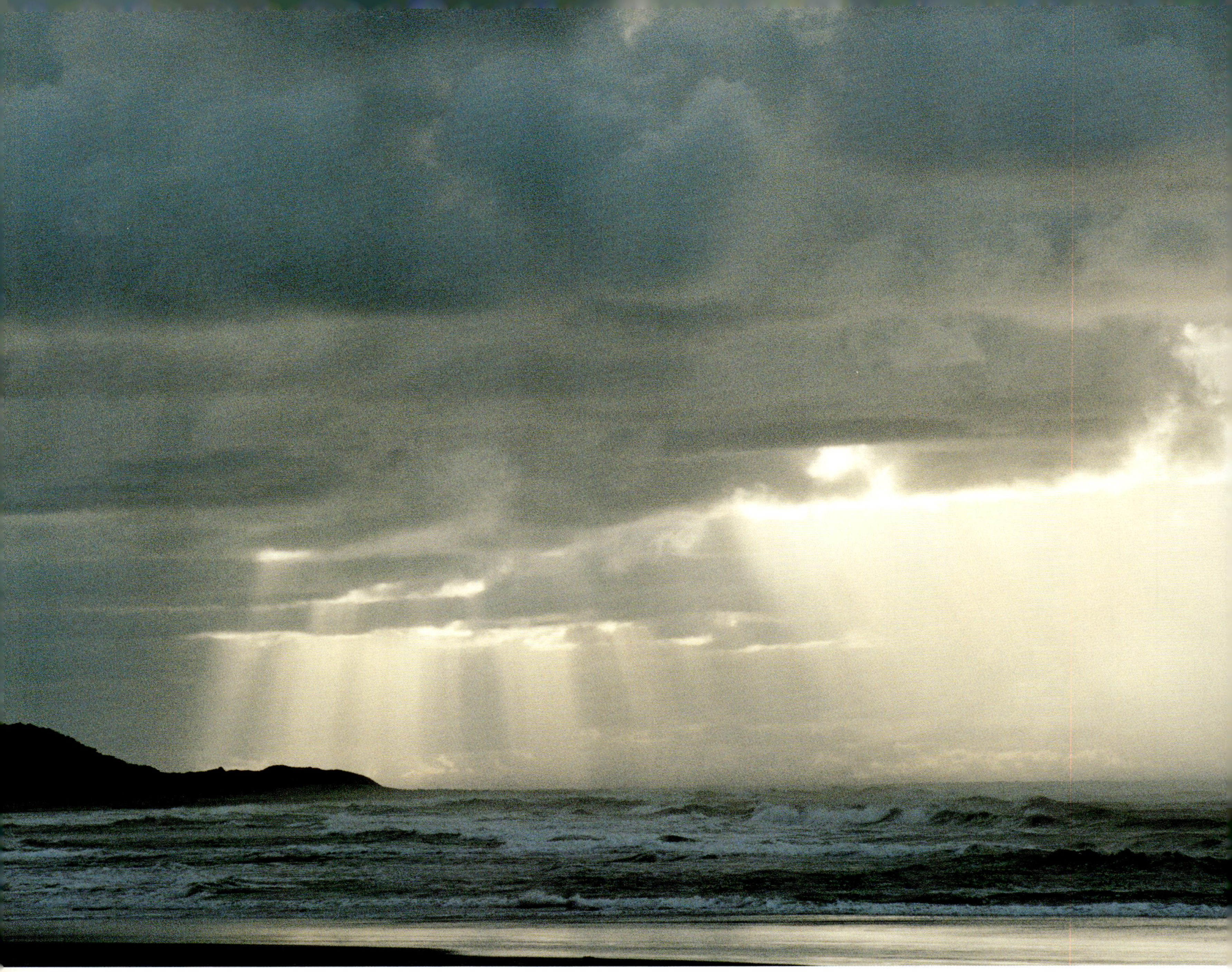

Avec la pensée symbolique apparaissent les croyances.
L'humanité découvre la religion et se forge ses propres mythes.
Les hommes se livrent à d'étranges rituels.

L'homme pénètre dans l'au-delà

Nous sommes vers 100 000 ans avant notre ère. La toute jeune espèce Homo sapiens a quitté l'Afrique. Ses pas la mènent sur les terres du Levant qui bordent le rivage oriental de la Méditerranée. Une fois installés au Moyen-Orient, les hommes modernes vont accomplir un acte étonnant, faire une chose qu'ils n'avaient probablement jamais faite auparavant : ils vont enterrer leurs morts.

Un geste lourd de sens... Peut-être ces hommes modernes ont-ils dans un premier temps voulu soustraire le corps de leurs proches aux charognards. Mais cela ne semble pas la seule explication. De nombreuses tombes, parmi les plus anciennes découvertes à ce jour, abritent des signes de rituels funéraires : un objet ayant appartenu au défunt ou confectionné pour l'occasion, un aménagement particulier de la cavité mortuaire, l'applique de pigments colorés sur les parois, par exemple... des attentions utiles ou agréables au défunt. L'inhumation intentionnelle des corps associée à des usages précis comme le dépôt d'offrandes témoigne avant tout d'une conscience de la mort mais aussi et surtout d'une croyance en un au-delà. Envisager la vie après la mort implique pour ces hommes et ces femmes d'être capables de s'extraire de leur condition biologique, et atteste l'émergence d'une pensée symbolique. C'est dire l'importance de cette étape dans l'histoire de l'humanité.

NEEKA INCARNE LE PREMIER HOMO SAPIENS QUI OFFRIT UNE SÉPULTURE À UN ÊTRE CHER.

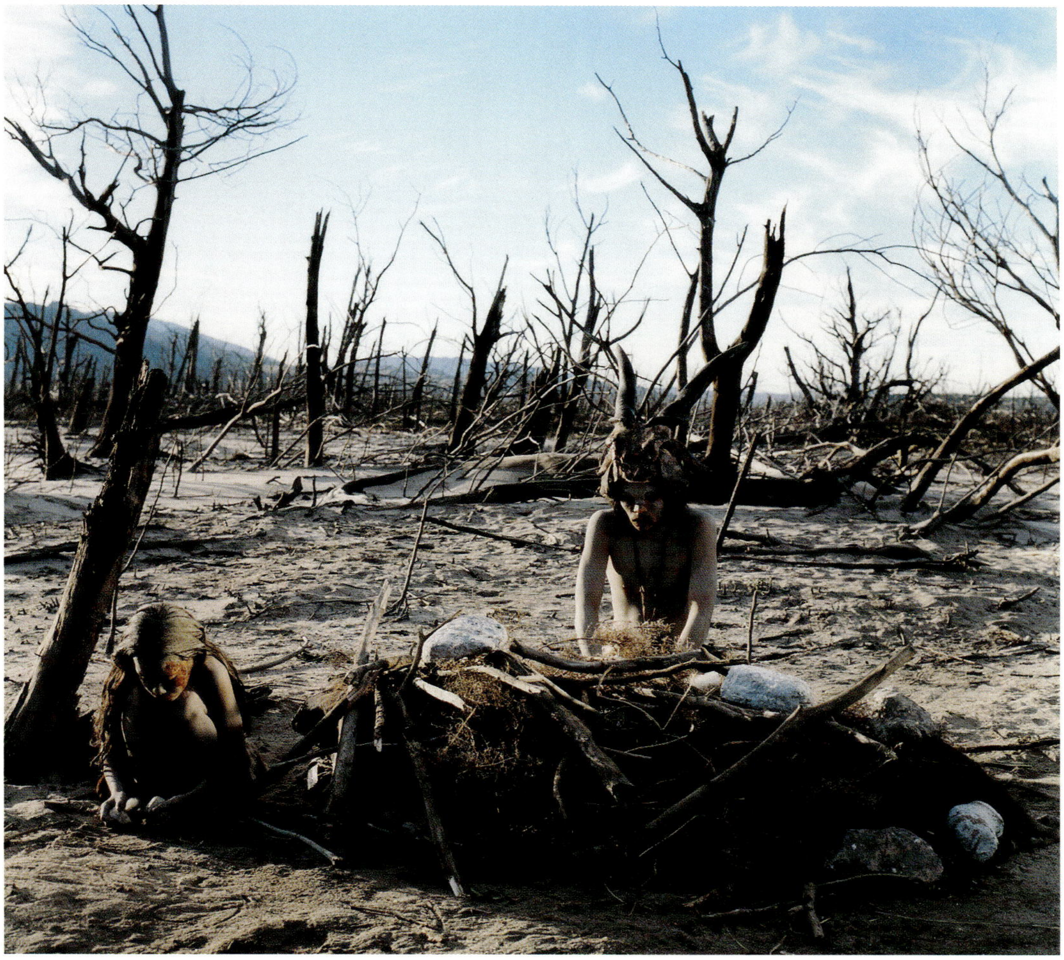

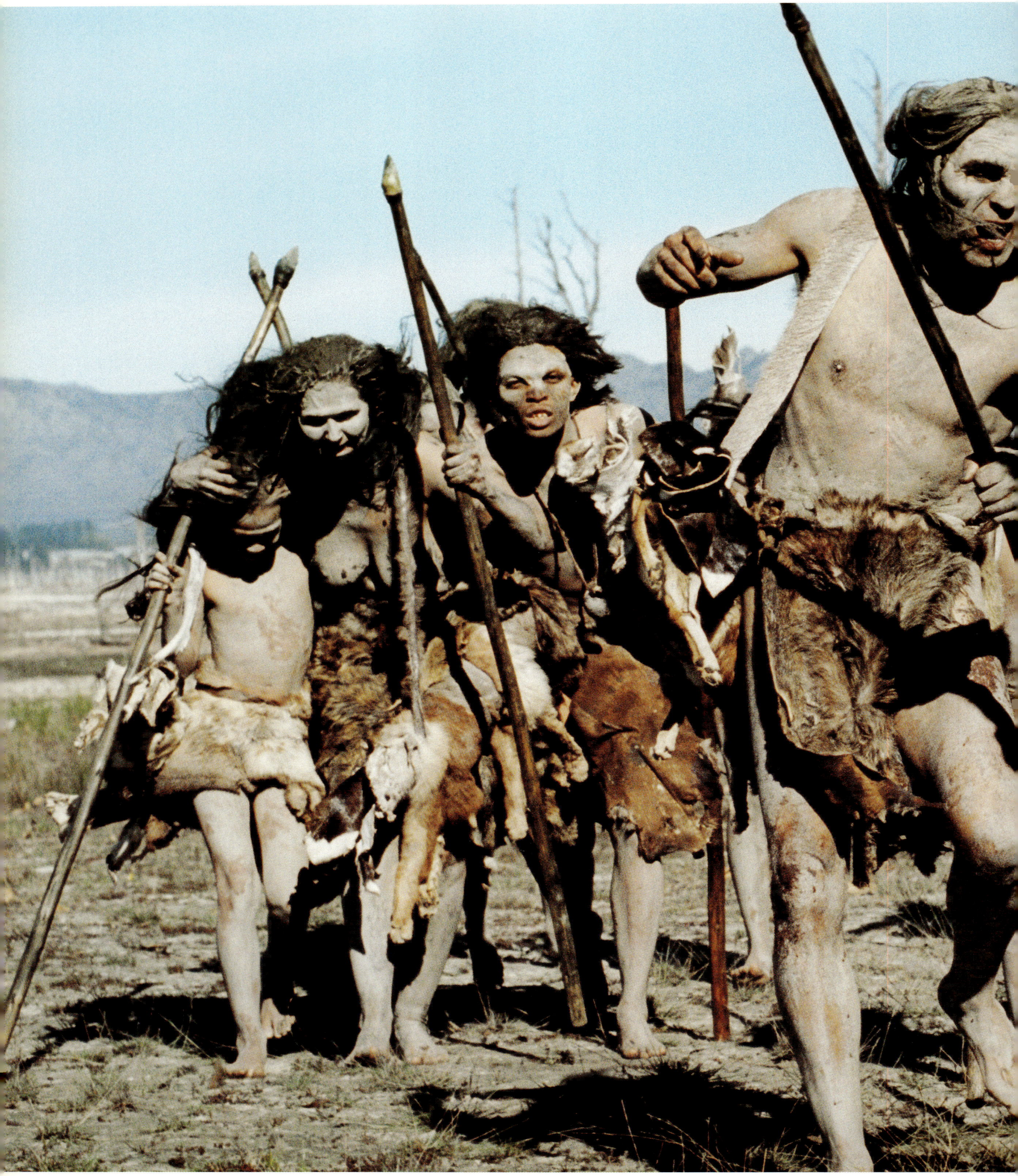

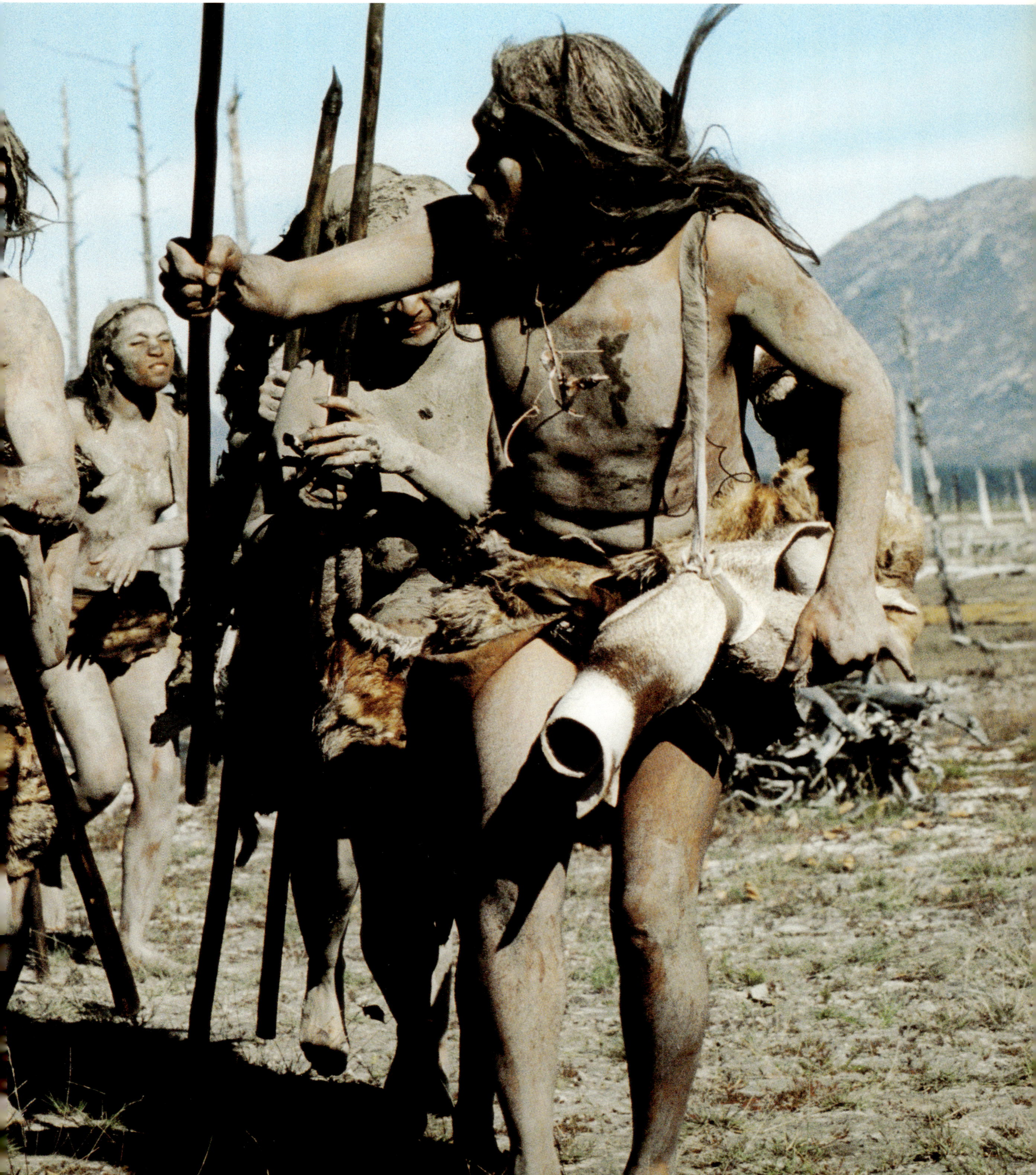

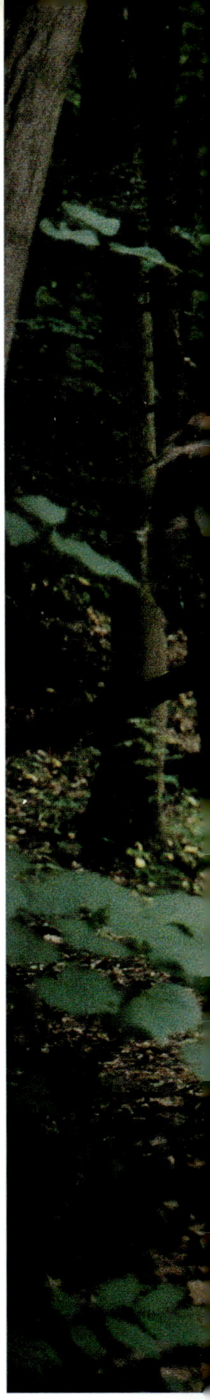

L'humanité pleure ses défunts Les plus vieilles sépultures connues datent de –100 000 ans et ont été découvertes en Israël sur les sites de Qafzeh et de Skhul. La plupart des tombes de cette époque contiennent des corps placés en position semi-fléchie. Cette position repliée n'a pas nécessairement une cause religieuse mais peut s'expliquer par le fait qu'ainsi disposé, le corps prend moins de place et les dimensions de l'excavation en ont été réduites. Une des fosses de la grotte de Qafzeh a livré le squelette d'un enfant d'une douzaine d'années, un bois de daim entre les phalanges. De l'ocre rouge tapissait les parois de la cavité. Dans une des tombes de Skuhl datant de la même époque, un individu adulte gisait avec une mandibule de sanglier coincée entre le bras et le thorax.

Il y a là l'expression indubitable d'une forme de croyance. Et aussi la certitude que la vie n'est plus la seule préoccupation majeure de l'homme. Désormais la mort compte aussi. La découverte de petites pierres sculptées beaucoup plus anciennes évoquant des talismans ou des parures symboliques donne à penser qu'Homo sapiens n'est peut-être pas le premier hominidé à avoir fait l'expérience de la spiritualité. Ainsi la parure de Berekhat Ram, mise au jour en Israël, une silhouette féminine en pierre grossièrement ébauchée, date de –250 000 ans. Cette figurine arbore à la hauteur du cou un sillon qui, selon certains préhistoriens, aurait servi à la porter en pendentif.

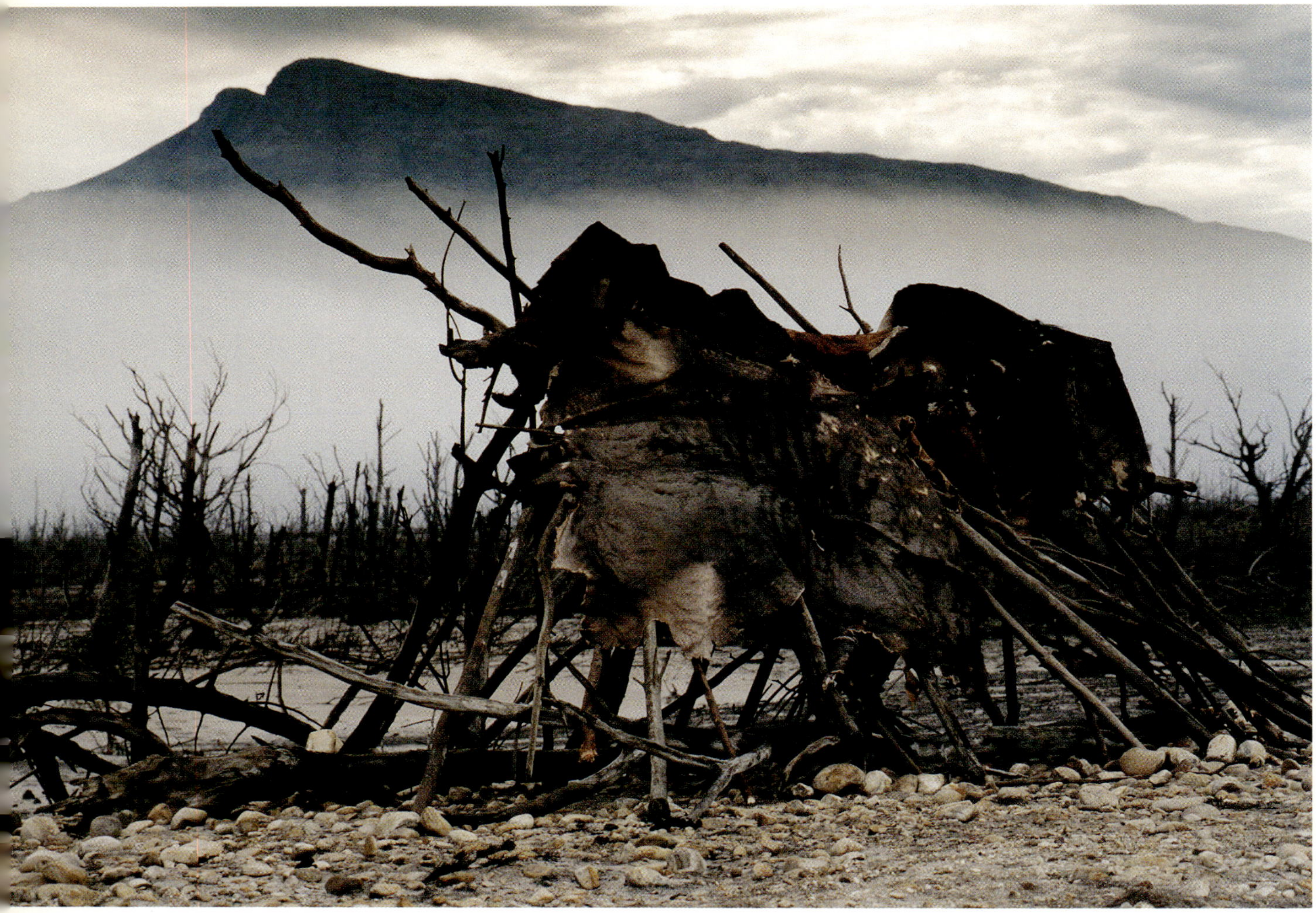

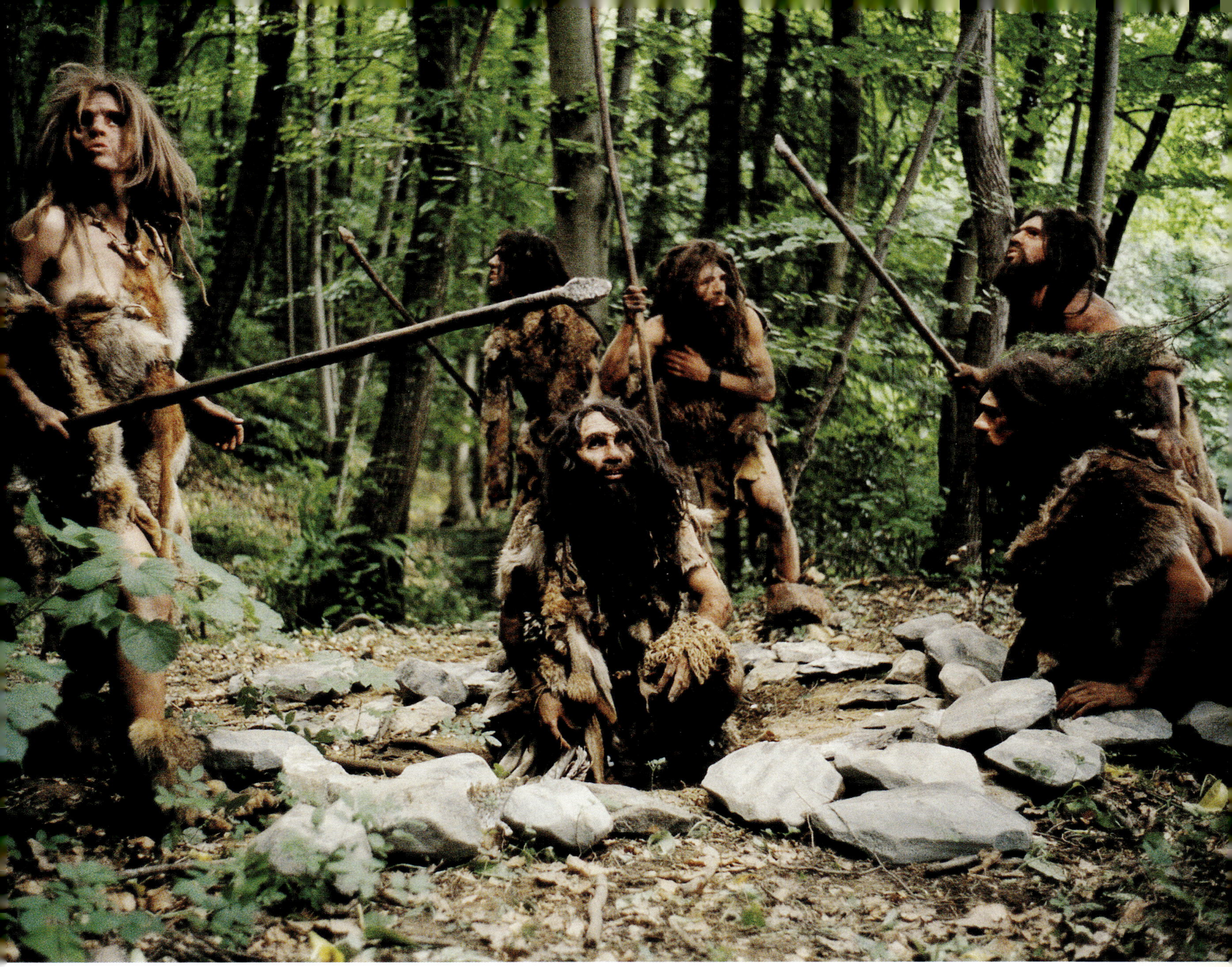

VERS –100 000 ANS, L'HOMME DE NEANDERTAL, COMME HOMO SAPIENS, COMMENCE À ENTERRER SES MORTS.

DOUBLE PAGE PRÉCÉDENTE DANS QUELQUES INSTANTS LA TRIBU DE NEEKA VA VIVRE UN VÉRITABLE DRAME. LA FOUDRE VA FRAPPER DEUX DE SES MEMBRES.

DOUBLES PAGES SUIVANTES L'INHUMATION DES MORTS ET LA PRATIQUE DE RITES FUNÉRAIRES MONTRENT QUE SAPIENS DONNE DÉSORMAIS À SA VIE UNE DIMENSION SPIRITUELLE.

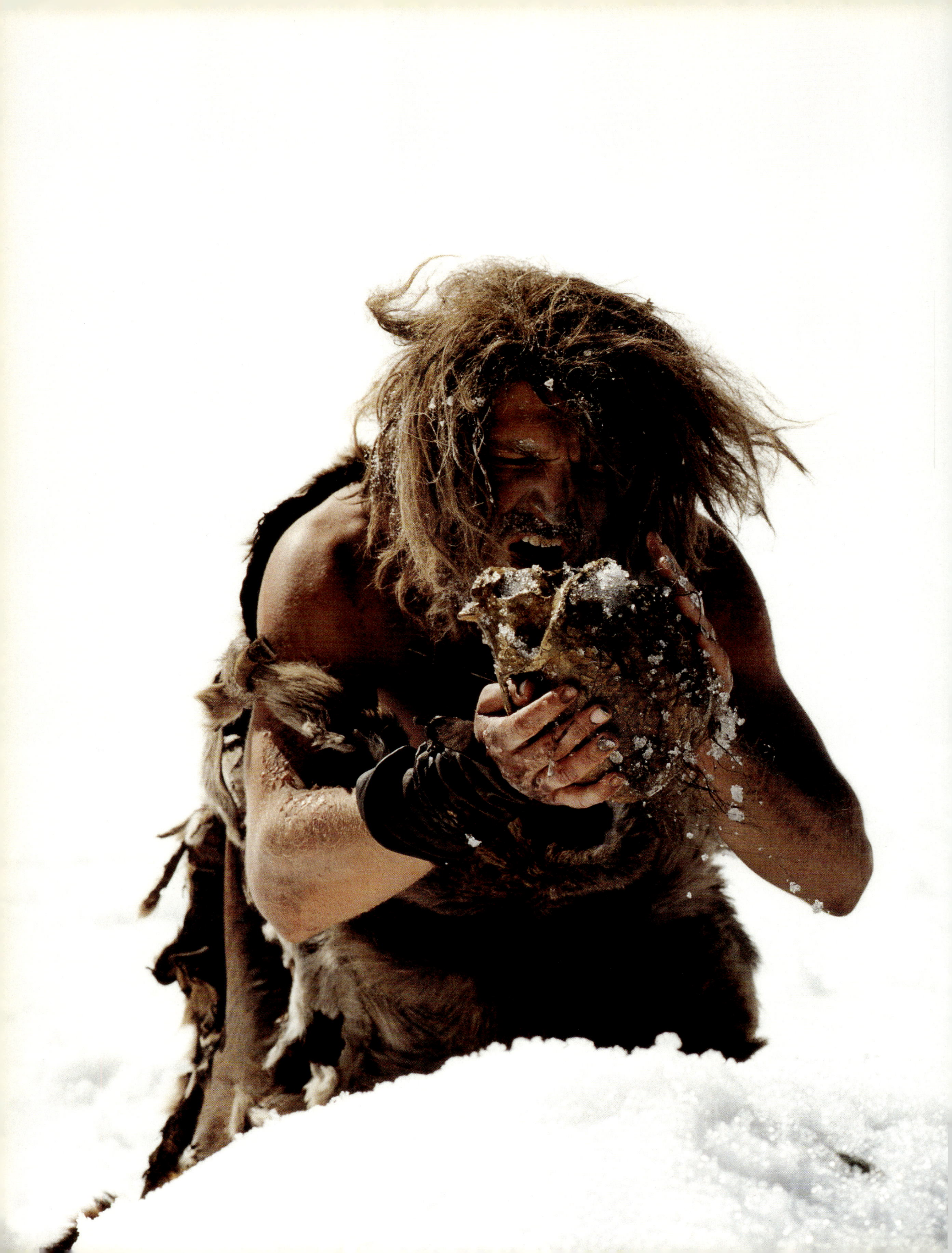

Mais les sépultures elles-mêmes ne sont pas l'apanage de l'homme moderne. Au Moyen-Orient, à la même époque, l'homme de Neandertal adopte lui aussi des pratiques funéraires.

Pour certains paléontologues, La plus ancienne tombe répertoriée à ce jour, celle d'El Tabun, en Israël, et attribuée à l'homme de Neandertal, a 120 000 ans. D'autres sépultures néandertaliennes anciennes ont également été découvertes. Mais elles se distinguent des sépultures de sapiens par une différence capitale : tous les objets qu'elles recèlent ont pu s'y trouver accidentellement et ne semblent pas constituer du mobilier funéraire. Outils ou ossements d'animaux ne paraissent pas avoir été disposés intentionnellement mais entraînés avec la terre de remblais. On pourrait en déduire que neandertal n'accompagnait pas de cérémonies la mise en terre de ses défunts.

Pourtant, un ensemble de sépultures plus tardives, celles de Shanidar, en Irak, qui datent de 50 000 ans, tendrait à montrer qu'au contraire la chose semble possible. Au fond de l'une d'elles, les chercheurs ont retrouvé du pollen fossile en grande quantité. La semence végétale appartenait à plusieurs variétés de plantes fleuries. Comme si un lit d'achillées, de séneçons jaune d'or et de liliacées bleues avait été préparé au fond de la sépulture. Une autre tombe de ce site contenait bien du mobilier funéraire sous forme d'objets façonnés, et de la nourriture...

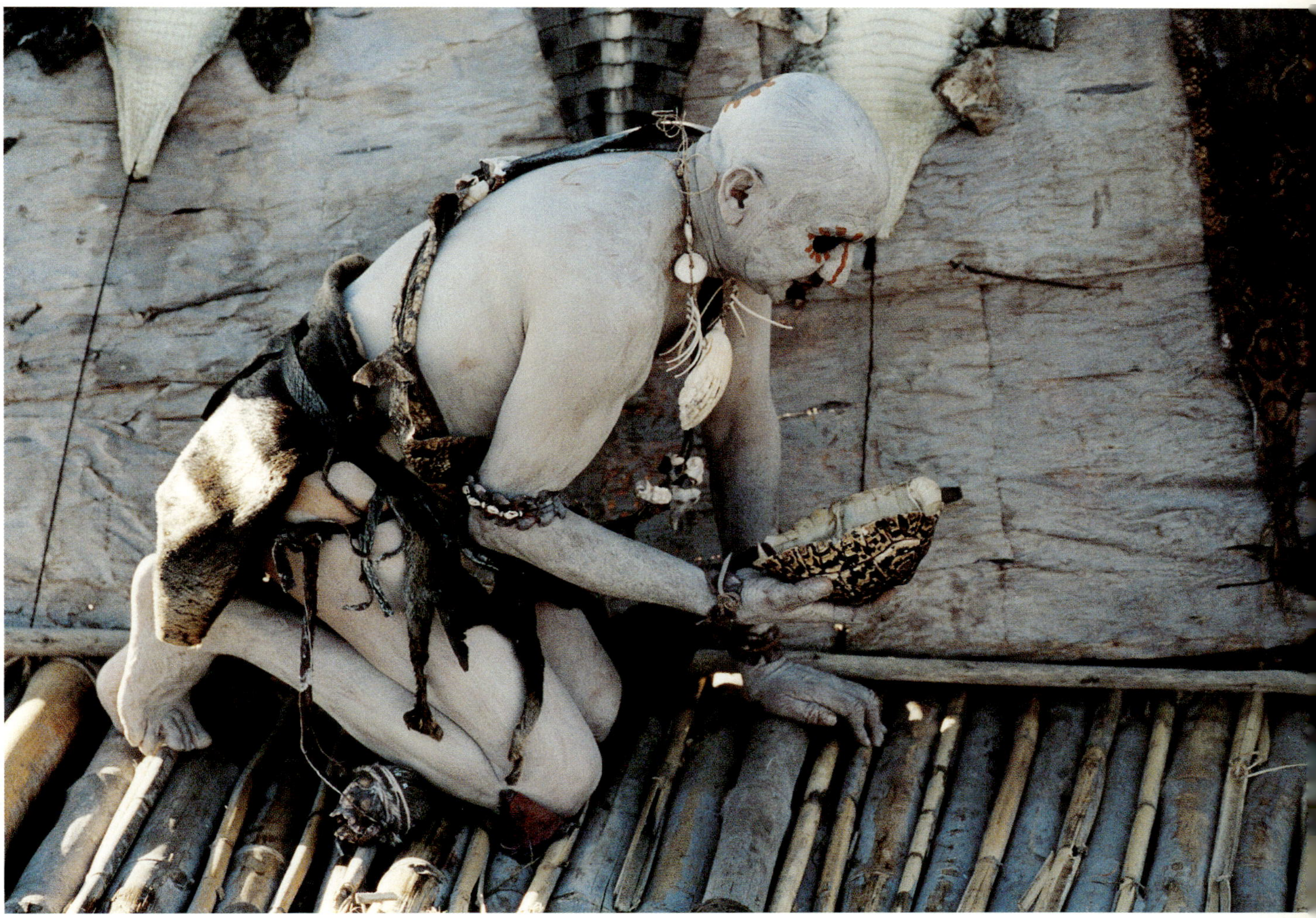

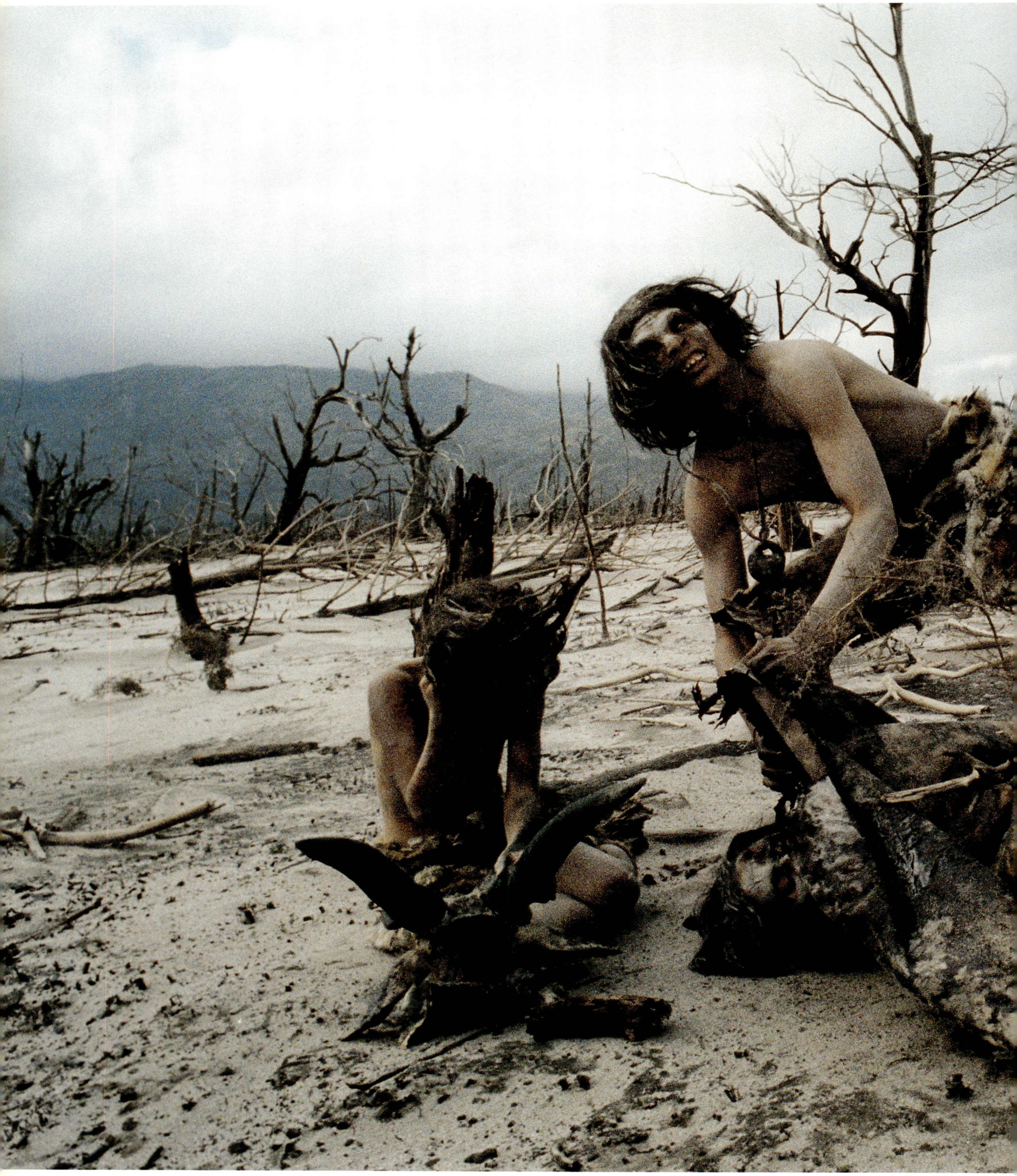

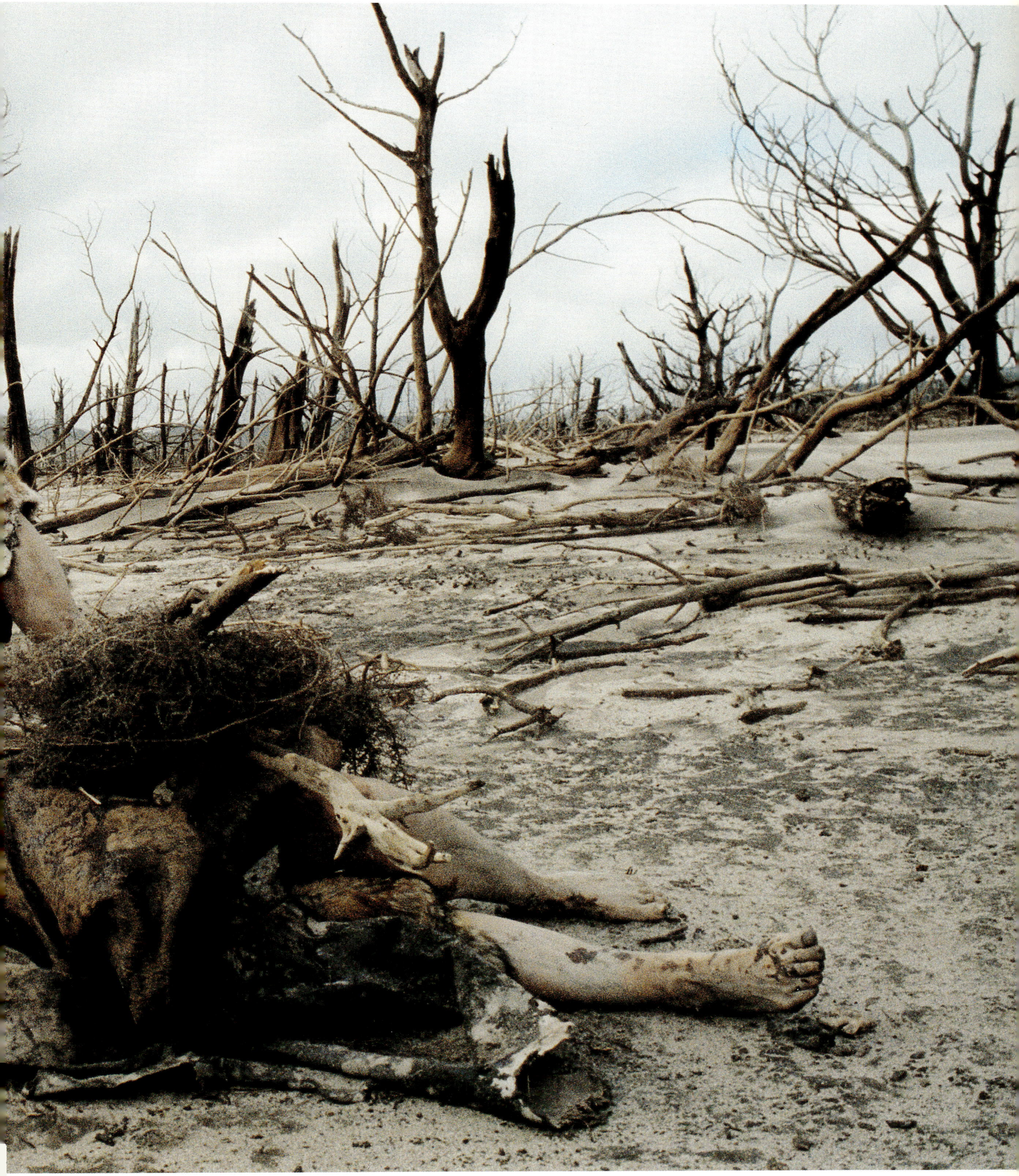

La mort devient une préoccupation majeure

Chez sapiens, le sens du sacré semble beaucoup plus affirmé. Et les préoccupations métaphysiques qui le transcendent vont se développer de manière spectaculaire avec l'épanouissement de l'art et des parures. Il y a environ 40 000 ans, les sépultures s'enrichissent d'un nombre considérable d'objets, de parures, de décorations pour certaines somptueuses. Autant de signes qui montrent que la spiritualité humaine se complexifie.

Une des sépultures les plus impressionnantes est celle de Sounguir, en Russie, qui date de –28 000 ans. Elle est remarquable à plus d'un titre. L'âge avancé de l'un de ses trois occupants n'est pas la moindre de ses particularités. Le plus vieux des squelettes était celui d'un homme de soixante ans, ce qui fait de lui le doyen des hommes préhistoriques. Autre surprise étonnante, la découverte de plusieurs milliers de perles d'ivoire qui avaient été cousues sur les vêtements des morts. Un ornement d'une grande valeur : des paléontologues ont montré que le façonnage de chacune de ces perles exige une heure de travail. Les trois corps portaient aussi de nombreuses parures, bracelets, colliers de coquillages. Plusieurs objets raffinés étaient déposés à leurs côtés. Mais le plus spectaculaire est à venir : deux défenses de mammouths de plus de deux mètres de long disposées le long des corps des plus jeunes des défunts. Des défenses rectilignes, sans doute déformées dans de l'eau bouillante au prix d'un vif effort. Comment les artisans du clan des défunts y sont-ils parvenus ? Leur prouesse stupéfie encore les spécialistes. L'investissement conséquent de ces hommes montre à quel point les pratiques artistiques et spirituelles tenaient une place importante dans leur vie.

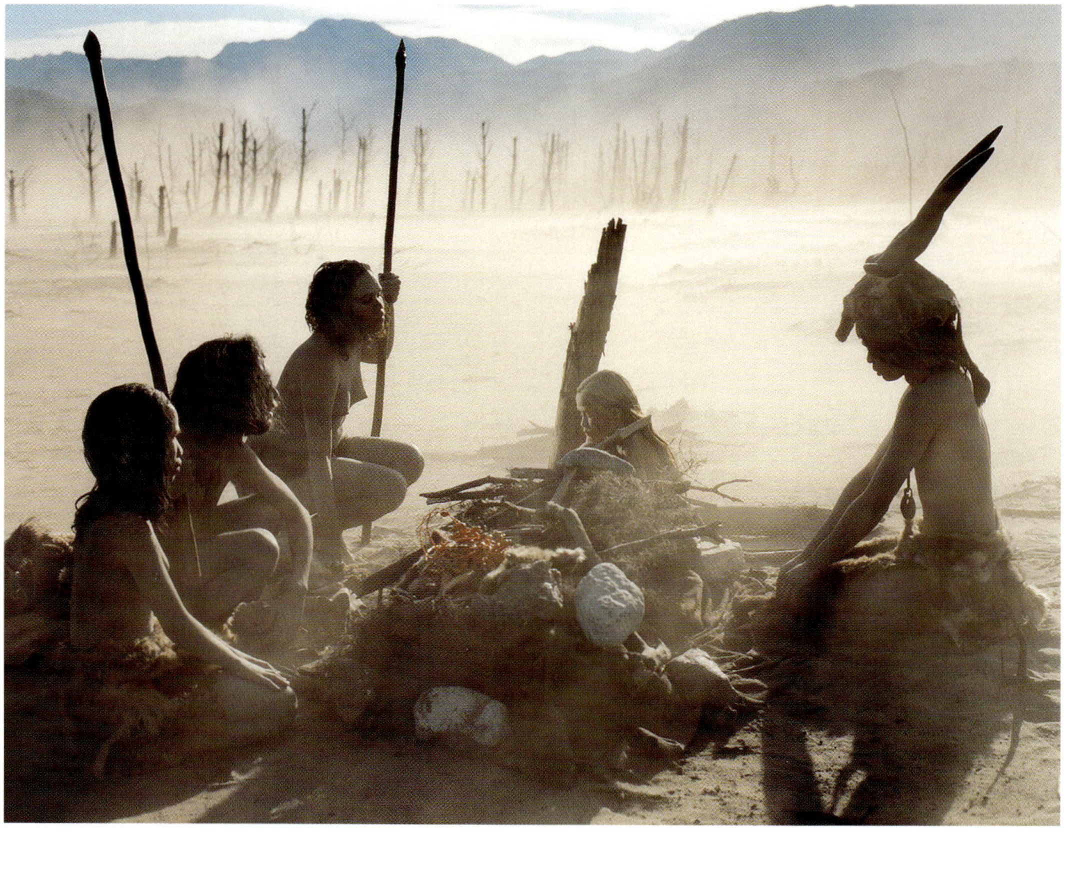

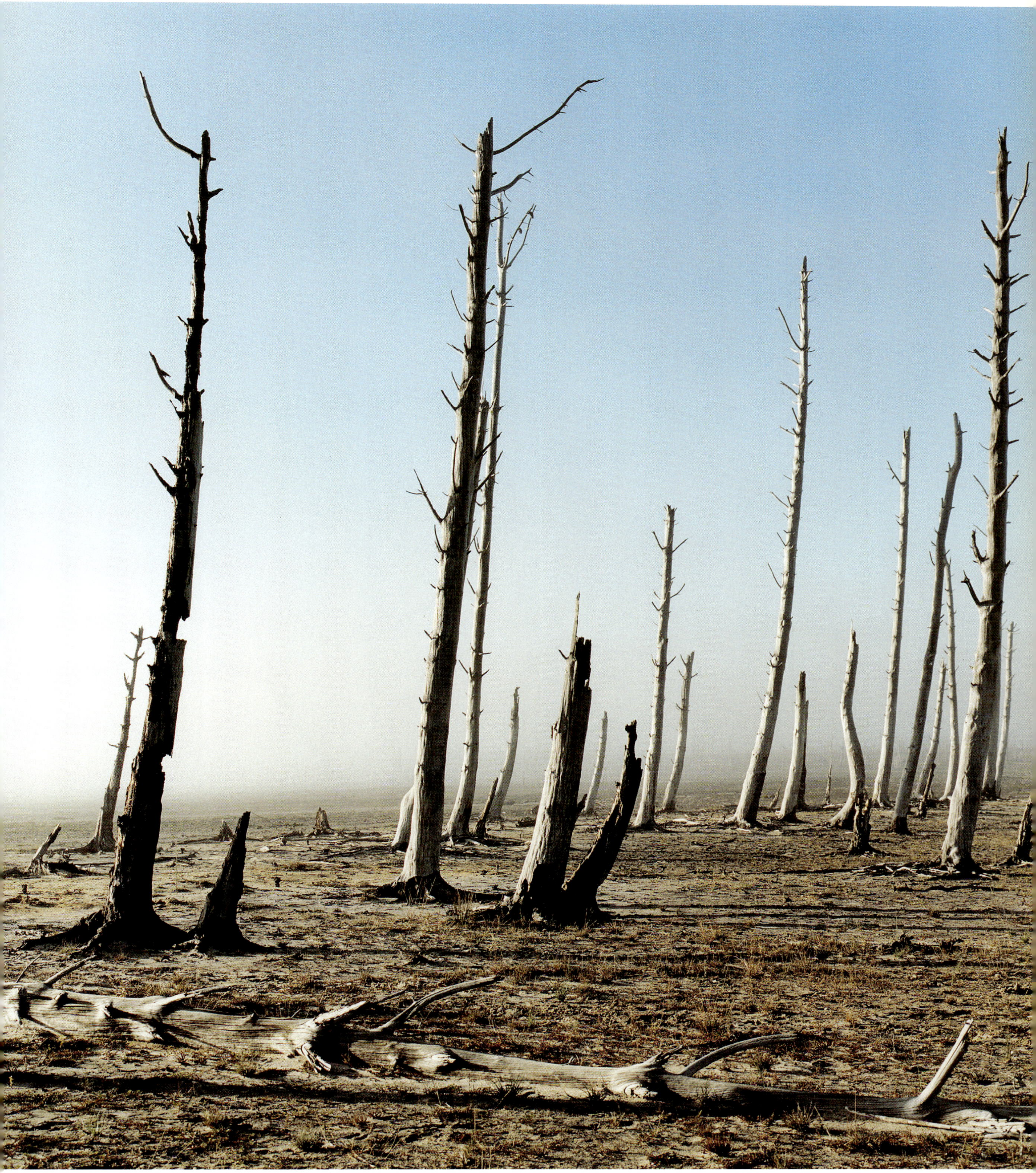

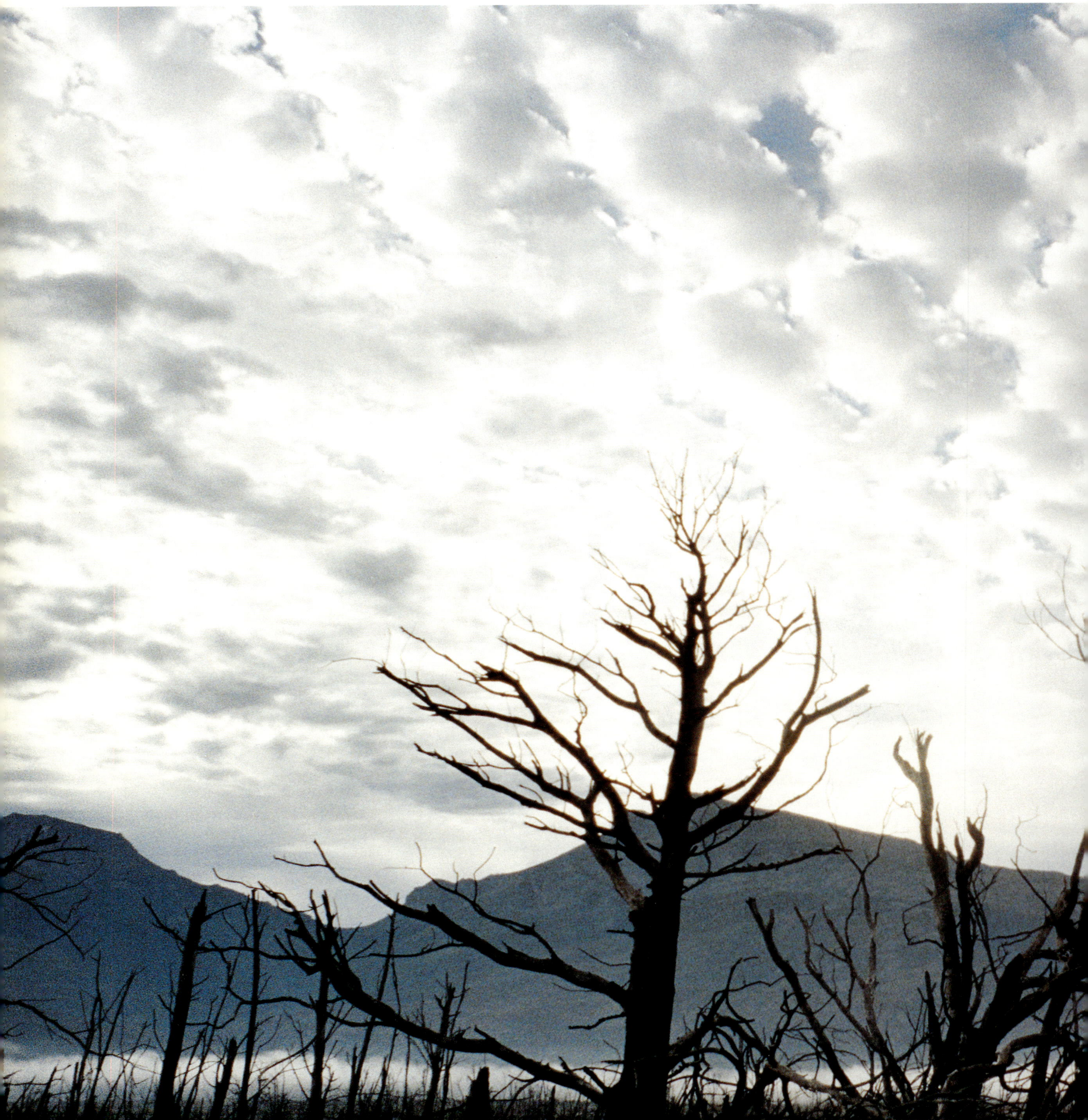

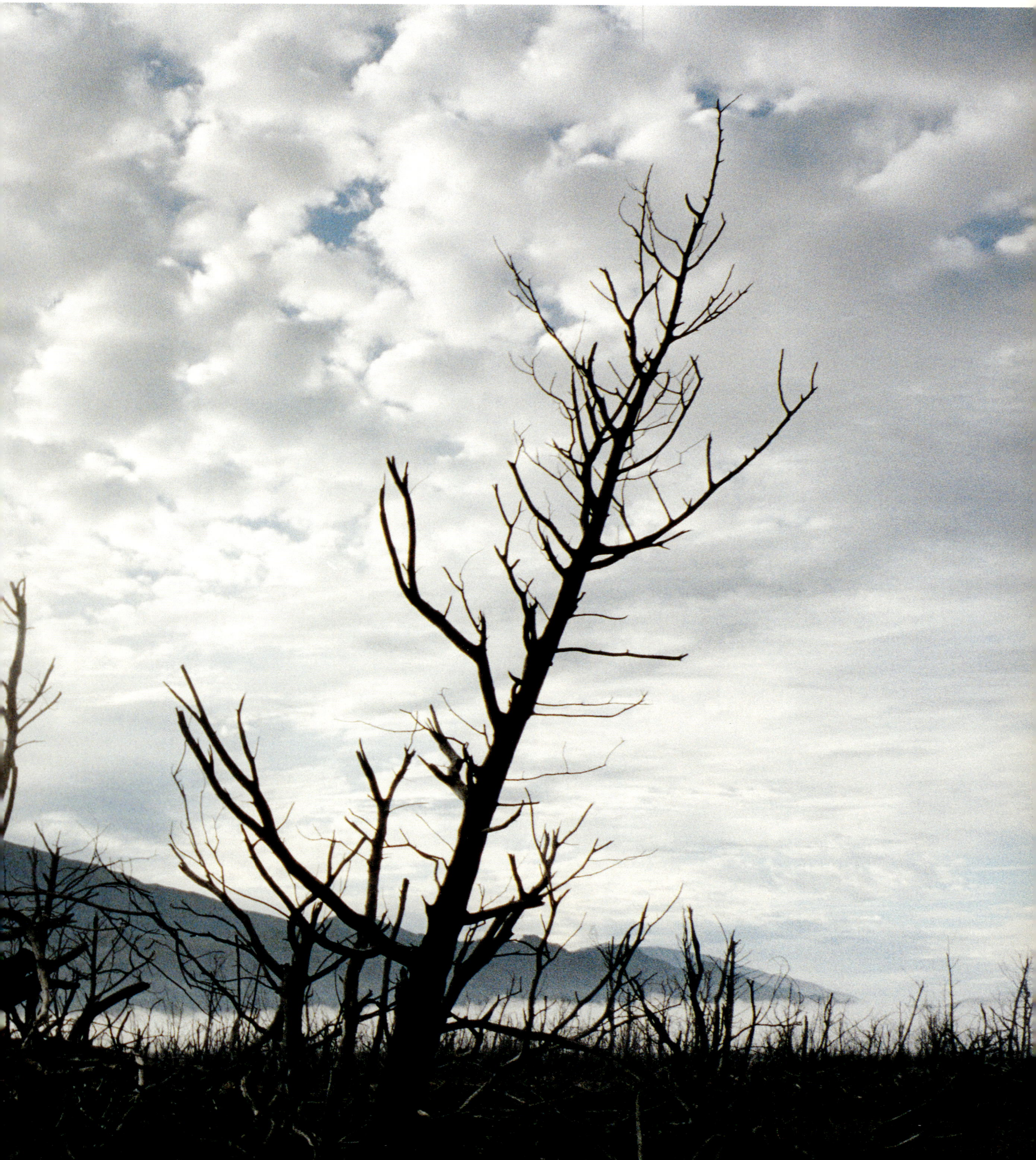

La magie et la religion se répandent Ces tombes témoignent d'une spiritualité sophistiquée, avec des rituels évoquant l'existence de mythes. Ce qui fait dire aux préhistoriens que la religion est apparue très tôt dans l'histoire de sapiens.

Le chamanisme, qui rassemble des pratiques magiques et religieuses destinées à communiquer avec les esprits, s'est largement propagé au sein des sociétés de chasseurs-cueilleurs. Pourtant, depuis l'apparition des premières sépultures vers 100 000 ans avant J.-C. jusqu'à la fin du paléolithique supérieur vers –12 000 ans, aucun signe tangible n'atteste de l'existence d'un culte rendu à une divinité. Mais la religion, ensemble organisé de croyances et de rites, n'implique pas forcément une foi en un ou plusieurs dieux. Non, ceux-ci vont apparaître bien plus tard, à l'aube de la sédentarisation de l'homme.

Quand l'humanité a-t-elle précisément découvert ses premiers dieux ? La question reste discutée. L'identification de divinités au travers de leurs représentations ou des vestiges de culte est particulièrement délicate. Car il peut se révéler difficile de distinguer une figure divine parmi d'autres images symboliques. Néanmoins deux dieux semblent s'être imposés au début du néolithique, il y a –12 000 ans, après l'apparition de l'agriculture. Ces premières figures à prendre place au panthéon sont d'ailleurs liées aux activités agro-pastorales des populations de cette époque. Il s'agit de la déesse-mère, aux rondeurs puissamment évocatrices, et du dieu taureau, tout en force. La première symbolise bien évidemment la fertilité, l'autre la virilité. Deux personnages emblématiques que l'on retrouvera en particulier dans la mythologie grecque sous les traits de Déméter et du Minotaure.

APRÈS NEEKA, D'AUTRES CHAMANS FONT LE LIEN ENTRE LES VIVANTS ET LES ESPRITS.

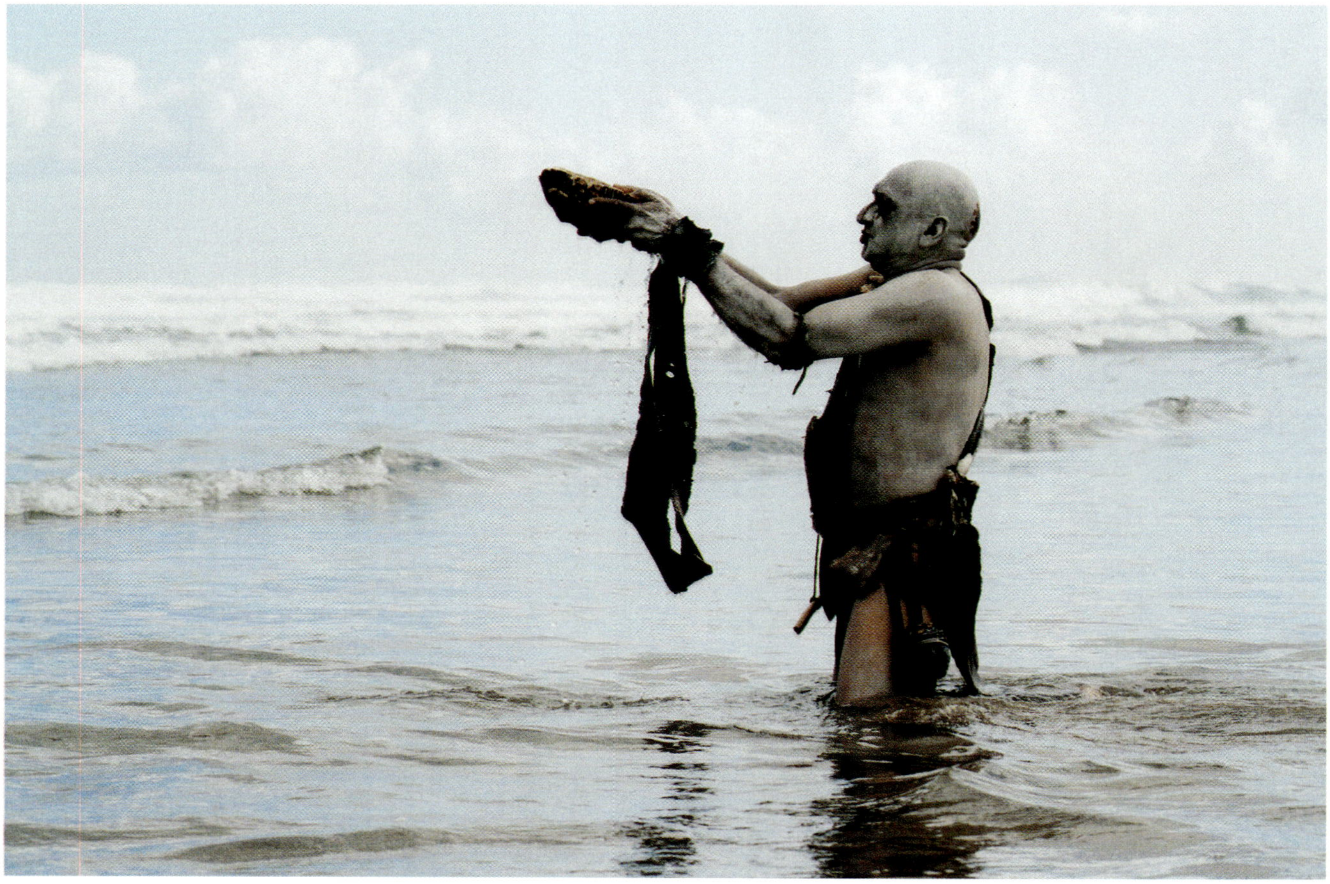

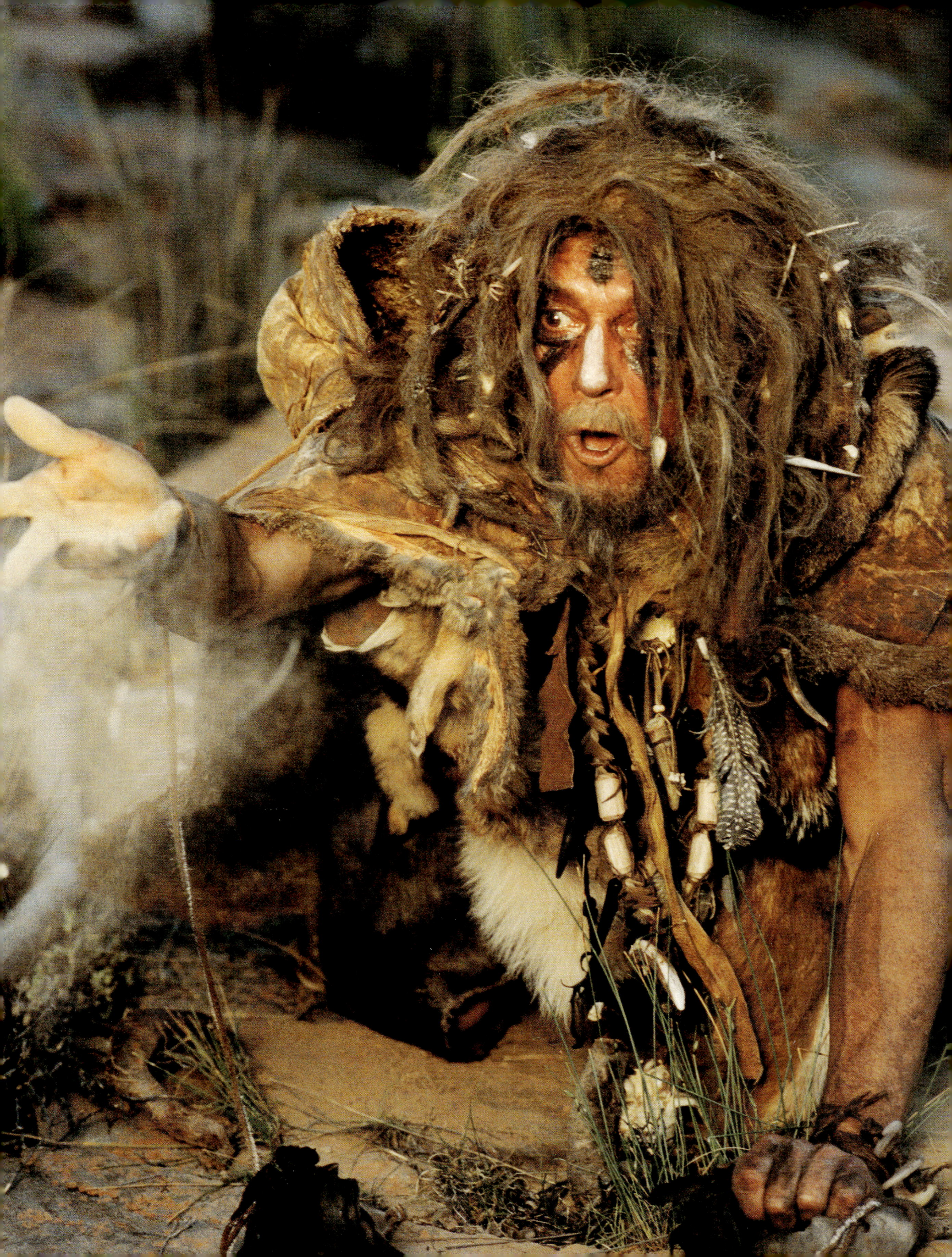

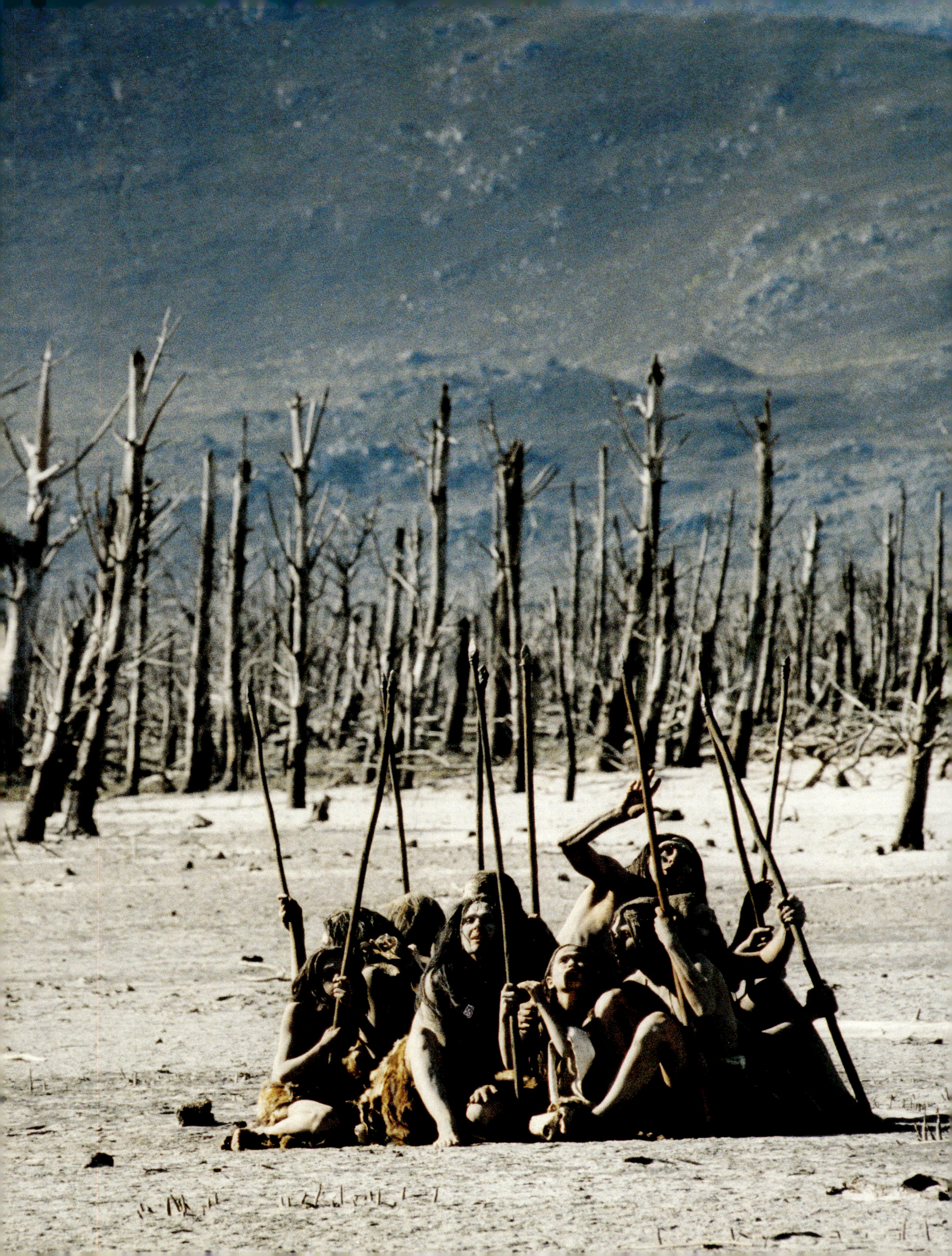

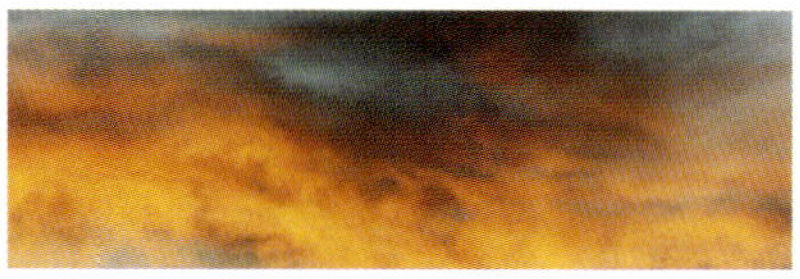

La genèse de la spiritualité

La pratique de rites funéraires n'est peut-être pas réservée aux sapiens et aux néandertaliens. En effet, la plus ancienne trace de rituel funéraire connue aurait 350 000 ans.

Il s'agit d'Excalibur, un exceptionnel biface d'ornement en quartzite rouge découvert dans la grotte de la Sima de los Huesos (le puits aux ossements), en Espagne. Il fut retrouvé au fond d'un gouffre où reposaient trente-deux Homo heidelbergensis. Cette pierre, taillée avec soin dans une roche qu'on ne trouve pas à proximité de la grotte, n'avait jamais servi, ce qui fait dire à ses inventeurs que l'outil décoré avait été façonné spécifiquement pour la sépulture. Peut-on être certain pour autant qu'il s'agit d'une offrande ? La découverte est encore trop récente pour l'affirmer. Est-on d'ailleurs sûr qu'il s'agit bien d'une sépulture et que les corps retrouvés là n'ont pas été précipités, de leur vivant, dans le vide ? Plusieurs indices semblent récuser cette hypothèse. L'âge de ces individus et leur sex-ratio, c'est-à-dire la répartition hommes-femmes, correspondent bien à la courbe de mortalité par sexe d'une population de l'époque, les femmes étant nombreuses à mourir vers 15 ans au cours de leur premier accouchement. Ensuite, le bon état des os indique que les individus étaient bien morts au moment de leur chute. Sinon leur squelette présenterait de nombreuses fractures. Mais il y a plus étonnant encore. Le crâne de l'un des sapiens de Herto, en Éthiopie, les plus anciens hommes modernes découverts à ce jour, portait de curieuses marques gravées après la décomposition de ses chairs : des incisions parallèles réalisées avec un outil en pierre. La calotte crânienne d'un autre membre de la tribu avait été volontairement brisée et ses bords limés. S'il s'agit de pratiques mortuaires, elles auraient 160 000 ans. Mais ce n'est encore qu'une supposition...

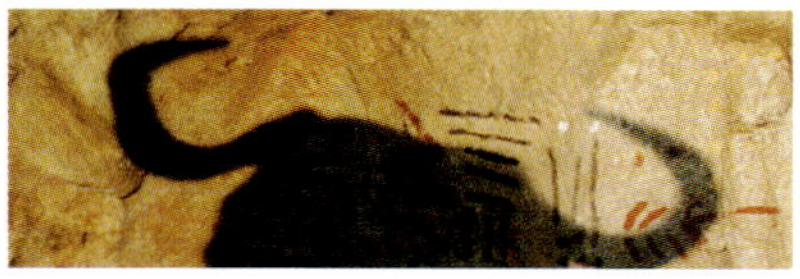

L'invention des dieux

Si les archéologues s'accordent sur l'identité des premiers dieux, la déesse-mère et le dieu taureau, leur date d'apparition est toujours discutée. Il est logique de penser que leur culte a commencé après la sédentarisation des hommes.

Or les plus anciens villages connus à ce jour ont été bâtis vers 12 000 ans avant notre ère entre l'Euphrate et la mer Morte. Une grande partie de l'année, les Natoufiens habitaient ces cabanes de bois érigées sur des fondations en pierres. Ils consommaient d'abord les céréales poussant naturellement dans leur environnement puis se mirent à les semer et à devenir totalement sédentaires. Leur exemple fut suivi par d'autres peuples du Croissant fertile – un arc de terres embrassant Israël, le Liban, la Syrie, la Turquie méridionale, la frontière Irak-Iran. Sous la pression démographique, l'agriculture se serait donc imposée vers –9 000 ans. Les dieux seraient nés ensuite. Une théorie totalement réfutée par Jacques Cauvin, un archéologue français. Ses travaux repris après sa mort par d'autres membres de son équipe tendraient plutôt à montrer que les dieux ont précédé de peu l'agriculture et seraient apparus vers –10 000 ou –9 000 ans. Les deux phénomènes seraient liés. La création de ces dieux à « résonance pastorale » aurait répondu à un besoin des hommes modernes de s'affranchir des contraintes de leur environnement, et plus généralement de la nature. En leur donnant confiance, ces figures divines leur auraient inspiré l'envie d'intervenir dans les cycles naturels du vivant. Une hypothèse renforcée par plusieurs découvertes, notamment par la mise au jour, en Syrie, de sanctuaires datant de 9 000 ans avant J.-C.

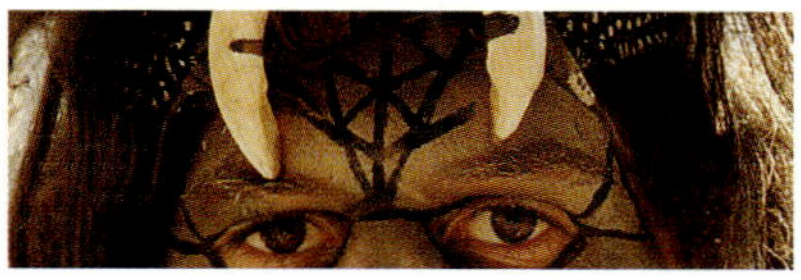

Pourquoi la religion ?

Pourquoi la religion est-elle venue aux hommes ? La science avance plusieurs explications. L'anthropologie cognitive explique la religion par une aptitude du cerveau humain à retenir et à transmettre des croyances.

Les systèmes mentaux impliqués dans le tri de toute information parvenant à l'organe de la pensée se montreraient particulièrement réceptifs à certains concepts religieux. Ces mécanismes de pensée pousseraient par exemple les hommes à attribuer la cause d'une mort brutale à un esprit ou un dieu, à une entité aux caractéristiques humaines, dotée de puissants pouvoirs. Ou face à un danger, à demander protection à cet esprit. Ces concepts s'imposeraient assez vite dans une population donnée, ce qui expliquerait l'apparition, la stabilité et l'universalité des croyances religieuses. Des sociologues justifient plutôt l'existence des religions par la cohésion sociale qu'elles entretiennent au sein d'une société, et par les lois morales qu'elles érigent et qui garantissent la stabilité de cette communauté. Des psychologues et des anthropologues mettent plutôt l'apparition des religions sur le compte du désir de l'être humain de trouver une consolation à ses souffrances. D'autres encore pensent qu'elles ont émergé d'un sentiment de crainte, d'incompréhension et de fascination pour une nature omniprésente, à la fois vitale et meurtrière, dans la vie des hommes préhistoriques. Ces thèses ne s'excluent pas mutuellement. Elles n'en demeurent pas moins très discutées au sein de la communauté scientifique. Car les sociétés préhistoriques ont laissé derrière elles trop peu d'indices pour permettre de trancher.

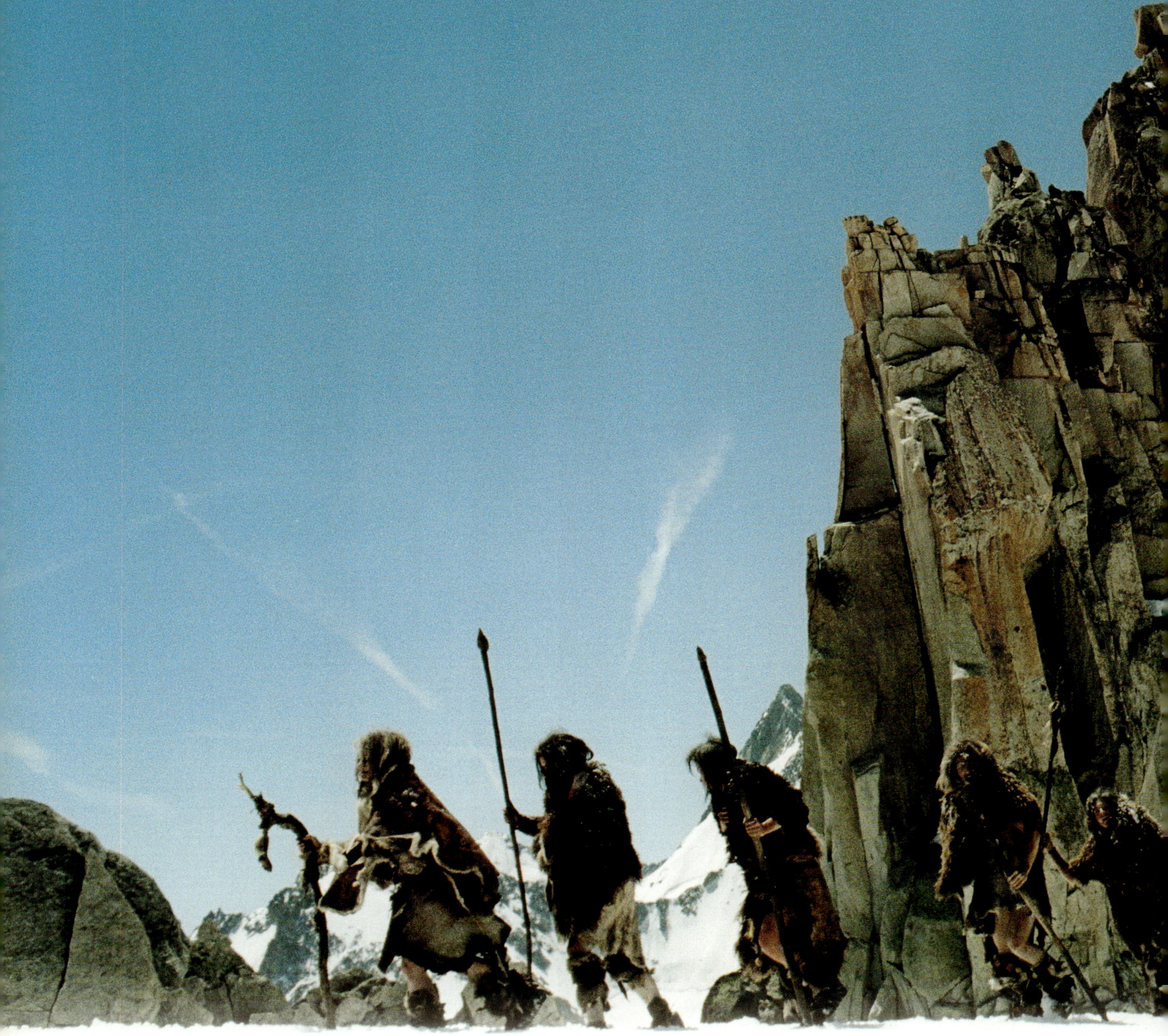

QUAND L'HOMME MODERNE RENCONTRE

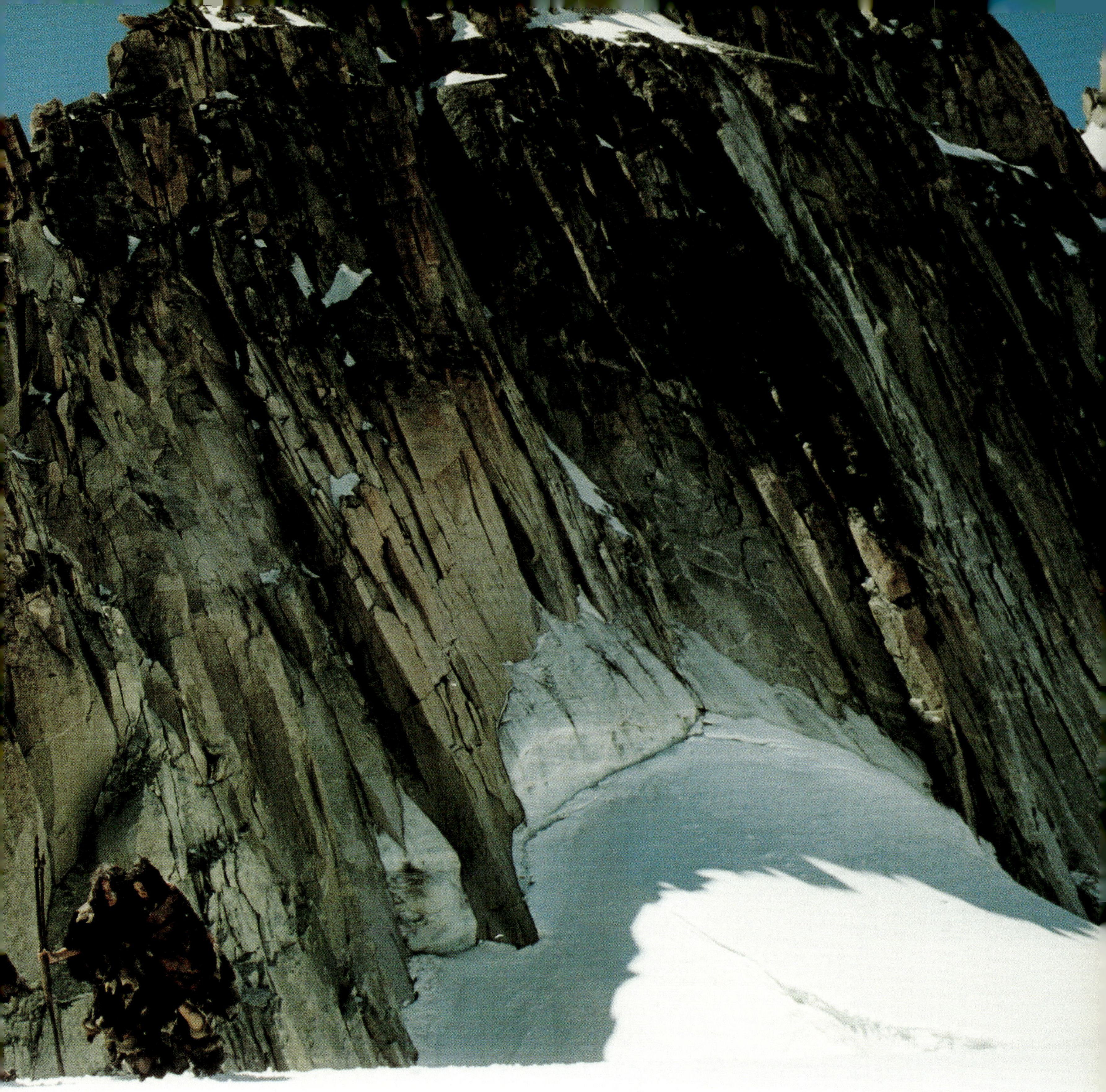

L'HOMME DE
NEANDERTAL

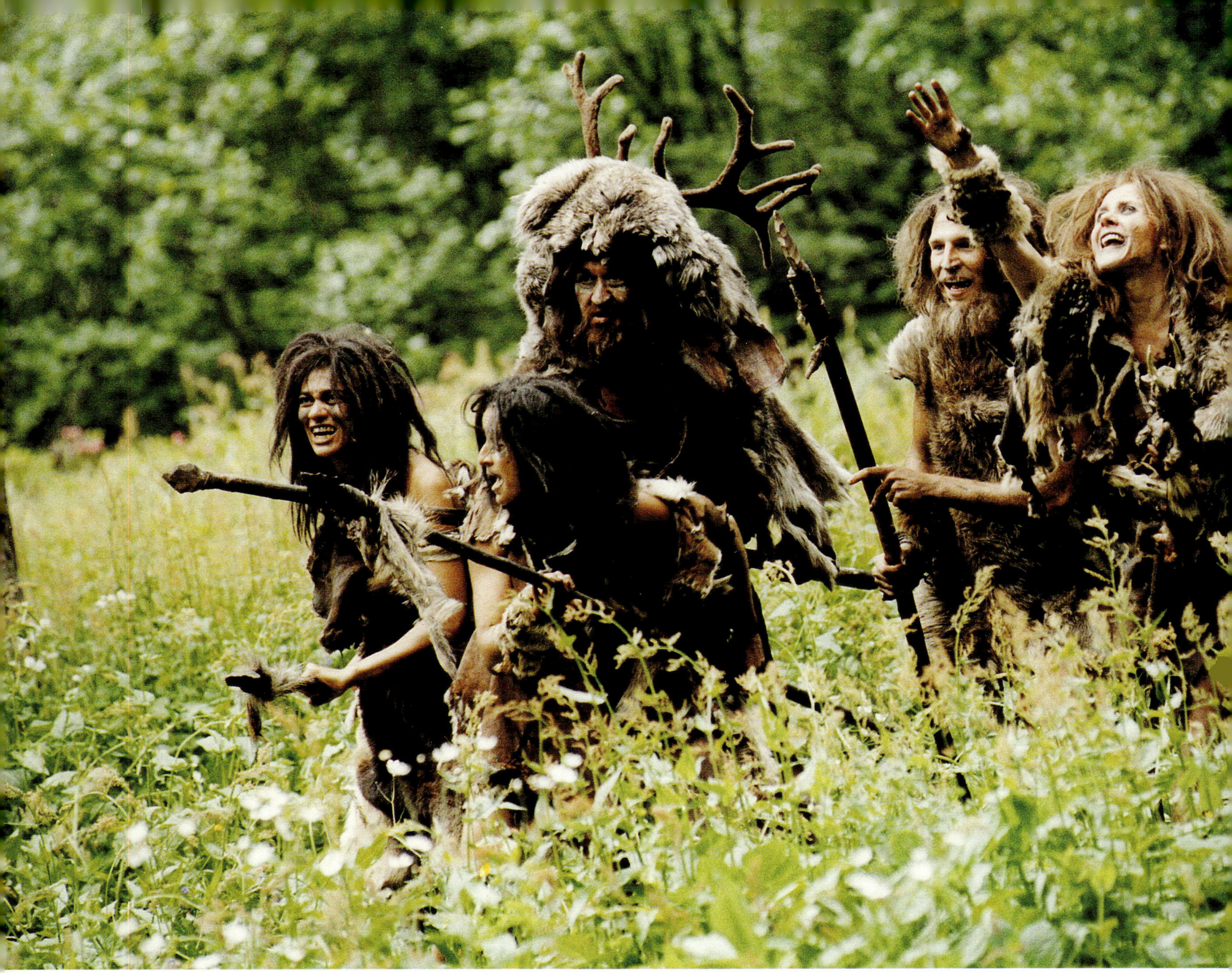

Le face-à-face de deux humanités Période faste en apparence pour l'arbre des hominidés : il y a un peu moins de 200 000 ans, deux rameaux croissent et divergent. Ce seront les dernières pousses. Elles connaîtront un destin très différent... À l'époque où Homo sapiens voit le jour en Afrique, une autre espèce humaine fait ses premiers pas en Europe. Un être distinct de l'homme moderne sur le plan biologique, qui n'en est pas moins son plus proche parent. Cela ne signifie pas pour autant que l'homme de Neandertal figure au rang des ancêtres de sapiens. Non, il siège à part. Lui aussi descend d'Homo erectus.

En fait, il est issu d'une longue lignée de formes intermédiaires formant le groupe des pré-néandertaliens. Cette néandertalisation commence il y a 500 000 ans en Allemagne, en France, en Espagne, en un processus de spéciation lié à l'isolement géographique de petits groupes soumis à la pression d'un environnement hostile en pleine période glaciaire. À cette époque, les glaciers des montagnes s'étendent, la calotte de glace qui couvre la partie nord de l'Europe gagne du terrain. La sélection naturelle est alors exacerbée et les caractères génétiques de résistance au froid, en favorisant la survie des hommes, s'imposent peu à peu dans les populations vivant aux latitudes moyennes et hautes. Adapté à la froidure, neandertal va peupler l'Europe occidentale de Gibraltar

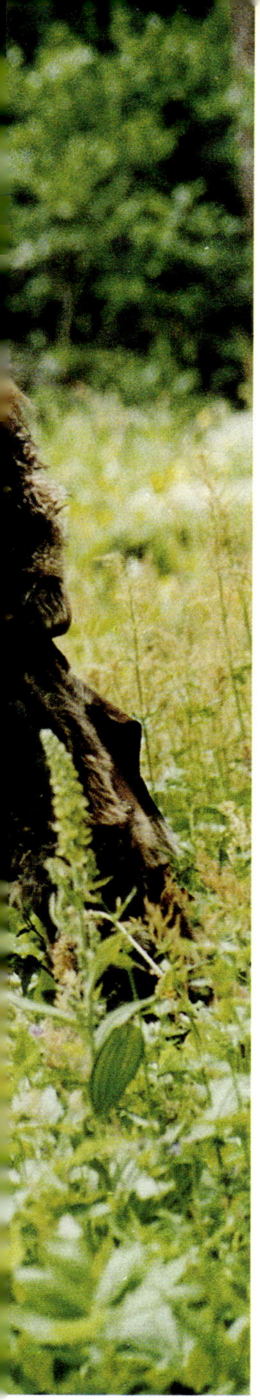

NATA, LA FEMME CHAMAN, GUIDE LES SIENS EN DIRECTION DES MONTAGNES. CE GROUPE D'HOMO SAPIENS VA Y RENCONTRER DES CHASSEURS NÉANDERTALIENS. PLUS RÉSISTANT AU FROID, L'HOMME DE NEANDERTAL PEUPLE LES RÉGIONS SEPTENTRIONALES.

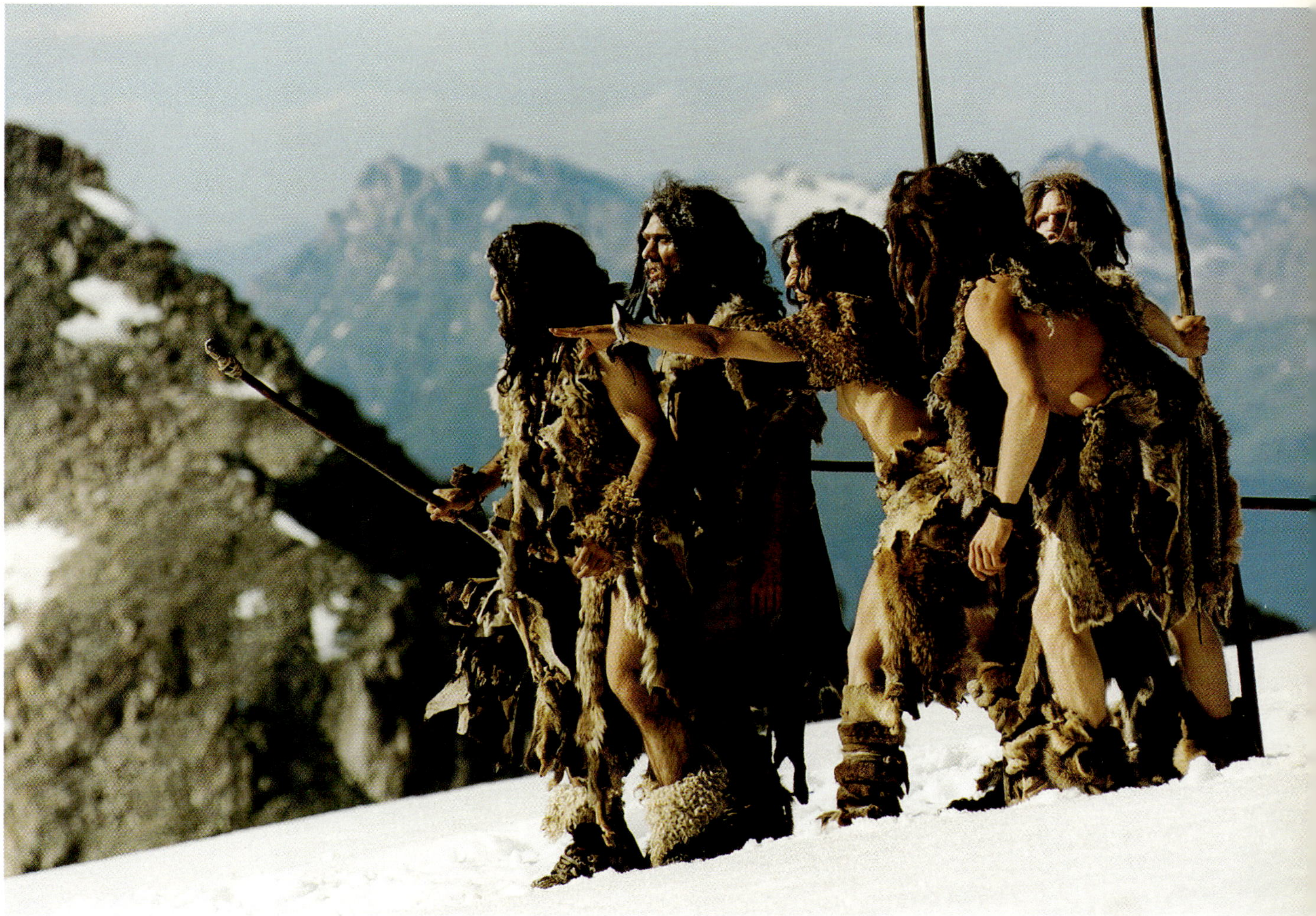

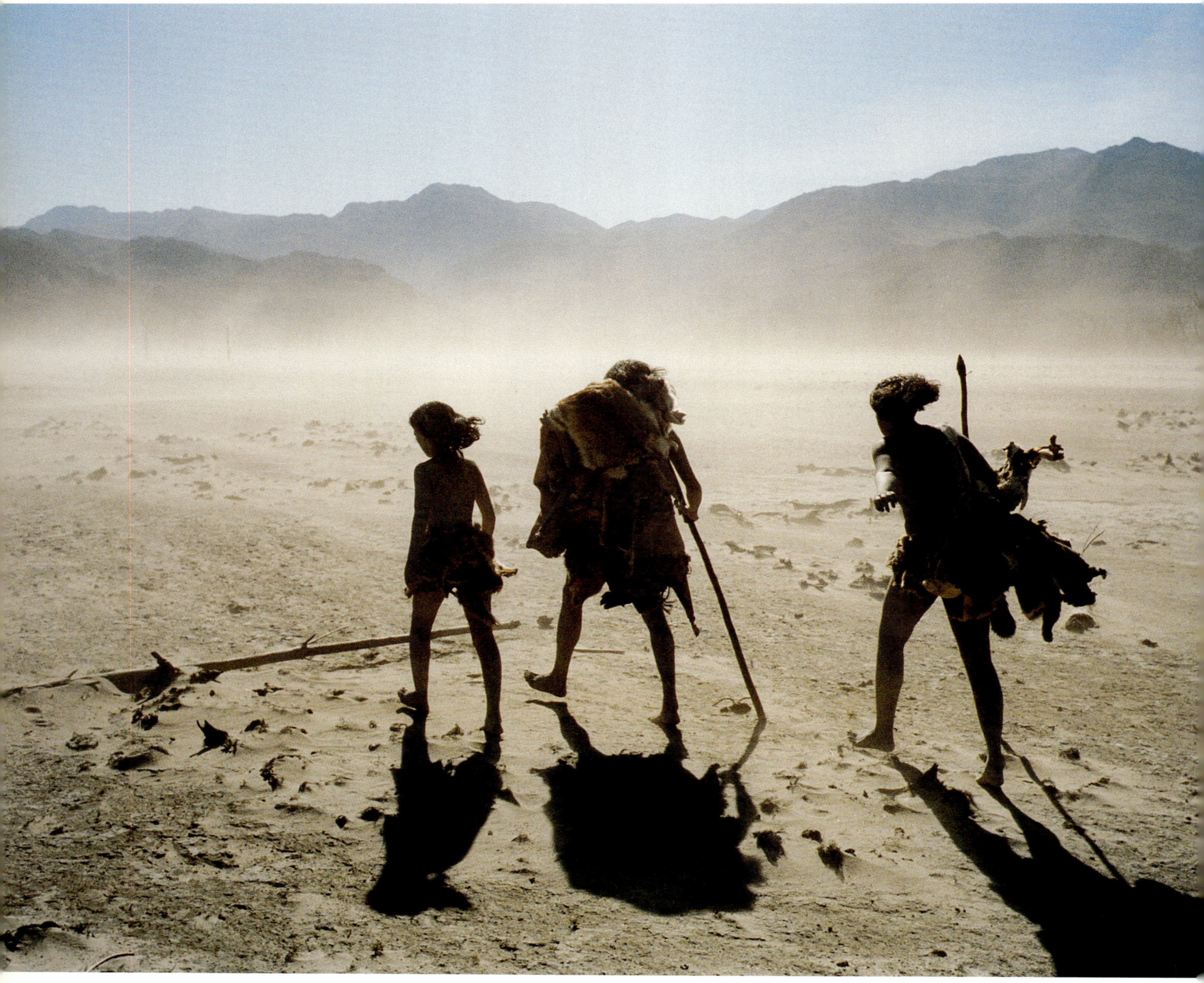

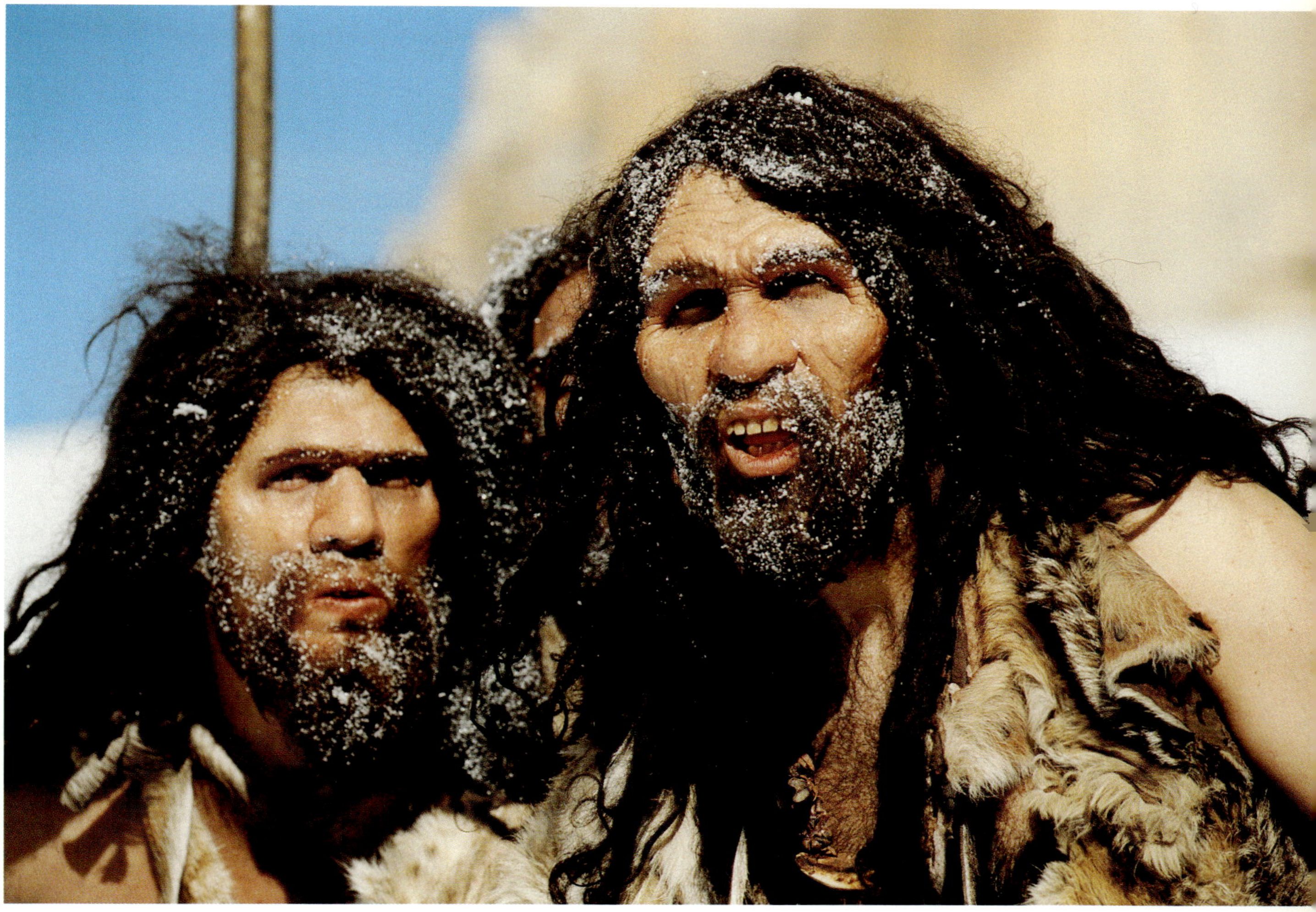

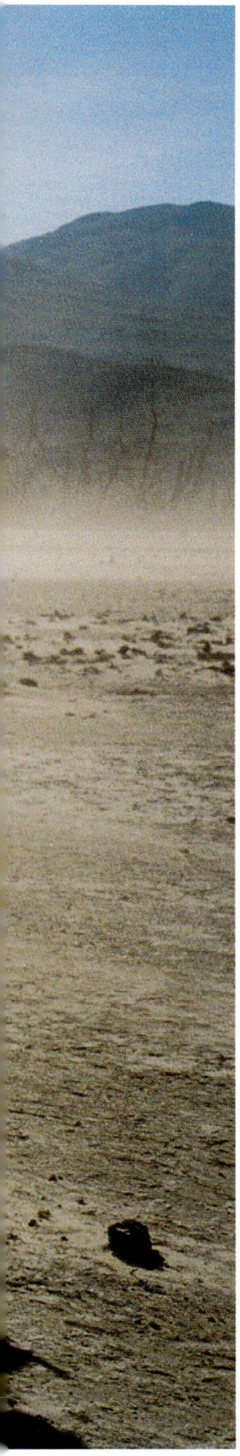

jusqu'en Basse-Saxe, en Allemagne. Jamais un hominidé ne s'est aventuré si loin vers le nord. À l'est, il poussera jusqu'en Asie centrale, en Ouzbékistan, et jusque dans le sud de la Sibérie lorsque les conditions climatiques deviendront meilleures, en période interglaciaire. Au Moyen-Orient, on retrouve ses restes en Israël, en Syrie, en Irak et en Iran. Neandertal ne reste pas inféodé aux contrées glaciales et diversifie ses habitats. Pourtant, pendant plusieurs dizaines de milliers d'années, sa route ne croise pas celle de son « cousin ». Sapiens occupe l'Afrique, un continent où il fait bon vivre.

Les néandertaliens se répartissent dans l'ouest de l'Eurasie qui offre des conditions de vie moins clémentes. Deux mondes reliés par une mince bande de terre prise entre la Méditerranée et le désert... Cette passerelle, sapiens va la franchir en suivant ses proies africaines qui migrent lors d'un réchauffement climatique vers –130 000 ans. Un peu plus tard, une vague de froid repousse au sud une partie de la faune septentrionale avec, à sa suite, les chasseurs néandertaliens. Ainsi, c'est seulement vers –100 000 ans que les deux espèces humaines se seraient rencontrées au Moyen-Orient lors d'un face-à-face qui dut leur causer un vrai choc : d'un côté des hommes acclimatés à la chaleur, grands et longilignes à la peau foncée, de l'autre des hommes adaptés au froid, petits, très massifs, à la peau beaucoup plus claire.

UNE OSSATURE LOURDE ET UNE CORPULENCE MASSIVE CONFÈRENT À L'HOMME DE NEANDERTAL SA SILHOUETTE RÂBLÉE ADAPTÉE AU CLIMAT RIGOUREUX. HOMO NEANDERTHALENSIS EST LE PREMIER HOMINIDÉ À S'AVENTURER À DES LATITUDES ÉLEVÉES.

PAGE DE GAUCHE AU MOYEN-ORIENT, IL Y A 100 000 ANS, LES HOMO SAPIENS AURAIENT PU RENCONTRER LES NÉANDERTALIENS.

DOUBLE PAGE SUIVANTE NATA ET LES SIENS DÉCOUVRENT LA NEIGE. ILS SE PRÉPARENT À AFFRONTER LE FROID.

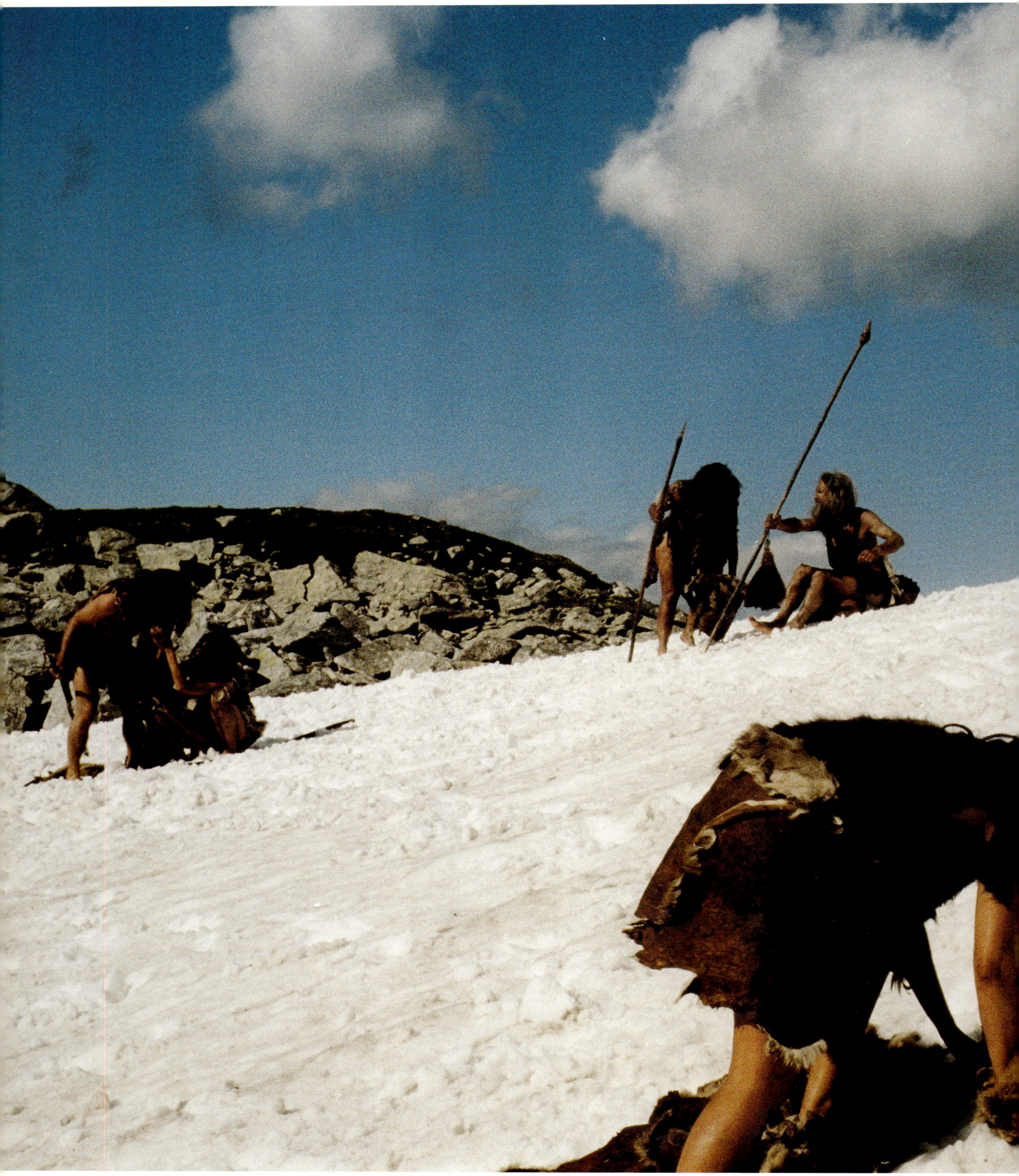

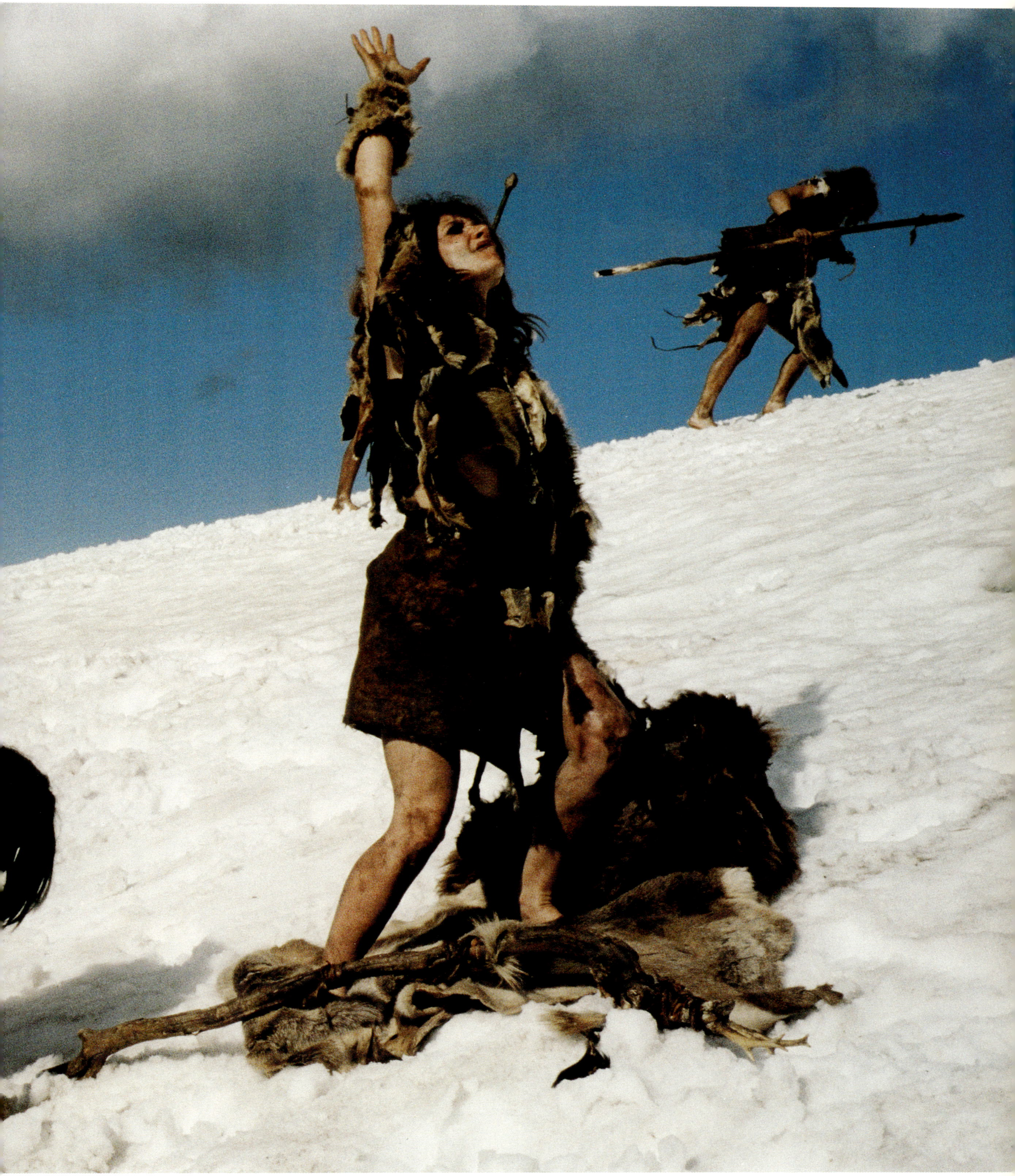

L'homme de Neandertal, un autre humain

Physiquement, neandertal ressemble peu à notre ancêtre. Il se tient aussi droit que lui, mais sa silhouette est généralement plus ramassée sur elle-même et son gabarit correspond à une masse de plus de 100 kg. Les bras et les jambes sont plus courts. Son crâne allongé possède un renflement au niveau de l'occiput, une sorte de chignon osseux. Son visage rappelle celui d'Homo erectus : le nez est large et proéminent, le front fuyant, le menton effacé, les orbites basses surmontées d'une barre osseuse, qu'on appelle bourrelet sus-orbitaire. Le volume de son cerveau est supérieur à la valeur moyenne observée chez erectus et chez sapiens. Les moulages endocrâniens, réalisés à l'intérieur de la calotte crânienne, révèlent que leur encéphale diffère aussi par sa structure : les lobes frontaux sont plus réduits, les parties occipitales et temporales plus développées que chez l'homme moderne.

L'HOMME DE NEANDERTAL ET SAPIENS SONT GÉNÉTIQUEMENT TRÈS PROCHES. MAIS ON NE PEUT LES CONFONDRE. LE PREMIER POSSÈDE UN CRÂNE VOLUMINEUX, DES TRAITS ÉPAIS, UN FRONT BAS, UN MENTON SAILLANT ET UN BOURRELET OSSEUX AU-DESSUS DES YEUX.

DOUBLE PAGE SUIVANTE UNE TEMPÊTE DE NEIGE SURPREND LES HOMO SAPIENS. LA MONTAGNE NE LEUR OFFRE AUCUN ABRI. LA PLUPART Y LAISSERONT LA VIE.

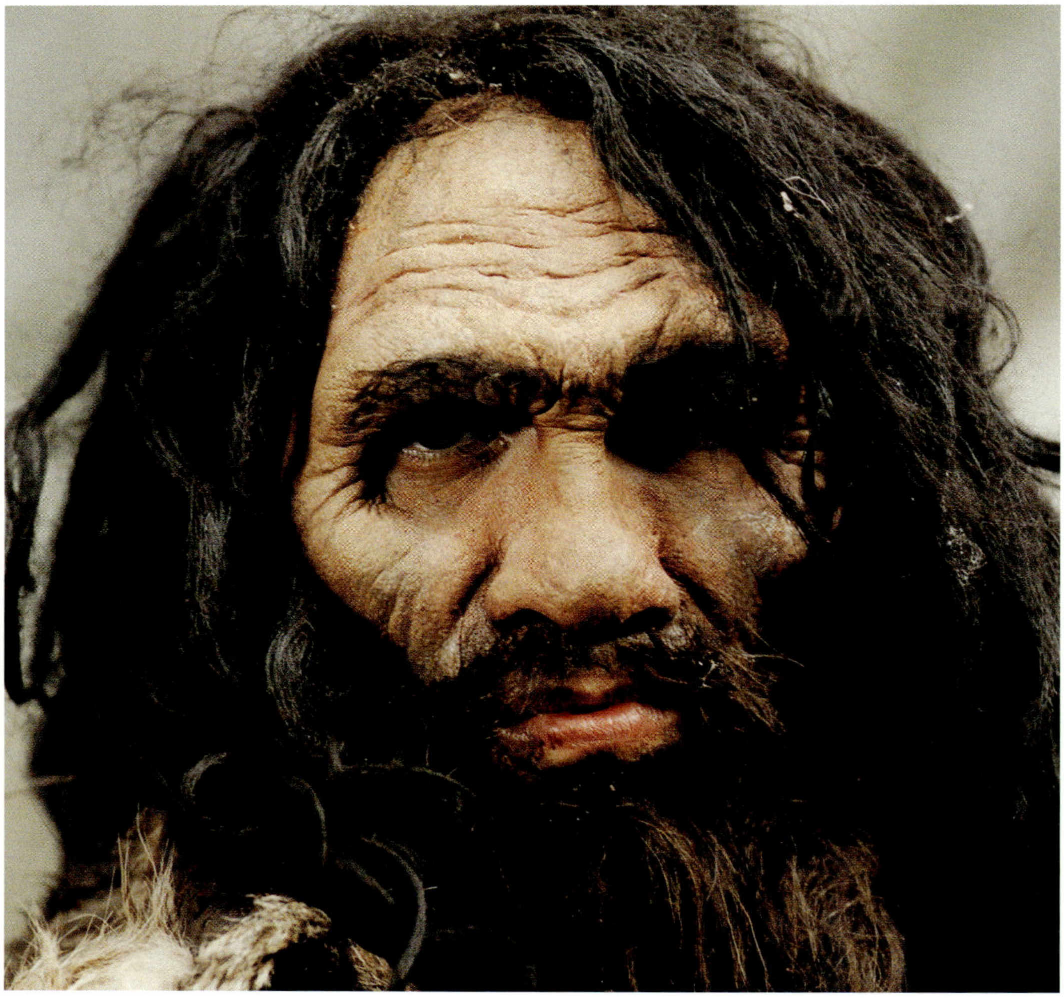

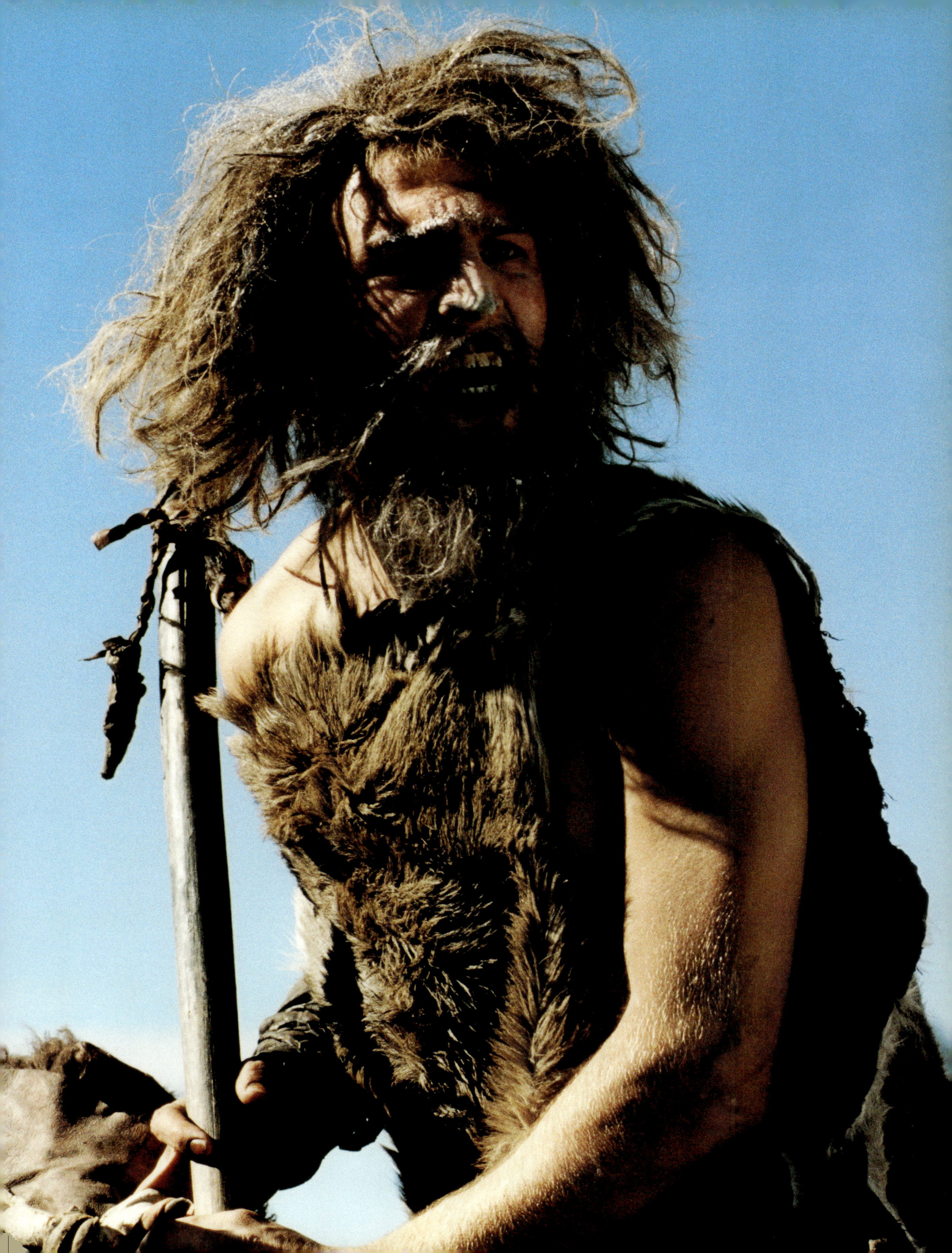

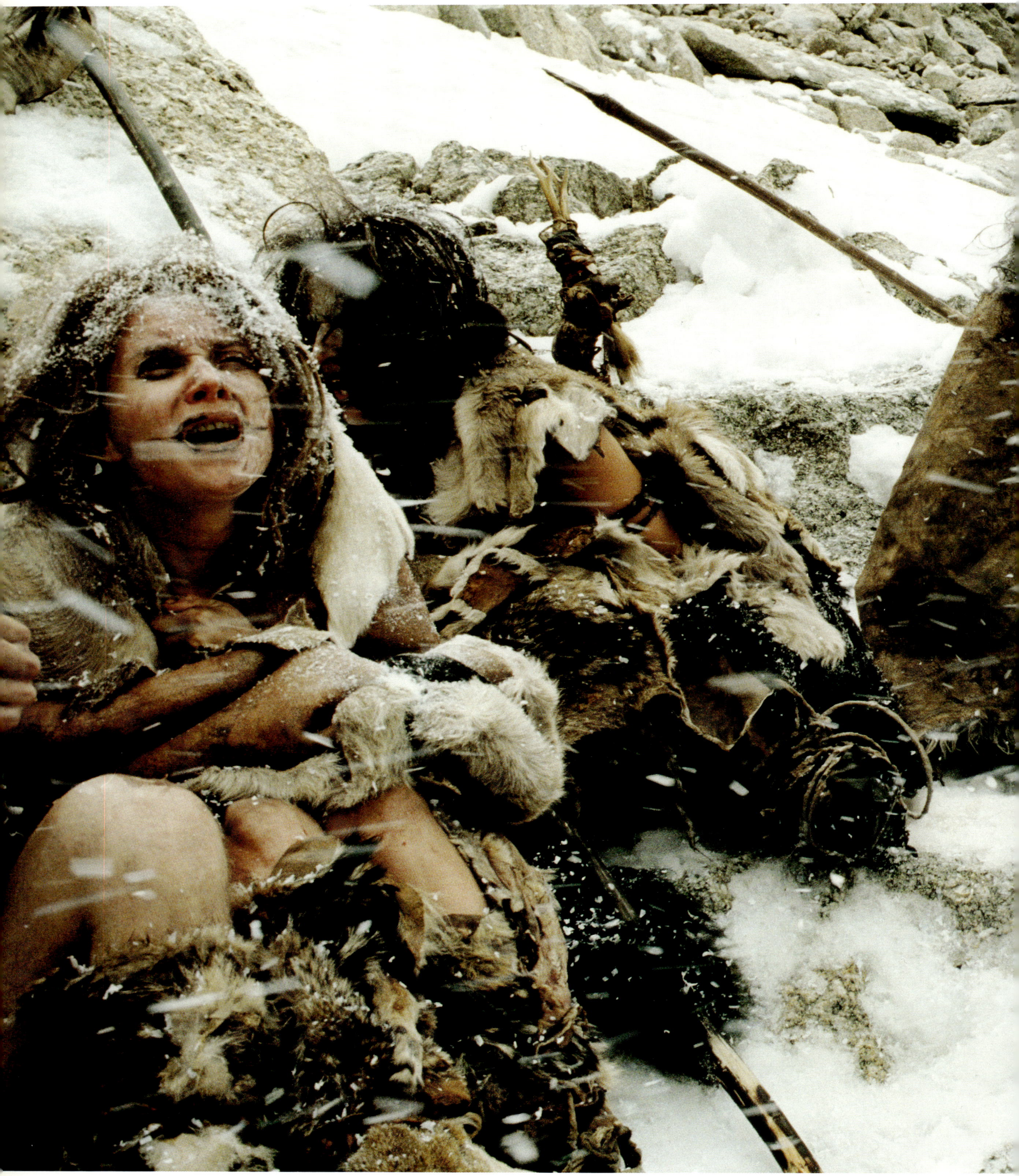

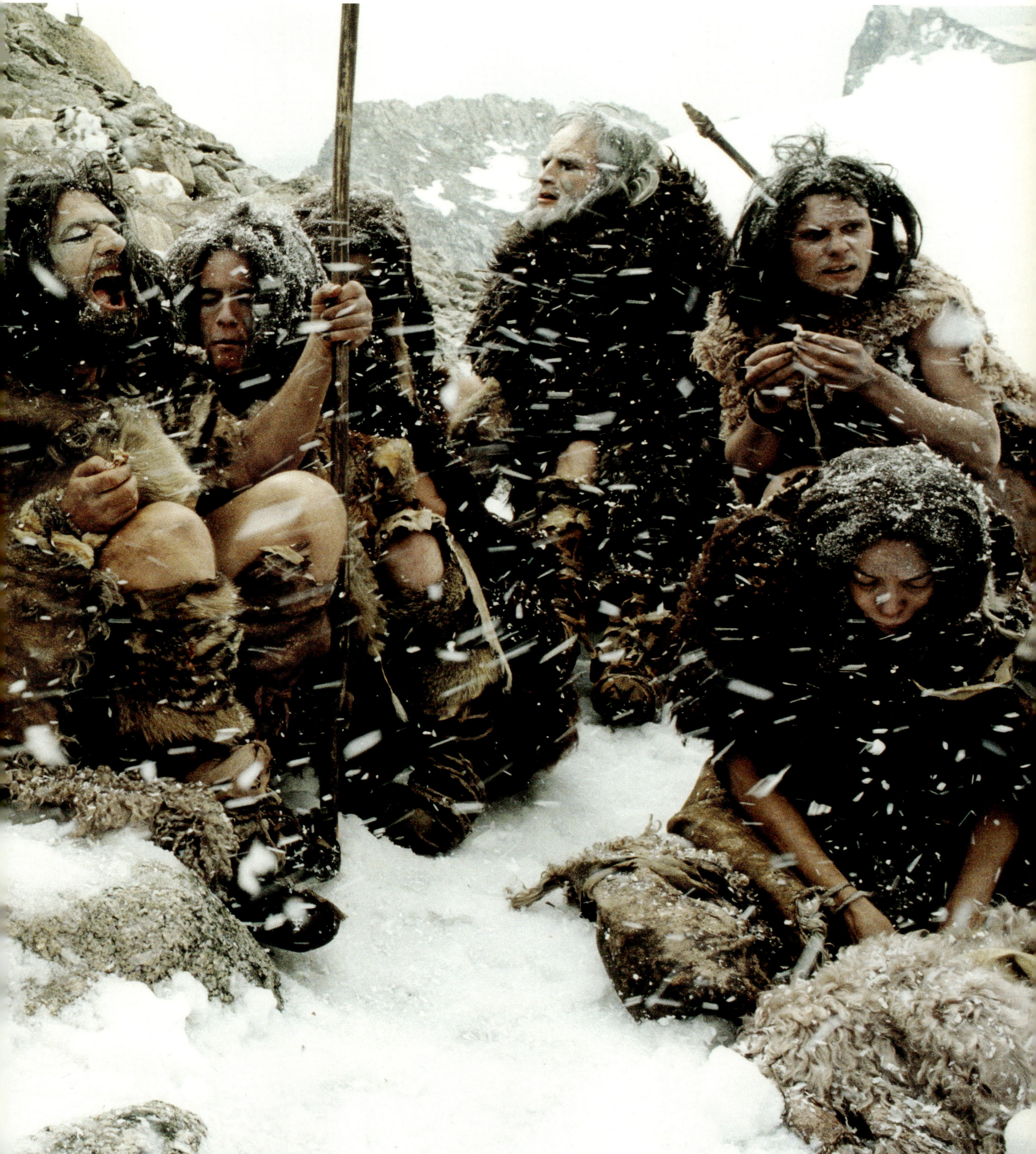

Sapiens préfère la collecte au vagabondage

Les deux nouveaux hominidés présents au Levant se partagent le territoire pendant 60 000 ans. Et il n'est pas rare de discerner leurs vestiges sur un même site. Y vivent-ils ensemble ? S'y sont-ils succédé ? Nul ne le sait. Mais il est surprenant que leur outillage de pierre ait appartenu à la même culture, le moustérien. Cette industrie se caractérise par la préparation d'un bloc de silex initial ou nucléus à l'aide de percuteurs de deux types : des marteaux durs (en pierre) et tendres (en os ou en bois) avec lesquels on détache des éclats, retouchés dans un second temps pour être transformés en pointes pour perforer, ou bien emmanchés sur une hampe en racloirs pour préparer les peaux, ou encore utilisés en couteaux pour découper la viande. Une coïncidence qui peut s'expliquer par l'échange, l'appropriation ou la copie... Toutefois l'examen attentif des sites habités par leurs clans révèle un mode de vie propre à chaque espèce, basé sur une stratégie d'occupation du territoire très différente : le vagabondage et la collecte. Les néandertaliens bougent continuellement. Leur groupe entier se déplace de campement en campement. Opportunistes, ils exploitent les ressources alimentaires de leur environnement proche jusqu'à épuisement puis lèvent le camp et vagabondent ainsi au hasard. La méthode semble aléatoire et exige beaucoup de temps. À l'inverse, les hommes modernes établissent un campement principal au centre de leur territoire, autour duquel ils lancent de courtes expéditions. Seuls quelques membres du clan y participent

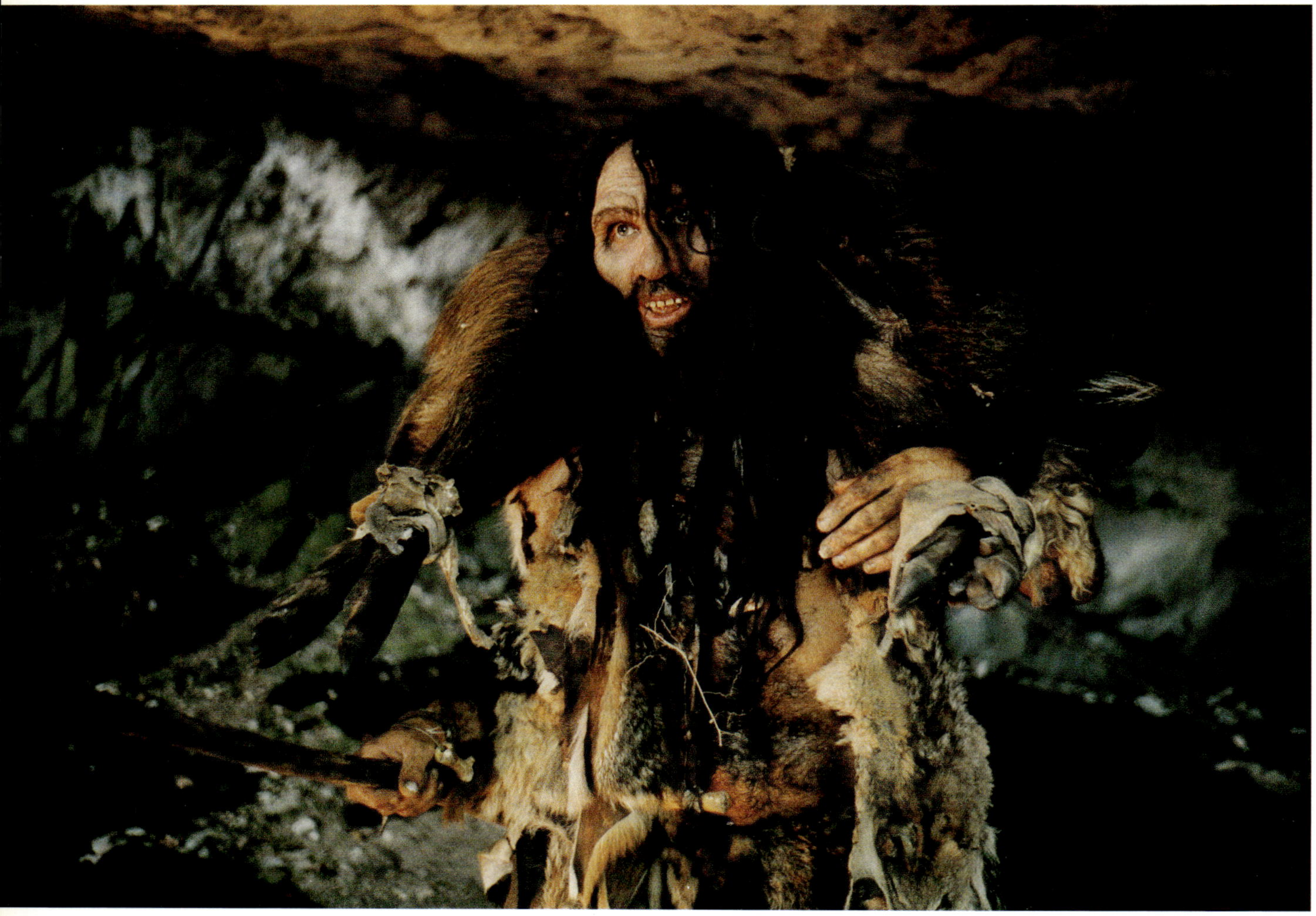

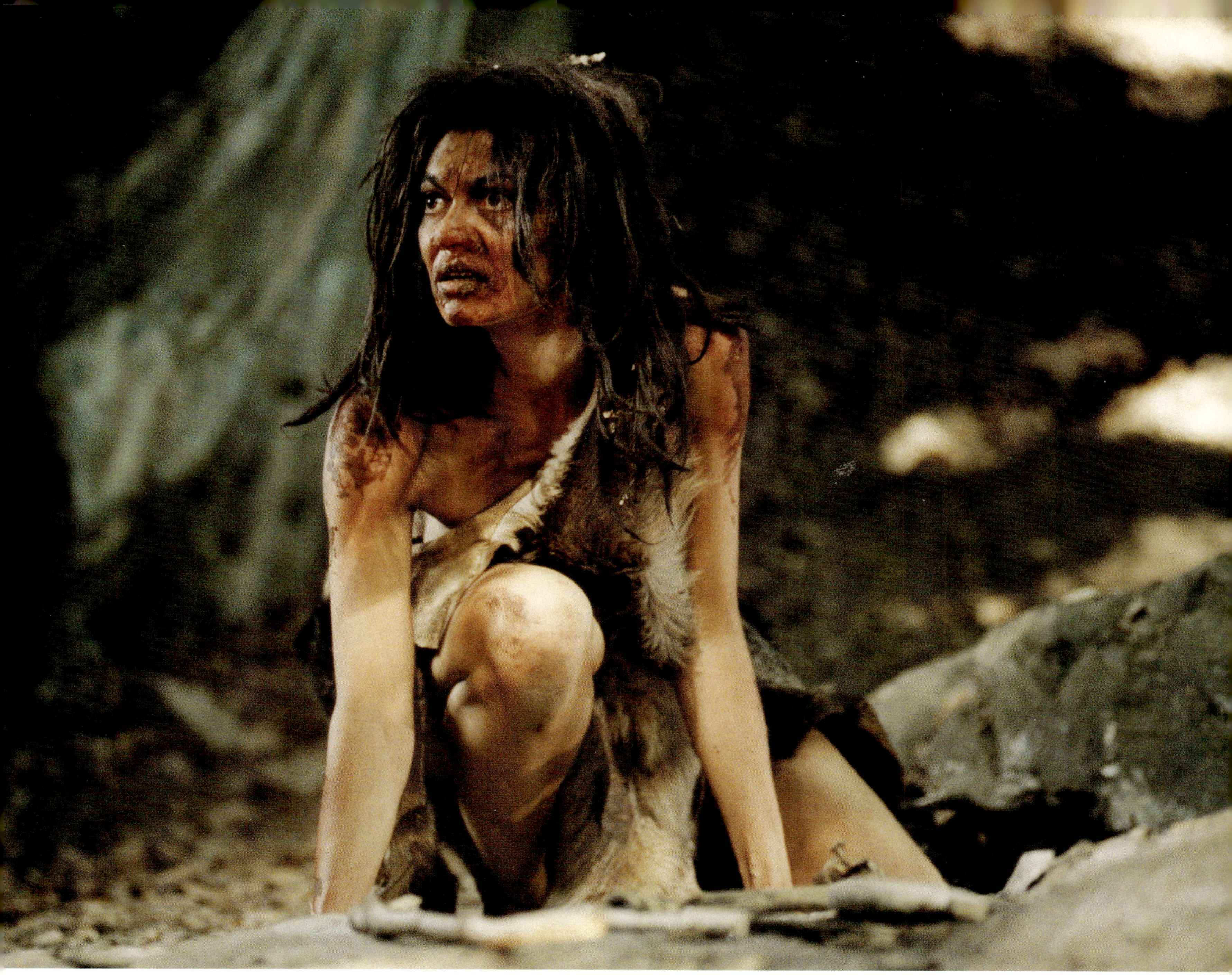

NATA DÉCOUVRE UNE SÉPULTURE NÉANDERTALIENNE. NEANDERTAL ET SAPIENS INHUMENT TOUS DEUX LEURS MORTS, MAIS LEURS RITUELS FUNÉRAIRES DIFFÈRENT.

et montent des campements secondaires en des lieux où ils collectent une ou plusieurs denrées en particulier, en fonction des saisons. Une méthode fructueuse et rapide qui prend en compte les diverses productions naturelles des milieux environnants au fil des mois. Elle implique de bien connaître l'évolution annuelle du territoire et de planifier à l'avance les collectes. Ces stratégies opposées seront également celles que les deux hominidés mettront en œuvre ultérieurement en Europe, où un autre face-à-face les attend. Cette fois aucun doute ne subsiste, la confrontation a bien lieu. Il y a 40 000 ans, des hommes modernes venus de l'est du continent pénètrent en Europe. Les populations néandertaliennes présentes sur le continent depuis quelque 120 000 ans les voient tout à coup débarquer par tribus entières. Cet afflux qui ressemble à une invasion en règle s'étale sur quelques millénaires. L'avancée des uns provoque le recul des autres. Neandertal se replie vers l'ouest. Il y a 30 000 ans, il n'est plus présent que dans le sud-ouest de la France, au Portugal et au sud-ouest de l'Espagne. Il s'éteint 2 500 ans plus tard. Que s'est-il passé ?

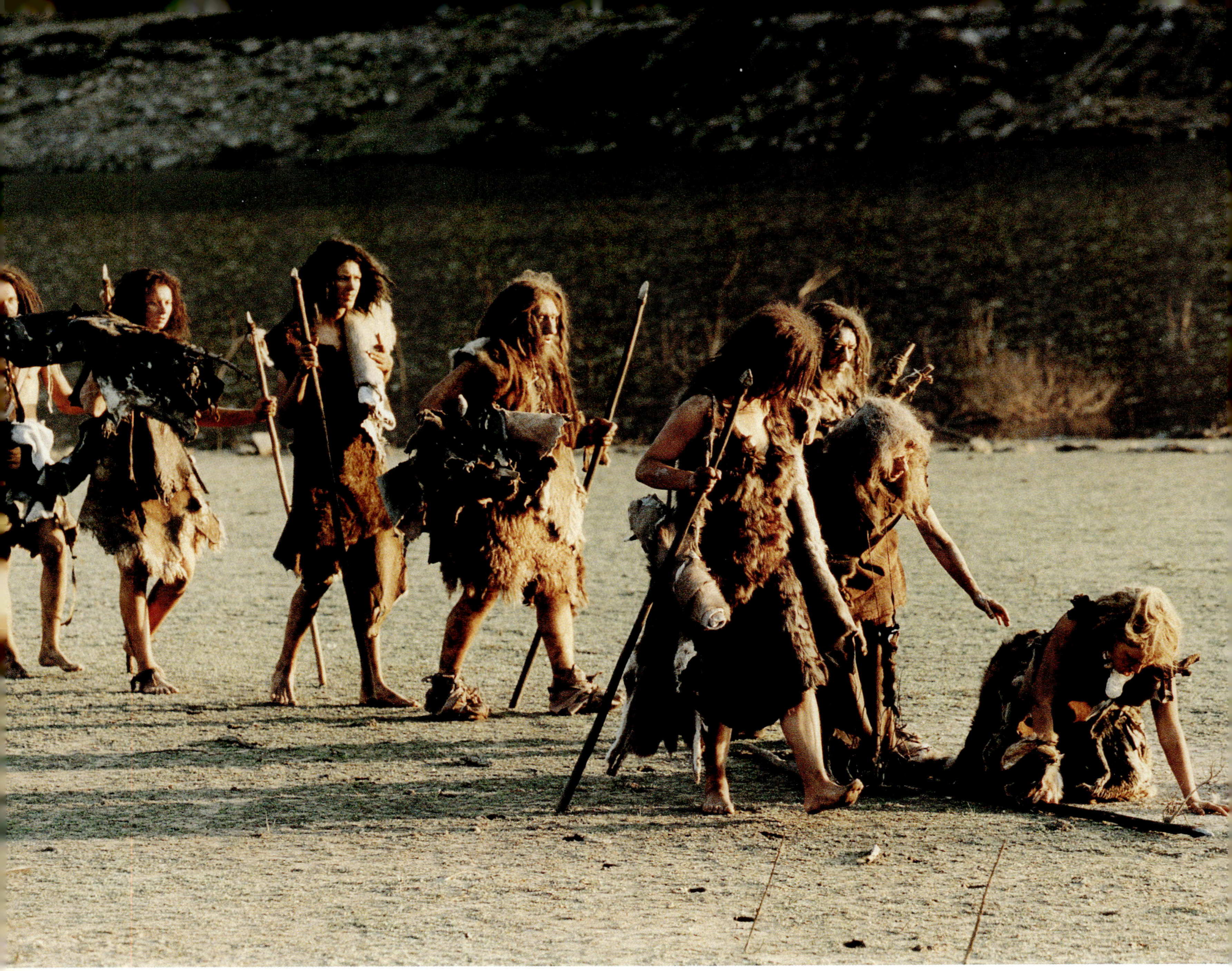

Neandertal s'éteint, sapiens survit et se multiplie.
Ce destin opposé s'explique peut-être par l'adoption
de stratégies différentes : au vagabondage l'homme moderne
préfère la collecte organisée et exploite plus rationnellement
les ressources de son environnement.
Il représente désormais la dernière espèce humaine.

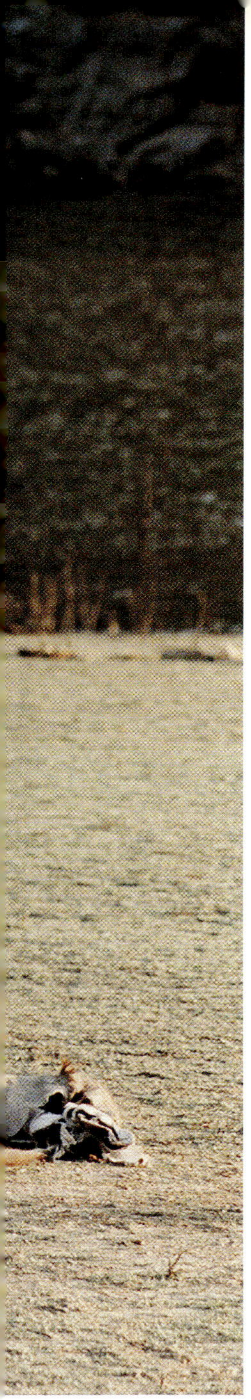

Une espèce disparaît Cette disparition illustre-t-elle le premier génocide de l'humanité ? La plupart des préhistoriens pensent qu'entre les deux hominidés le choc fut essentiellement culturel et ne déboucha pas sur un conflit généralisé. En apparence, l'homme moderne a l'avantage. Il est passé de l'industrie du moustérien à celle de l'aurignacien. Ses outils de pierre s'affinent, se diversifient et se complexifient. Le débitage des silex est laminaire : la pierre est principalement débitée en lames. L'industrie osseuse se développe abondamment, avec les pointes de sagaies à base fendue et les bâtons percés. L'ivoire est aussi très travaillé. Les parures gagnent en sophistication. Mais vers –38 000 ans, neandertal connaît lui aussi une révolution technique et culturelle en optant pour l'industrie du châtelperronien, assez voisine de l'aurignacien. Il fabrique des couteaux à dos, à un bord tranchant, des burins conçus pour une activité bien précise. Il perfore des dents d'animaux pour embellir ses parures. Neandertal s'est-il inspiré du savoir-faire de l'homme moderne en l'adaptant à ses besoins ou a-t-il évolué de façon autonome ? La cohabitation a-t-elle conduit à la perte de sa propre culture au profit d'une autre qui lui était étrangère ? La question n'est pas tranchée.

Mais une chose est sûre, son histoire s'achève là alors que, dans la foulée, sapiens continue son expansion dans le monde et développe d'autres cultures.

NEOUKE, UNE NÉANDERTALIENNE, AGONISE, FRAPPÉE PAR UN MAL MYSTÉRIEUX. POUR UNE RAISON INCONNUE, SON ESPÈCE S'ÉTEINT IL Y A PRÈS DE 30 000 ANS.

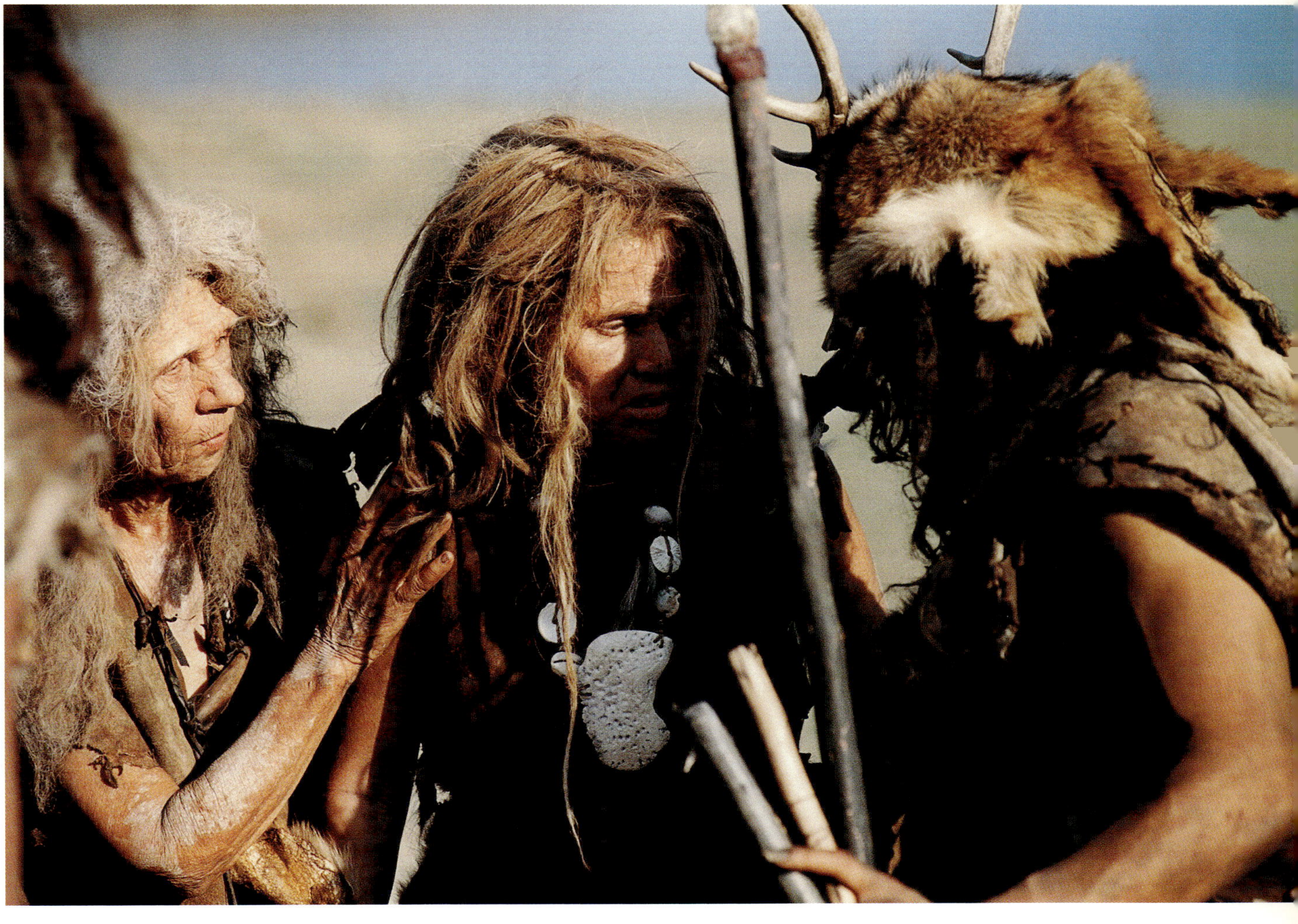

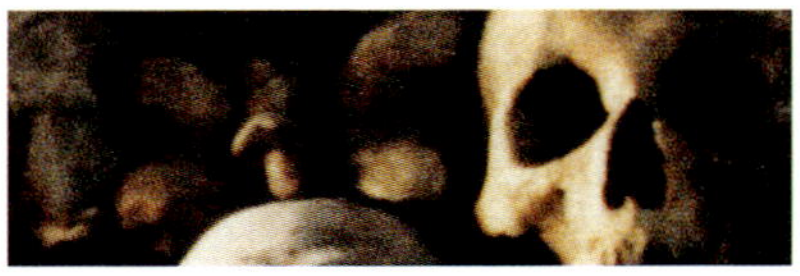

Le casse-tête de l'ADN fossile

Depuis le milieu des années 1980, l'étude de l'ADN contribue à éclairer le scénario de nos origines, même si la paléogénétique soulève parfois plus de questions qu'elle n'apporte de certitudes.

En comparant des séquences génétiques d'individus issus de groupes éthniques actuels différents, des chercheurs américains ont ainsi proposé l'hypothèse de l'« Ève africaine », selon laquelle toute l'humanité actuelle serait issue d'une population réduite, apparue rapidement, et qui vivait en Afrique il y a 200 000 ans. Mais ces résultats ont été contestés par les tenants d'une origine beaucoup plus diffuse géographiquement, et d'une transition plus graduelle entre les erectus et les premiers sapiens. La génétique a également tenté de trancher le débat qui règne à l'intérieur de la communauté scientifique concernant Homo neanderthalensis, et son appartenance ou pas à la même espèce qu'Homo sapiens. Ainsi, en 1997, le chercheur d'origine suédoise Svante Pääbo analyse un fragment d'ADN prélevé sur un fossile néandertalien, et le compare à l'ADN d'un homme moderne. Conclusion : les différences génétiques sont trop nombreuses pour que les deux individus appartiennent à la même espèce. Là encore, le résultat est contesté par une partie de la communauté scientifique, arguant que l'on comparait un génome vieux de plus de 30 000 ans avec un ADN actuel, qui avait donc continué d'évoluer par le jeu des mutations génétiques.

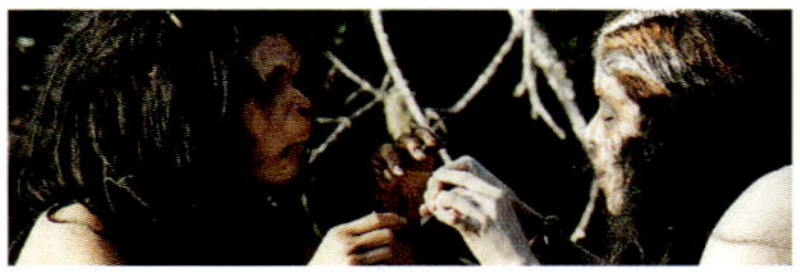

Communiquer avec le nez

« Avoir quelqu'un dans le nez », « Ne pas pouvoir sentir une personne », l'origine de ces expressions pourrait remonter à la préhistoire...

D'après les travaux récents de scientifiques américains, il est possible en effet que nos ancêtres aient communiqué par l'odorat.
Ces biologistes ont décrit le fonctionnement d'un « second nez » chez la souris. Il s'agit de l'organe voméronasal, situé dans les fosses nasales, et qui n'existe que chez quelques mammifères. Il est présent chez l'homme au stade embryonnaire puis régresse par la suite. Or on sait maintenant que cet organe est sensible aux substances inodores comme les phéromones, des effluves sécrétées à l'extérieur du corps et biologiquement actives. Lorsque les rongeurs actionnent volontairement cet organe en reniflant un congénère, ils détectent ces odeurs « transparentes » qui les renseignent à la fois sur le sexe, le rang social et la disponibilité sexuelle de l'émetteur. Pourtant, chez l'être humain, les gènes qui gouvernent l'organe voméronasal restent muets et ses récepteurs inactifs. Selon Lawrence Katz de l'université Duke, cette aptitude apparue au cours de notre évolution a été éliminée par la sélection naturelle. Le deuxième nez a toutefois fort bien pu fonctionner au cours de la préhistoire chez l'homme moderne ou un autre hominidé comme l'homme de Neandertal. Il les aurait alors aidés à dresser une carte olfactive de leurs congénères.
Mais ceci n'est qu'une hypothèse. Reste que l'olfaction a bien des effets physiologiques et psychologiques chez notre espèce. Une autre étude américaine a récemment mis en évidence ce rôle auprès d'un groupe de femmes amenées à respirer, à leur insu, une goutte de sueur masculine.

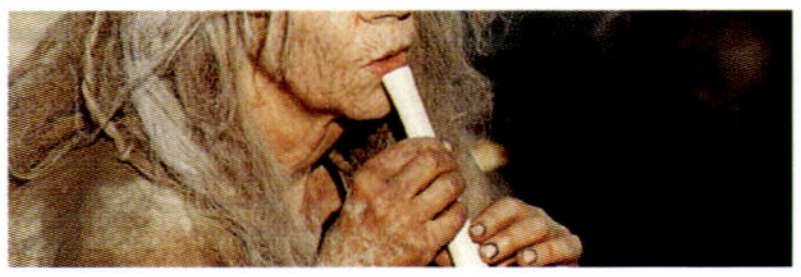

Et la musique fut...

Dans les sociétés humaines de la préhistoire où la pensée symbolique est acquise, comme chez l'homme moderne et neandertal, l'expression artistique prend certainement plusieurs formes.

Mais comment dater la création d'arts fugaces comme la musique ou la danse ? Les hommes ont peut-être tiré des notes d'un modeste pipeau ou frappé le bois et la pierre pour en tirer des sons rythmés bien avant de peindre ou de sculpter. Selon certains anthropologues, l'émergence du sens musical accompagne nécessairement celle du langage. L'acquisition d'une langue passe par sa musicalité et par ses inflexions, c'est-à-dire par la prosodie. Cherchez les premiers parleurs et vous aurez les premiers musiciens... D'autres chercheurs pensent que la musique a pu apparaître et se développer précocement dans les sociétés humaines en raison de l'aptitude de cet art communautaire à renforcer les liens sociaux. On pensait pouvoir enfin dater l'événement avec la découverte d'une flûte taillée dans l'os d'un jeune ours des cavernes, et découverte dans la grotte Divje Babe en Slovénie. Comprenant quatre perforations régulières et alignées, elle aurait été taillée voilà 43 000 ans par des néandertaliens, ce qui ferait d'elle le plus ancien instrument de musique connu à ce jour. Et ce qui constituerait la première manifestation artistique impliquant l'homme de Neandertal.
Des préhistoriens ont semé le doute en affirmant que les perforations du fémur ursin auraient été laissées par les crocs d'un félin affamé, dont les griffes seraient à l'origine des éraflures présentes sur la relique...

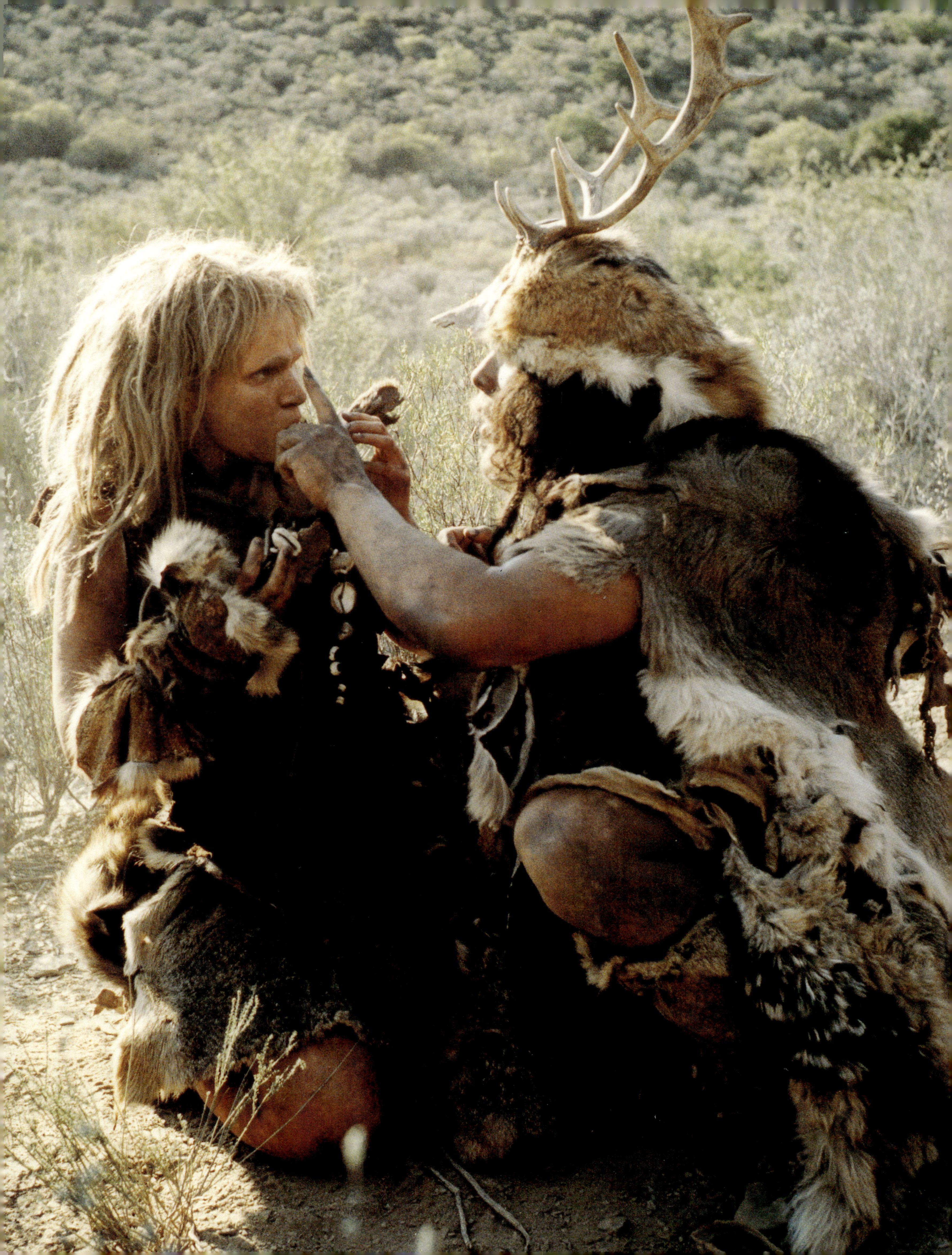

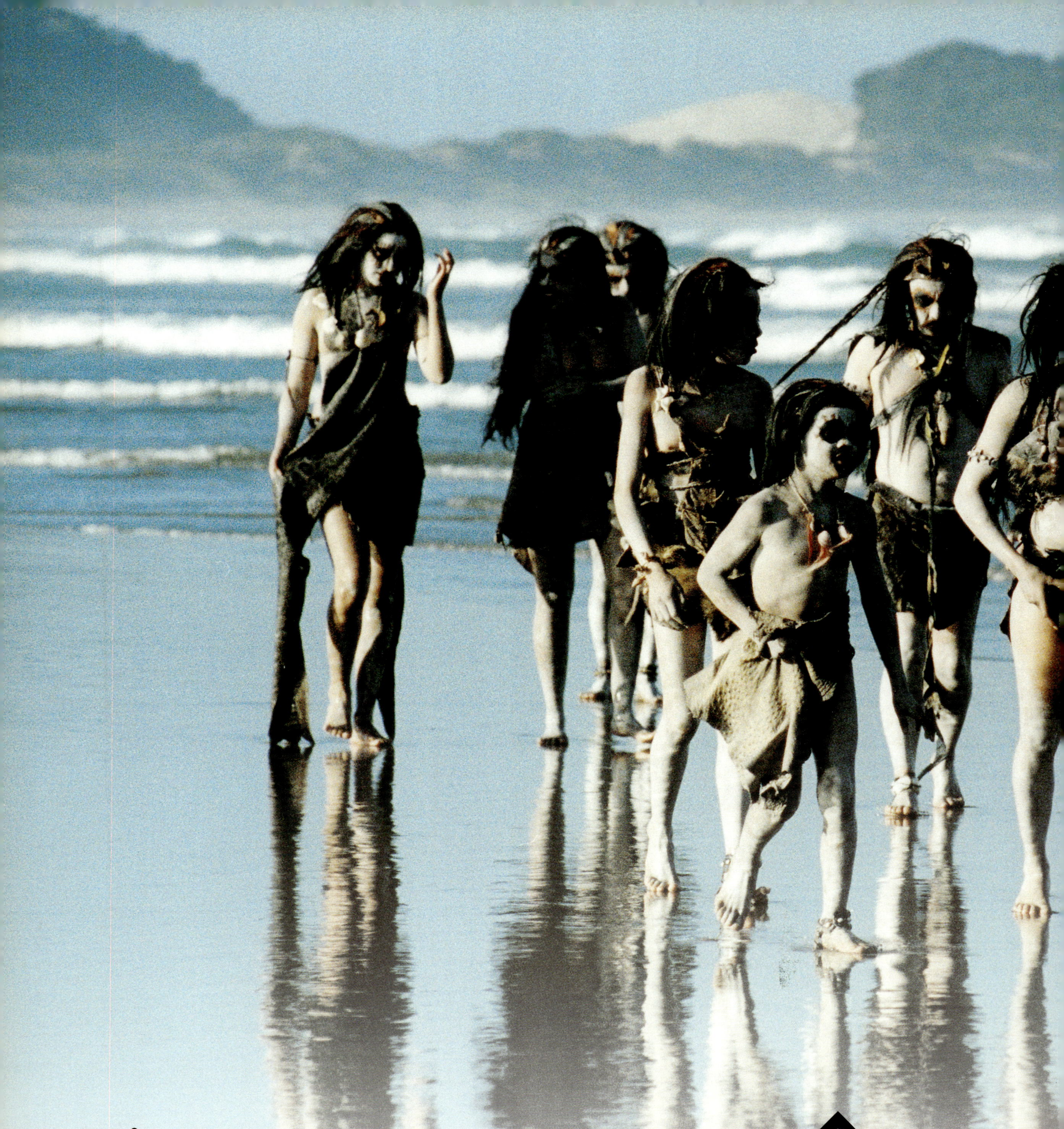

À LA CONQUÊTE

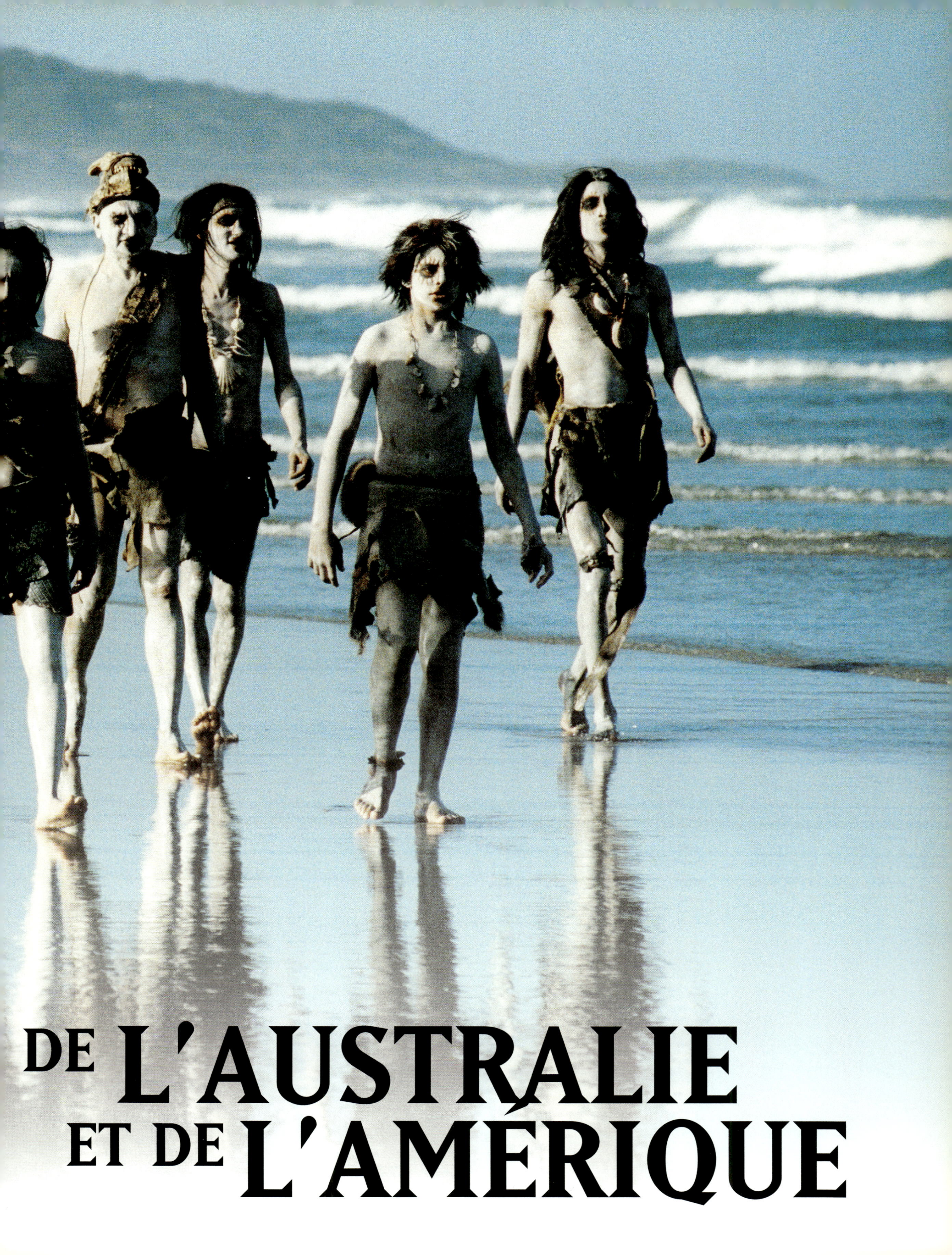

DE L'AUSTRALIE ET DE L'AMÉRIQUE

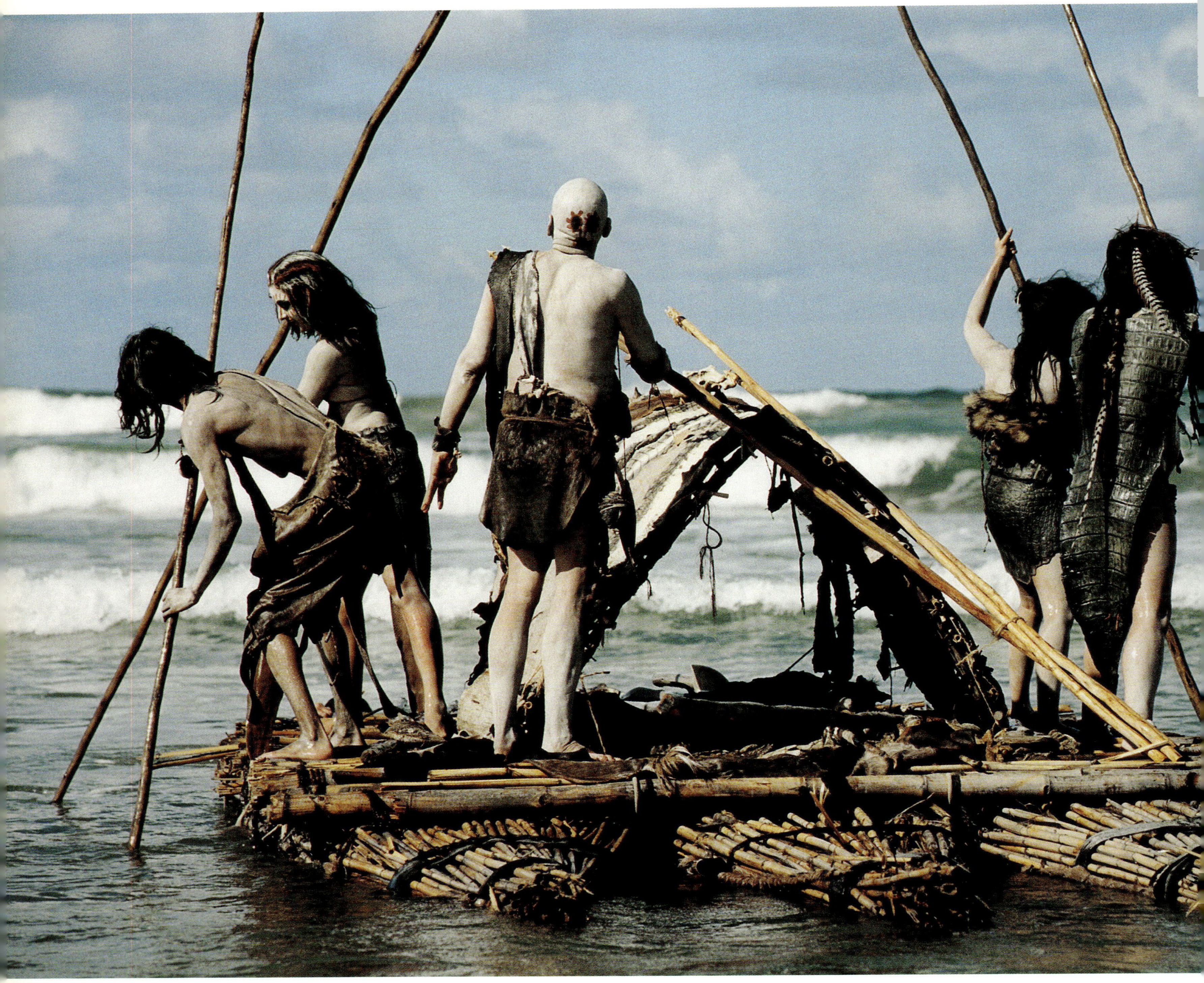

LE CLAN DE « CEUX QUI MARCHENT SUR L'EAU » SE LAISSE PORTER PAR LES EAUX DU FLEUVE JUSQU'À LA MER. LES HOMMES GUIDENT LEUR RADEAU AU MOYEN DE LONGUES PERCHES. HOMO SAPIENS PRATIQUE LE CABOTAGE COMME LE FAISAIT VRAISEMBLABLEMENT ERECTUS.

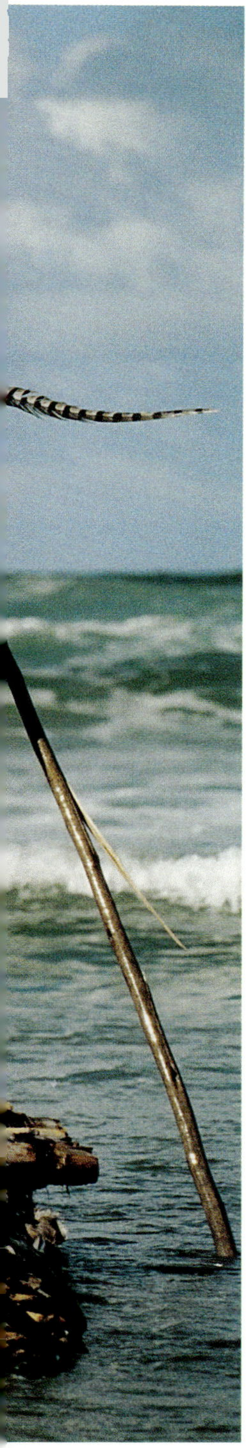

Les prémices de la navigation

La chose est entendue, Homo sapiens a d'excellentes raisons de quitter ses terres africaines pour s'aventurer en Eurasie il y a 150 000 ans. La migration des grands mammifères dont il tire subsistance, le désir d'explorer de nouveaux territoires et de trouver d'autres ressources l'entraînent au Proche-Orient, relié à l'époque au continent africain.

Ses pas le portent ensuite à l'ouest comme à l'est et même au-delà des mers ! Comment s'y est-il pris pour peupler l'Amérique et l'Australie ? De quelle façon a-t-il franchi les étendues marines qui les séparent de l'Asie ?

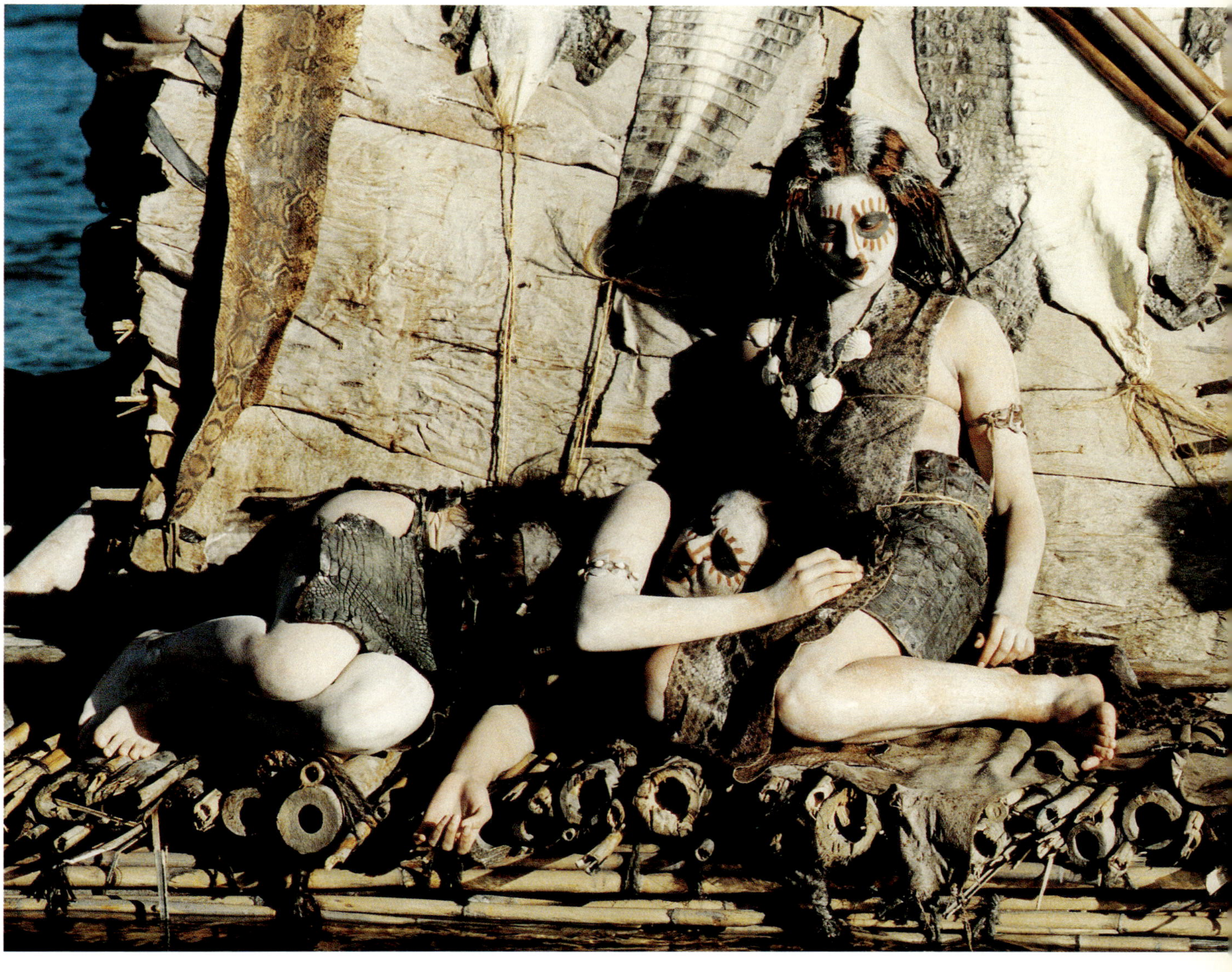

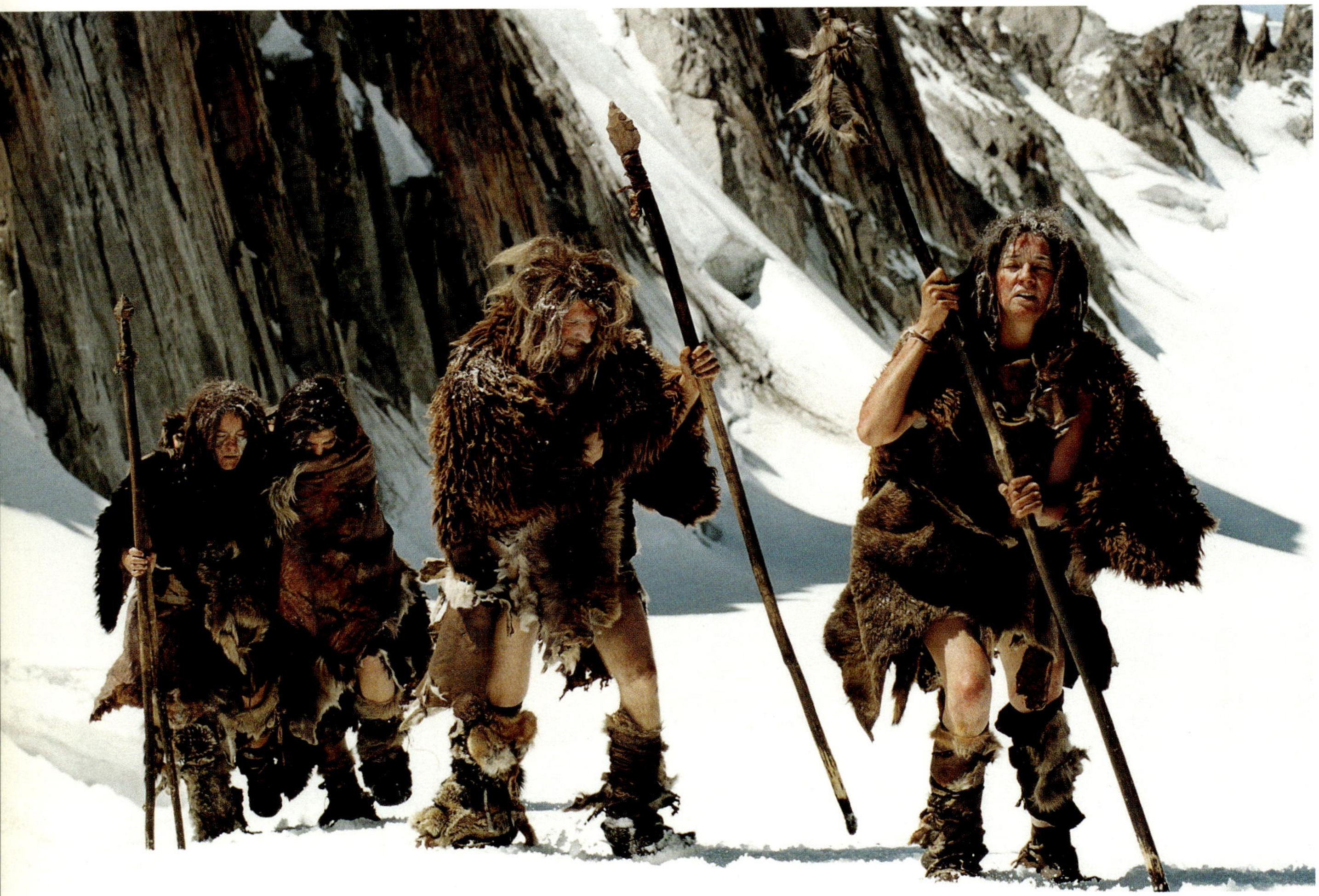

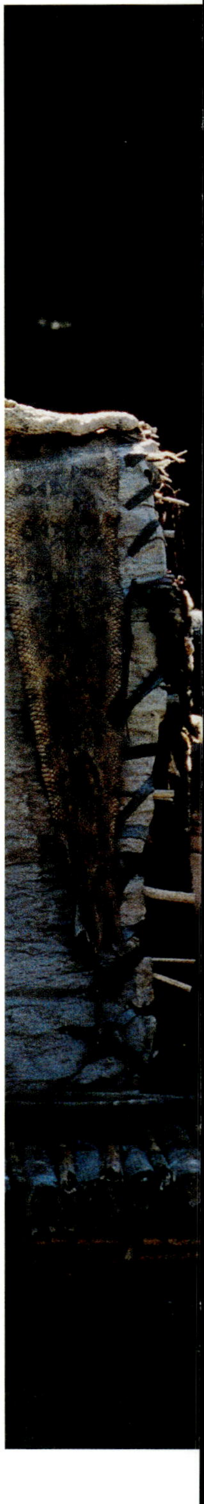

À la découverte de l'Amérique

Les premiers colons venus de Sibérie ont bénéficié de circonstances bien particulières qui leur ont permis de se rendre en Amérique... à pied sec. Il faut chercher du côté des grandes glaciations pour en trouver l'explication.

Sapiens, ou ses plus proches ancêtres, ont connu plusieurs pics de refroidissement : ceux du cycle glaciaire appelé Riss (vers –300 000, –200 000 et –100 000 ans) et ceux du cycle qui lui succède, le Würm (–80 000, –45 000, –32 000 et –18 000 ans). Lors de ces vagues de froid, les glaces de montagne et les inlandsis, des calottes glaciaires de haute latitude, vont jusqu'à tripler de volume. Ce qui fait baisser le niveau des océans et des mers. À la fin de chaque glaciation, la glace continentale fond et les terres allégées, du fait d'une certaine élasticité, remontent plus vite que le niveau des mers. Durant cette période de plusieurs milliers d'années, des isthmes de terre se forment, ce qui s'est produit en particulier au niveau du détroit de Béring qui relie l'Asie à l'Amérique. C'est ce corridor, qu'on appelle la Béringie, qu'empruntèrent les premiers hommes qui foulèrent le sol de l'Amérique. Deux périodes se prêtent à la traversée : entre –40 000 et –34 000, puis entre –30 000 et –15 000. L'homme moderne s'y est engagé il y a 35 000 ans. Les Australiens n'eurent pas cette chance. À aucun moment, même au plus fort des glaciations, la ligne Wallace, ce bras de mer qui sépare l'Australie de l'Asie, ne fut à sec. On ne put rallier l'île-continent que par la voie des mers... Et c'est donc par bateau que ses occupants effectuent le voyage il y a 67 000 ans. En fait, il est probable que les hommes modernes pratiquent la navigation depuis longtemps, même si les plus vieux vestiges d'esquifs ne datent que de quelques milliers d'années. Il se pourrait même que ce soit erectus, l'aïeul, qui vogua le premier. Sinon, comment expliquer la présence d'outils de pierre disposés au beau milieu d'ossements d'animaux préhistoriques, vieux de plus de 800 000 ans, sur l'île de Flores, en Indonésie ? Pour chasser là, il a donc bien fallu qu'erectus franchisse la vingtaine de kilomètres qui sépare l'île de la côte.

LES PREMIERS HOMMES ONT PROBABLEMENT GAGNÉ L'AMÉRIQUE EN EMPRUNTANT UN CORRIDOR DE TERRES GELÉES DEPUIS LA SIBÉRIE. MAIS C'EST PAR LA MER, À BORD D'UN ESQUIF, QUE D'AUTRES HOMO SAPIENS ACCOSTÈRENT POUR LA PREMIÈRE FOIS EN AUSTRALIE.

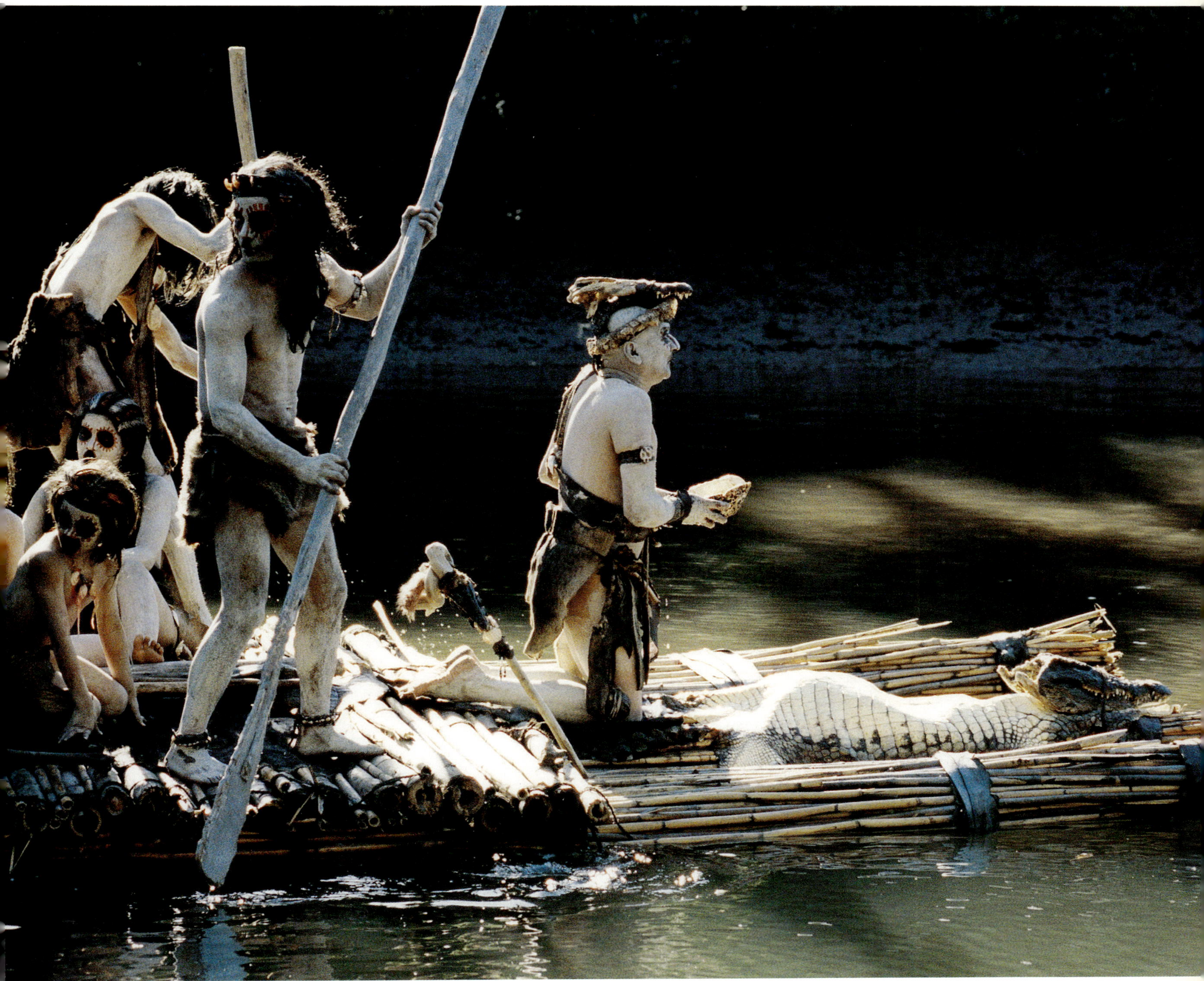

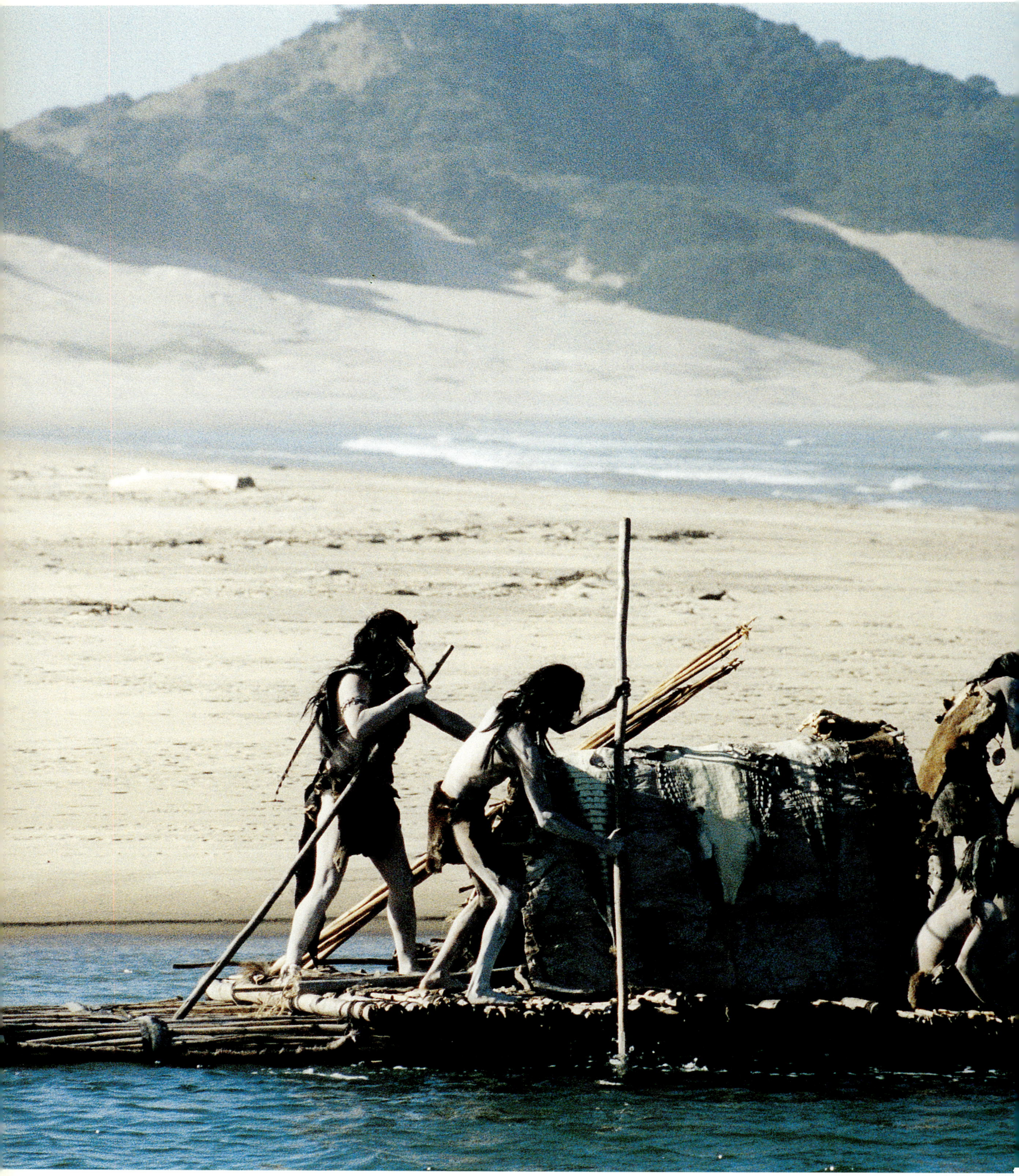

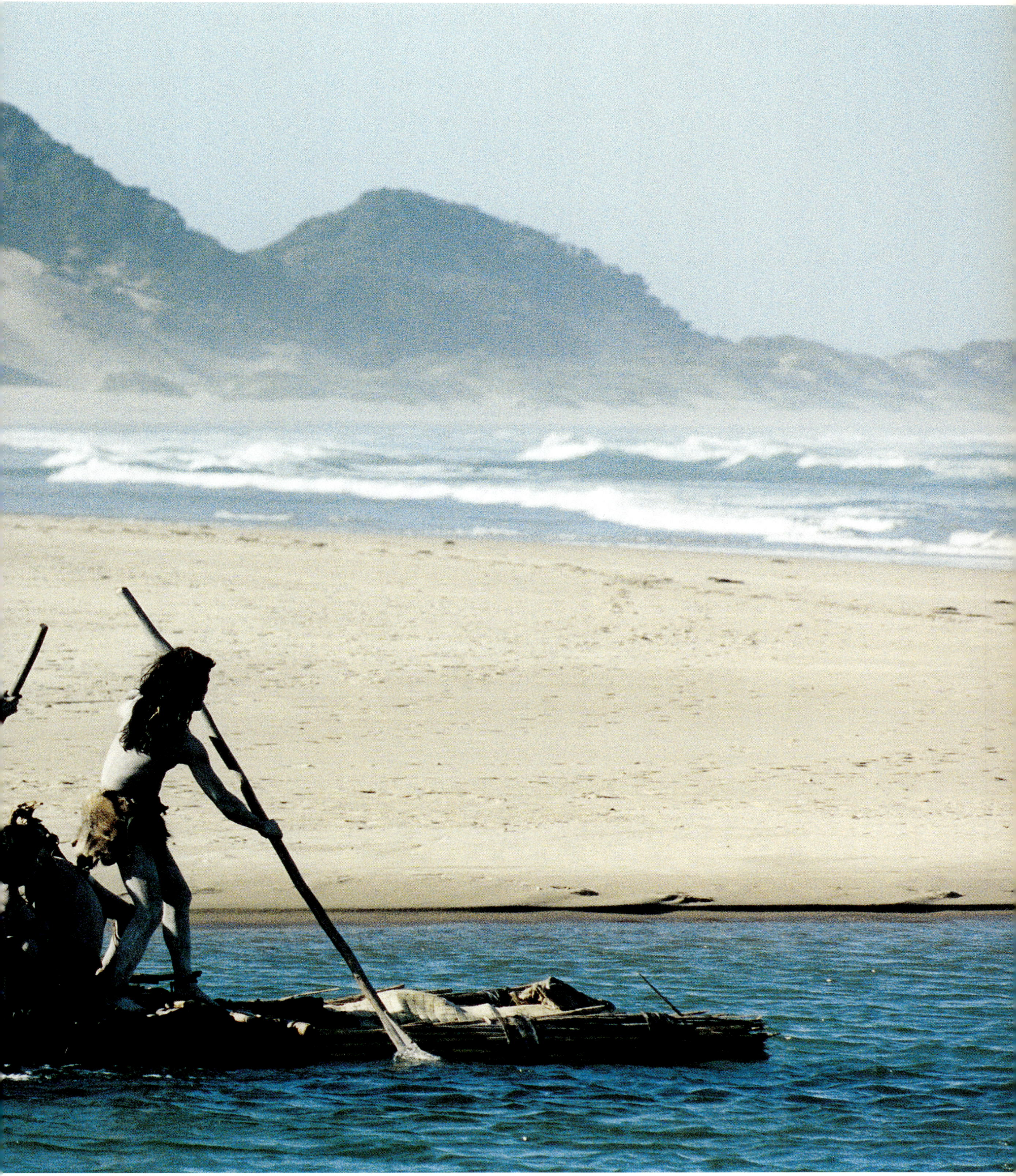

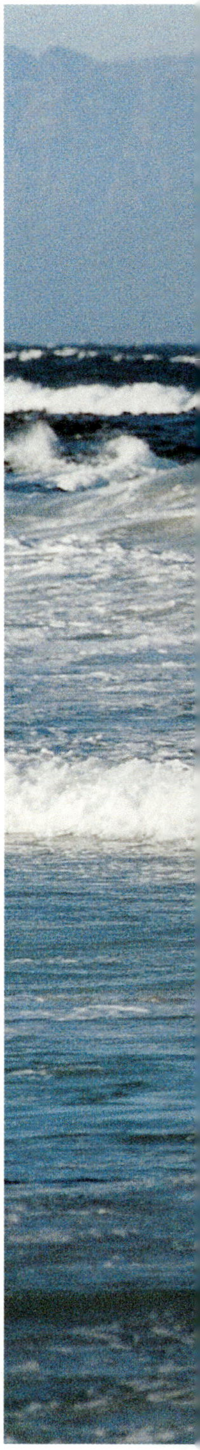

Les hommes affrontèrent la haute mer

Vers –65 000 ans, le cabotage en mer et la navigation fluviale sont pratiqués. Les embarcations utilisées sont des pirogues « monoxyles », c'est-à-dire sculptées dans une seule pièce de bois, comme cette pirogue de 8 300 ans taillée dans un tronc d'arbre évidé et mise au jour aux Pays-Bas. Les pêcheurs naviguent également sur des barques réalisées à l'aide de branchages et de peaux cousues, ou même de grands radeaux multicoques faits de faisceaux de bambous liés par des roseaux tressés. L'exploitation des ressources marines présente un avantage : elle est moins aléatoire que la chasse, ses rendements sont plus constants. Ce qui explique l'installation de populations sur le littoral asiatique.

Mais pour gagner l'Australie, plus question de cabotage. C'est de navigation en haute mer dont il est question. L'Indonésie rattachée au continent asiatique forme alors le continent de Sunda. La Nouvelle-Guinée, l'Australie et la Tasmanie, réunies en un seul bloc, constituent celui de Sahul. Un bras de mer d'au moins 70 km sépare les deux paléocontinents. On peut imaginer qu'à la faveur d'une tempête, portés par les vents, la curiosité, ou le besoin de trouver des eaux plus poissonneuses, de petits groupes d'individus franchissent ces dizaines de kilomètres de mer. Les plus anciens fossiles humains, trouvés à Lake Mungo dans les Nouvelles-Galles du Sud, datent de –60 000 ans à –64 000 ans. Or cet endroit est situé à 4 000 km au sud de la ligne côtière située face à l'Asie où nos premiers navigateurs durent accoster. Ce qui permet de situer le débarquement sur la côte nord vers –65 000 ans.

DOUBLE PAGE PRÉCÉDENTE HOMO SAPIENS SAIT FABRIQUER DE PETITES EMBARCATIONS RÉALISÉES EN ROSEAUX OU SCULPTÉES DANS UN TRONC ÉVIDÉ QUI LUI PERMETTENT DE NAVIGUER SUR DE PETITES DISTANCES.

POUR ATTEINDRE LES TERRES AUSTRALIENNES, LES PREMIERS NAVIGATEURS « AU LONG COURS » DURENT FRANCHIR UN BRAS DE MER DE 70 KM DE LONG.

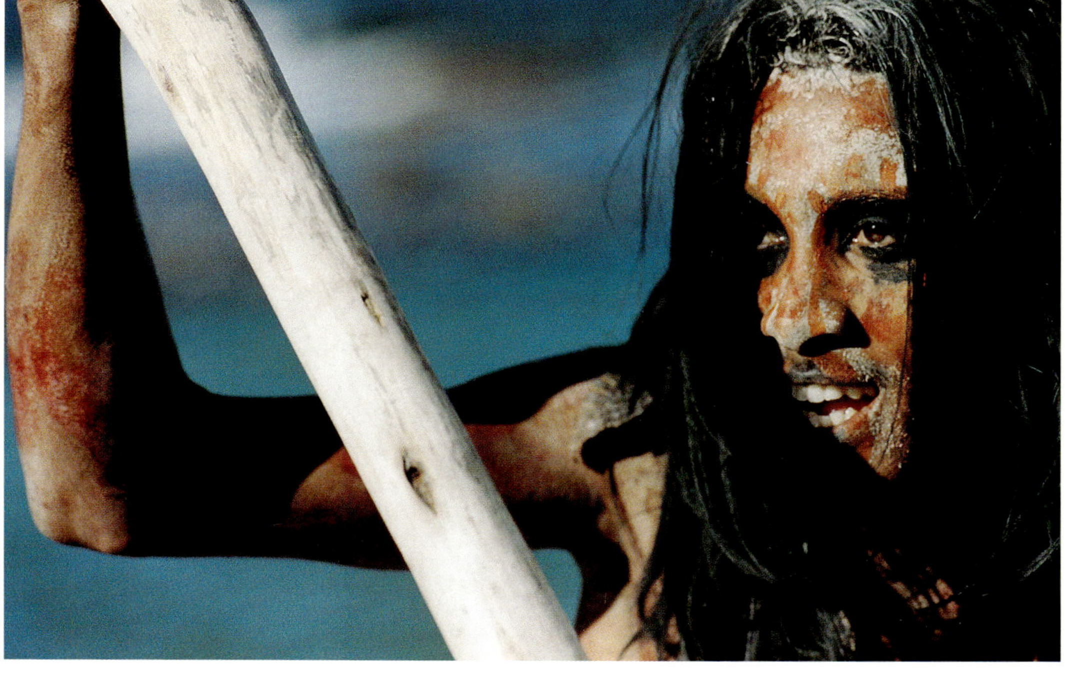

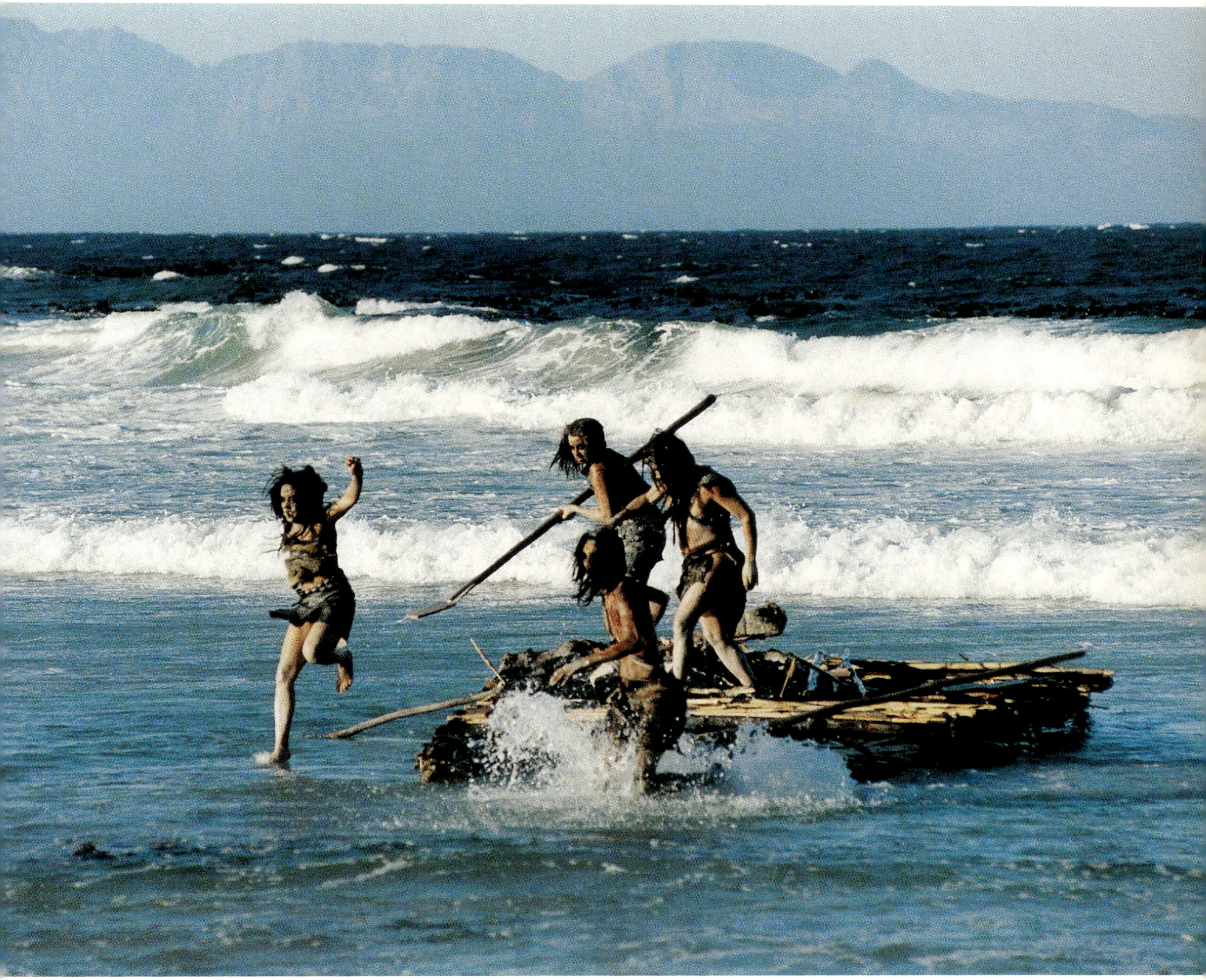

Ces marins préhistoriques pêchent des poissons, des tortues, de petits mammifères marins, sans s'éloigner des côtes. L'usage de l'hameçon tend à se développer vers –16 000 ans.

Les Australiens ont plusieurs origines

Cette migration s'est faite en plusieurs vagues successives, à en juger par les deux formes fossiles, une gracile et une robuste, des vestiges d'hominidés retrouvés en Australie. Ainsi dans la région des lacs Willandra, au sud-est de l'île, furent exhumés les ossements d'un homme au crâne très robuste et aux os épais, avec un bourrelet sus-orbitaire très marqué, qui n'ont pu être datés. L'individu en question ressemble aux fossiles indonésiens de Ngandong (à Java), bons candidats au titre de premiers Australiens, l'Indonésie étant la région la plus proche du continent de Sahul.

À Kow Swamp, également au sud-est du continent australien, les restes de dix-sept humains vieux d'environ 12 000 ans, de morphologie robuste, ont été retrouvés. À l'inverse, non loin de là, à Lake Mungo, ce sont des hominidés à la fois plus anciens et plus graciles que l'on a exhumés. De morphologie moderne, ces fossiles ont un crâne arrondi, un front droit, les reliefs osseux au-dessus des orbites à peine marqués. Un des corps a été enfoui les mains disposées sur le bas du ventre, doigts entrecroisés comme pour protéger ses organes génitaux, à la manière des sépultures masculines aborigènes.

Un autre squelette, probablement celui d'une femme, a été brûlé vers –60 000 ans. La plus ancienne crémation connue à ce jour... La morphologie de ces doyens australiens ne correspond pas à celle des robustes fossiles indonésiens sensés être à l'origine du peuplement actuel. Les fossiles de Mungo ressemblent davantage aux Australiens et aux Mélanésiens d'aujourd'hui, bien que leur patrimoine génétique s'en écarte, alors que les individus de Kow Swamp, d'époque plus récente, sont plus proches génétiquement et plus éloignés morphologiquement des populations australiennes actuelles... Un vrai casse-tête !

On ignore toujours quelle population du sud-est asiatique fut à l'origine du peuplement de l'Australie. Mais il est évident qu'il y eut plusieurs arrivées successives de groupes ethniques différents.

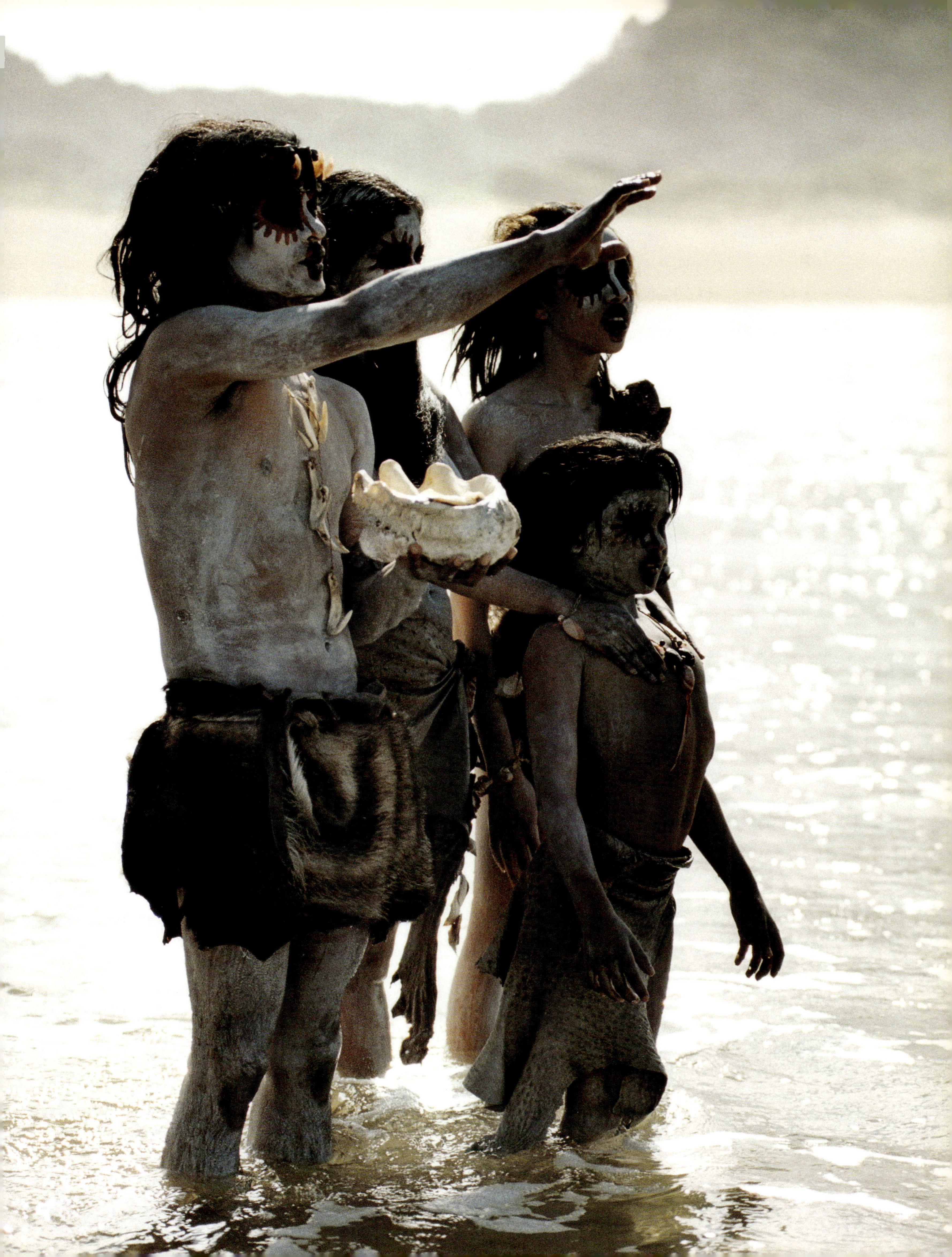

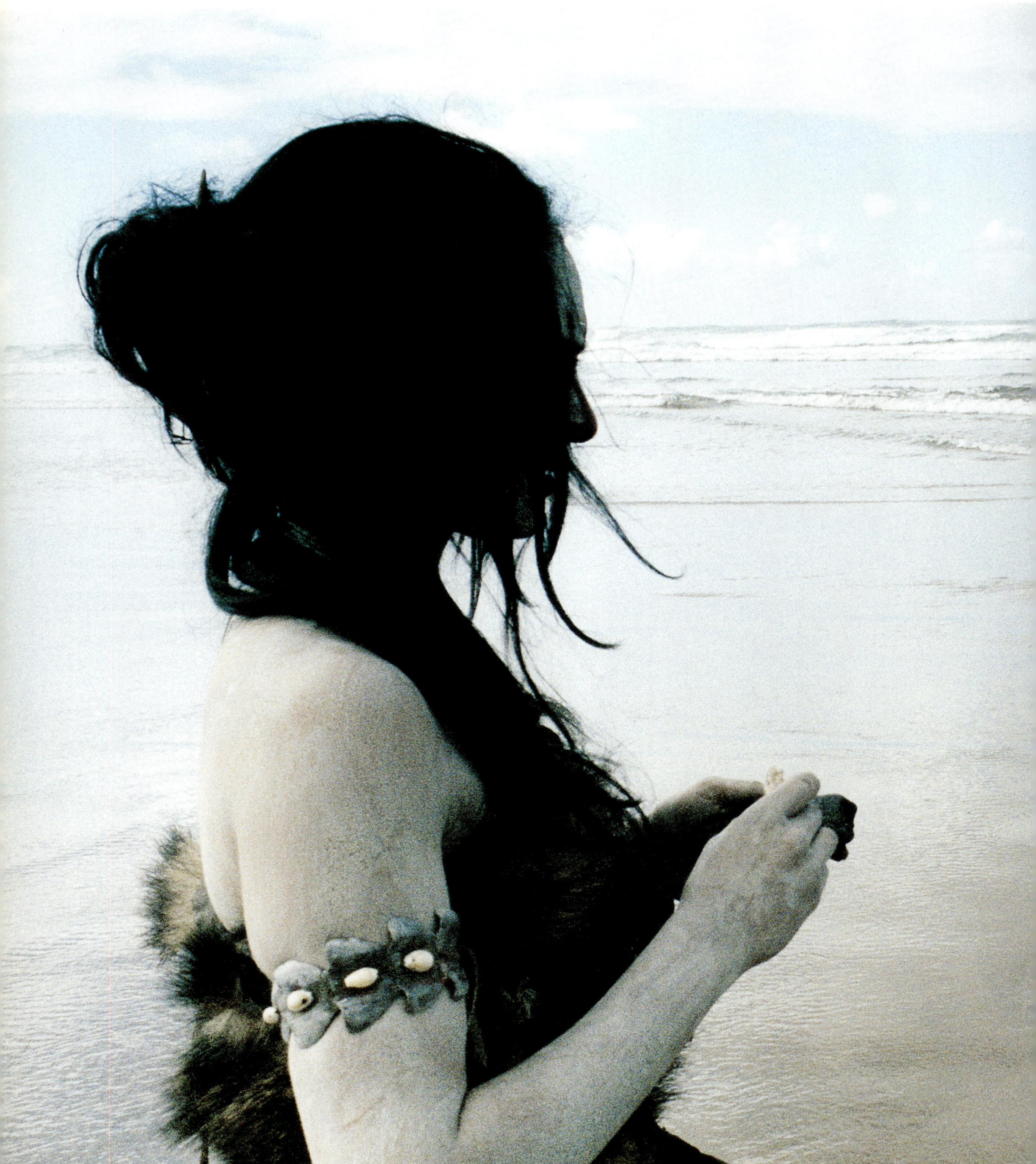

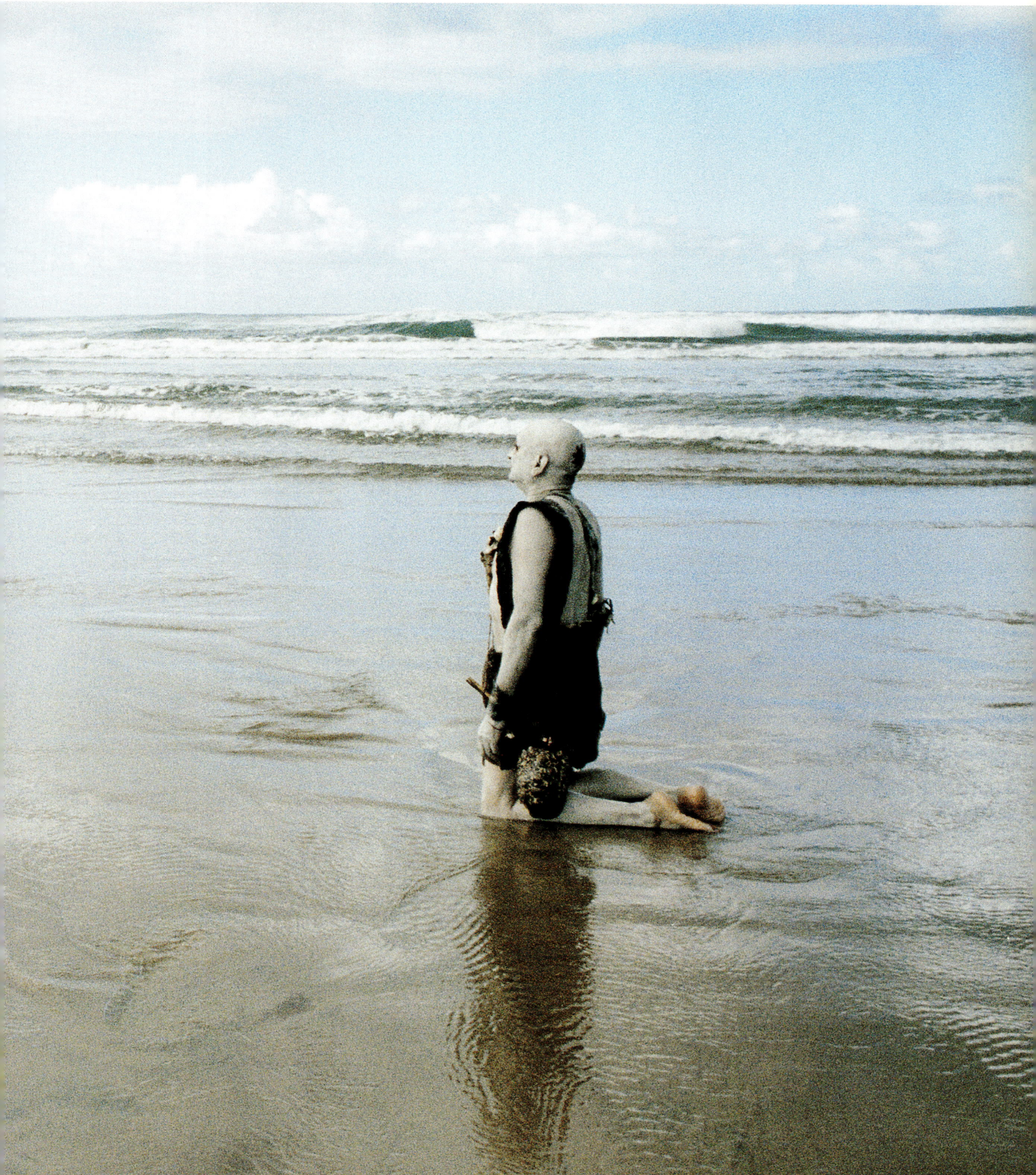

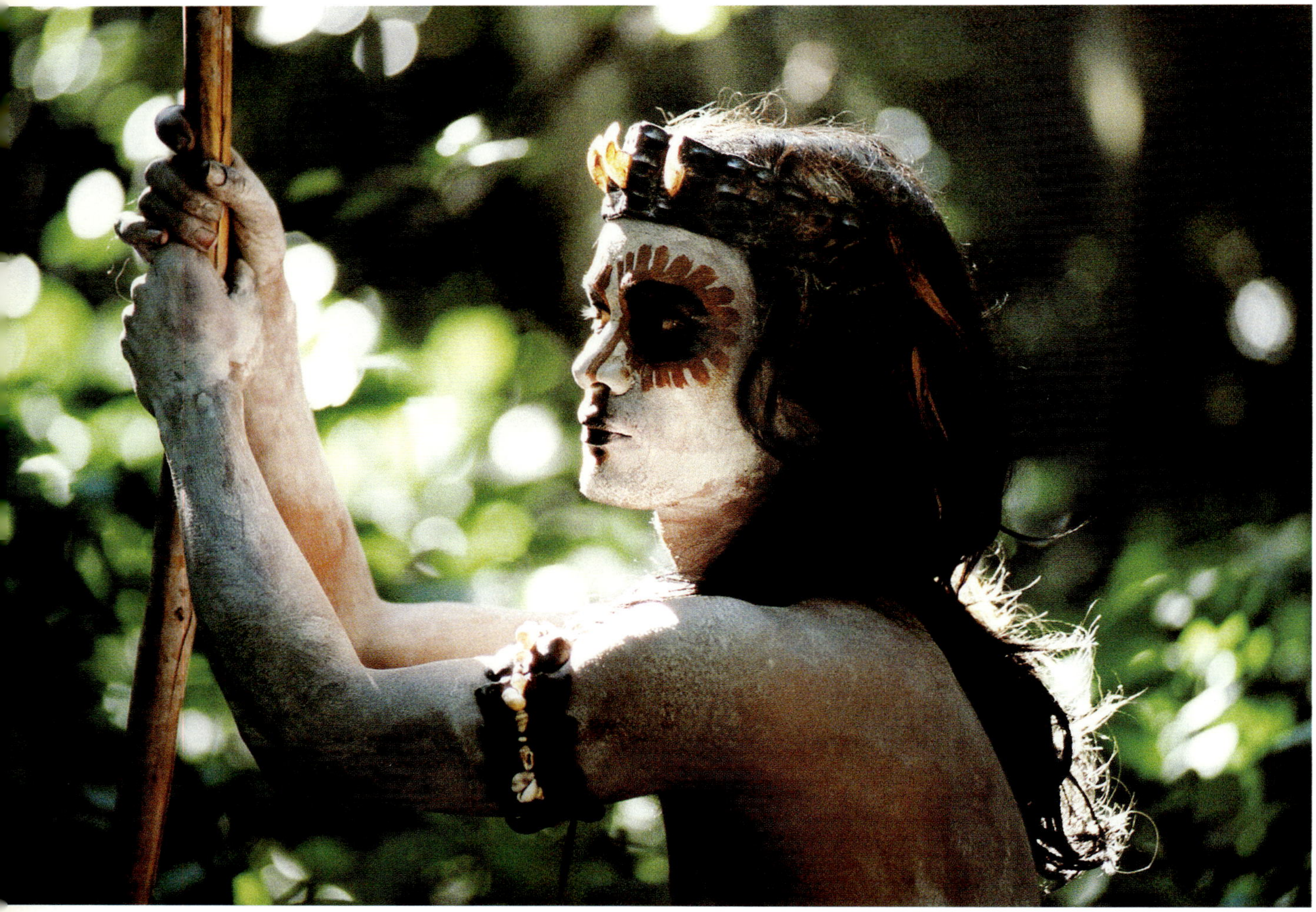

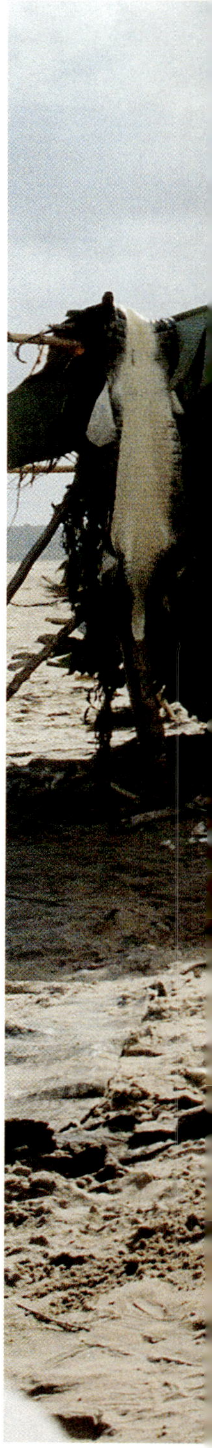

La dernière conquête L'autre conquête d'importance, celle du continent américain, se fait également en plusieurs temps. Les premiers colons venus de Sibérie il y a 35 000 ans suivent les troupeaux de grands mammifères, élans, bisons, mammouths, bœufs musqués dans la Béringie. Ce pont naturel de 1 200 km de long entre la Sibérie et l'Alaska n'est pas vraiment accueillant. Il regorge de lacs glaciaires et de moraines où il ne fait pas bon s'attarder.

Plusieurs itinéraires s'offrent aux intrépides chasseurs : il existe un passage reliant l'Asie centrale à la vallée de la rivière Yukon, et coupant par la plaine centrale de l'Alaska. Une autre voie s'étend des côtes arctiques à la rivière Mackenzie, au Canada. Pour passer de l'ancien au nouveau monde, il n'est pas exclu que ces aventuriers de l'âge de pierre aient caboté en suivant la banquise. Une fois en Amérique, ils se dirigent vers le sud, mais d'immenses glaciers qui recouvrent le Canada leur coupent la route. Il leur faut alors longer la côte à pied ou dans une embarcation. Puis ils se répandent sur tout le continent jusqu'en Patagonie. C'est en Amérique du Sud, au Monte Verde, dans le Chili méridional, qu'ont été retrouvées les plus anciennes traces d'occupation humaine. Elles datent de –33 000 ans. L'homme moderne occupe, dès lors, les cinq continents.

EN PEUPLANT DES RÉGIONS GÉOGRAPHIQUEMENT ÉLOIGNÉES, SAPIENS S'ADAPTE À DES CLIMATS ET DES ENVIRONNEMENTS TRÈS DIVERS. SOUMIS À LA SÉLECTION NATURELLE, IL ÉVOLUE ET PRÉSENTE DES MORPHOTYPES DIFFÉRENTS.

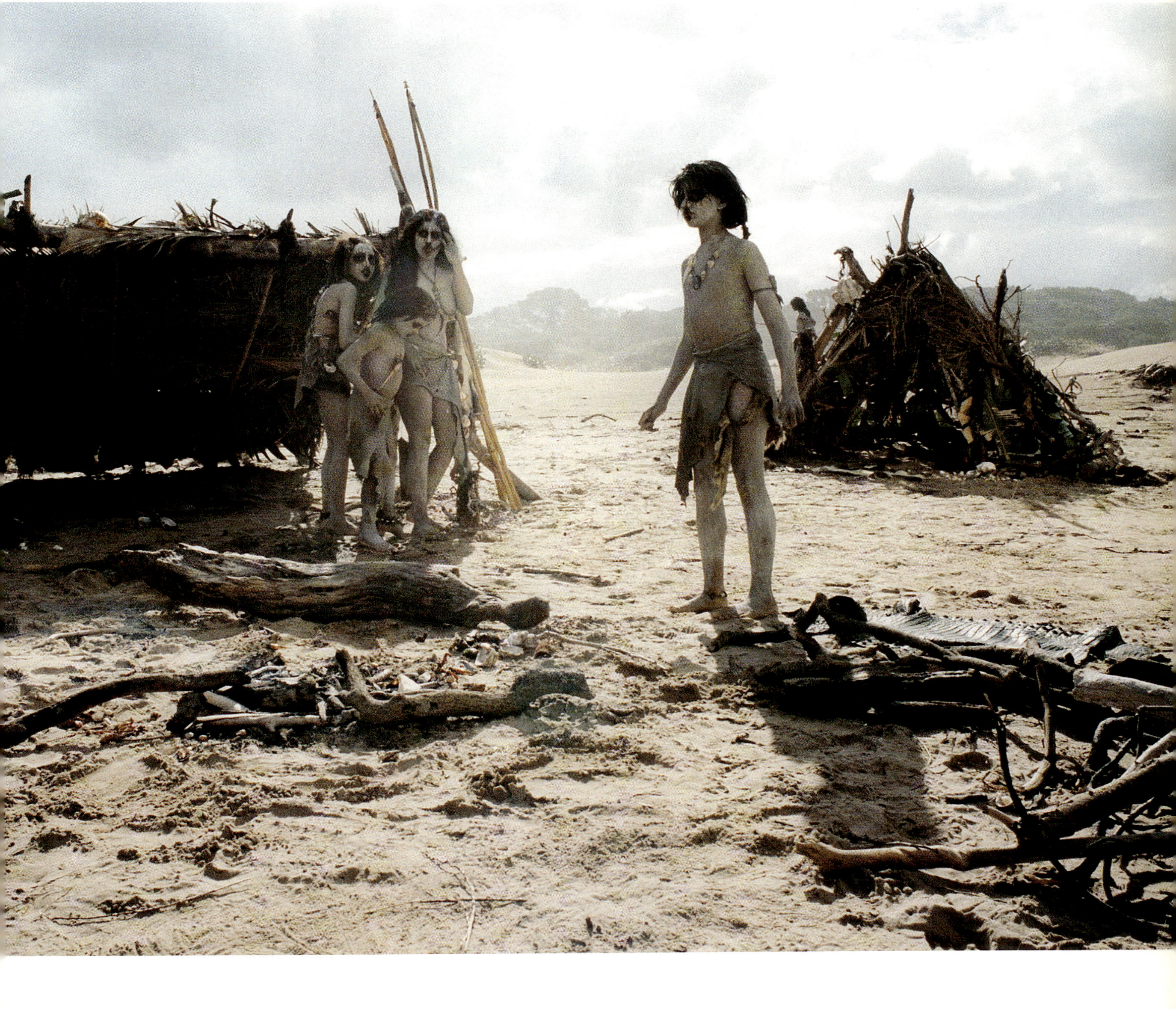

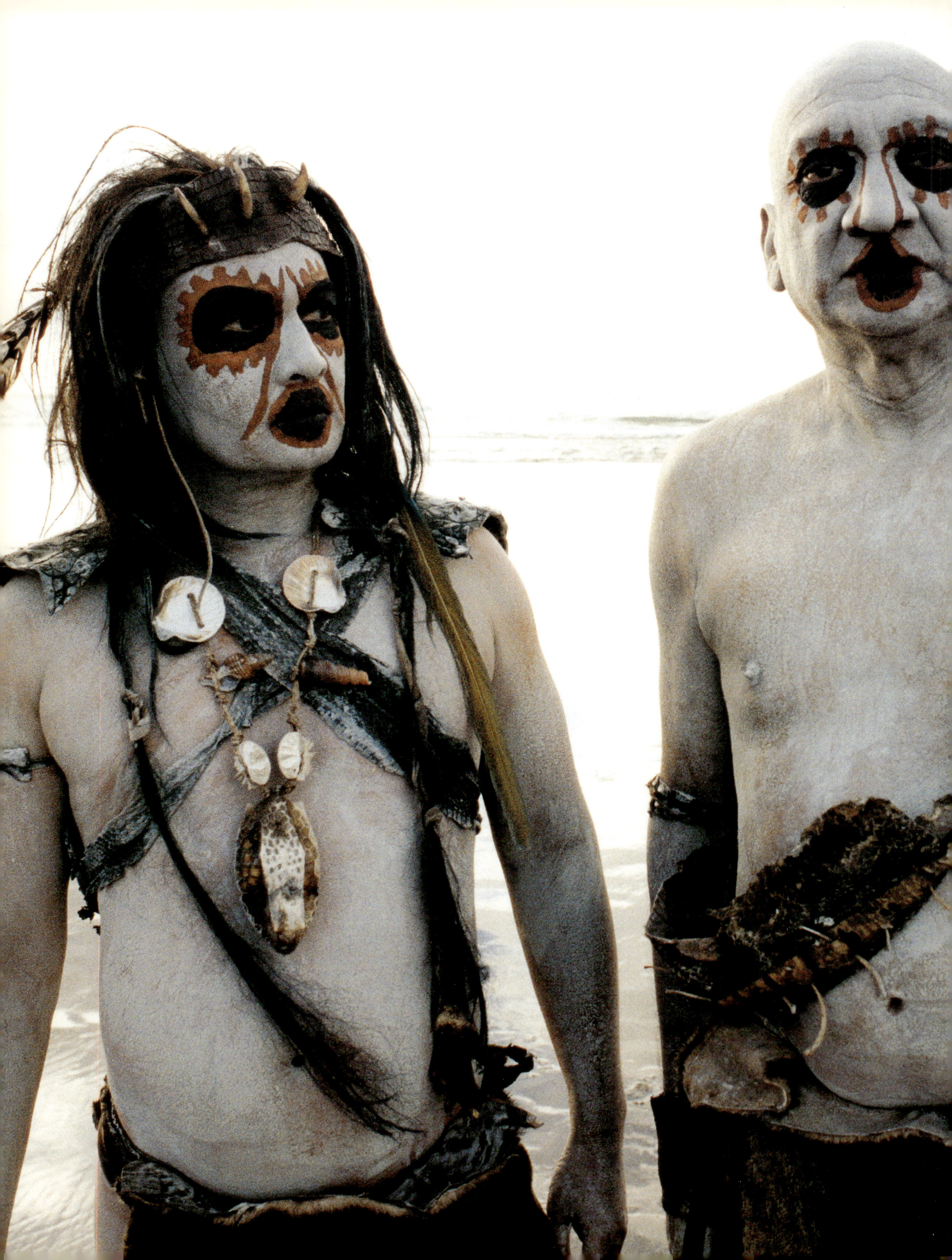

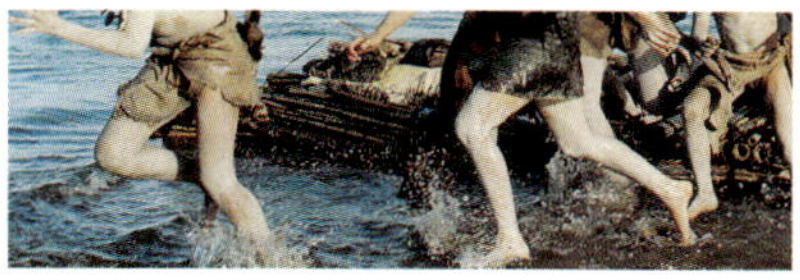

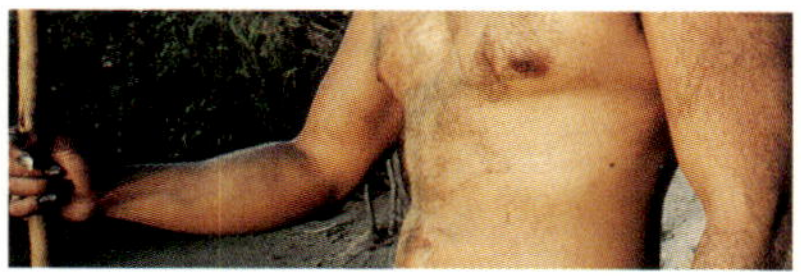

Qui a découvert l'Amérique ?

Beaucoup de chercheurs américains soutiennent que la conquête de leur continent a commencé il y a seulement 12 000 ans.

Ils contestent, ce faisant, l'authenticité de plusieurs sites indiquant une occupation humaine antérieure : celui de Monte Verde, au Chili (–33 000 ans) et celui de Santa Elina, au Brésil (–27 000 ans), ont été datés grâce aux pierres taillées et foyers.
Ces chercheurs réfutent aussi les conclusions des généticiens des populations qui estiment que la séparation des ancêtres des Sibériens et des Amérindiens est survenue il y a entre –40 000 et –35 000 ans.
D'autres préhistoriens américains pensent, quant à eux, que la découverte de l'Amérique remonterait à –20 000 ans. Leur hypothèse repose sur la ressemblance que présentent des pointes de flèches et de lances de 11 500 ans, découvertes à Clovis (au Nouveau-Mexique) avec les pierres taillées du Solutré (–22 000 ans –19 000 ans) retrouvées en France, au Portugal et en Espagne. Les hommes du Solutré auraient-ils pu traverser l'Atlantique et débarquer tout de go sur ces terres lointaines ? C'est peu probable mais pas impossible. À moins que l'homme de Kennewick ne mette tout le monde d'accord : ce squelette complet découvert dans l'état de Washington, et vieux de près de 10 000 ans, n'a pas le type mongoloïde des peuples de Sibérie, et donc ne serait pas apparenté aux Amérindiens d'aujourd'hui. En fait, il ressemble davantage aux Polynésiens ou aux Australiens. Et si l'Amérique avait d'abord été colonisée par une population venue d'Océanie, qui aurait ultérieurement été balayée par les ancêtres des Amérindiens venus de Sibérie ? Pour le moment, impossible de déterminer si les expéditions qui précédèrent la *Santa Maria* des conquistadors et le *Mayflower* des premiers colons vinrent du nord, de l'ouest ou de l'est ...

De la couleur de la peau...

Lorsque, à leur sortie d'Afrique, les hommes modernes se dispersent dans le monde entier, ils rencontrent des conditions climatiques et environnementales extrêmement variées.

La sélection naturelle, alors très forte, les pousse à s'acclimater, en fixant dans chaque population des caractères génétiques spécifiques. En quelques milliers d'années, des groupes ethniques adaptés à leur environnement apparaissent : sous les Tropiques, ils possèdent une peau noire qui les protège du rayonnement ultraviolet. Ceux qui vivent à des latitudes plus élevées ont une peau claire qui a la propriété de laisser passer suffisamment d'UV pour renforcer la synthèse de vitamine D par leur organisme. Les mensurations de ces groupes sont adaptées au climat : sous atmosphère chaude et humide, la taille du corps est plus petite, ce qui augmente la surface par rapport au volume, amplifie la transpiration et diminue la surchauffe corporelle. Dans les régions où règne un climat froid, le corps et la tête s'arrondissent et la surface relative diminue par rapport au volume, ce qui restreint les pertes d'énergie.
Un autre phénomène explique la diversité génétique de l'humanité. Cette période de la préhistoire qui voit l'homme moderne conquérir la planète fut propice à l'essaimage de petits groupes, porteurs d'un lot de gènes propres dont la fréquence diffère sensiblement de celle de leur population d'origine, le génome de chaque individu étant unique. Mais la diversité génétique au sein de l'espèce humaine restera faible. Car tous ces peuples vont se brasser et mélanger leurs gènes, si bien qu'il est impossible d'établir des groupes génétiques distincts ou des races, dans la population humaine.

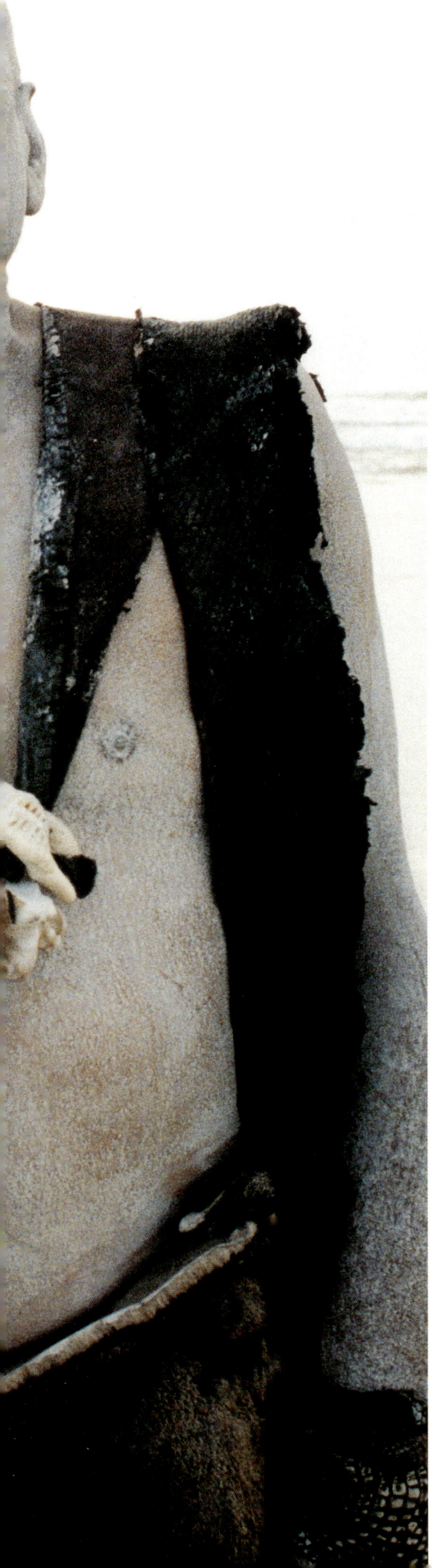

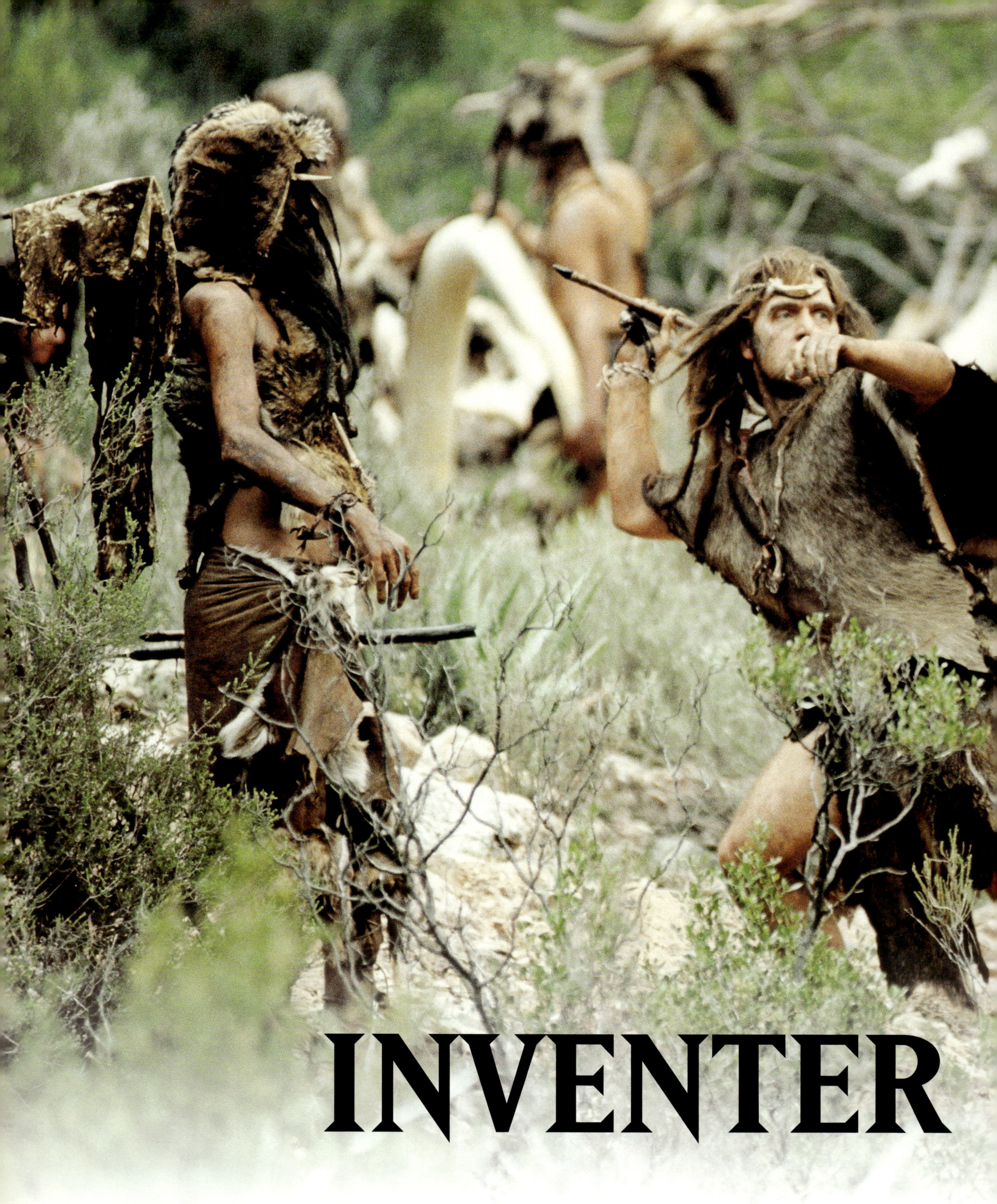

INVENTER

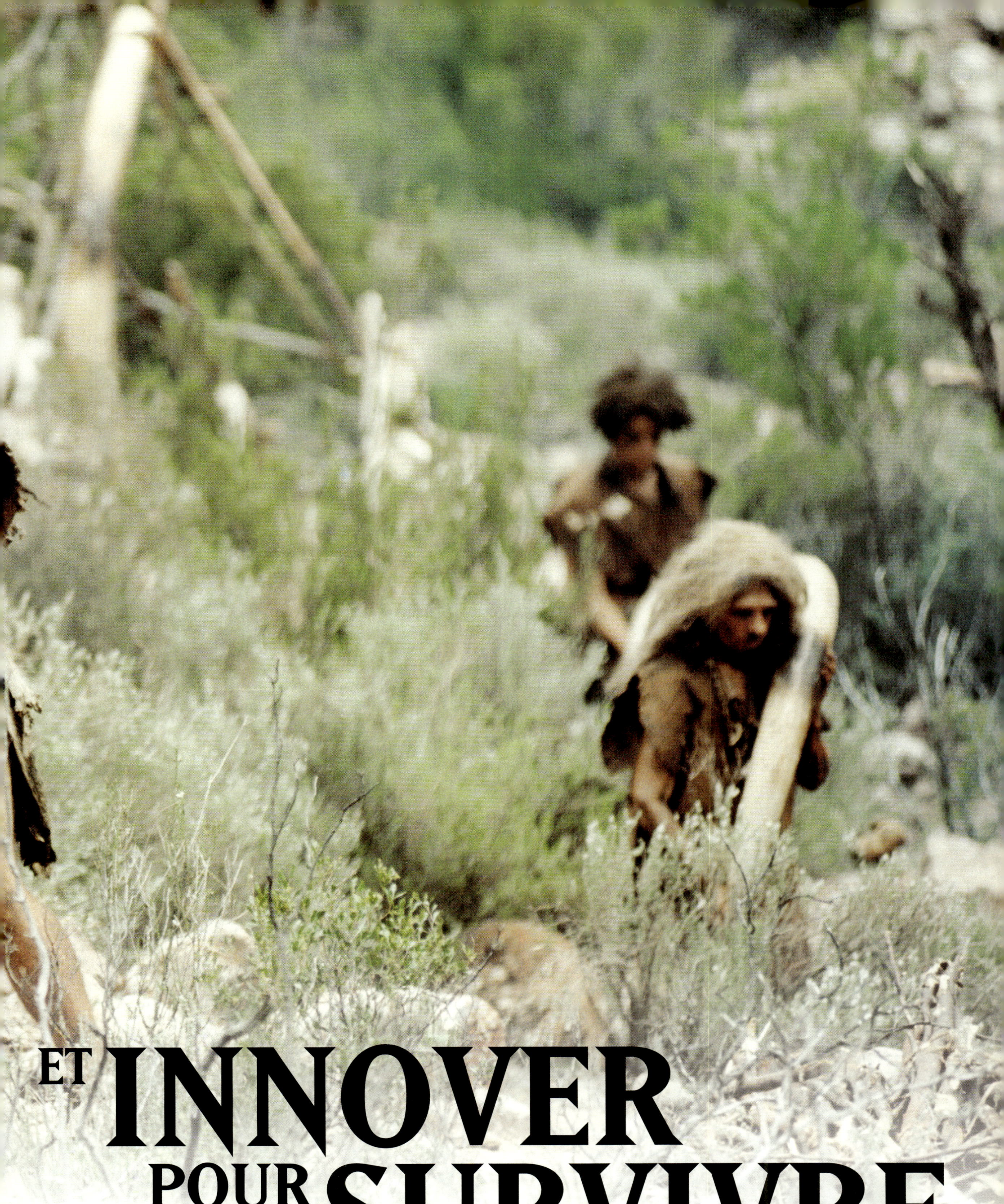

ET INNOVER POUR SURVIVRE

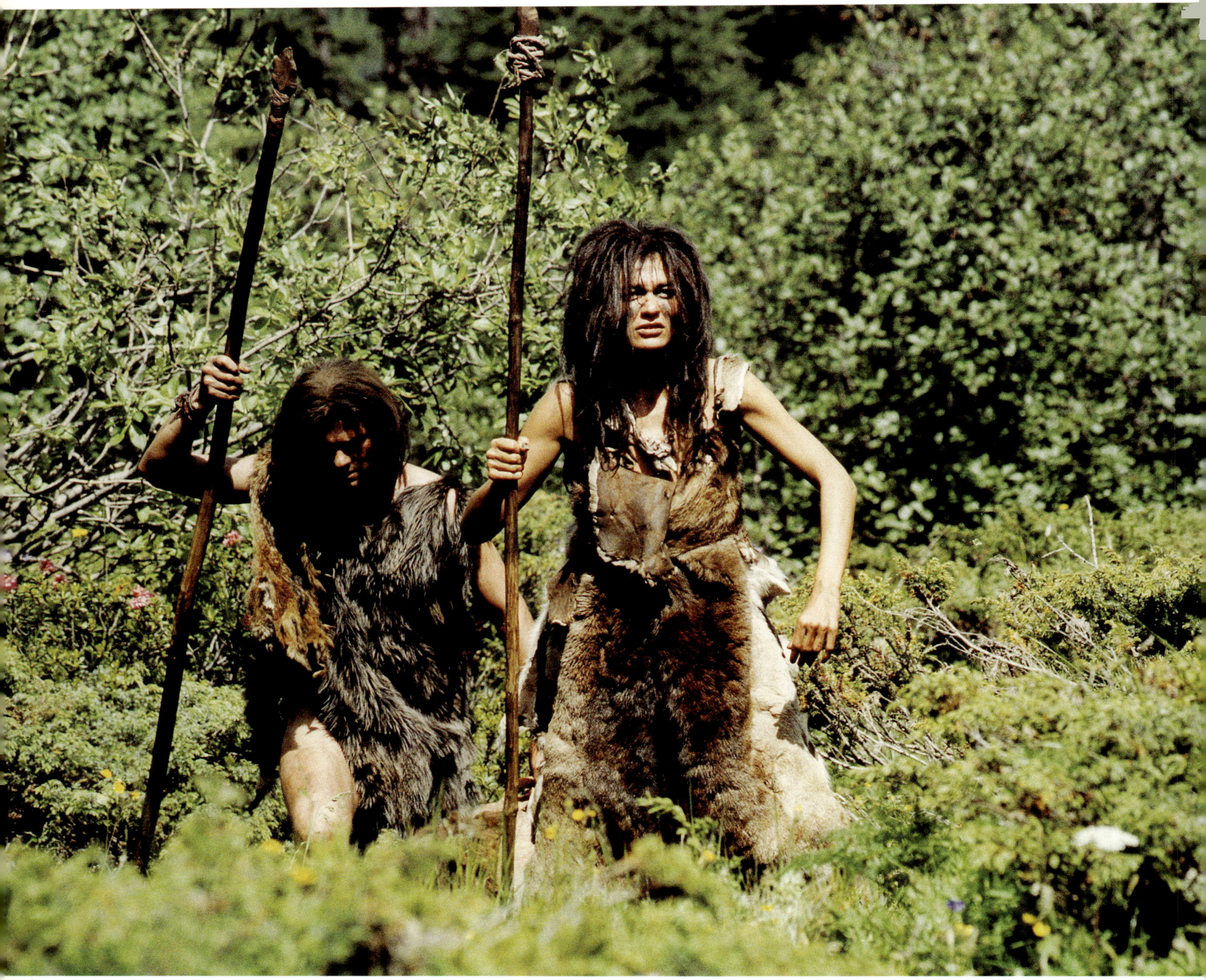

Sapiens invente et perfectionne en permanence ses techniques. Il innove en créant des outils adaptés à des besoins très précis. Son savoir-faire prend de l'ampleur, ses connaissances s'étendent. De nouvelles cultures voient le jour.

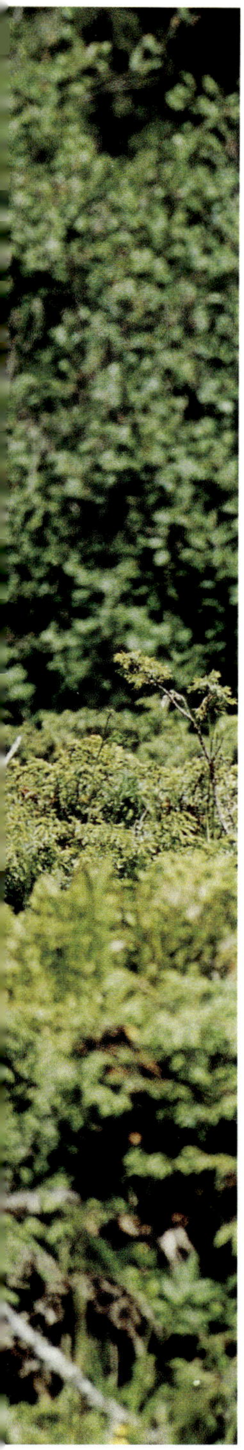

Exploitation des ressources naturelles Parmi les nombreuses espèces humaines qui ont peuplé l'Afrique, puis l'Ancien Monde, seule la nôtre, sapiens, a survécu. Elle a même réussi l'exploit de coloniser, dès son âge de pierre, la presque totalité des terres émergées de la planète. Comment expliquer ce succès fulgurant remporté dans des conditions extrêmement dures, entre glaciations impitoyables, rareté de la nourriture, et prédateurs en permanence à l'affût ? Certes, sapiens a hérité des inventions techniques et des adaptations biologiques déjà acquises par ses ancêtres. Mais s'il s'en est sorti, et la preuve en est que nous sommes là pour raconter notre propre histoire, c'est surtout parce qu'il a su, plus que tout autre, exploiter les milieux dans lesquels il a vécu...

LES FEMMES PARTICIPENT TRÈS ACTIVEMENT À TOUTES LES OCCUPATIONS DU CLAN. ELLES NE SONT PAS SEULEMENT PRÉPOSÉES À LA CUEILLETTE MAIS PARTICIPENT AUX CHASSES COLLECTIVES. ELLES PEUVENT AUSSI EXERCER LES FONCTIONS DE CHAMAN.

DOUBLE PAGE SUIVANTE APRÈS LA CHASSE, LES SAPIENS RÉUTILISENT LES DÉFENSES DE MAMMOUTHS ET OSSEMENTS POUR SE CONSTRUIRE DES ABRIS.

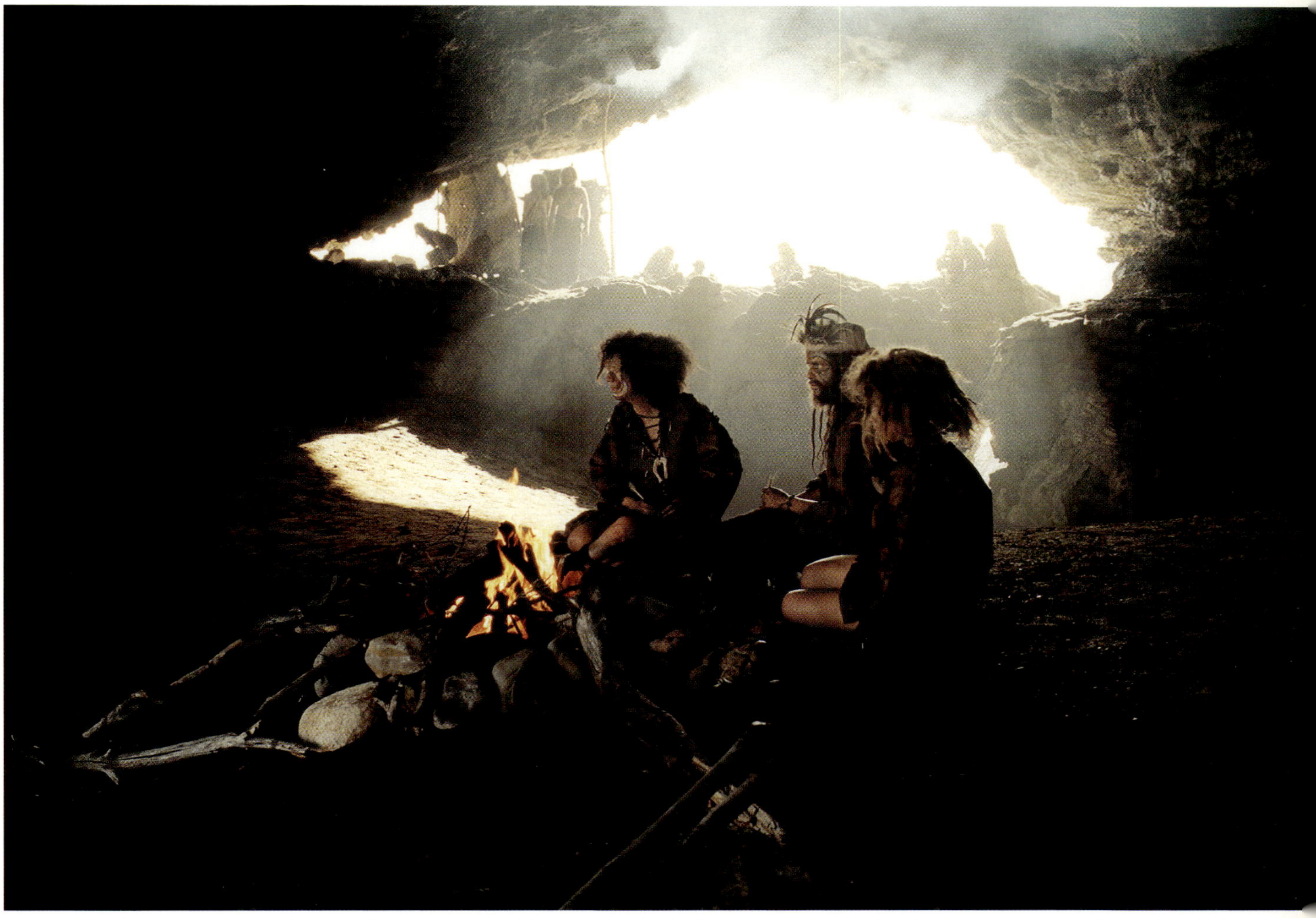

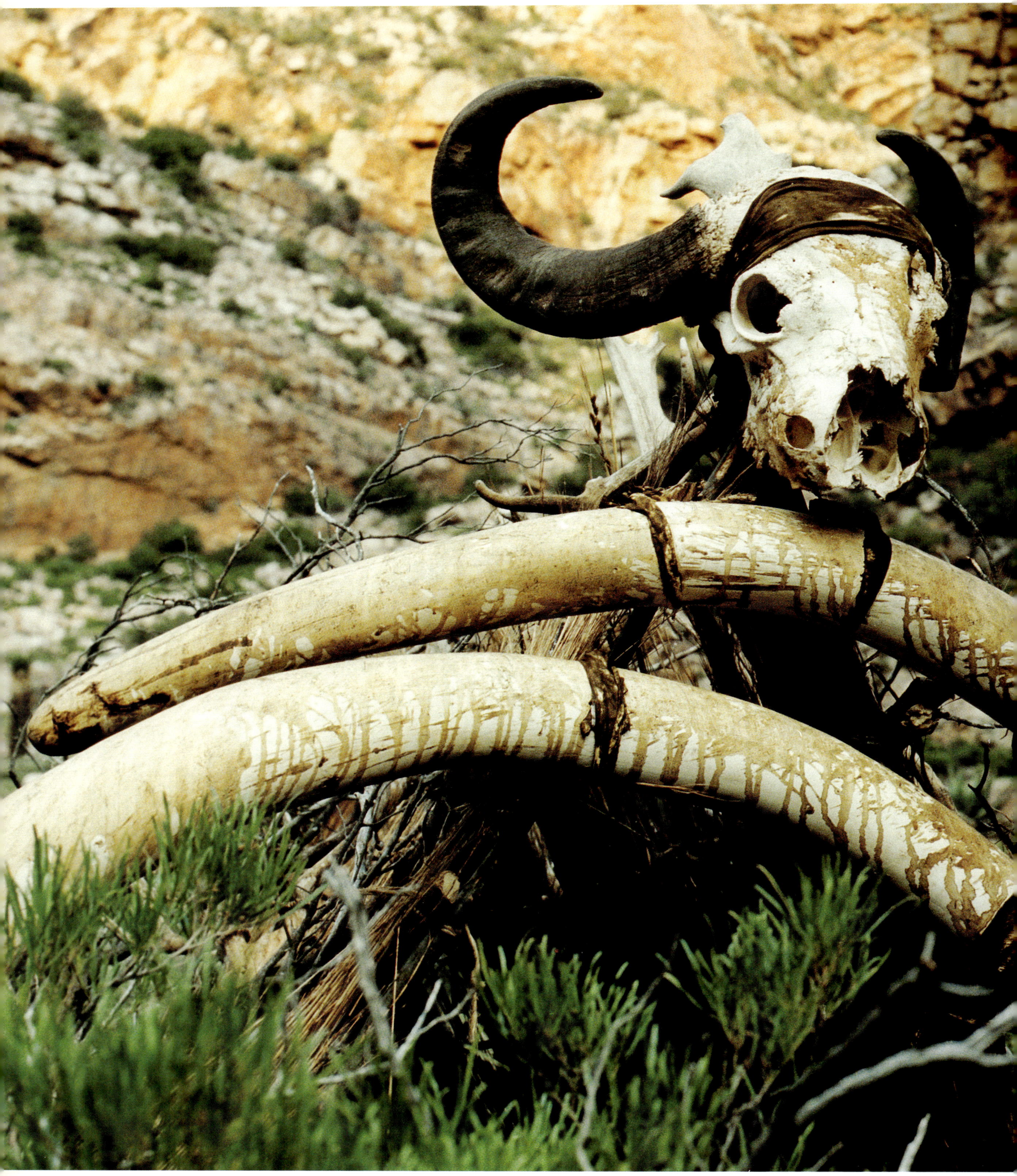

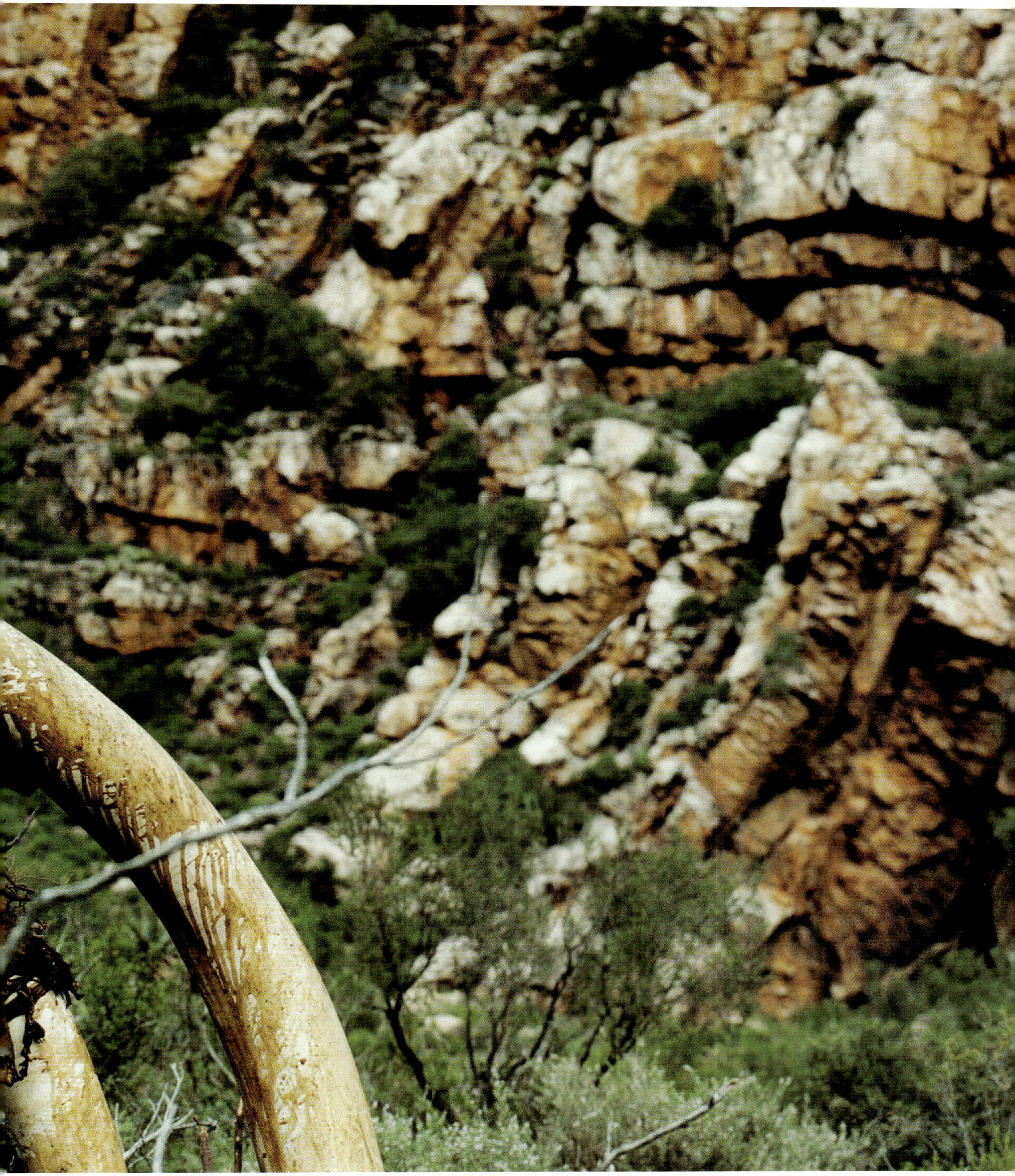

Il fait feu de tout bois Pour survivre depuis 100 000 ans en Europe, les tribus de chasseurs-cueilleurs ont ainsi puisé dans toutes les ressources accessibles, tant végétales que minérales et animales. En arpentant les plages et les berges des rivières, sapiens a collecté des bois flottés qui lui ont permis de construire des abris de plus en plus sophistiqués. Dans les cours d'eau, il a prélevé des poissons, transpercés à la sagaie, et choisi des galets aptes à être débités. Dans les rochers des bords de mer, il a ramassé pour sa consommation de nombreux crustacés. Il a transformé leurs coquilles en éléments de parures, leur attribuant une grande valeur symbolique. Sinon, comment expliquer que ces coquilles aient été retrouvées à des centaines de kilomètres de distance de leur lieu de collecte ? Dans les forêts, l'homme moderne a prélevé des branches mortes et a cueilli des baies comestibles, en complément de la viande des animaux qu'il chassait. Il a choisi, au pied des falaises et des chaos rocheux, les fragments de silex les plus adaptés aux outils qu'il souhaitait tailler.

Cette taille de la pierre, ou de l'os, de l'ivoire et du bois d'animal, de plus en plus fine et précise au fil du paléolithique supérieur, est la véritable marque de fabrique des différentes cultures de sapiens. Ainsi, les Aurignaciens, auteurs de la merveilleuse grotte Chauvet en Ardèche et évoluant entre –35 000 ans et –28 000 ans, débitaient les bois de renne avant de les affûter par grattage minutieux sur la pierre. Autant de poinçons utilisés pour percer les peaux, ou de pointes emmanchées sur des branches effilées pour constituer de redoutables sagaies. Plus tard, lors du Gravettien, entre –28 000 ans et –22 000 ans, les tailleurs prélèvent de larges et épaisses lames sur un silex, pour obtenir les burins, grattoirs et perçoirs nécessaires au travail des peaux. Les Solutréens, qui succèdent aux Gravettiens et dont la culture perdure jusqu'à –19 000 ans, semblent s'être passionnés pour des minéraux rares, de textures et de couleurs variées qui, au-delà de la taille d'outils, présentent un intérêt symbolique pour les tribus. Les chasseurs ramènent ainsi de leurs explorations des jaspes (quartz microcristallin) rubanés et veinés aux couleurs vives, des calcédoines blanches, des argilites ou des grès ferrugineux. De plus, ils inventent une technique de taille qui permet d'obtenir des couteaux et des armatures de sagaies d'une grande finesse, appelés feuilles de laurier.

Enfin, les Solutréens réalisent deux inventions majeures : le propulseur, outil en forme de crochet souvent richement décoré qui décuple la force du bras pour lancer une arme de jet, et l'aiguille à chas en ivoire, qui permet, entre autres, de coudre les peaux pour en faire des vêtements confortables. La dernière culture de chasseurs-cueilleurs, baptisée Magdalénien (de –18 000 ans à –12 500 ans), précède le radoucissement climatique augurant la fin du paléolithique. Elle se caractérise par la fabrication en série des outils, dans des ateliers spécialisés où s'affairent plusieurs tailleurs. À chaque objet est associée une matière première rigoureusement sélectionnée, baguettes de bois, silex de natures différentes, os et bois d'animaux variés.

POUR EXPLOITER AU MIEUX LES RESSOURCES DE SON ENVIRONNEMENT, HOMO SAPIENS PLANIFIE SES COLLECTES SUIVANT LES SAISONS. IL ÉTABLIT UN CAMP PRINCIPAL AU CENTRE DE SON TERRITOIRE ET CRÉE DES CAMPEMENTS SECONDAIRES QU'OCCUPENT PONCTUELLEMENT DE PETITS GROUPES DE CHASSEURS-CUEILLEURS.

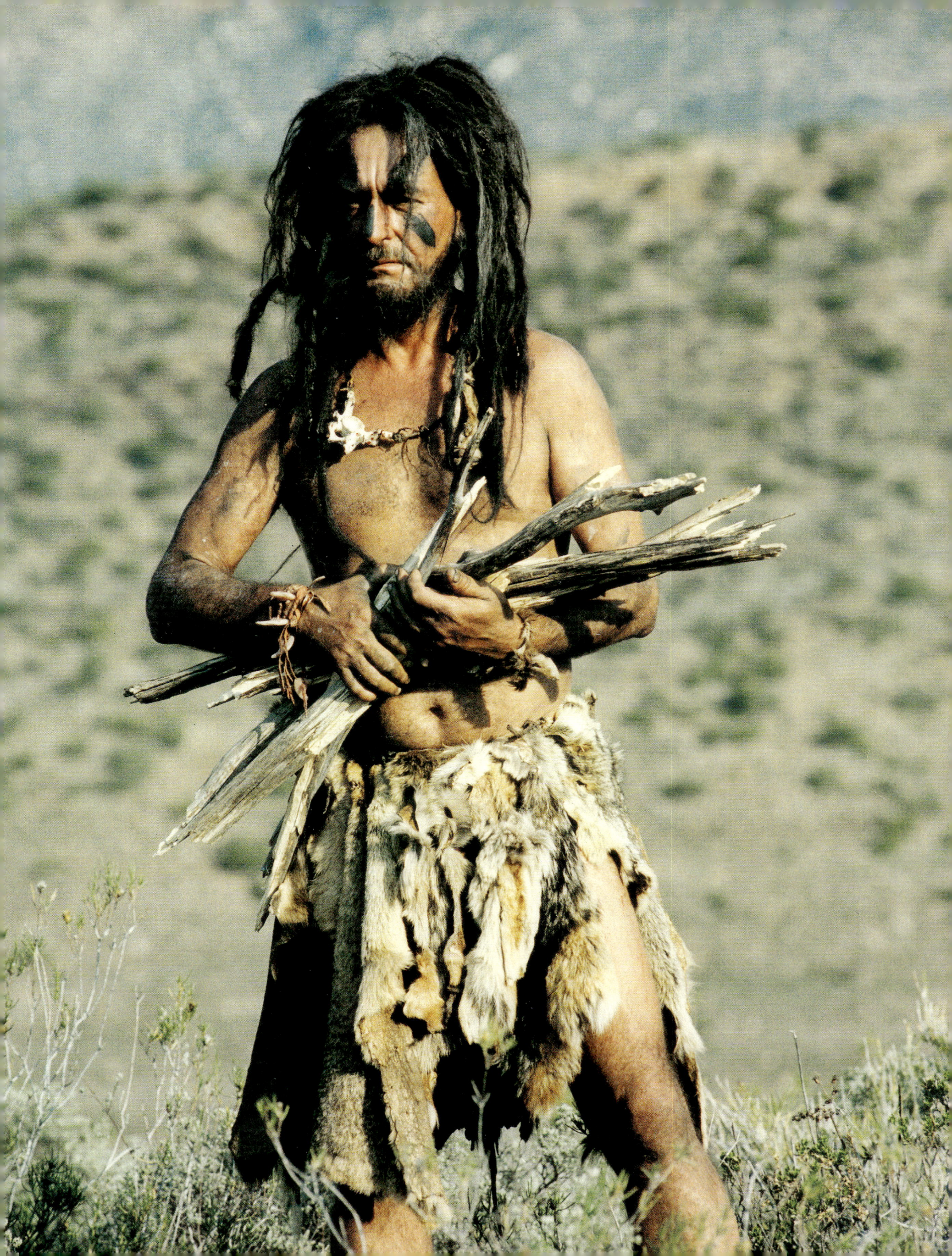

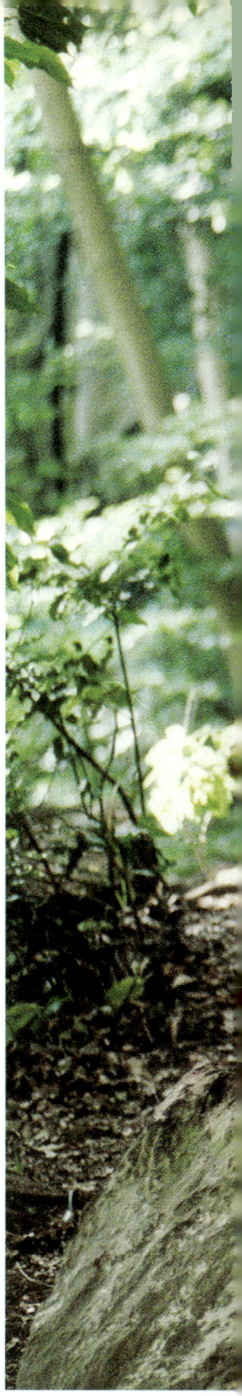

Les tâches sont réparties entre tous Voilà donc sapiens fin prêt pour emprunter le sentier de la chasse. Selon les latitudes et les saisons, rennes, chamois, bouquetins, chevaux, cerfs, loups, lynx ou mammouths deviennent ainsi la proie de chasseurs de plus en plus organisés.

Au fil du temps, les groupes humains se spécialisent dans leurs choix de gibier, en se concentrant souvent sur une espèce unique, comme par exemple les bisons au sud de l'Ukraine, ou le renard, recherché surtout pour sa fourrure, sur les territoires de l'actuelle Pologne. Les chasseurs connaissent parfaitement leurs proies, comme en témoignent les représentations animales rupestres : le choix des postures, la figuration de certains détails anatomiques (comme le clapet anal d'un mammouth ou le larmier d'un cerf) sont le fruit de longues et patientes observations.

Les armes de sapiens ? Elles sont de toutes sortes, avec les inventions qui se succèdent. Gourdins, sagaies et javelots lancés à la main sur les herbivores, propulseurs permettant d'atteindre l'animal à plus longue distance ou avec plus de force... Et, dans une poche en peau, les lames qui seront nécessaires au premier débitage de l'animal. L'arc, peut-être inventé par les Magdaléniens, ou ses descendants du mésolithique (de –12 500 ans à –10 000 ans), propulse une flèche à 100 km/h, transperçant tous types de gibier. Beaucoup plus efficace que les armes précédentes, il permet donc à un nombre moins important de chasseurs de quitter le camp.

Les stratégies de chasse ont été nombreuses tout au long de l'épopée de sapiens. En petits groupes, l'homme moderne sait pister et traquer des herbivores isolés, puis les achever à la sagaie. Il parvient à encercler des chevaux sauvages en grand nombre, comme à Solutré en Saône-et-Loire, avant de les acculer dans une brèche rocheuse pour ensuite sélectionner ceux qu'il veut abattre. Il chasse le renne, à l'affût sous des peaux et face au vent, guettant le passage du troupeau lors de la migration, ou se dissimule face à un gué emprunté par les mammifères pour franchir le cours d'eau. Il invente

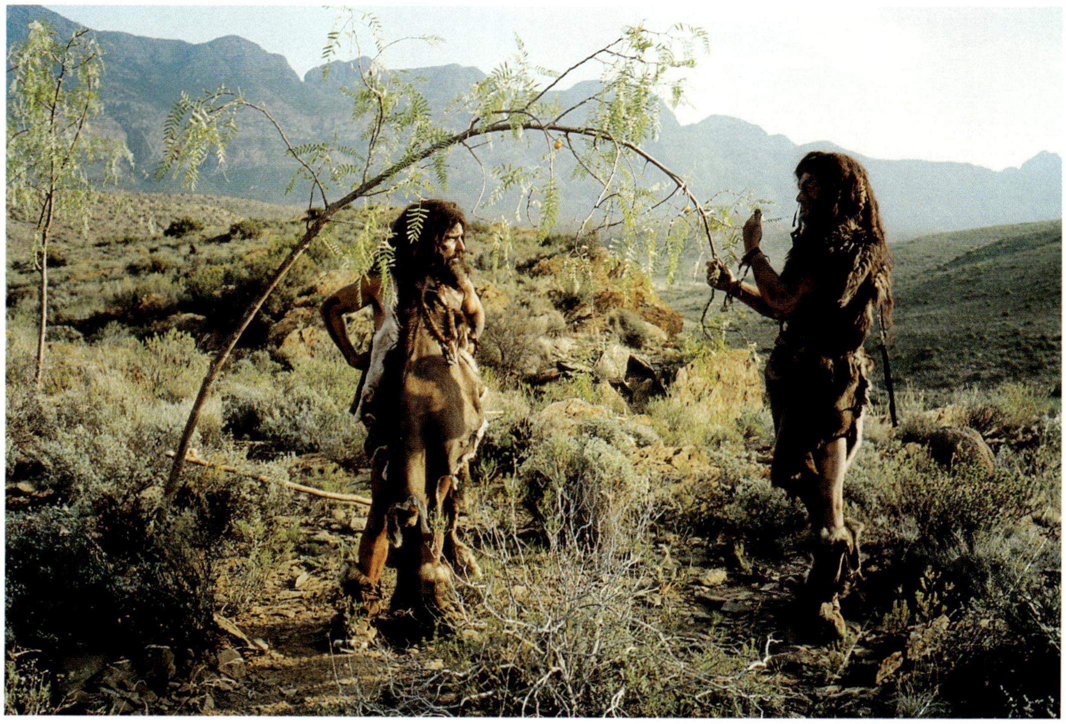

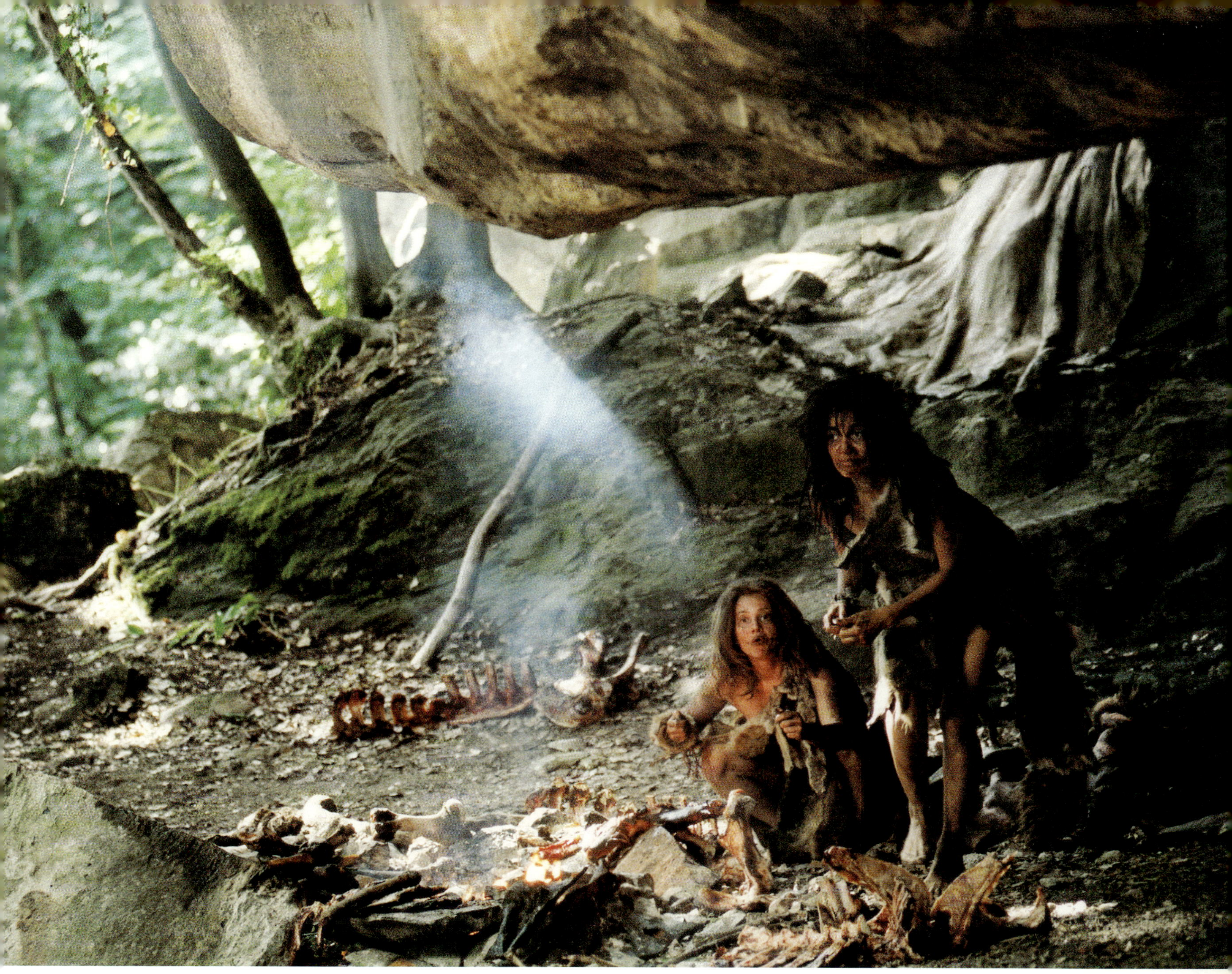

UNE OBSERVATION ATTENTIVE DE LA NATURE INSPIRE À SAPIENS DE NOMBREUSES INVENTIONS ET TECHNIQUES. L'ARC ET L'UTILISATION DU FEU POUR DURCIR LE BOIS ET TRAVAILLER LA PIERRE EN SONT LES MEILLEURS EXEMPLES.

DOUBLE PAGE SUIVANTE ARQUIHA ET SON CLAN SAPIENS S'ASSOCIENT À NEOUKE ET DES CHASSEURS NÉANDERTALIENS POUR PIÉGER UN MAMMOUTH DANS UN DÉFILÉ ROCHEUX.

également la chasse collective, lorsque de très nombreux chasseurs issus de plusieurs clans pistent, rabattent puis tuent des dizaines de mammouths lors d'une seule battue, comme à Dolni Vestonice (République tchèque), ou à Lugovskoye, en Sibérie. Pour s'approcher du gibier sans être repérés, les groupes de chasseurs usent peut-être de codes gestuels exécutés avec les doigts, comme en attesteraient les empreintes de mains incomplètes retrouvées sur les parois des grottes ornées.

De retour de la chasse, tout le clan s'affaire dans de véritables ateliers de boucherie et de tannerie. Les lames de pierre servent au débitage des animaux, opération qui doit s'effectuer, dans le cadre des grandes chasses, sur le site même de la mise à mort. Dans les régions froides d'Europe centrale, les quartiers de viande sont conservés dans des trous creusés dans la partie gelée du sol, le pergélisol. Ensuite vient le travail des peaux, décharnées et dégraissées grâce au racloir, puis assouplies en étant écartelées.

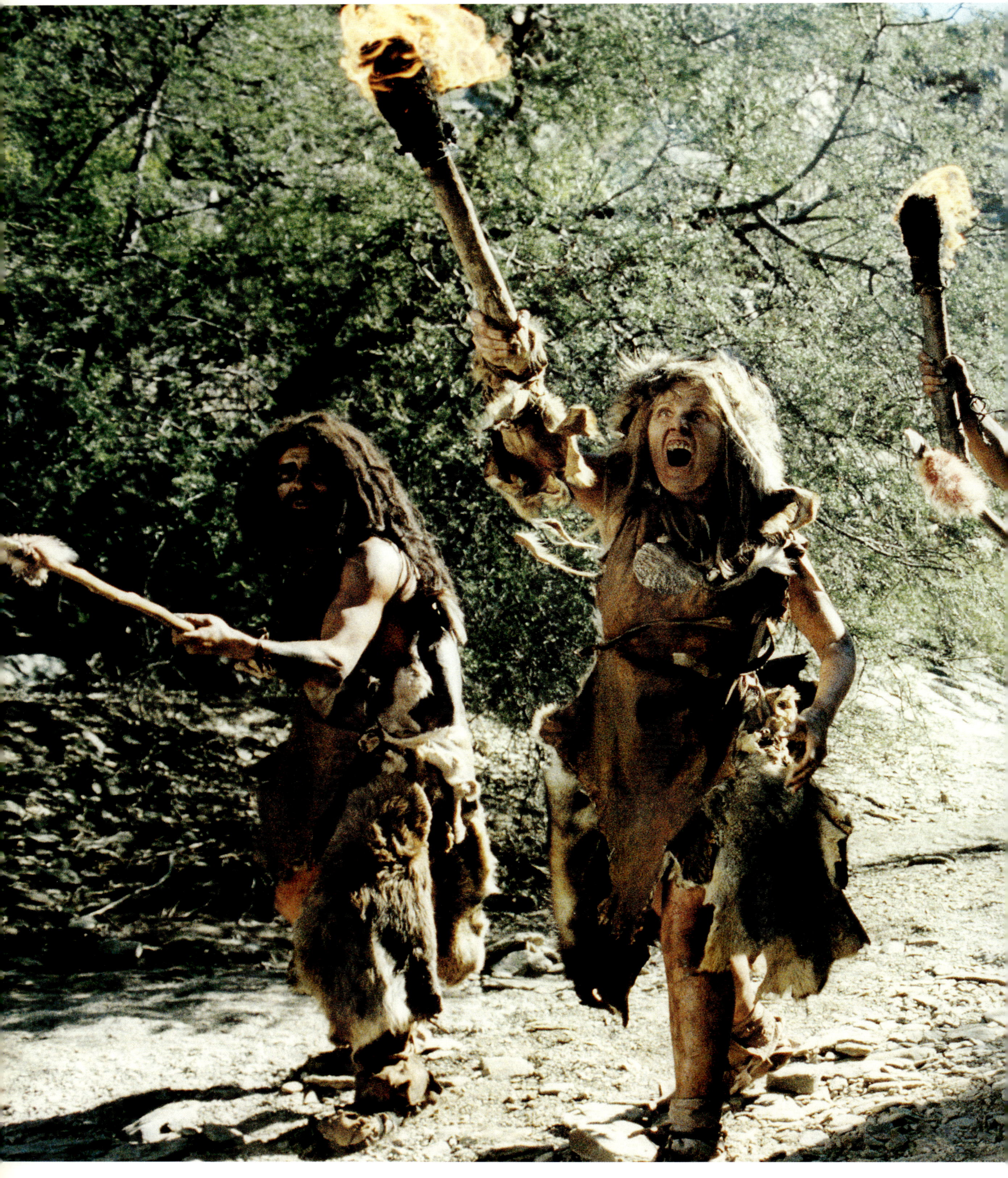

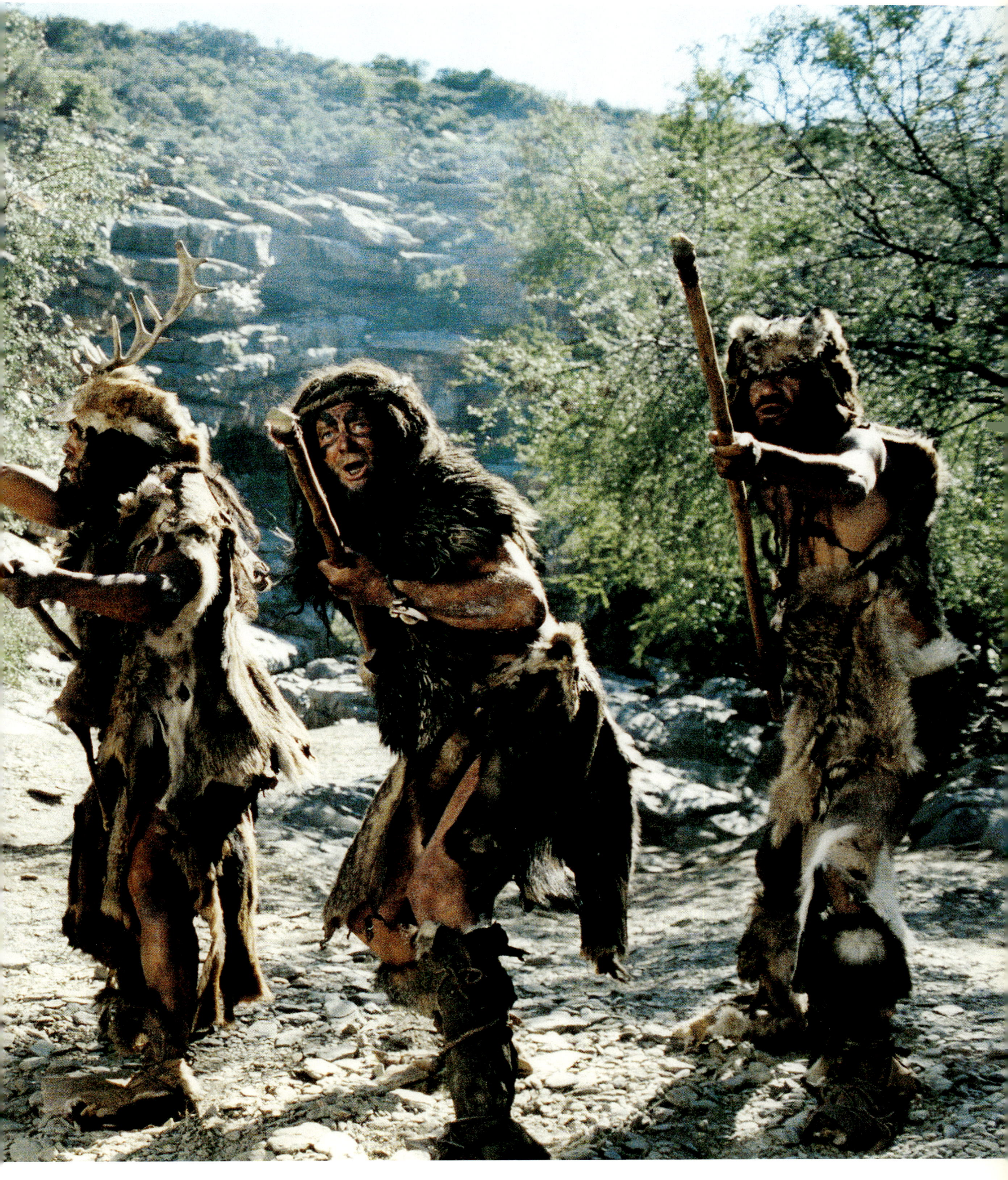

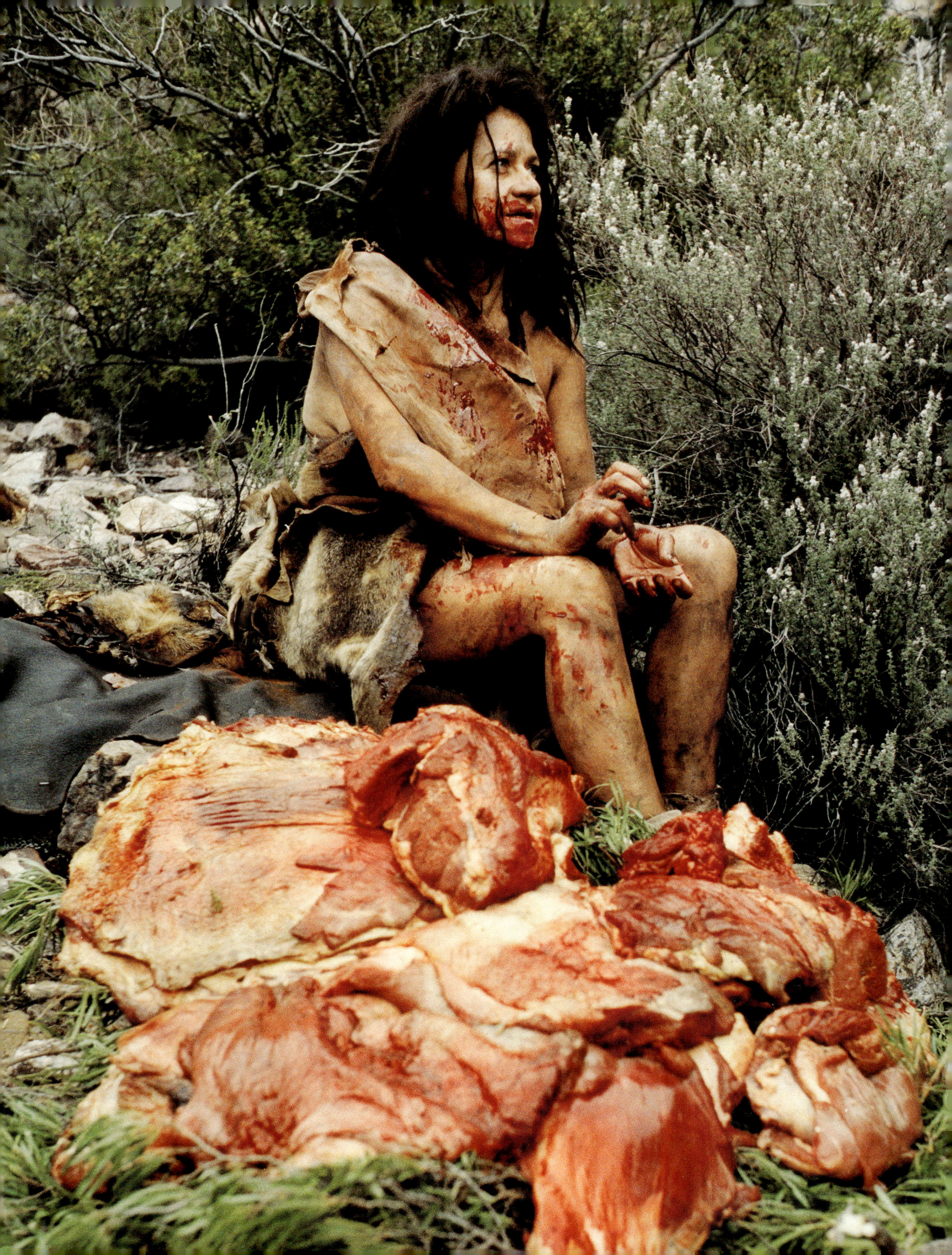

Des ressources vitales Plus tard, sous les tipis faits de branches recouvertes de peaux de rennes, ou dans des cabanes érigées en os de mammouth, comme en Ukraine, les membres des tribus racontent, autour du foyer, des mythes transmis de génération en génération.

Les habitations les plus évoluées sont en effet organisées en espaces de couchage, de réunion ou de travail des outils et des produits animaux, espaces séparés par des rideaux de peaux. Dans les foyers, de bois, d'os ou de tourbe, s'opère la cuisson des aliments. La viande peut être grillée, couvée sous la cendre ou cuite sur des pierres chaudes, mais également bouillie dans des outres contenant une eau chauffée par des pierres préalablement posées sur les braises.

Le foyer sert aussi à préparer des silex avant la taille, au cours de véritables expériences de physico-chimie ! Chauffé à 300° C dans le foyer sous une couche de cendre, le silex se transforme selon un processus appelé vitrification et devient de fait plus facile à débiter. La chaleur est également utilisée par les peintres pour modifier la couleur des pigments minéraux...

TOUT GIBIER EST ENTIÈREMENT EXPLOITÉ. LA CHAIR EST CONSOMMÉE, LA GRAISSE UTILISÉE COMME COMBUSTIBLE. LES INTESTINS PEUVENT SERVIR DE CONTENANT, LES OS SONT RÉCUPÉRÉS POUR LA FABRICATION D'OUTILS, D'ARMES, ET POUR LES PARURES. LA PEAU TANNÉE HABILLE LES MEMBRES DU CLAN ET GARNIT LEURS ABRIS.

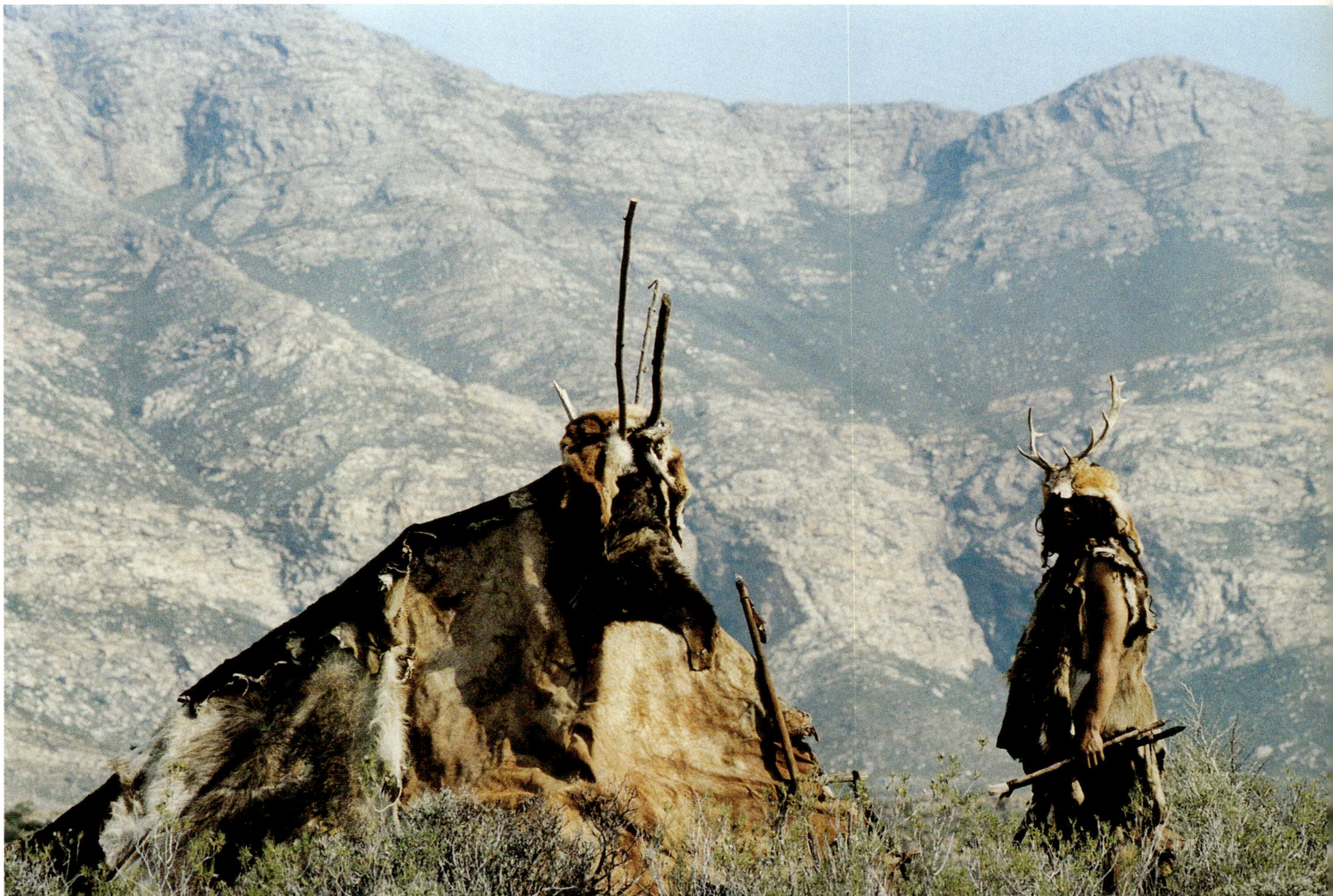

Les liens sociaux se renforcent entre clans

Outre ses aptitudes intellectuelles et techniques, ce sont également les structures sociales de sapiens qui lui ont permis de survivre. L'existence de castes est attestée par la présence de sépultures très richement décorées, dont les corps portent de somptueuses parures reflétant leur rang. L'enfant de moins de quatre ans inhumé à la Madeleine, en Dordogne, il y a plus de 10 000 ans, avec 1 500 pièces de parures réparties sur tout le corps, devait être issu d'une famille respectée. Un vrai petit prince de la préhistoire...

La minutie et la perfection qu'exige la taille d'outils, et la créativité des compositions des grottes ornées impliquent l'existence d'artisans très spécialisés...

Tout ceci témoigne d'une organisation sociale complexe à l'intérieur du groupe, mais aussi entre clans. Les rassemblements à l'occasion des grandes chasses offrent

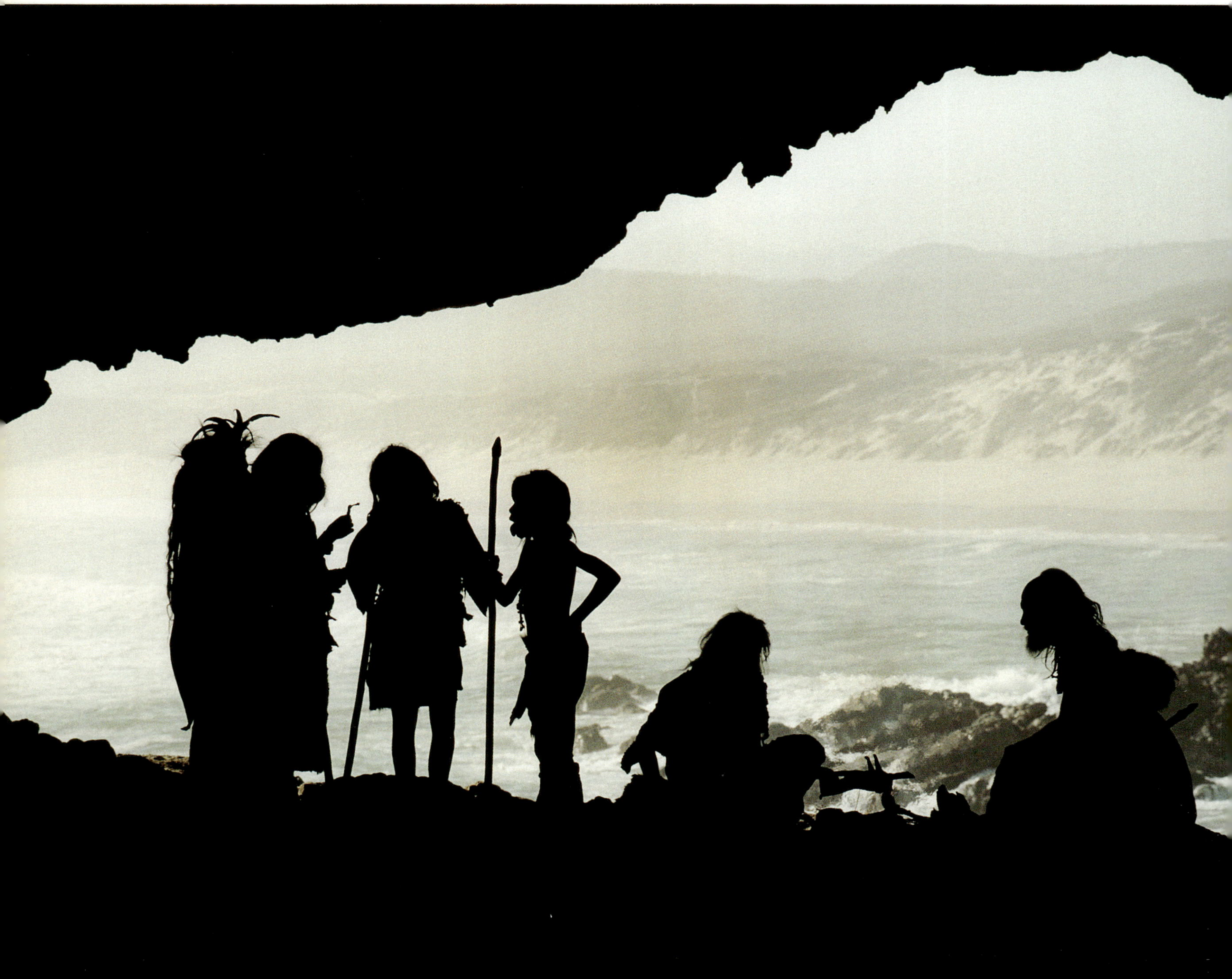

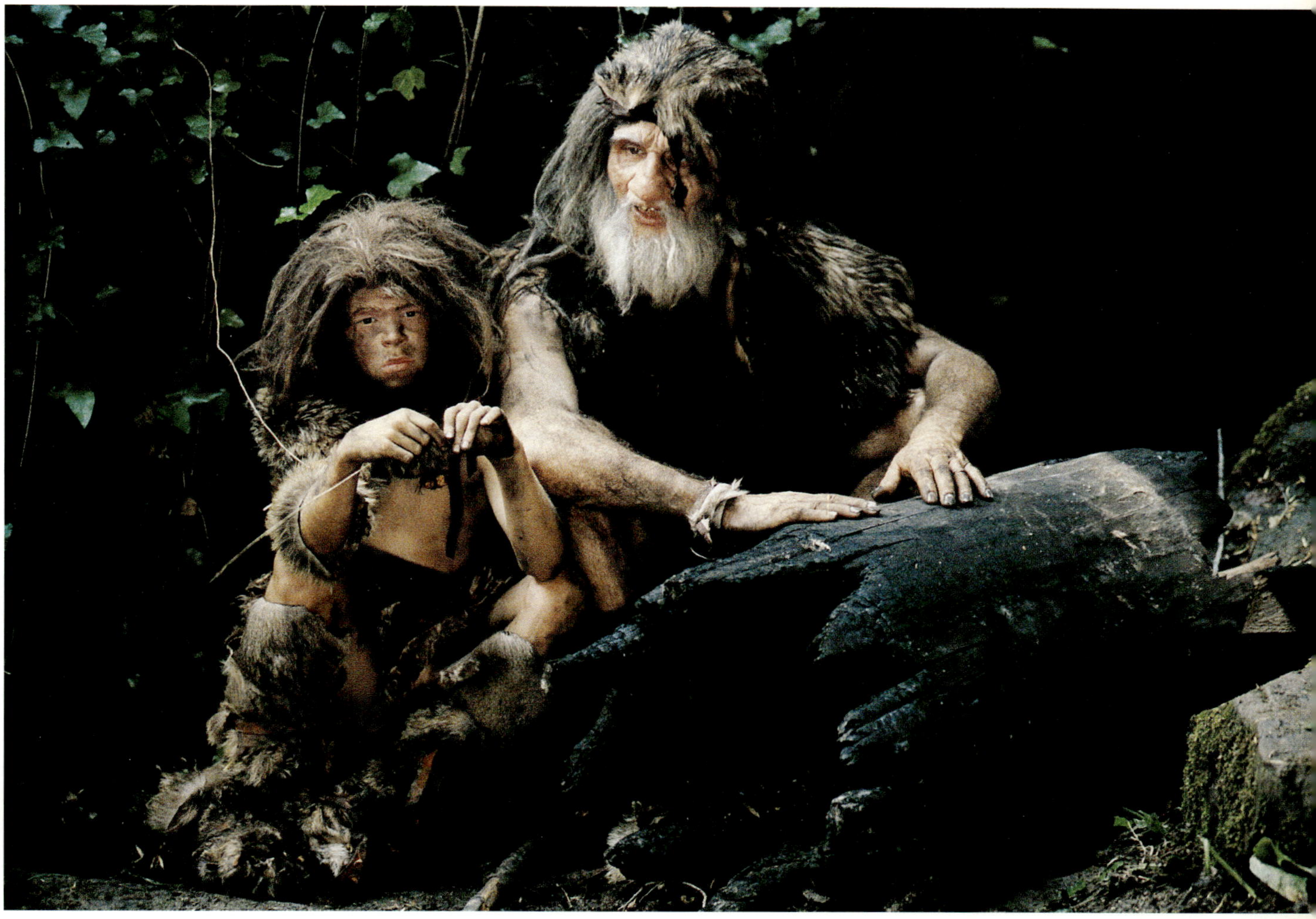

VERS –20 000 ANS, LES VÊTEMENTS SONT PLUS CONFORTABLES ET AJUSTÉS GRÂCE À L'INVENTION DE L'AIGUILLE.

l'occasion d'échanges et d'offrandes de parures faites de coquillages, de minéraux rares ou de plumes d'oiseaux. Autant de gestes destinés à renforcer et à faire perdurer les liens entre tribus. On sait ainsi qu'à Laugerie-Haute ou à Saint-Christophe, dans le sud-ouest de la France, plusieurs centaines de personnes se sont regroupées lors du Magdalénien.

De nombreux clans se réunissent ainsi épisodiquement, chaque clan ne comptant pas plus de quelques dizaines d'individus. Ces grands rassemblements sont également l'occasion de favoriser les échanges de partenaires entre clans, les sapiens ayant vraisemblablement compris très tôt les risques génétiques liés à la consanguinité. Les couples se forment, et certaines jeunes femmes quittent le campement avec leur nouveau compagnon, abandonnant leur clan d'origine. Parfois, lorsqu'il comptent trop d'individus pour les ressources de leurs terres, les clans essaiment en tribus de tailles plus réduites. Pour le groupe qui quitte le campement, quelques chasseurs accompagnés d'anciens, de femmes et d'enfants, il faut alors se mettre en quête d'un territoire.

De ces nouvelles terres, le groupe tirera le meilleur parti, perpétuant ainsi la longue lignée de sapiens.

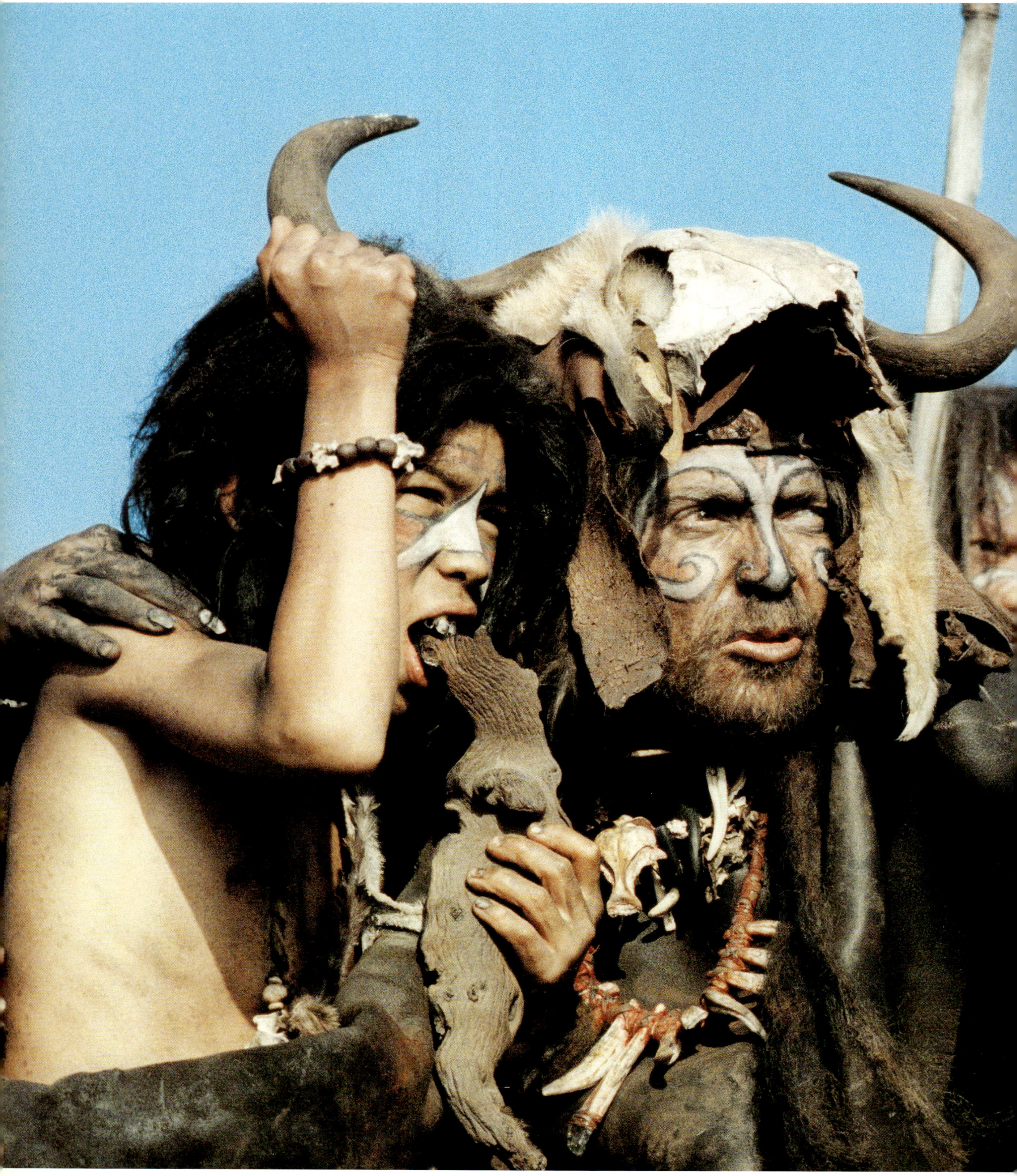

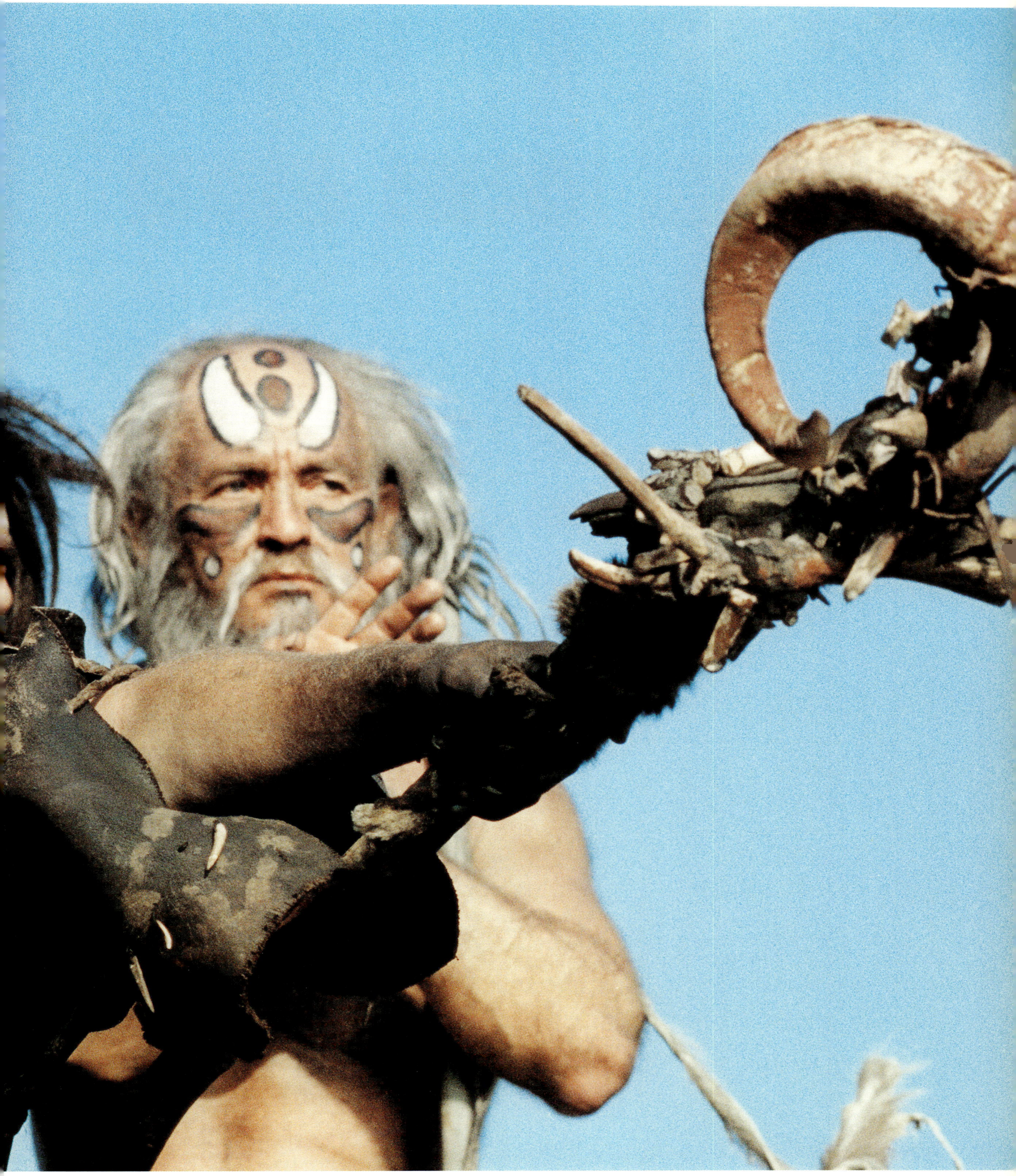

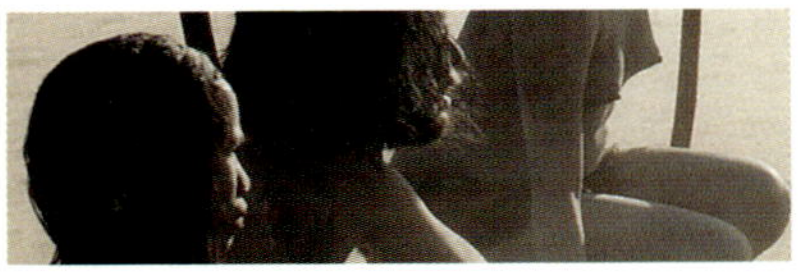

La tribu à la base de l'organisation sociale

On sait que les sapiens ont longtemps vécu une existence de chasseurs-cueilleurs, se déplacant sur de vastes territoires au gré des migrations des mammifères.

Mais face à la rareté des vestiges disponibles, il est difficile d'estimer la taille de ces tribus nomades. Pour le faire, certains préhistoriens divisent la masse de déchets alimentaires retrouvés dans les foyers (ossements d'animaux, arêtes de poissons ou coquillages) par la consommation moyenne d'une personne. Sur cette base, qui ne fait pas l'unanimité chez les scientifiques, les sapiens se seraient regroupés en clans rassemblant plusieurs dizaines d'individus (de quarante à une centaine de membres), comprenant chasseurs, femmes et enfants, pendant la majeure partie du paléolithique supérieur. Ce nombre était suffisamment important pour se défendre contre les ours, les lions, les hyènes des cavernes et autres prédateurs. Il ne pouvait en revanche être plus élevé au risque de ne pouvoir collecter dans le milieu la quantité de nourriture nécessaire à la survie de tous. L'espérance de vie, très difficile à évaluer du fait des rares squelettes parvenus jusqu'à nous (quelques centaines au total), est estimée aux alentours de 25 à 30 ans, avec une très forte mortalité infantile (avant 1 an). Avec l'invention d'armes de plus en plus sophistiquées, les clans de sapiens ont vraisemblablement vu leur taille évoluer. Ainsi, on pense que l'apparition de l'arc, à la fin du paléolithique, a permis à des groupes moins nombreux de survivre. Plus sûre, cette arme permettait de chasser en nombre plus restreint que lors des chasses au rabattage, diminuant d'autant la taille des campements. À cette époque, de petites tribus de deux à quatre familles auraient ainsi pu se constituer.

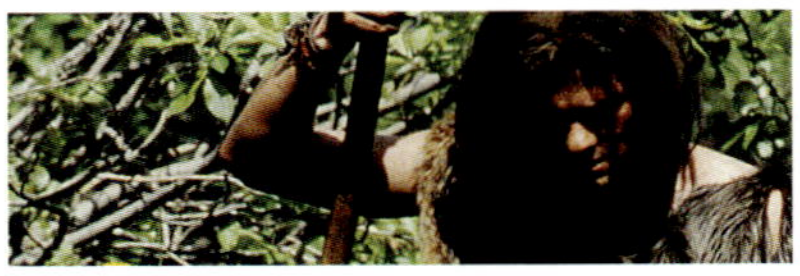

Sapiens sur le sentier de la guerre

Les préhistoriens ont longtemps véhiculé l'image d'un sapiens préhistorique pacifique, sa condition de chasseur-cueilleur nomade ne le portant pas à l'agression des tribus voisines.

Dans cette conception idéalisée, les premiers conflits seraient apparus lors de la période néolithique. Les groupes humains, maîtrisant l'agriculture et l'élevage, auraient alors commencé à amasser des richesses et des marchandises (récoltes, bétail), devenant de ce fait la cible de tribus convoitant leurs biens. En réalité, il semble que les conflits armés aient déjà existé lors du paléolithique, même si leur ampleur et leur fréquence restent difficiles à établir. Ainsi, les fouilles menées à Jebel Sahaba, un site daté de –12 000 ans à proximité du Nil, attestent d'une bataille ayant opposé deux clans. Des dizaines d'individus y furent transpercés de lances et de flèches. Autre preuve de crimes ou de batailles anciennes, le squelette de Grimaldi, attribué à la période gravettienne, il y a plus de 25 000 ans, qui portait des pointes de silex propulsées par un pieu ou une lance dans la colonne vertébrale. Quant aux causes de telles escarmouches, elles resteront certainement pour toujours mystérieuses. Affrontement pour un gisement de silex, défense d'un territoire de chasse, lutte pour des partenaires sexuels ou encore ruptures d'alliances entre tribus ? Toutes les hypothèses sont avancées pour expliquer les conflits de nos ancêtres... qui devaient certainement éclater entre de longues périodes de paix, la guerre n'étant jamais un bon calcul à long terme pour la survie d'un groupe.

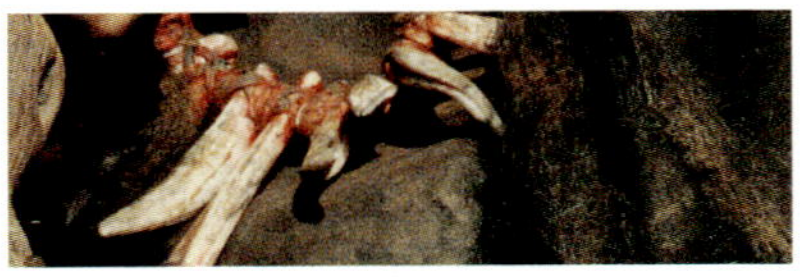

Le sens caché des parures

Qu'il s'agisse d'ornements, d'objets décoratifs portés ou de peintures corporelles, les parures sont l'expression de la socialisation de l'homme.

Il n'est pas étonnant qu'il ait choisi la surface du corps, enveloppe charnelle de son entité biologique, interface du moi et de l'autre, comme support symbolique de cette socialisation. Arborer une parure, c'est d'abord se construire une identité sociale mais c'est aussi la révéler à autrui.
L'ornement n'est pas seulement un indicateur du statut de l'individu, il le détermine. Pour certains ethnologues, la parure a joué un rôle capital au cours de la préhistoire pour trois raisons. La première tient au fait que sa longévité dépasse la durée de la vie de son porteur. Elle constitue un transmetteur social et culturel.
La magnificence des parures portées par l'enfant de l'abri de la Madeleine dénote un statut social élevé. Un rang qu'il n'a pu acquérir par sa bravoure ou quelque talent, vu son jeune âge, mais dont il a hérité. Preuve d'une hiérarchisation stable de sa société, probablement transmise par la filiation. La deuxième raison touche à la valeur de ces parures. Élaborées avec soin, beaucoup d'entre elles ont nécessité un grand nombre d'heures de travail de la part d'artisans au grand savoir-faire. Elles contiennent quelquefois des matériaux rares ou lointains donc précieux, acquis par échange. Ces objets uniques peuvent être offerts, et donc transmettre toutes sortes de messages forts.
Selon plusieurs chercheurs, ils seraient susceptibles de connaître un destin exceptionnel, qui va leur conférer un ascendant et une autorité supérieurs à ceux que peuvent exercer les mots. Ce qui explique peut-être le développement majeur que connaît la production des parures il y a 40 000 ans.

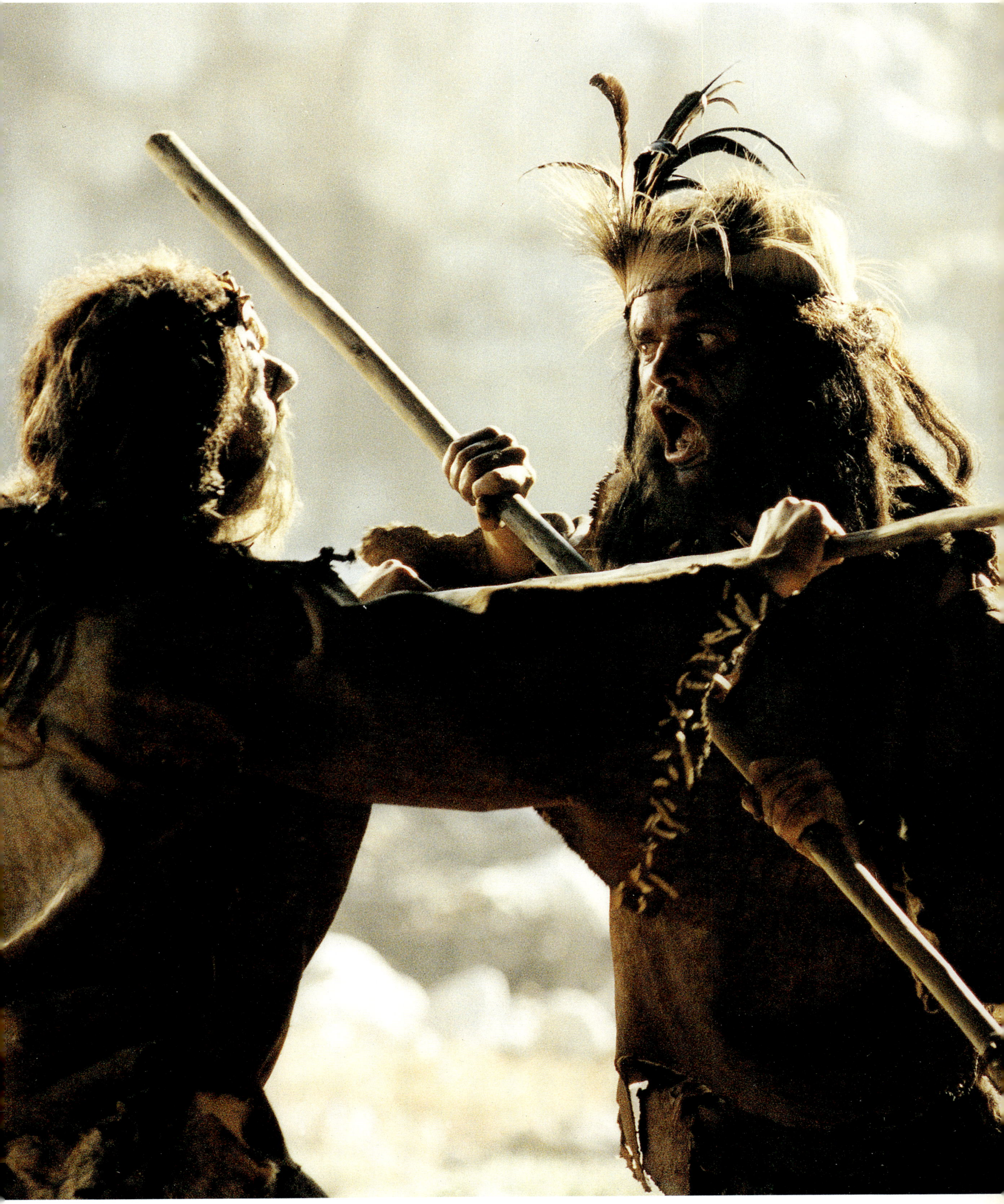

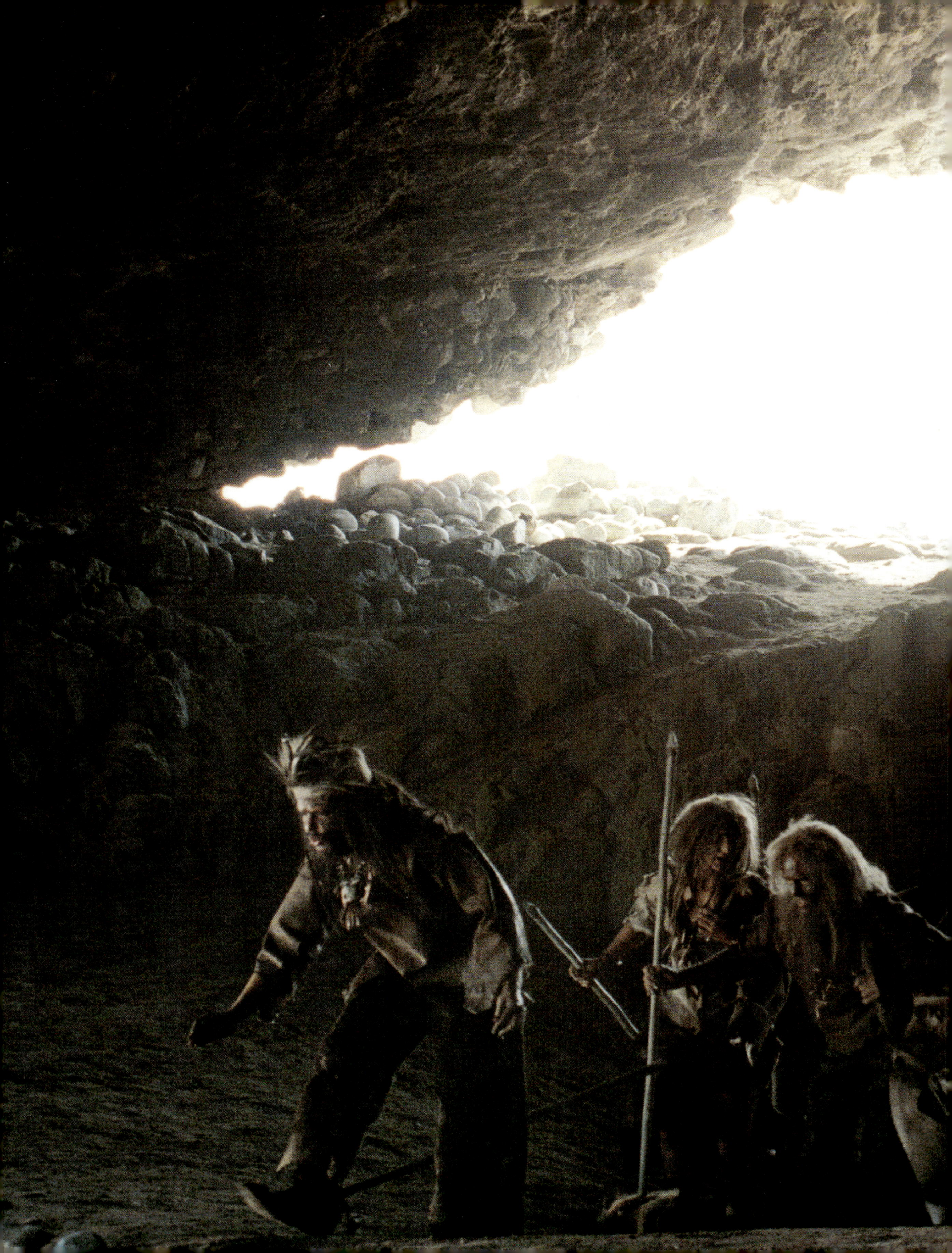

ET SAPIENS INVENTA L'ART

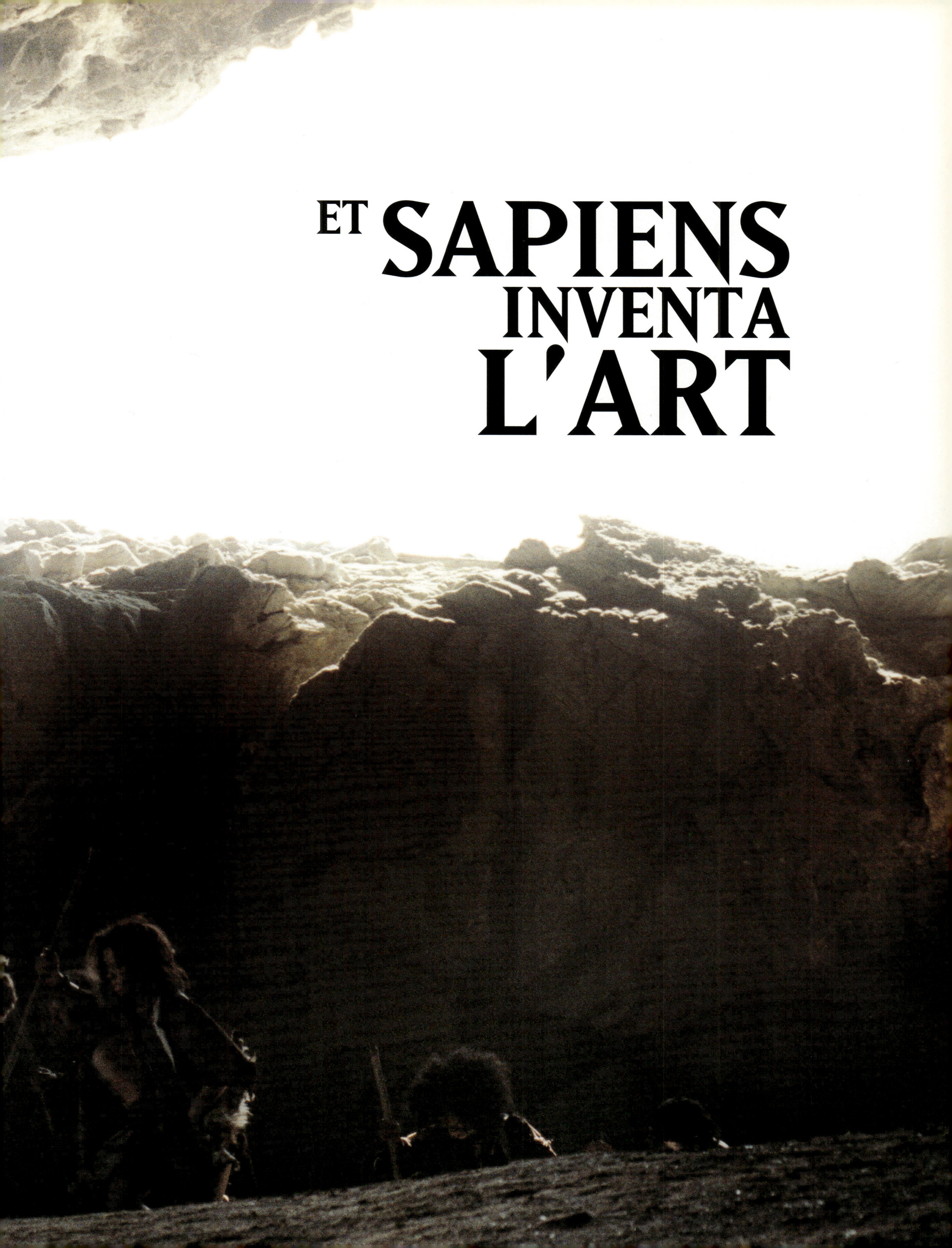

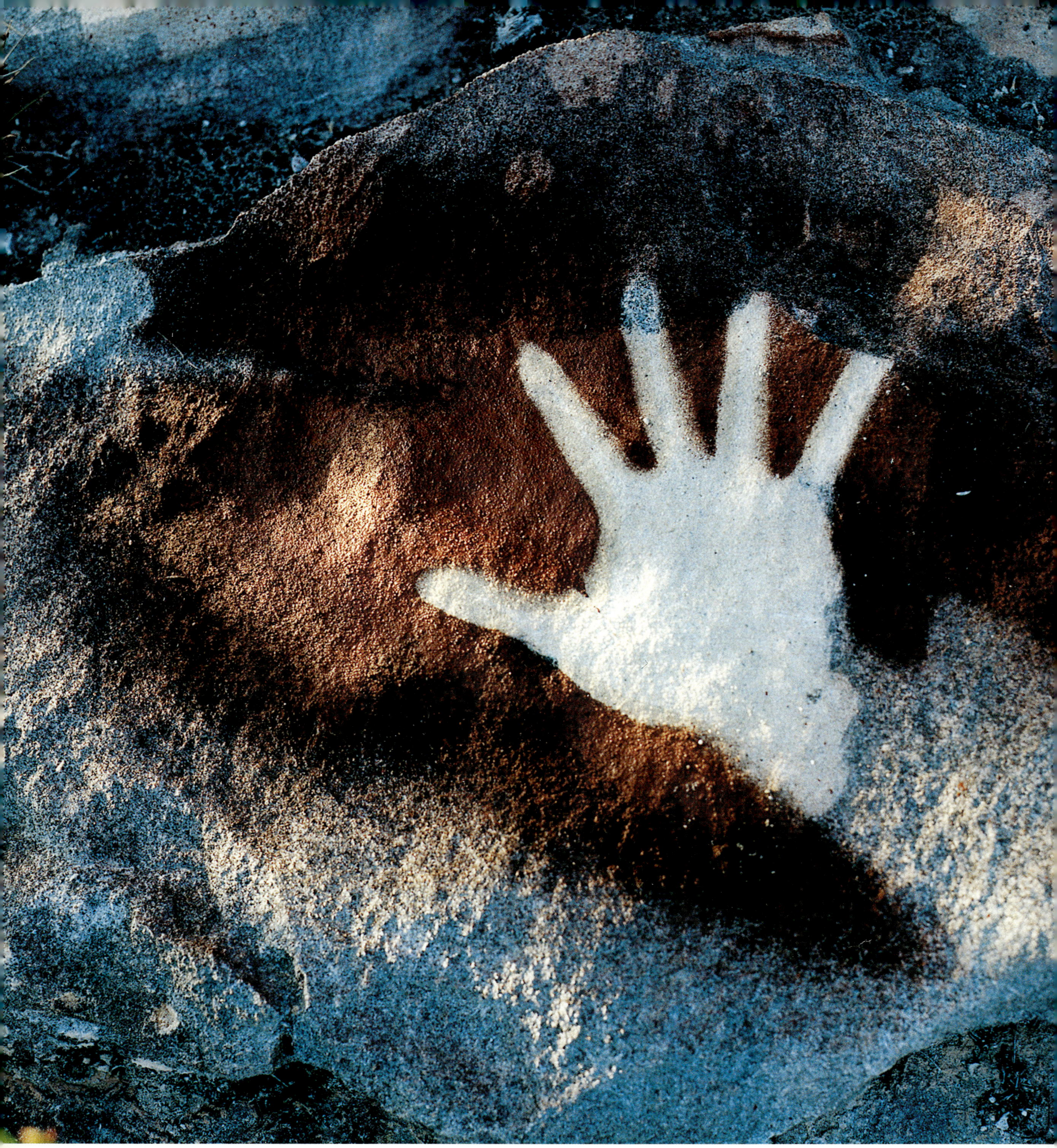

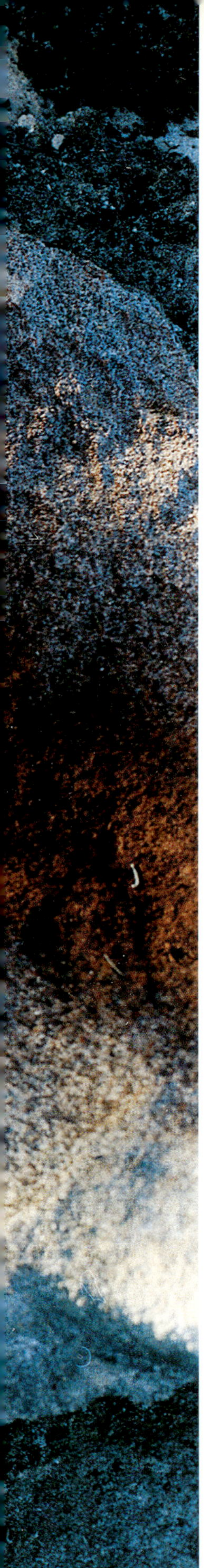

Homo sapiens imagine la peinture rupestre

Au cours de sa longue épopée, sapiens ne s'est pas contenté de quitter son berceau africain, de façonner des outils d'une grande finesse et d'une extraordinaire efficacité. Il n'a pas seulement exploité à la perfection toutes les ressources naturelles des milieux qu'il a occupés, survivant dans des contrées souvent hostiles et à des températures glaciales…

L'homme moderne est également à l'origine d'une invention fabuleuse, révolutionnaire pour le devenir de l'humanité : l'art. Un art qu'il a développé sous de nombreuses formes, depuis des temps très reculés.

L'HOMME PEINT DE GRANDS ANIMAUX SUR LES PAROIS DES GROTTES. IL Y TRACE AUSSI DES SIGNES ABSTRAITS, DES FORMES GÉOMÉTRIQUES, ET Y LAISSE L'EMPREINTE DE SES MAINS. MAIS IL SE REPRÉSENTE RAREMENT.

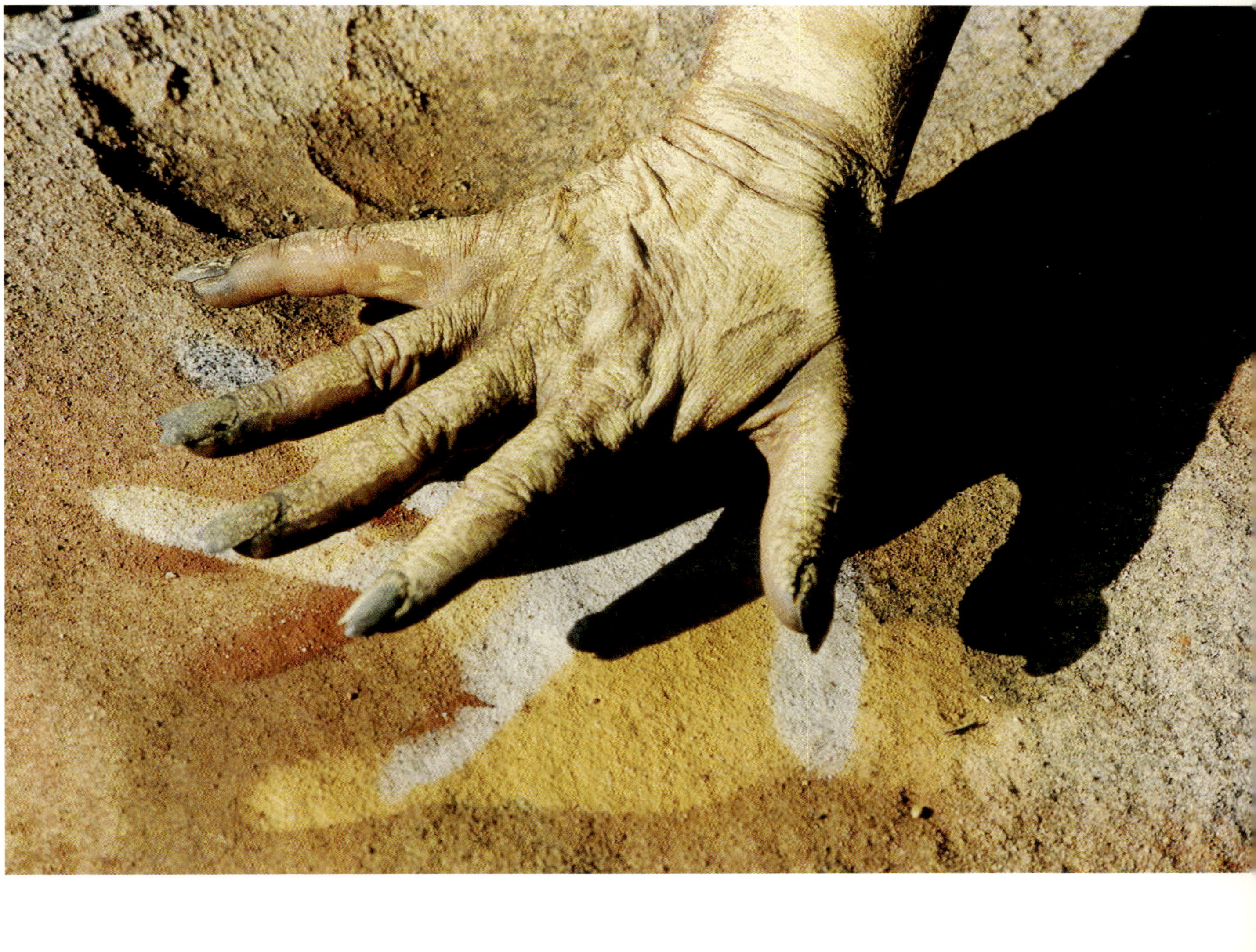

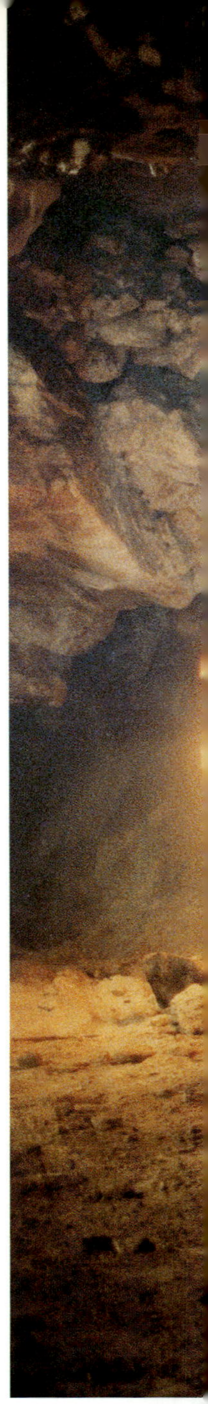

Il sculpte la matière Au cours de la période aurignacienne, qui débute il y a 35 000 ans, les premières sculptures font ainsi leur apparition en Europe. Il s'agit de représentations humaines toutes en rondeurs, baptisées Vénus par les préhistoriens. De petite taille, elles sont façonnées dans l'argile ou dans l'ivoire, et sont presque toujours figurées nues, avec une tête de petite dimension et des attributs féminins très marqués. Sur un seul site d'occupation humaine paléolithique, comme celui de Dolni Vestonice en Europe centrale, on a retrouvé plusieurs dizaines de Vénus, parmi d'autres figurines représentant des ours, des félins, des loups et des mammouths. Elles devaient donc constituer des symboles importants pour ces tribus de sapiens, et peut-être évoquer des notions liées à la féminité, comme la fertilité ou le matriarcat.

Quelques millénaires plus tard, il y a 15 000 ans, lors de la période magdalénienne, d'autres hommes expriment leur talent dans un art mobilier d'une extraordinaire richesse. Cet art se pratique, à travers tout le continent européen, sur les objets du quotidien. Il s'agit de sagaies ou de propulseurs, mais également de petites plaquettes de pierre ou d'ivoire qui n'ont d'autre fonction que de porter une figuration. Autant d'œuvres que les groupes de chasseurs-cueilleurs emportent lors de leurs déplacements, de campement en campement. Ces fines gravures réalisées avec des pointes dures représentent des animaux, tels que des bisons, des cerfs ou des chevaux. Mais les graveurs dessinent aussi des signes géométriques mystérieux, comme des séries de points rectilignes ou disposés en cercles, ou encore des stries parallèles ou croisées.

ATKA, LE CHAMAN DU CLAN DES CHASSEURS D'AUROCHS, DESSINE SUR LA ROCHE LA TÊTE D'UN BISON SOUS LE REGARD ÉTONNÉ D'UNE AUTRE CHAMAN. L'ANIMAL SEMBLE S'ANIMER SOUS LA FLAMME DES LAMPES À GRAISSE.

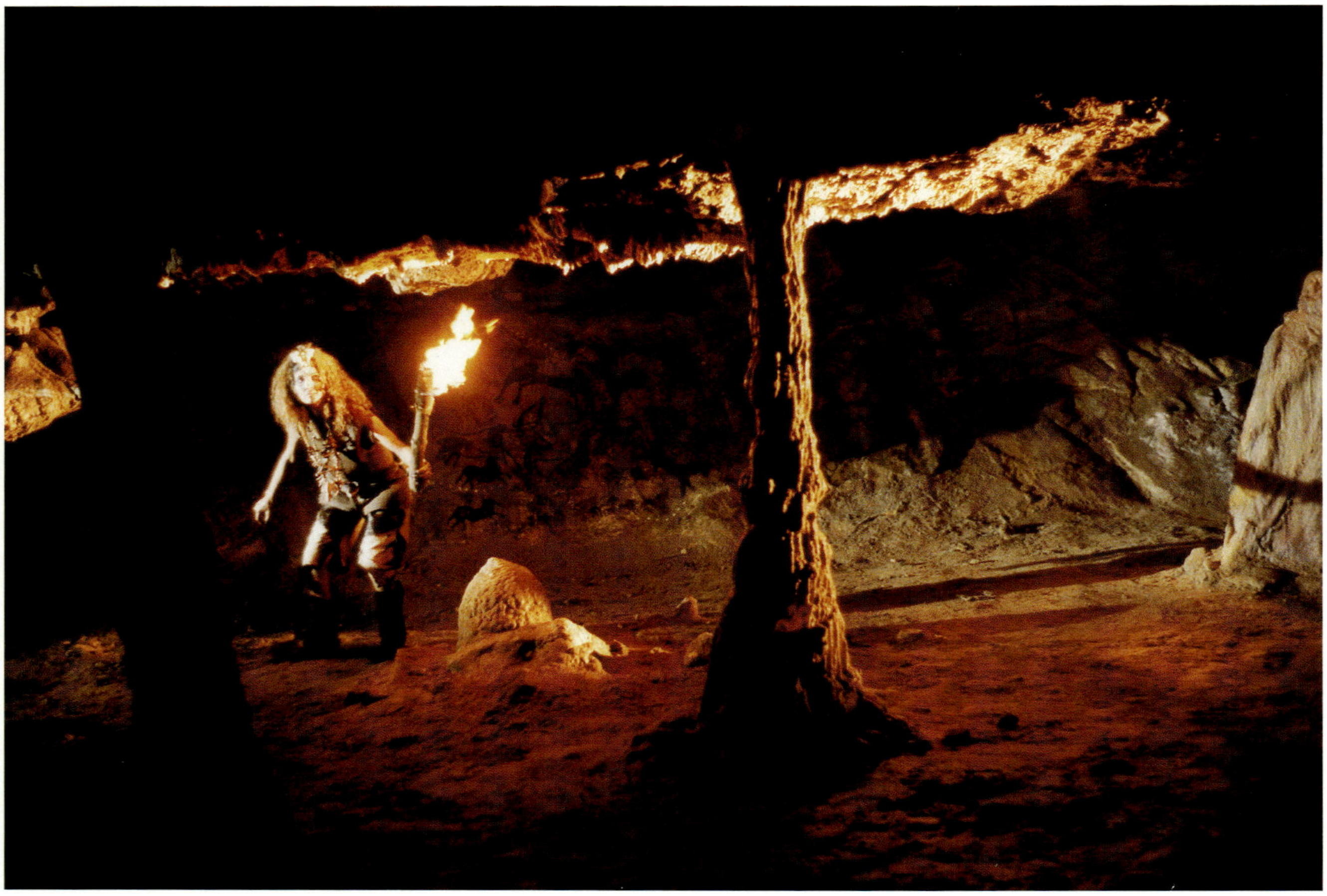

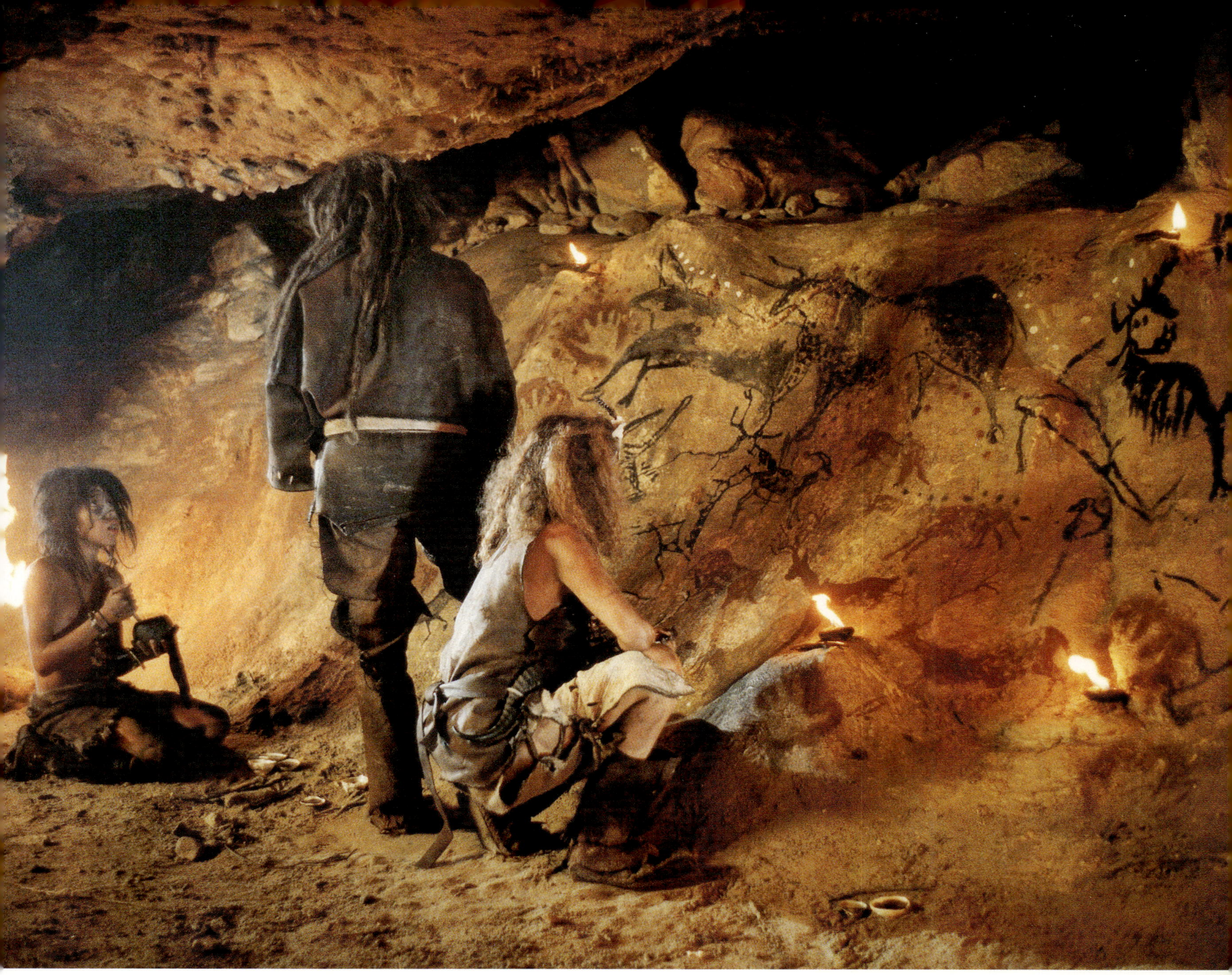

Au cours de la préhistoire, des dizaines de milliers
de plaquettes, tablettes, galets et autres objets
ont ainsi été recouverts de figures et de dessins.
Ils témoignent d'un art du quotidien de dimension symbolique
majeure, à en juger par le temps et l'énergie
qu'y ont consacrés les tribus de chasseurs-cueilleurs.

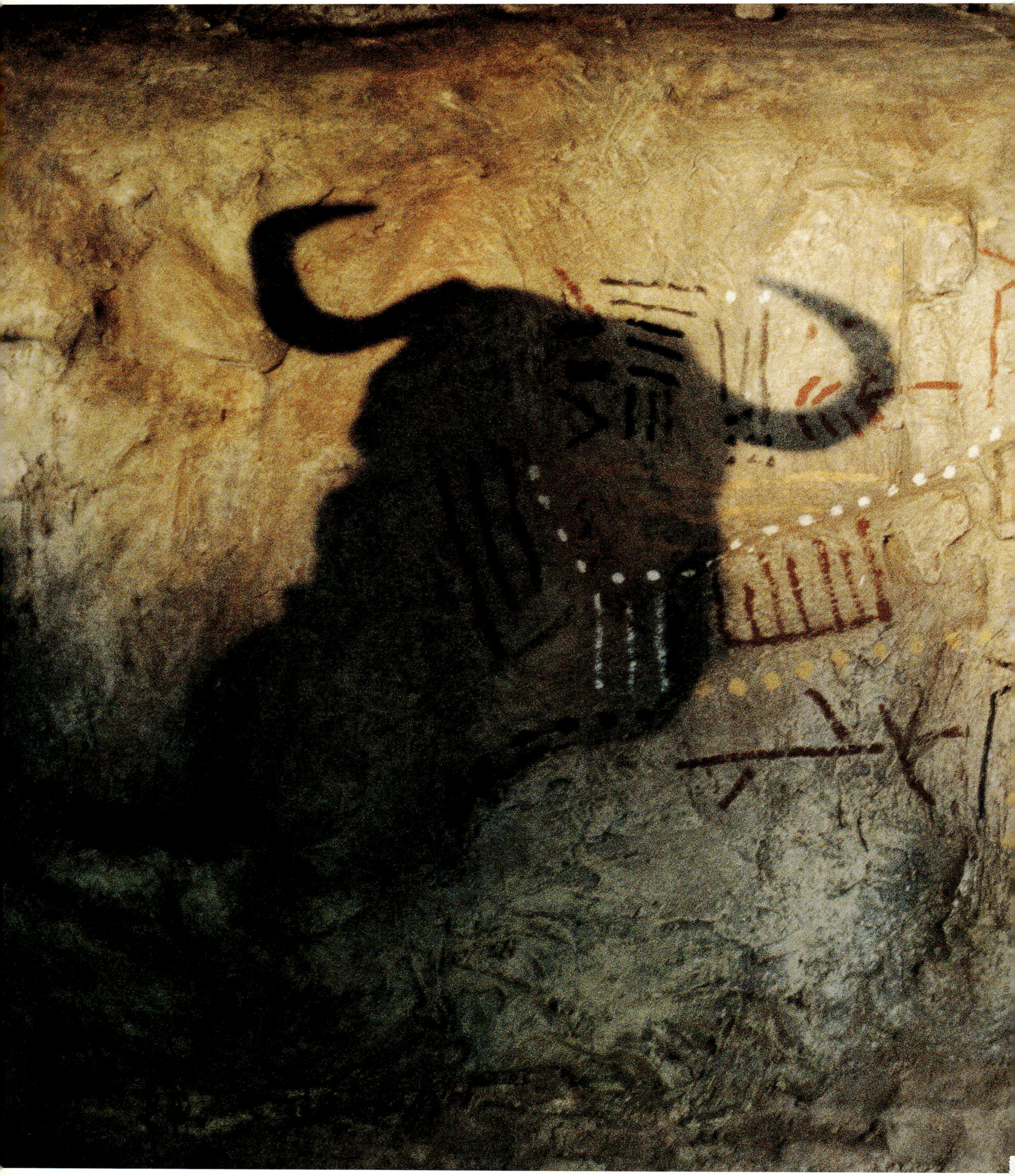

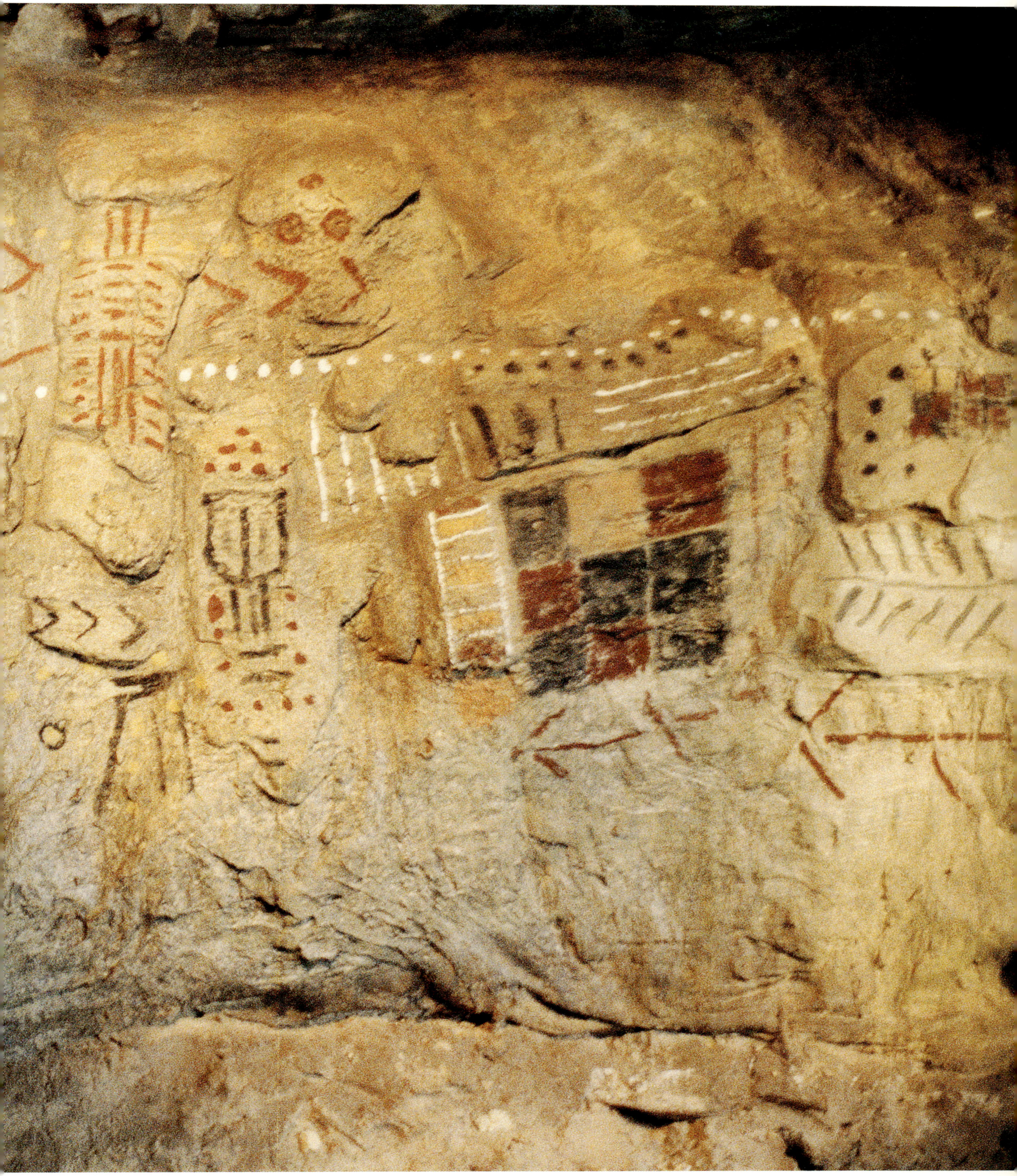

Dans les entrailles de la terre Malgré la beauté de ces objets, exécutés dans les campements, c'est dans d'autres lieux, beaucoup plus ténébreux et reculés, que sapiens exprime toute l'étendue de son art. Sur les parois des grottes profondes, les hommes du paléolithique supérieur se révèlent des graveurs, des sculpteurs et surtout des peintres hors pairs. Dès les origines de l'art pariétal, sapiens illumine de son génie le substrat rocheux, en inventant presque toutes les techniques picturales. L'aventure artistique souterraine commence en effet il y a environ 31 000 ans, dans la grotte Chauvet. Celle-ci s'ouvre au pied d'une falaise majestueuse surplombant une arche rocheuse qui enjambe l'Ardèche. Ce paysage grandiose impressionna sûrement les chasseurs aurignaciens qui venaient traquer les rennes au bord de la rivière, et guida probablement leur choix. Dans cette cavité naturelle, sur les parois sombres à peine éclairées par des torches et des foyers, quelques Michel-Ange de la préhistoire ont représenté des centaines de félins, rhinocéros, chevaux et autres grands mammifères scrutés pendant les chasses. Pour reproduire les animaux avec naturel, ces hommes ont inventé de nombreuses techniques dont certaines ne seront redécouvertes que bien plus tard, lors de la Renaissance. Ils ont ainsi su maîtriser les règles de la perspective, ont usé du trompe-l'œil, exploité la technique complexe de l'estompe, modelé les contours de certains animaux pour les rendre plus vivants, ou encore réalisé des esquisses avant de fixer définitivement l'image de l'animal.

Les artistes de la grotte Chauvet sont les précurseurs d'innombrables générations de créateurs, qui exprimeront leur talent selon les mêmes conventions de style pendant plus de 20 000 ans ! L'art pariétal ne disparaît en effet qu'avec les derniers chasseurs-cueilleurs de la préhistoire, il y a environ 10 000 ans, à la fin du Magdalénien. On peut donc penser que les trois cents grottes ornées connues ne représentent qu'une infime partie de celles que sapiens a embellies au fil des siècles. Au cours de cette longue période, de la Péninsule ibérique à l'Oural, la main de l'homme a presque exclusivement dessiné de grands animaux – mammouths, bisons, aurochs, chevaux, rhinocéros –, leur conférant parfois des dimensions imposantes comme ceux qui ornent la salle des taureaux de Lascaux. Aucun décor naturel, aucun astre, aucune scène de la vie quotidienne n'ont été figurés. L'humain lui-même se fait rare dans ces galeries rupestres. Il y figure parfois sous forme d'être composite, mi-homme, mi-animal. Mais il y a plus étonnant : les animaux représentés sont rarement ceux que chassait sapiens. Ainsi le renne, à la base de l'alimentation des tribus de chasseurs-cueilleurs, n'est que rarement présent dans l'art pariétal. Au-delà du soin apporté à la réalisation de chaque animal, les peintres de la préhistoire ont également été capables de réaliser de véritables panneaux associant des dizaines de figures, comme des chevaux lancés ensemble au galop, des lionnes chassant en hordes, ou des cerfs au combat.

GÉNÉRALEMENT LES GROTTES ORNÉES NE SERVENT PAS DE GÎTE. PEU DE PERSONNES ONT LE DROIT DE PÉNÉTRER DANS CES « SANCTUAIRES ». LE CLAN ÉLIT DOMICILE DANS D'AUTRES ABRIS SOUS ROCHE.

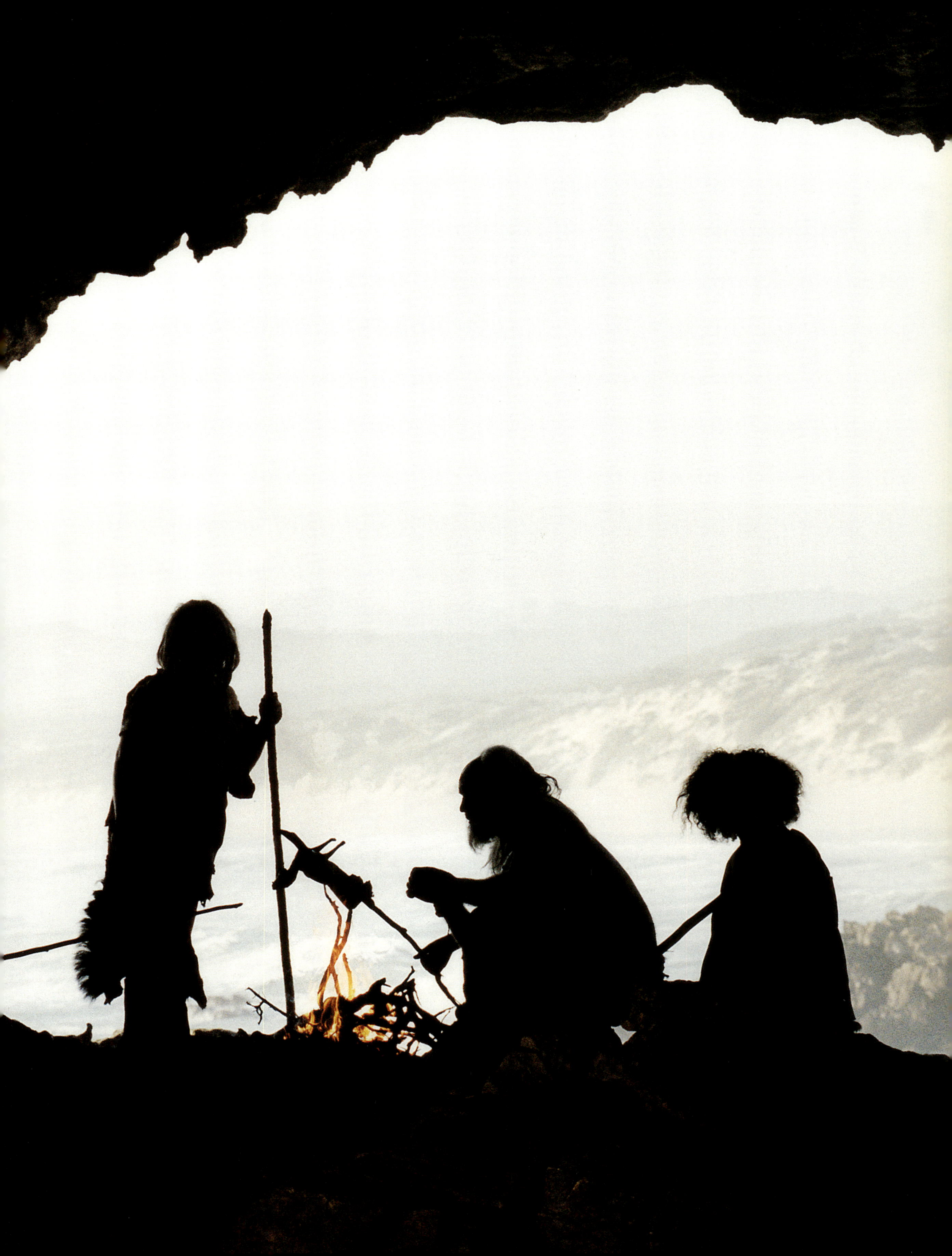

De l'usage de la perspective et du trompe-l'œil

Outre les représentations animales, deux types de motifs dominent l'art pariétal : les signes, de toutes formes et de toutes sortes (traits, points, zigzags, lignes entrecroisées), dont le sens reste énigmatique, et les mains, négatives ou positives, représentées en très grand nombre. Dans la seule grotte de Gargas, dans les Pyrénées, plus de deux cent trente mains ont ainsi été peintes ! Elles ont été réalisées le plus souvent en soufflant du pigment sur la main posée contre la paroi – c'est ce qu'on appelle une « main négative » –, ou, plus rarement, en appliquant sur la roche la paume et les doigts préalablement recouverts de colorant, constituant alors une « main positive ».

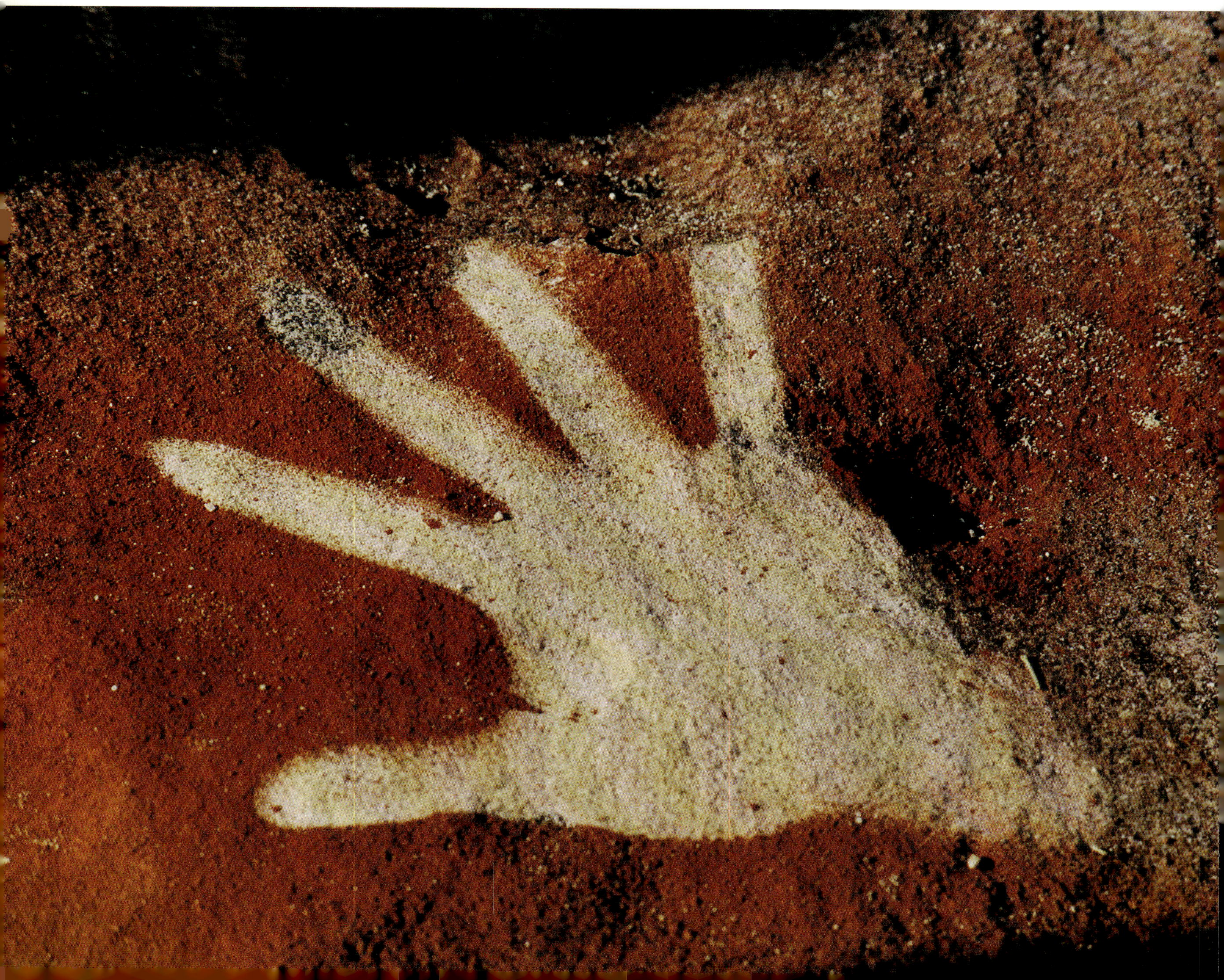

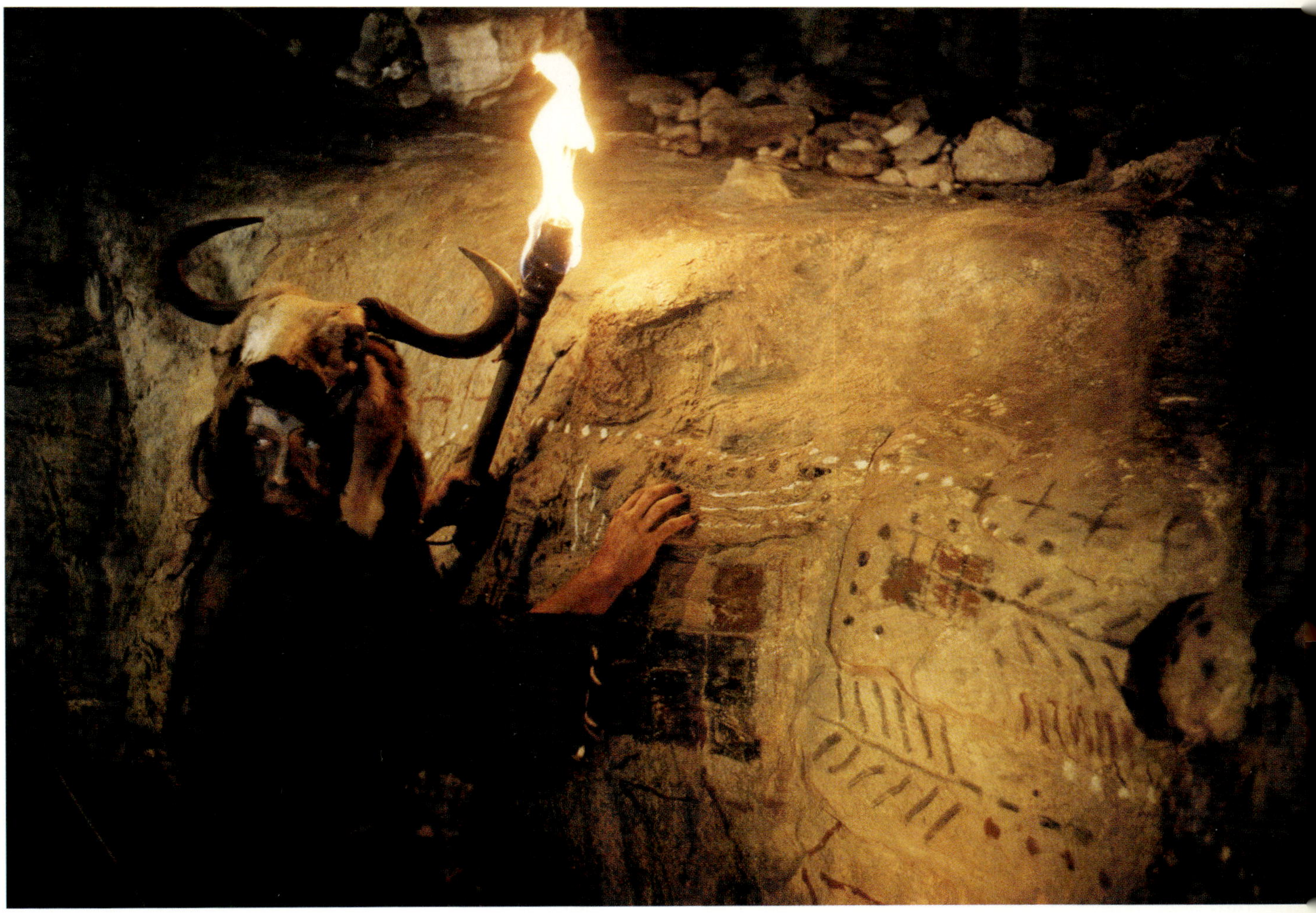

LES PEINTURES FRAPPENT PAR LA PRÉCISION ANATOMIQUE DES FIGURES ANIMALES MAIS AUSSI PAR L'IMPRESSION DE RELIEF ET DE VIE QUI S'EN DÉGAGENT. LA RESTITUTION DU MOUVEMENT EST ÉTONNANTE.

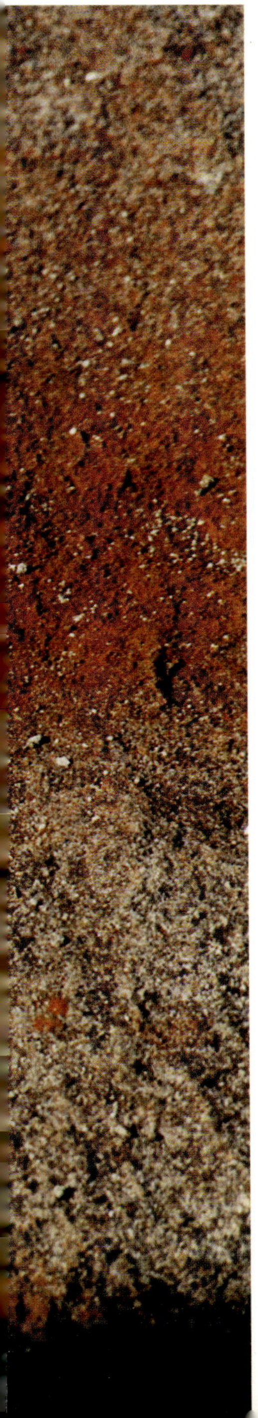

Pour réaliser leurs œuvres, peintes ou sculptées, les sapiens ont abondamment puisé dans leur environnement naturel. Pour dessiner au fusain, ils préparent des crayons de charbon de bois en faisant brûler la pointe de branches dans des foyers allumés dans la grotte même, ou à l'extérieur. Pour garnir leur palette, parfois très riche comme à Lascaux, en Périgord, ils recueillent dans le sol des oxydes de fer et de manganèse qui leur servent de pigments. Ils mélangent cette matière à des charges, quartz, feldspath et autres biotites, des liants destinés à améliorer les qualités d'adhésion de la peinture sur la roche. Cette charge, qui peut constituer jusqu'à 80 % de la matière picturale, n'en altère pourtant jamais la couleur !

Leur savoir-faire ne s'arrête pas là : l'analyse atomique de certains pigments montre qu'ils ont parfois été calcinés, afin d'en modifier la teinte. La chauffe d'un oxyde de fer hydraté, rouge, le transformait ainsi en oxyde de fer simple, de couleur jaune. Artiste hors-pair, sapiens se révèle également être un chimiste très précoce ! Quant aux façons d'appliquer la peinture sur les parois, elles sont nombreuses : doigts, pinceaux en poils d'animaux, bouts de bois ou d'os pour les gravures, ou encore, techniques de soufflé de la peinture par la bouche. Remarquables dessinateurs, les artistes ont également su exploiter à merveille les creux, les fissures et les reliefs des parois rocheuses. En utilisant par exemple le volume de la roche pour modeler une partie du corps du sujet. Mais également en mettant en scène la composition, un animal semblant surgir d'une fissure, comme deux bisons de la grotte de Niaux, en Ariège.

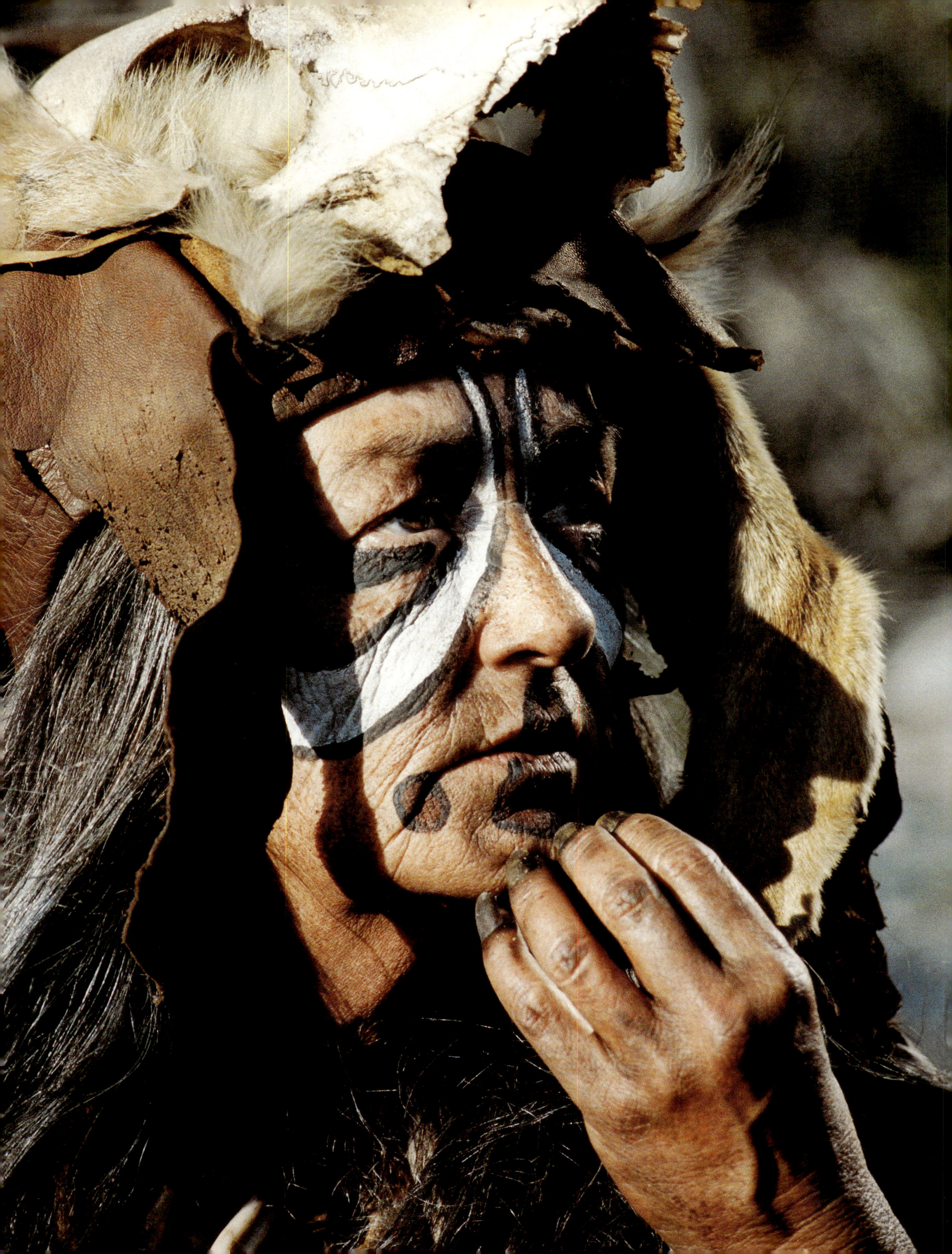

L'art véhicule et transcende le sacré Autant de prouesses picturales réalisées dans des conditions pénibles et peu rassurantes : à la lueur de simples torches ou de lampes à graisse, parfois au cœur de galeries de plusieurs kilomètres de long, comme à Rouffignac en Dordogne, parfois allongés sous moins d'un mètre de plafond pour peindre un mammouth... Ou encore, le bras tendu sur des échafaudages en bois, comme dans les grandes salles de Lascaux.

L'étendue des savoir-faire des peintres et des graveurs de la préhistoire, la complexité de leurs intentions et de leurs gestes montrent à quel point ils ont exercé leur art en véritables professionnels. Ils devaient constituer de petites communautés, s'entraînant, perfectionnant leurs techniques et transmettant leurs connaissances à des élèves peut-être choisis en fonction de leurs compétences ou de leur position sociale dans les groupes de chasseurs-cueilleurs. D'autres faits militent en faveur d'un nombre restreint d'artistes, chargés par la collectivité de réaliser les ornements.

Dans de nombreuses cavités, comme par exemple dans la grotte Chauvet, les figures ont été réalisées par un nombre très limité d'artistes, identifiables à certains traits caractéristiques dans la représentation d'un organe, œil ou oreille par exemple, dans la courbure d'un dos. L'existence de tels spécialistes, entretenus par leurs tribus respectives pour pouvoir se consacrer exclusivement aux peintures, implique que ces dernières aient revêtu une grande importance aux yeux des sapiens.

L'art pariétal fut réalisé dans le cadre de pratiques religieuses, parmi les plus anciennes de l'humanité. Le faible nombre de traces retrouvées au sol montre que les grottes étaient peu fréquentées. Les cérémonies qui s'y déroulaient, peut-être au milieu de chants et de danses, ne devaient donc concerner que les initiés, peintres ou chamans. Mais pour les tribus de chasseurs-cueilleurs, cette pratique capitale apportait au groupe cohésion sociale et espérance en l'avenir. Pendant plus de vingt millénaires, sapiens a ainsi perpétué un art grandiose qui servait de support à ses pratiques sacrées.

AVEC L'ART SE DÉVELOPPE AUSSI L'ORNEMENTATION DU CORPS. LA PEINTURE CORPORELLE ET LES PARURES TENDENT À SE GÉNÉRALISER. EN RÉVÉLANT AUX YEUX DE TOUS LE STATUT SOCIAL DU PORTEUR, ELLES CONTRIBUENT À LA HIÉRARCHISATION DE LA SOCIÉTÉ HUMAINE.

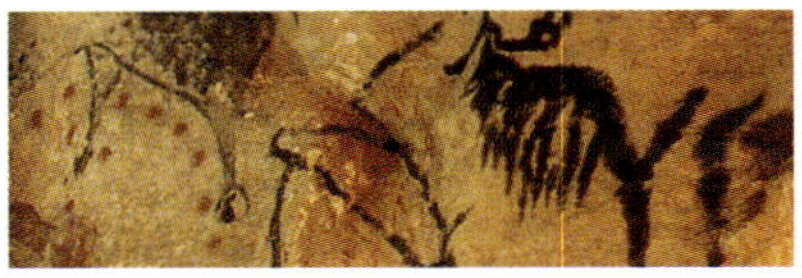

La délicate datation de l'art pariétal

Pour dater les peintures pariétales, les préhistoriens se sont longtemps fondés sur des critères stylistiques, en supposant que l'art avait connu une lente évolution linéaire.

Ils distinguaient ainsi cinq styles, du stade zéro appelé « pré-figuratif » et daté de –35 000 ans, jusqu'à un stade IV récent très élaboré, rattaché à la fin du Magdalénien et vieux de 10 000 ans. En l'absence de datations directes, réalisées en analysant chimiquement les échantillons prélevés sur les parois, c'est cette comparaison stylistique qui prévaut. Ainsi, les centaines de mammouths de la grotte de Rouffignac, en Dordogne, sont estimés à –13 000 ans car ils ressemblent à d'autres œuvres datant de cette période. Mais ces datations comparatives sont souvent prises en défaut. En se basant sur ces critères de style, les chercheurs de la grotte Chauvet, en Ardèche, ont avancé, dans un premier temps, une fourchette chronologique de –21 000 à –17 000 ans pour ses peintures techniquement très abouties... avant que les analyses au carbone 14 des dessins ne repoussent leur exécution à la date de –31 000 ans ! L'idée d'une lente progression de l'art, du plus fruste au plus achevé, est donc définitivement écartée.
Les préhistoriens privilégient le recours à la datation directe, facilitée depuis quelques années par des techniques basées sur la transformation des échantillons en gaz carbonique.
Elles permettent en effet de dater des quantités infimes de matière carbonée, de l'ordre du milligramme, contre des échantillons mille fois plus volumineux pour les techniques classiques de comptage d'émissions radioactives.

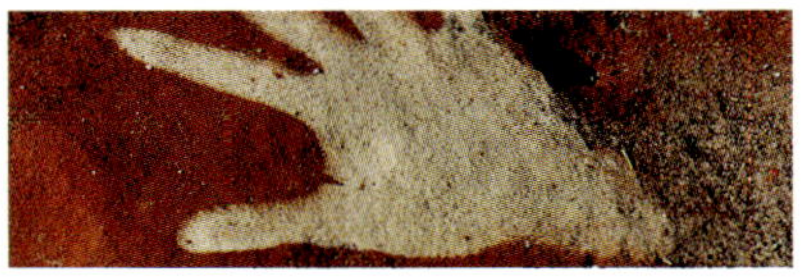

Le mystère des mains préhistoriques

Les mains, positives et négatives, constituent un des motifs les plus courants de l'art pariétal, et de nombreuses explications ont été avancées quant à leur signification.

Nombre de ces empreintes présentent un nombre de doigts inférieur à la normale. Les individus s'étant prêtés à cette pratique artistique paraissent avoir eu les doigts coupés ou des phalanges tordues. Les chercheurs ont ainsi pensé à des pathologies ayant touché les doigts, ou à des pratiques d'amputations rituelles. La découverte, dans une cavité polonaise, de phalanges associées à des dents de renard perforées et à un boomerang taillé dans de l'ivoire de mammouth, plaide en faveur de l'hypothèse rituelle. Pour d'autres préhistoriens, les mains aux doigts repliés constituaient plutôt les « mots » d'un langage codé mystérieux, peut-être employé par les chasseurs dans leurs traques silencieuses des grands mammifères pour communiquer discrètement...
Mais le mystère s'épaissit lorsqu'on constate que de nombreuses empreintes semblent être celles de femmes ou d'enfants, leur taille ne pouvant correspondre à celles d'hommes adultes. Ce qui contredit, sans toutefois l'exclure, l'hypothèse du code des chasseurs. S'agit-il d'un langage gestuel codé ou d'une pratique magique de chamanisme visant à entrer en communication avec les esprits tapis derrière la paroi de la grotte ?
Une seule certitude, les centaines de mains positives et négatives constituent un message émouvant, une empreinte spécifique que sapiens nous a fait parvenir à travers les âges.

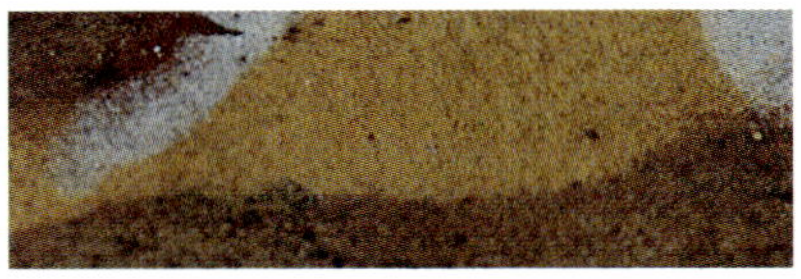

Pourquoi ont-ils peint sur les roches ?

Chauvet, Cosquer, Lascaux, Niaux... Autant de manifestations de la perfection artistique atteinte par sapiens. Mais pourquoi les hommes ont-ils ainsi orné les grottes ?

La question n'a pas fini de hanter les préhistoriens... Jusqu'au début du XXe siècle, on a cru que les hommes du paléolithique pratiquaient l'art pour le plaisir de réaliser de beaux dessins ! Puis s'est imposée la notion de magie de la chasse : en dessinant un bison, sapiens pensait faciliter la capture de l'animal vivant. Pourtant, la plupart des animaux peints n'étaient pas chassés par les tribus de sapiens. À la fin des années 1950, la théorie du chercheur André Leroi-Gourhan s'impose. Selon cette hypothèse dite structuraliste, les proportions des diverses espèces représentées et leurs positions sur les panneaux et dans les différentes zones des grottes sont le reflet de la conception du monde par les sapiens. Ils pensaient que leur univers était régi par deux principes, un féminin et un masculin, dualité sexuelle qu'ils transcrivaient sur les parois sous la forme de couples d'animaux, tels le cheval et le bison. Pour d'autres chercheurs, les grottes ornées constituaient autant de marqueurs du territoire des différentes tribus.
Plus récemment, des travaux en paléo-astronomie ont montré que l'entrée des grottes ornées est presque toujours orientée vers des points astronomiques particuliers, comme les levers et les couchers du soleil solsticial, et que les rayons de l'astre illuminaient certaines peintures. Enfin, une des hypothèses modernes les plus débattues concerne le chamanisme. Elle suppose que les animaux peints matérialisaient les esprits rencontrés par les sorciers de la préhistoire au cours de leurs transes, la grotte représentant la frontière entre le monde des hommes et celui des esprits. Les chercheurs n'ont pas fini de s'interroger sur le sens de l'art pariétal...

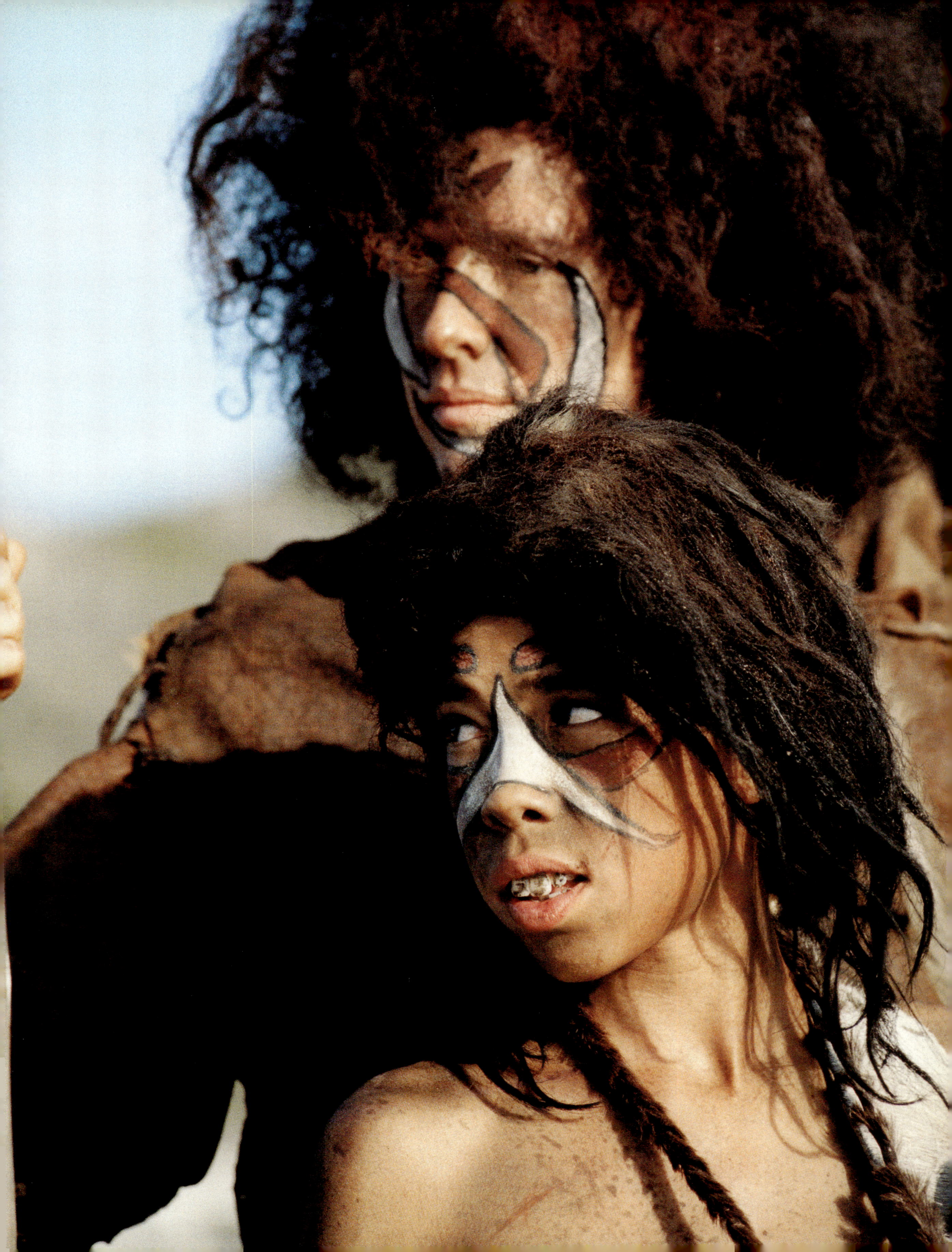

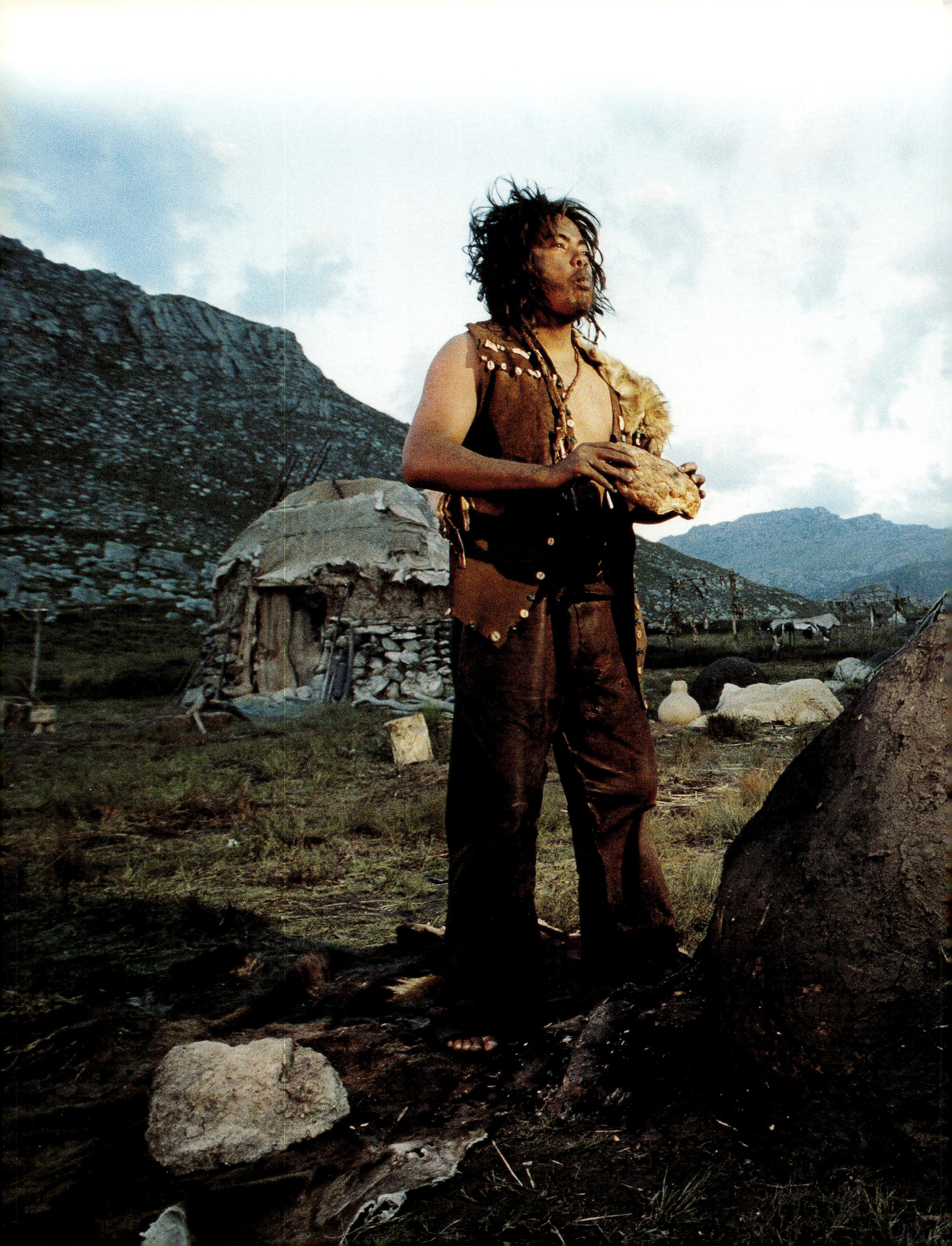

SAPIENS DOMPTE LA NATURE

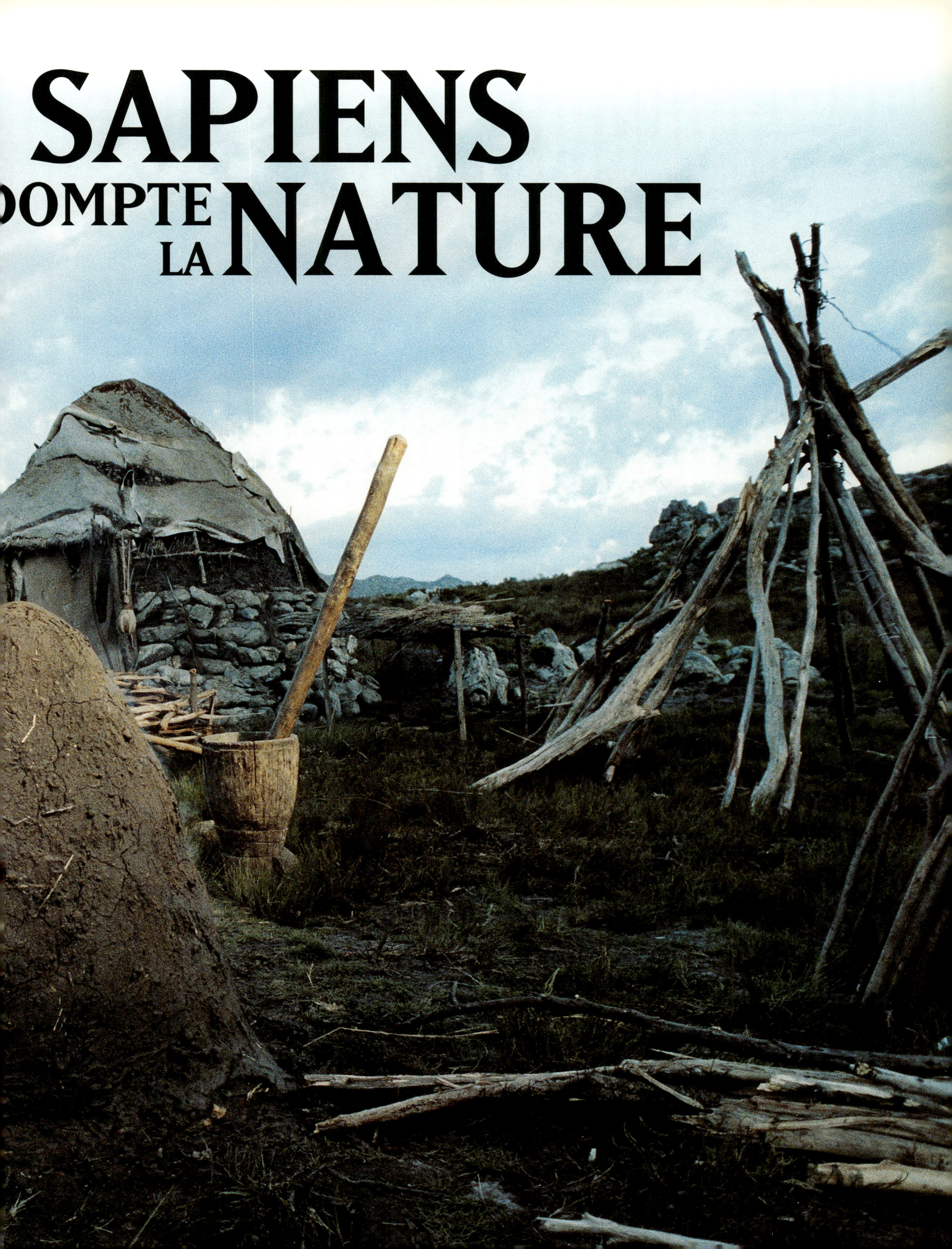

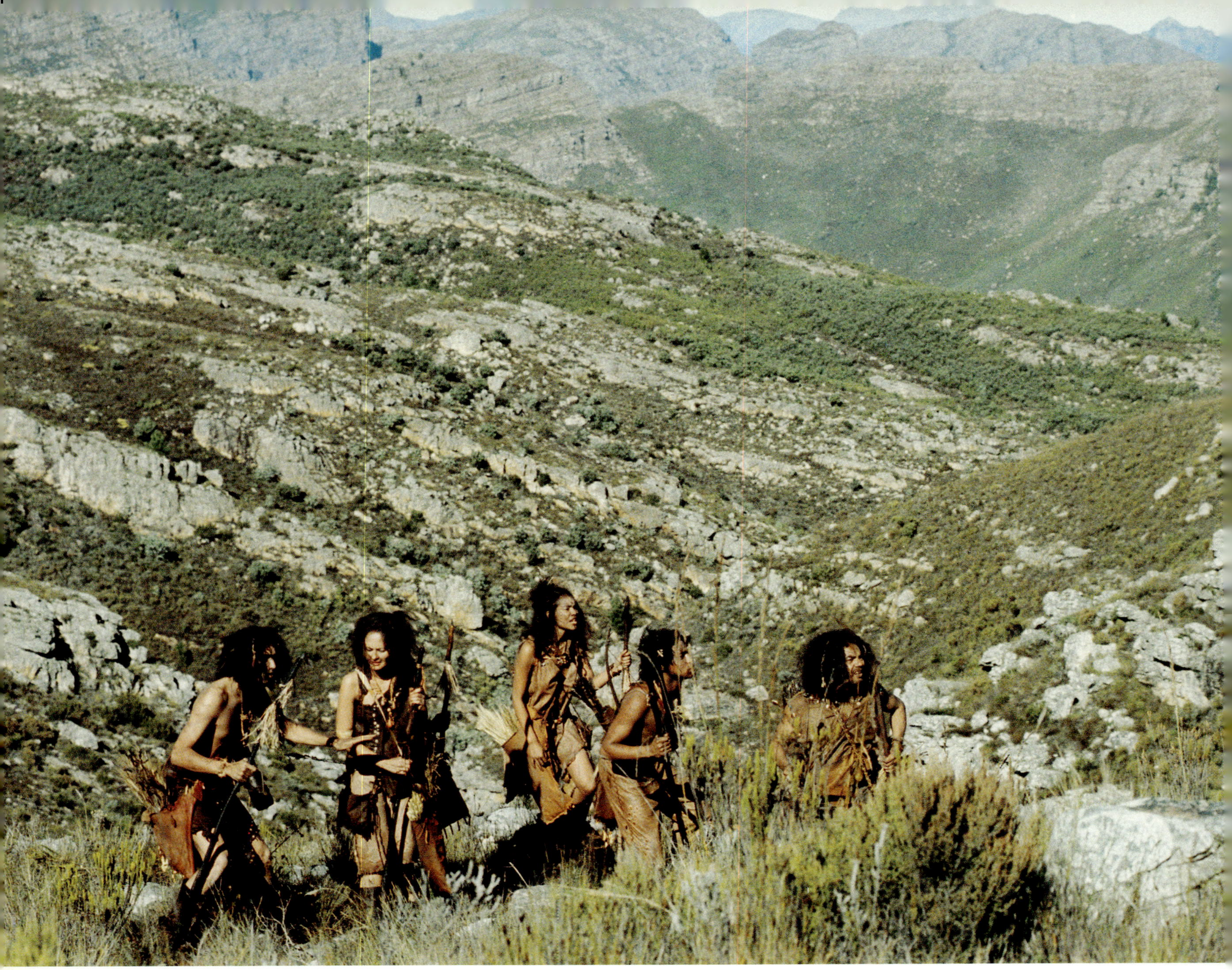

LA CONSOMMATION RÉGULIÈRE DES CÉRÉALES COMMENCE IL Y A PLUS DE 20 000 ANS. PETIT À PETIT, L'HOMME VA EN COMPRENDRE LE CYCLE ET S'EFFORCER DE LE REPRODUIRE POUR SON PROPRE USAGE. LA PRATIQUE DE L'AGRICULTURE ÉMERGE EN MÉSOPOTAMIE AU TERME D'UN LONG PROCESSUS.

Les nomades deviennent sédentaires

Pendant des centaines de milliers d'années, la survie de sapiens et de ses ancêtres Homo ou australopithèques a reposé sur des stratégies de collecte de la nourriture dans les milieux naturels. Charognage sur des cadavres abandonnés par des prédateurs, chasse individuelle ou collective, pêche, ramassage de coquillages, chapardage d'œufs dans des nids, ou encore, collecte de racines, de graines et de baies.

À la fin du paléolithique ou âge de la pierre taillée, sapiens maîtrise ces stratégies à la perfection, et semble parfaitement adapté à son environnement. Pourtant, un phénomène majeur se produit qui va bouleverser à tout jamais le destin de l'humanité : l'apparition de l'agriculture et la domestication systématique des animaux à des fins essentiellement alimentaires. Cette transition amorce le début de l'ère du néolithique ou âge de la pierre polie.

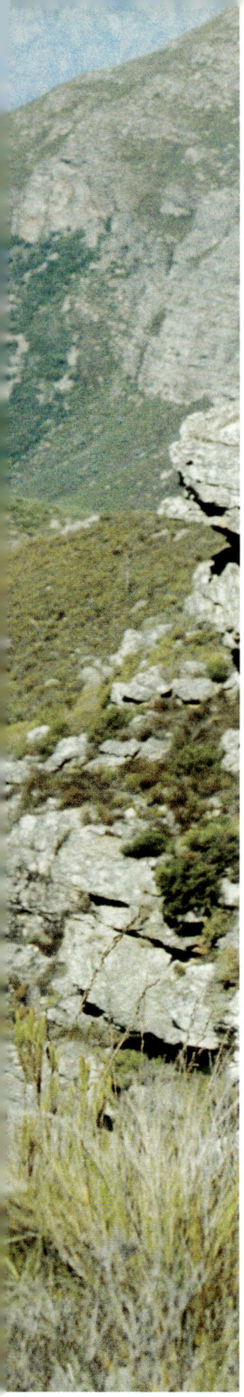

Sapiens le chasseur-collecteur
devient progressivement un paysan sédentaire,
dominant et asservissant la nature
après y avoir longtemps puisé des ressources.
Pourquoi une telle évolution ?

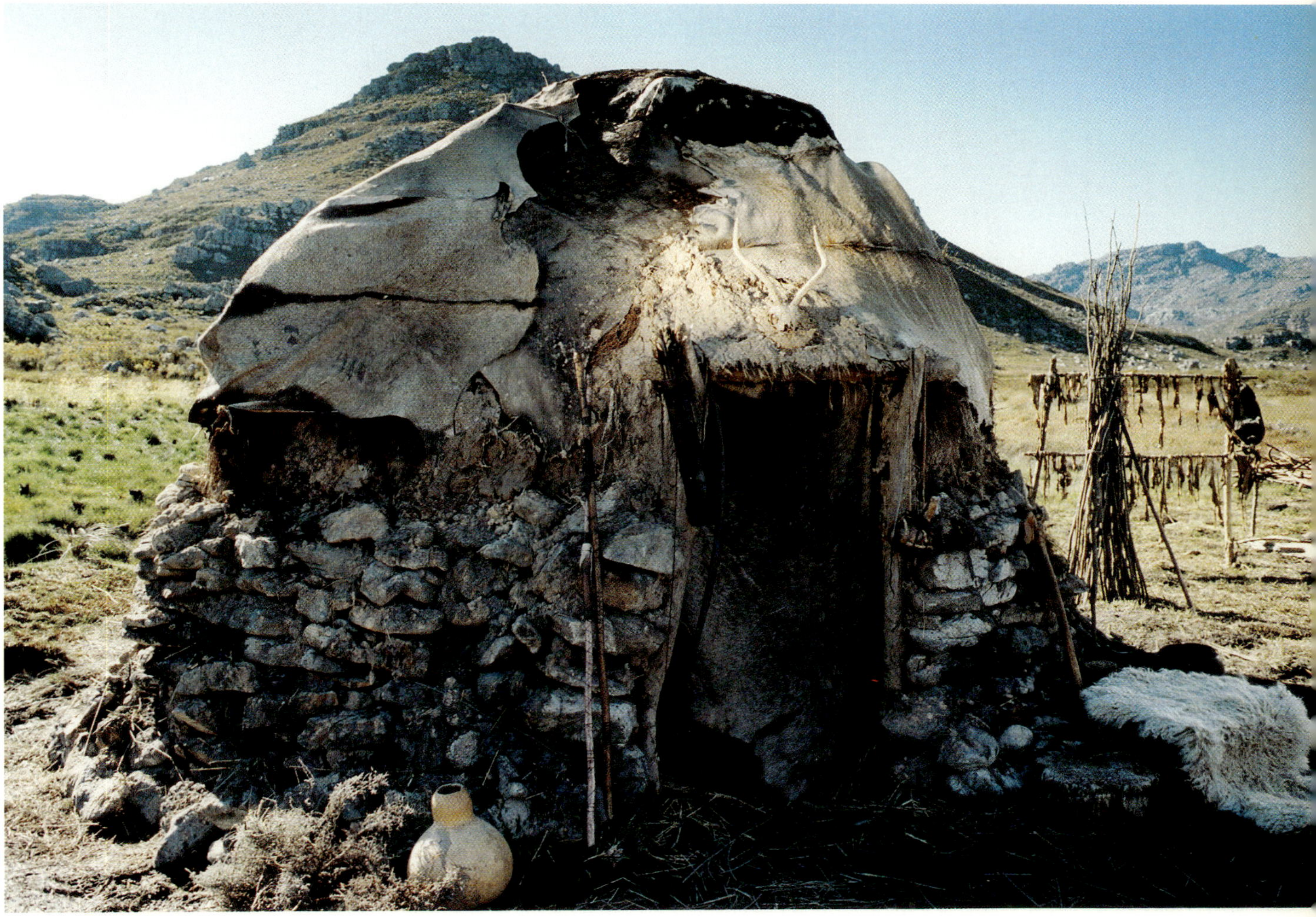

L'élevage se répand rapidement On pense généralement que la disparition des chasseurs-cueilleurs est liée au réchauffement climatique important qui s'est produit il y a environ 12 000 ans, à la fin de l'ère glaciaire. On assiste alors à l'extension de terres plus ouvertes, où poussent des graminées en grande quantité. Les sapiens les collectent de manière intensive, se détournant peu à peu de leurs habitudes. Les tribus connaissent une croissance démographique importante, favorisée par des conditions climatiques clémentes. La chasse et la cueillette ne suffisent plus à assurer la survie de tous. Par conséquent sapiens doit changer de mode de subsistance.

La transition néolithique, qui s'étend en réalité sur des millénaires, se déroule à des époques et à des vitesses différentes selon les régions du monde. Ainsi, au Proche-Orient à partir de –10 000 ans, une lente évolution transforme des groupes nomades en population de chasseurs spécialisés, qui deviendront complètement sédentaires aux alentours de –8000 ans. En Europe occidentale, la transition est plus brutale, mais également plus tardive. Elle se situe vers –6000 ans, et est provoquée cette fois par l'afflux de tribus ayant déjà adopté ce nouveau mode de vie, qu'elles imposent à leur arrivée. Comment sont nées ces nouvelles façons de subvenir aux besoins des tribus ? La domestication des animaux est vraisemblablement apparue avant l'agriculture. Ainsi, les indices les plus anciens de la présence d'animaux auprès des hommes remontent à environ –14 000 ans. On a en effet retrouvé sur le site d'Oberkassel, en Allemagne,

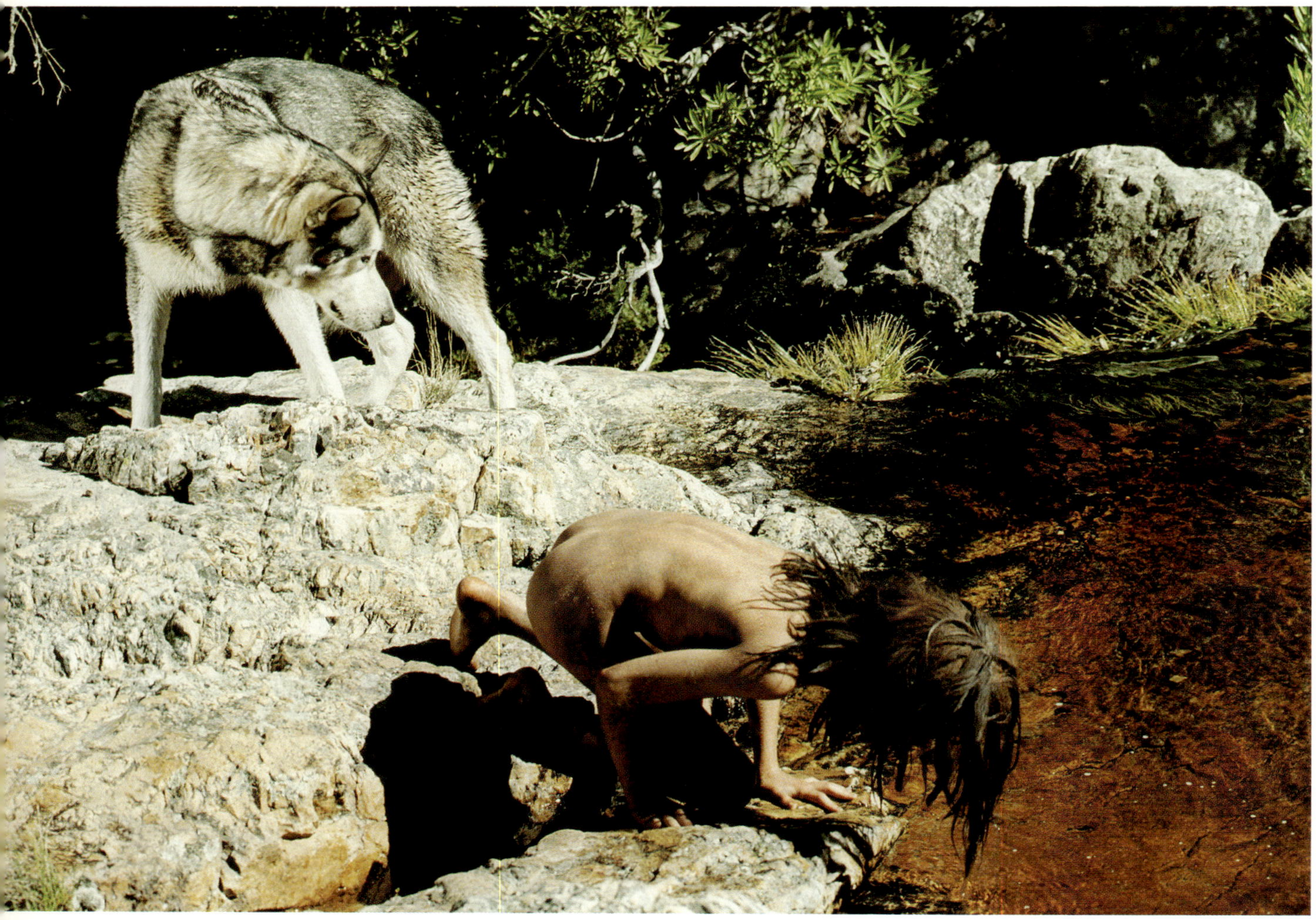

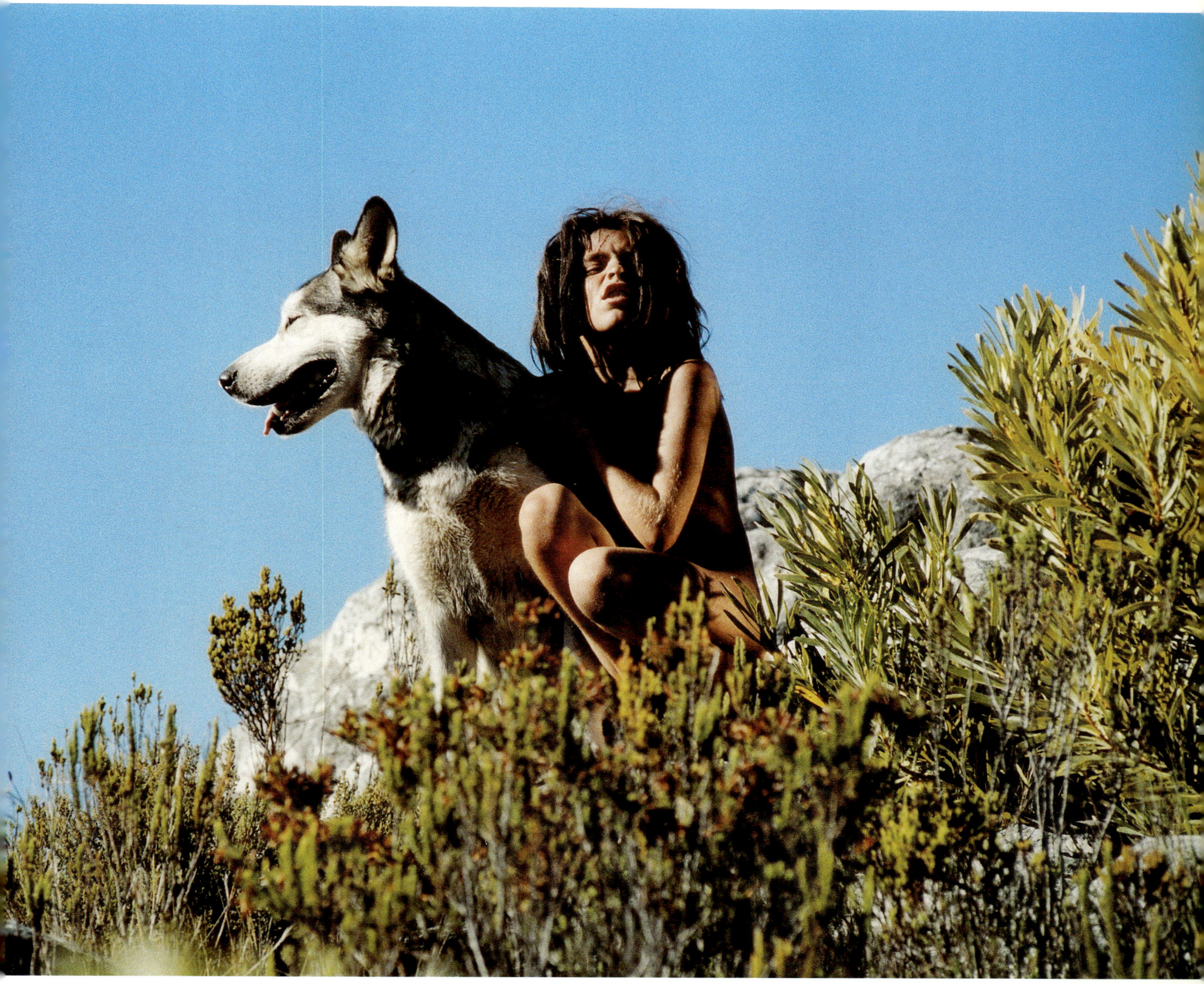

ÉLEVÉ PAR UNE LOUVE, L'ENFANT SAUVAGE VA ÊTRE RECUEILLI PAR IONAKÈ, UNE SAPIENS DU CLAN. LE LOUP FUT LE PREMIER ANIMAL SAUVAGE À ÊTRE APPRIVOISÉ, IL Y A PLUS DE 10 000 ANS. LES DESCENDANTS DE CES ANIMAUX QUI VIVENT EN COMPAGNIE DES HUMAINS SE TRANSFORMENT PROGRESSIVEMENT EN CHIENS.

et dans la grotte irakienne de Palegawra, des ossements de canidés sur les lieux d'habitation, qui évoquent une présence animale domestiquée auprès des tribus.

Beaucoup plus loin dans le temps, un autre site pourrait indiquer une domestication précoce des ancêtres de nos chiens actuels. Dans la grotte Chauvet, datée de –31 000 ans par son art pariétal, des traces plus tardives (–26 000 ans) d'un enfant marchant le long des parois accompagnent celles d'un canidé, qui semble avoir trotté à ses côtés !

Vers la domestication De façon plus certaine, on sait que les premières espèces véritablement domestiquées il y a 10 000 ans ont été, au Proche-Orient, au nombre de cinq : cochons, chiens, moutons, chèvres et bœufs. L'intérêt principal de la domestication réside dans le fait que la nourriture ne s'obtient plus au terme de traques pénibles mais devient directement disponible.

Les espèces sélectionnées parmi les proies sont celles qui étaient les plus faciles à capturer ainsi que celles qui possédaient un comportement grégaire. De petite taille, dociles, le mouton et la chèvre constituaient ainsi des candidats idéaux. Quant au cochon et au chien, ils présentaient également l'intérêt de se nourrir facilement des déchets humains, ne coûtant donc rien aux premières tribus néolithiques. Le meilleur ami de l'homme a-t-il été considéré uniquement comme un animal de compagnie hors-pair, partenaire de chasse et garde du village ? Pas si sûr, puisque l'on sait qu'il a également été consommé ! Outre la production de viande, les animaux domestiques fournissent aux sapiens leur lait, ainsi que les peaux et la laine. Quant au cheval, il ne sera vraisemblablement domestiqué qu'à partir de –6 000 ans, peut-être comme cheval de trait.

CHOISIS POUR LEUR DOCILITÉ ET LEUR INSTINCT GRÉGAIRE, LA CHÈVRE, LE MOUTON LE COCHON ET LE BŒUF ONT ÉTÉ DOMESTIQUÉS VOICI 10 000 ANS. L'ÉLEVAGE SE RÉPAND TRÈS VITE DANS LE MONDE ENTIER. LA CONSOMMATION RÉGULIÈRE DE VIANDE REND LES HOMMES PLUS RÉSISTANTS.

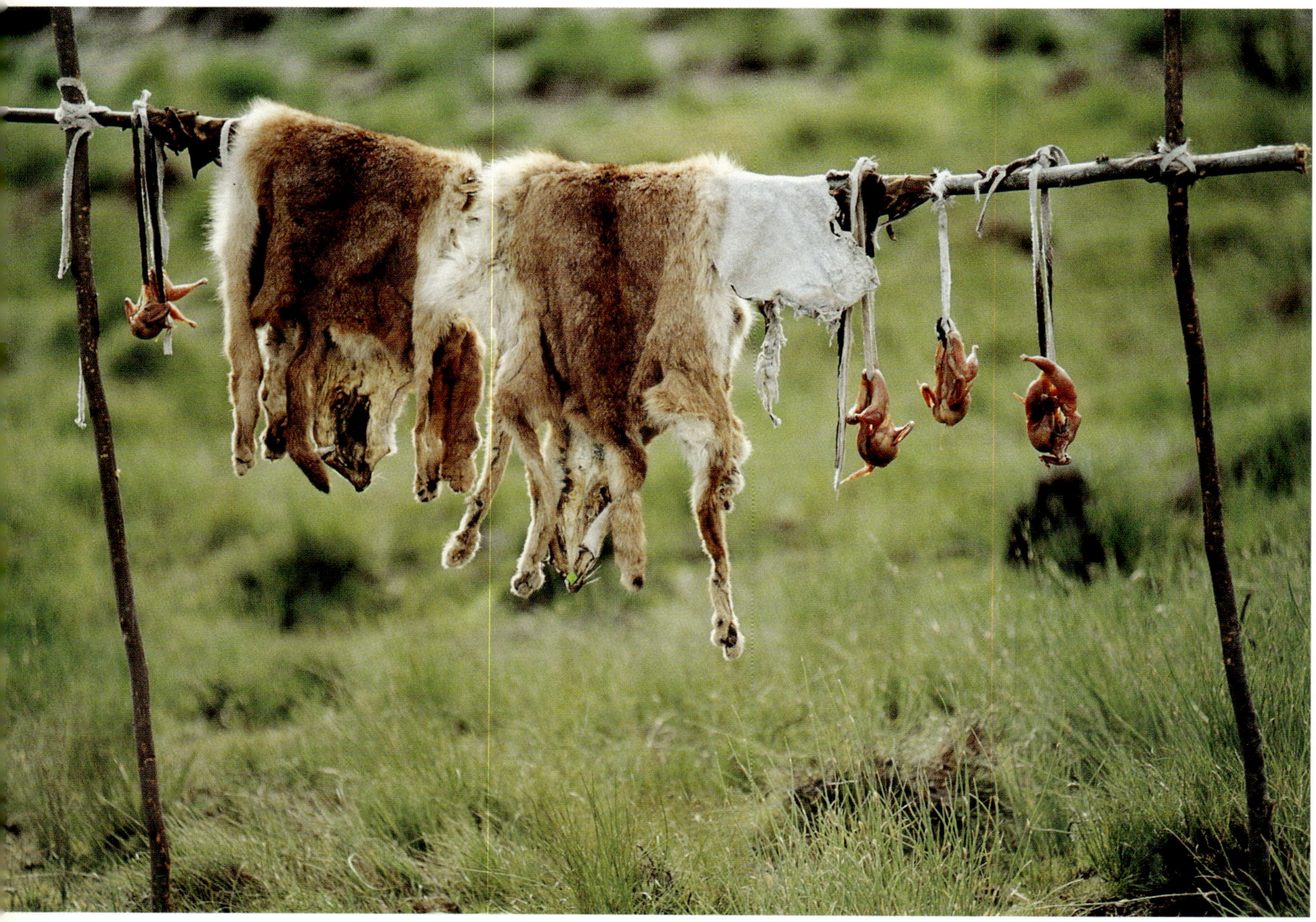

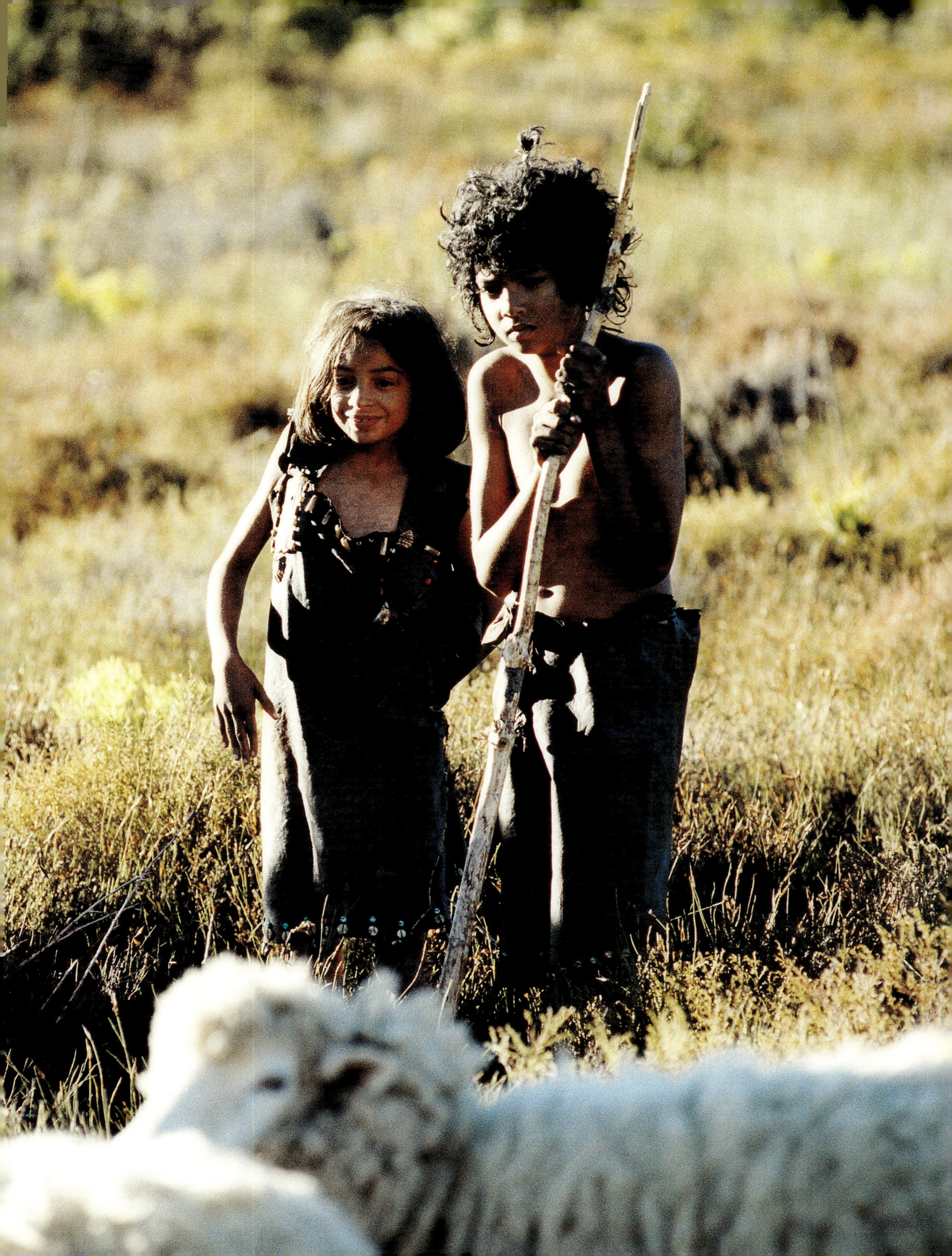

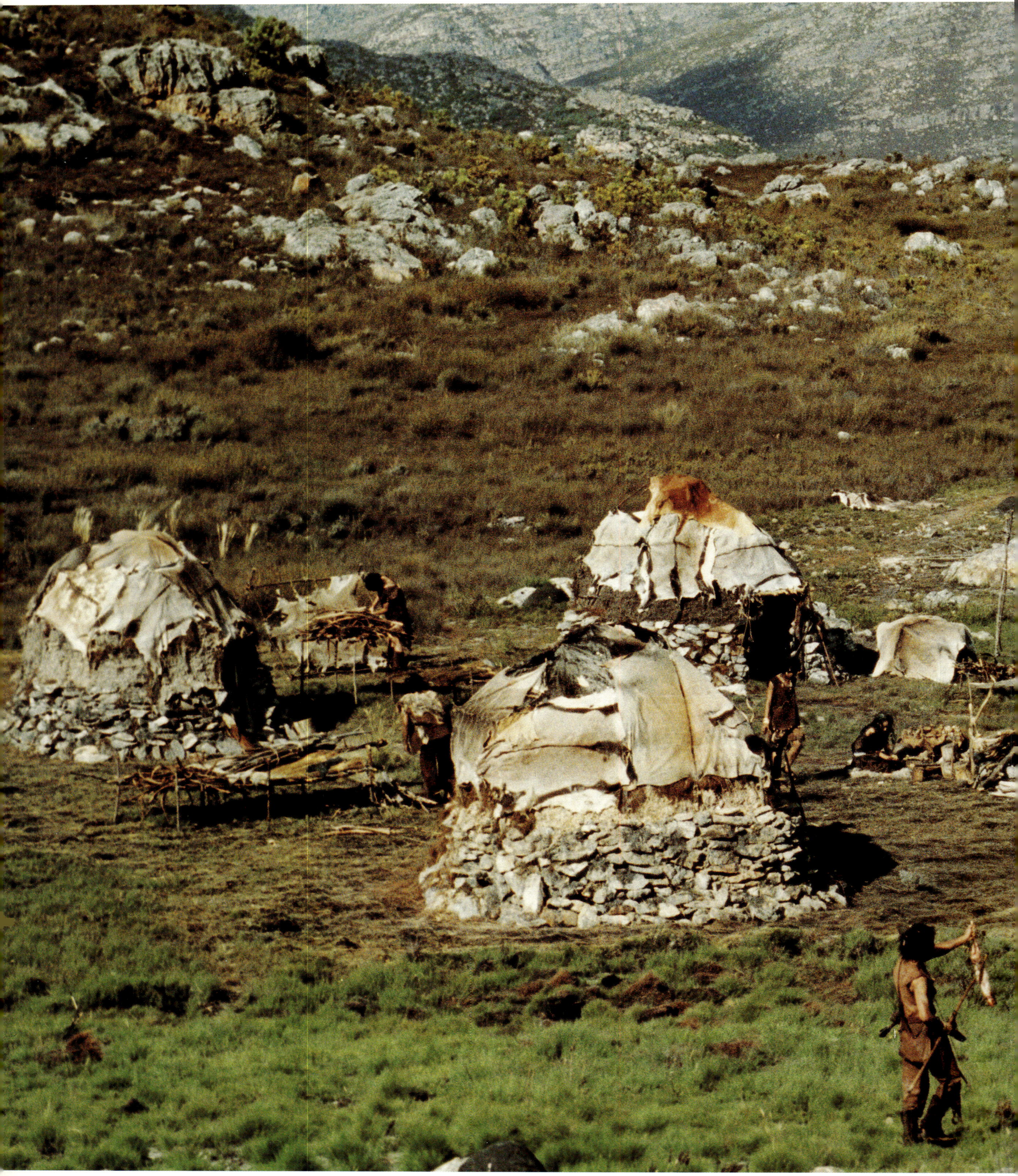

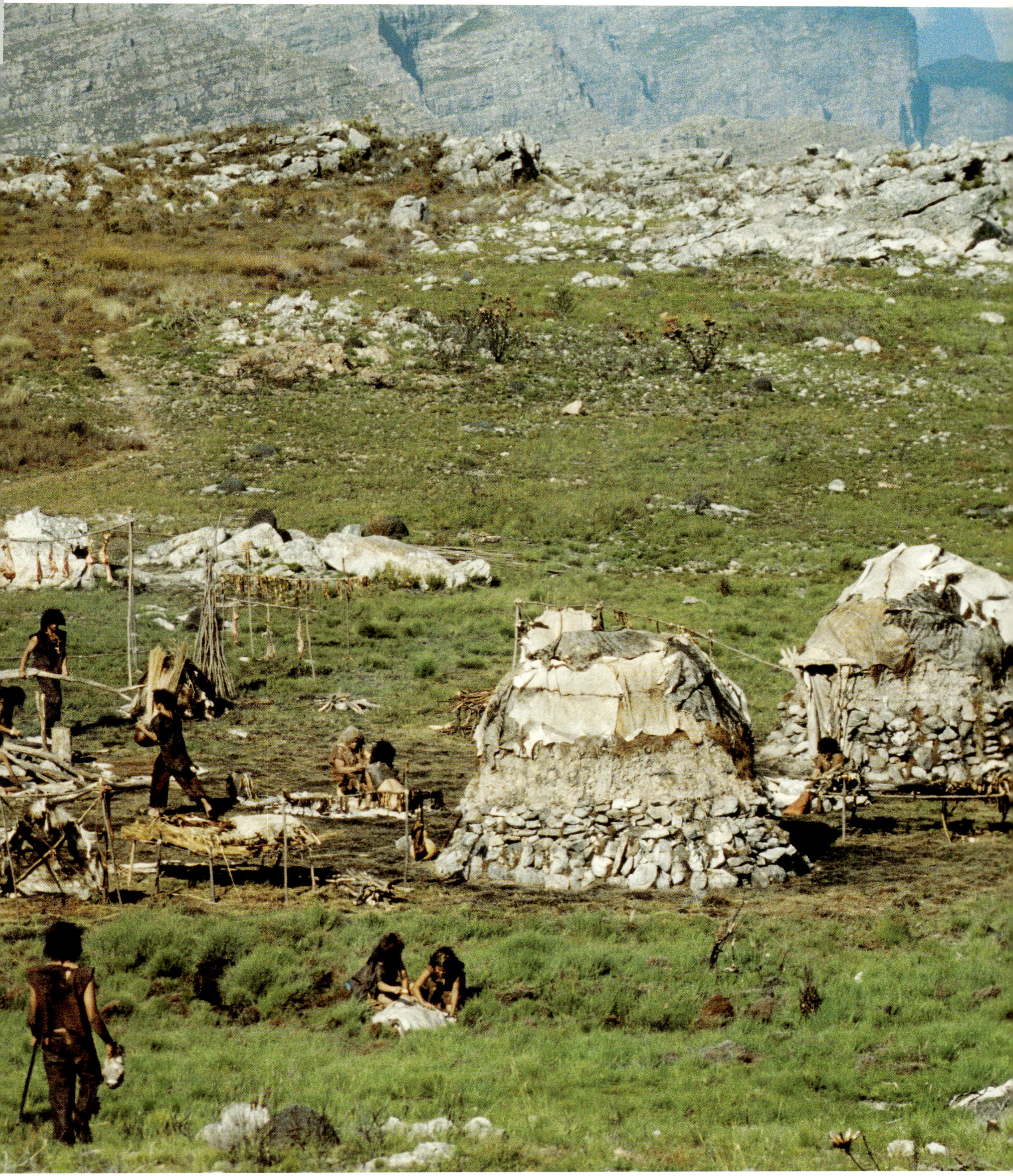

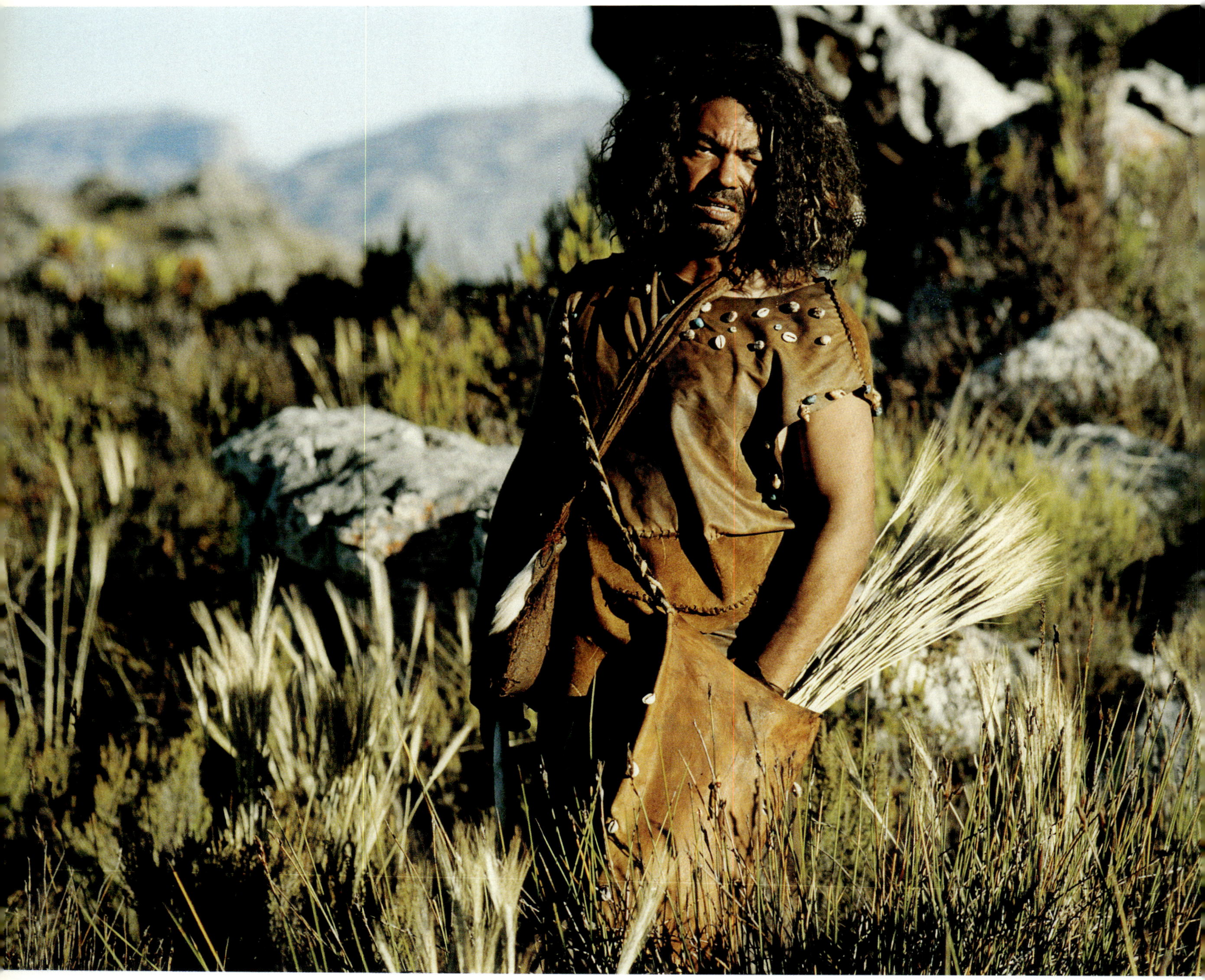

LES PREMIERS AGRICULTEURS SÉLECTIONNENT LES GRAINES DES PLANTES LES PLUS PRODUCTIVES OU LES PLUS RÉSISTANTES POUR LES SEMER L'ANNÉE SUIVANTE. ILS TRANSFORMENT AINSI LES ESPÈCES CULTIVÉES. ILS TRAVAILLENT LA TERRE À L'AIDE DE HOUES ET D'HERMINETTES RUDIMENTAIRES.

DOUBLE PAGE PRÉCÉDENTE LE TRAVAIL DE LA TERRE MODIFIE L'ORGANISATION SOCIALE DES POPULATIONS HUMAINES. IL IMPOSE UN HABITAT SOLIDE ET PERMANENT POUR ENTREPOSER LES RÉCOLTES. LES VILLAGES GROSSISSENT.

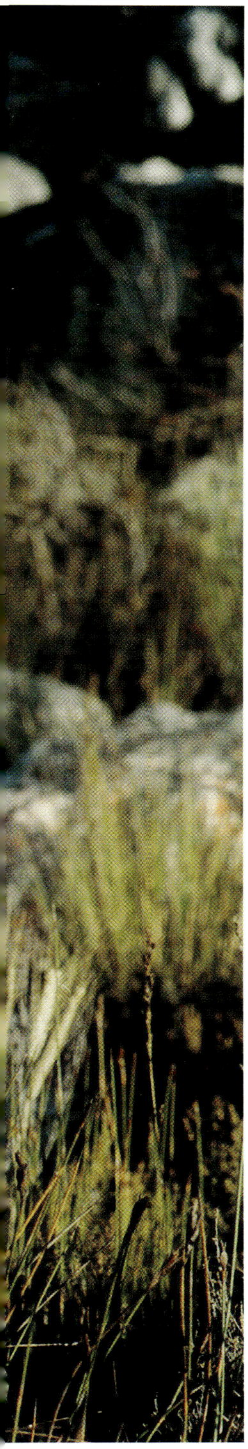

L'agriculture apparaît au Proche-Orient

La seconde invention qui caractérise le néolithique est l'agriculture. Elle fait son apparition de manière attestée il y a environ 10 000 ans. On sait ainsi qu'à cette époque, les hommes cultivent les orges et les blés à Tell Aswad, en Syrie. Outre ces deux céréales principales, d'autres graines vont être peu à peu exploitées, comme les lentilles, les pois, les fèves et le lin.

À l'origine, les variétés cultivées ont certainement été les mêmes que celles qui étaient collectées dans la nature. Pendant longtemps, dans les régions fertiles telles que le Proche-Orient, des villages se sont nourris grâce à la collecte de graminées sauvages abondantes naturellement dans ces lieux, avant qu'elles ne soient cultivées de façon active. Des sapiens ont observé, au fond d'une hutte, la germination accidentelle de grains récoltés sur le terrain, pensant alors à les mettre eux-mêmes en terre pour les faire pousser. Au fil des récoltes, les hommes ont également appris à sélectionner les variétés végétales intéressantes, celles qui offraient le meilleur rendement, qui étaient les plus nourrissantes ou les plus savoureuses. C'est le point de départ du contrôle de l'homme sur la nature, qui ne fera par la suite que prendre de l'ampleur. Parallèlement aux deux innovations majeures que constituent l'élevage et l'agriculture, de nombreuses évolutions ou inventions contribuent à modifier profondément les modes et les cadres de vie dès les prémices du néolithique.

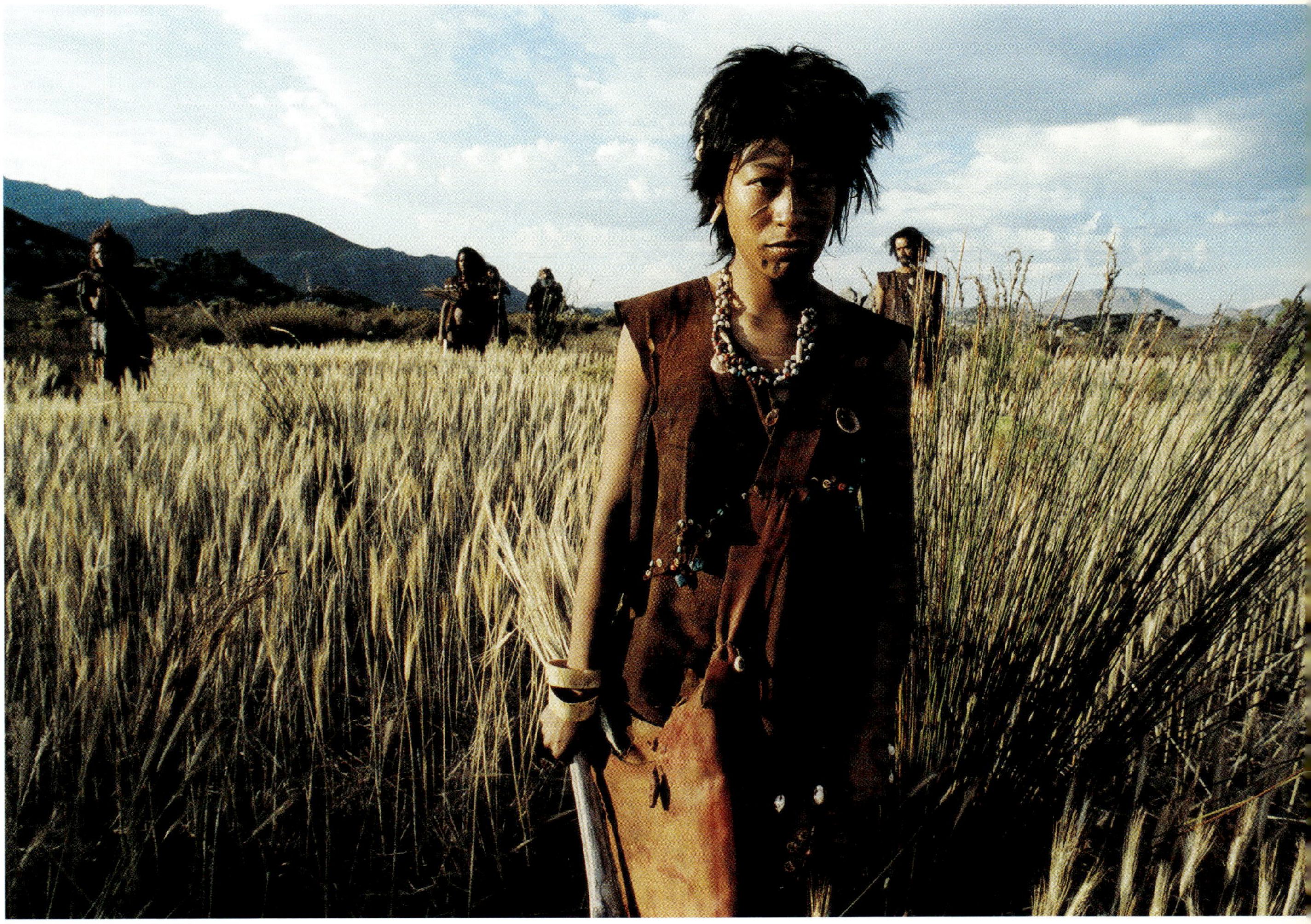

Cabanes en dur L'habitat de sapiens s'adapte à son nouveau mode de subsistance. Les premiers villages, comme par exemple celui de Mureybet en Syrie (–13 000 ans), sont composés de maisons circulaires en partie enterrées. Les parois sont constituées de poteaux de bois sur lesquels est plaquée de la terre et les différents espaces de l'habitation sont séparés par des murets bas. Plus tard, à partir de –10 000 ans, sapiens semble plutôt opter pour le plan quadrangulaire. Les murs percés de portes font leur apparition, ainsi que de nouveaux matériaux : briques crues pour les murs, chaux et plâtre. En Europe centrale et occidentale, surgissent ainsi de longues maisons érigées sur des poteaux de bois enfoncés dans le sol. De grandes dimensions, elles peuvent atteindre 40 mètres de long, la principale ouverture étant réalisée du côté sud.

Outre les espaces d'habitation, des planchers surélevés permettent de mettre les récoltes à l'abri des rongeurs, constituant ainsi les premiers greniers. Souvent, de la terre a été retirée autour de la maison, la fosse ainsi créée étant utilisée comme décharge. Les paysans installés en Mésopotamie il y a 8 000 ans vivent aussi dans de grandes maisons. Les familles y disposent de plus de dix pièces, pour les plus grandes d'entre elles, et certaines possèdent même un étage !

L'organisation de ces habitations néolithiques en villages préfigure les premières villes, vraisemblablement situées en Mésopotamie.

LE DÉVELOPPEMENT DE L'AGRICULTURE FUT RENDU POSSIBLE PAR LA SÉDENTARISATION DES POPULATIONS. LES PREMIERS VILLAGES APPARAISSENT VERS –13 000 ANS.

DOUBLE PAGE SUIVANTE L'AVÈNEMENT DE L'AGRICULTURE S'ACCOMPAGNE DE CHANGEMENTS IMPORTANTS AU SEIN DES SOCIÉTÉS. DES GROUPES D'HOMMES EXPLOITENT DES TERRES, GÈRENT DES STOCKS DE NOURRITURE QU'ILS DOIVENT PROTÉGER DE LA CONVOITISE D'AUTRUI. ILS DOIVENT S'ORGANISER SOUS LE COMMANDEMENT D'UN CHEF ET INSTAURER DES RÈGLES.

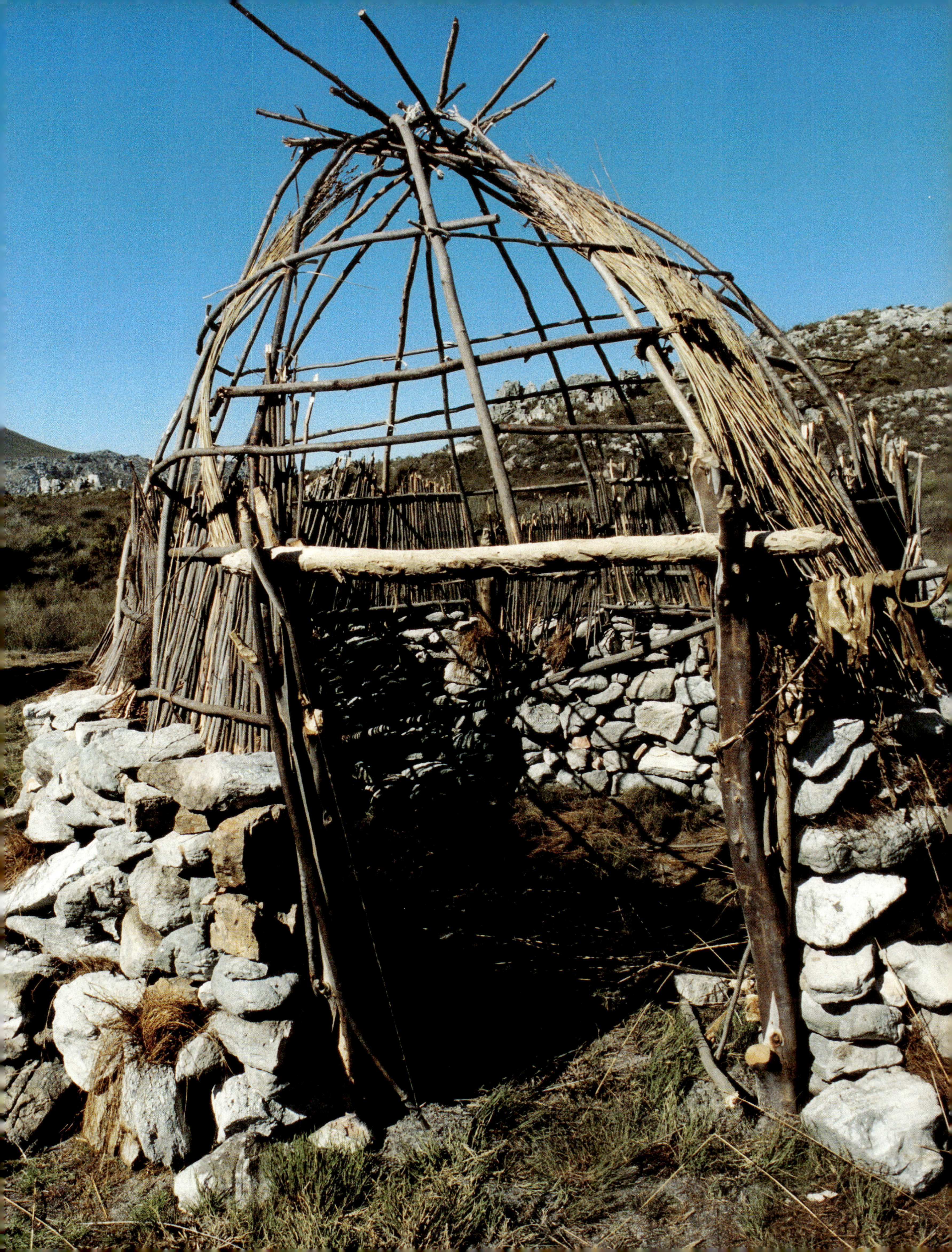

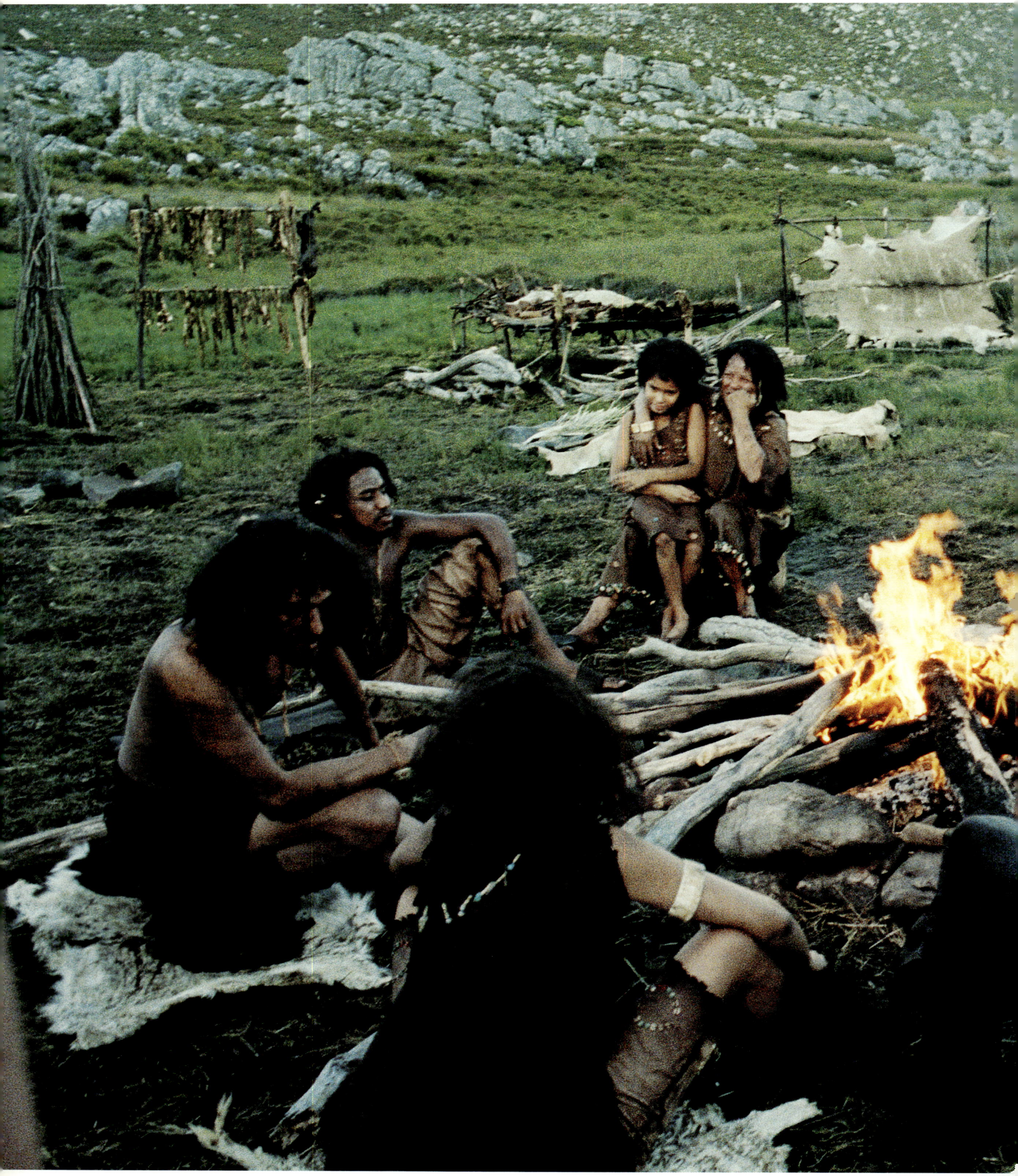

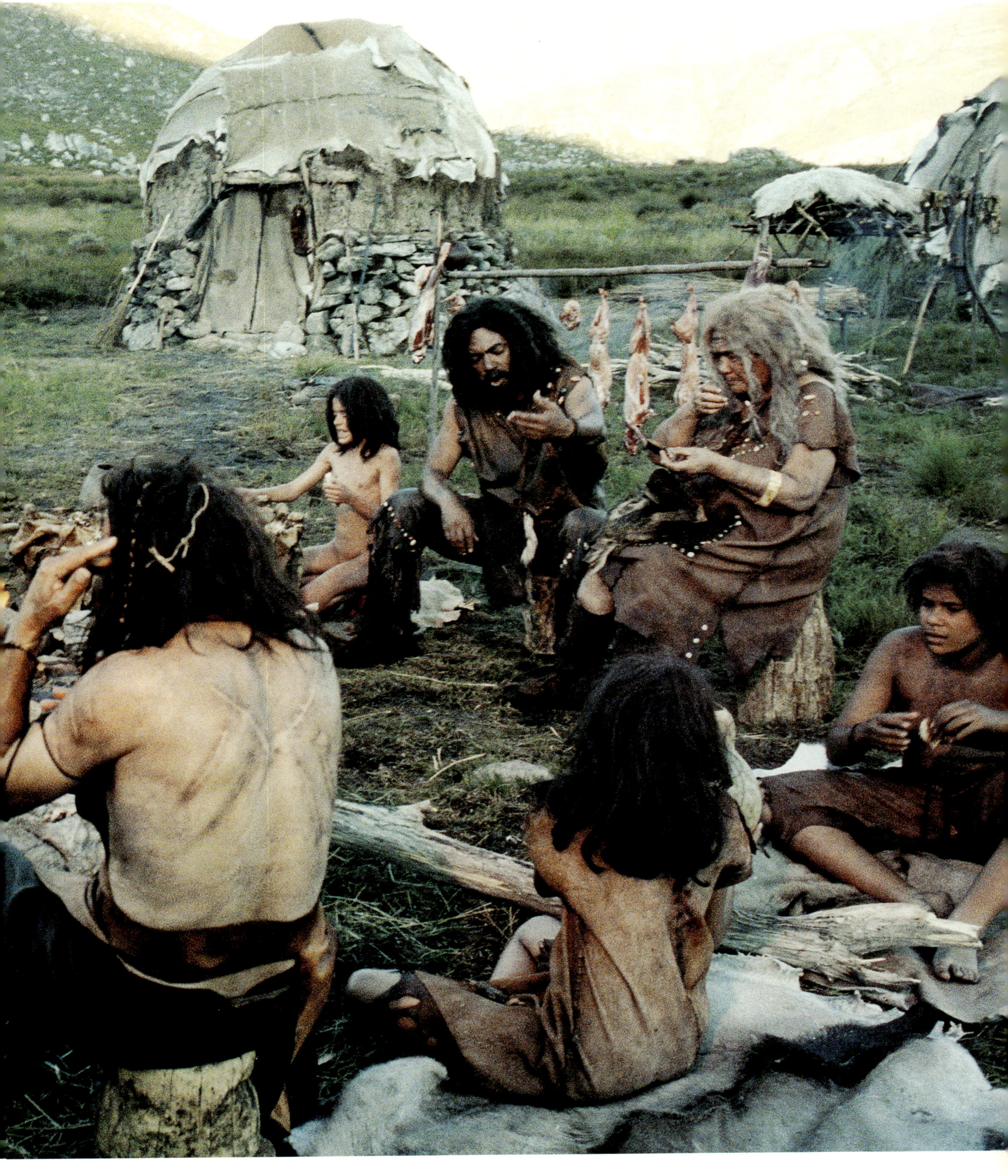

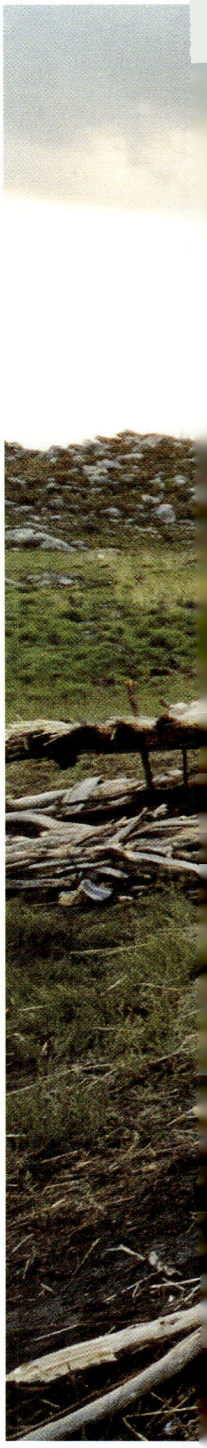

De nouveaux outils Pour mener à bien leurs travaux agro-pastoraux, les hommes du néolithique doivent également mettre au point de nouveaux outils. Pour piocher la terre, ils inventent ainsi l'herminette en pierre polie, dont le manche en bois forme un angle droit. Comme la hache, également présente dans la panoplie d'outils du paysan, elle permet d'abattre les arbres nécessaires à la construction des cabanes ou de défricher un terrain à cultiver. Mais elle sert également à construire les maisons, ou à fabriquer d'autres outils en bois.

Les paysans taillent aussi dans la pierre des couteaux à moissonner, ancêtres de la faux, avec lesquels ils récoltent le grain. Pour le moudre, ils inventent le mortier, taillé dans de la pierre lisse, et contenant une cavité dans laquelle les graines sont réduites en poudre avec une petite pierre. Mais si l'agriculture et l'élevage se répandent, sapiens ne délaisse pas pour autant la chasse, pratiquée maintenant au moyen de l'arc. Cette arme devient en effet omniprésente au cours du néolithique.

Dans leurs cuisines, les sapiens disposent également d'un ustensile irremplaçable : le pot de terre cuite. Les ancêtres chasseurs-cueilleurs des paysans avaient déjà réalisé des objets en terre cuite, comme à Dolni Vestonice, il y a 25 000 ans. Mais il s'agissait alors de figurines à vocation cultuelle, comme des statuettes d'ours et de lions.

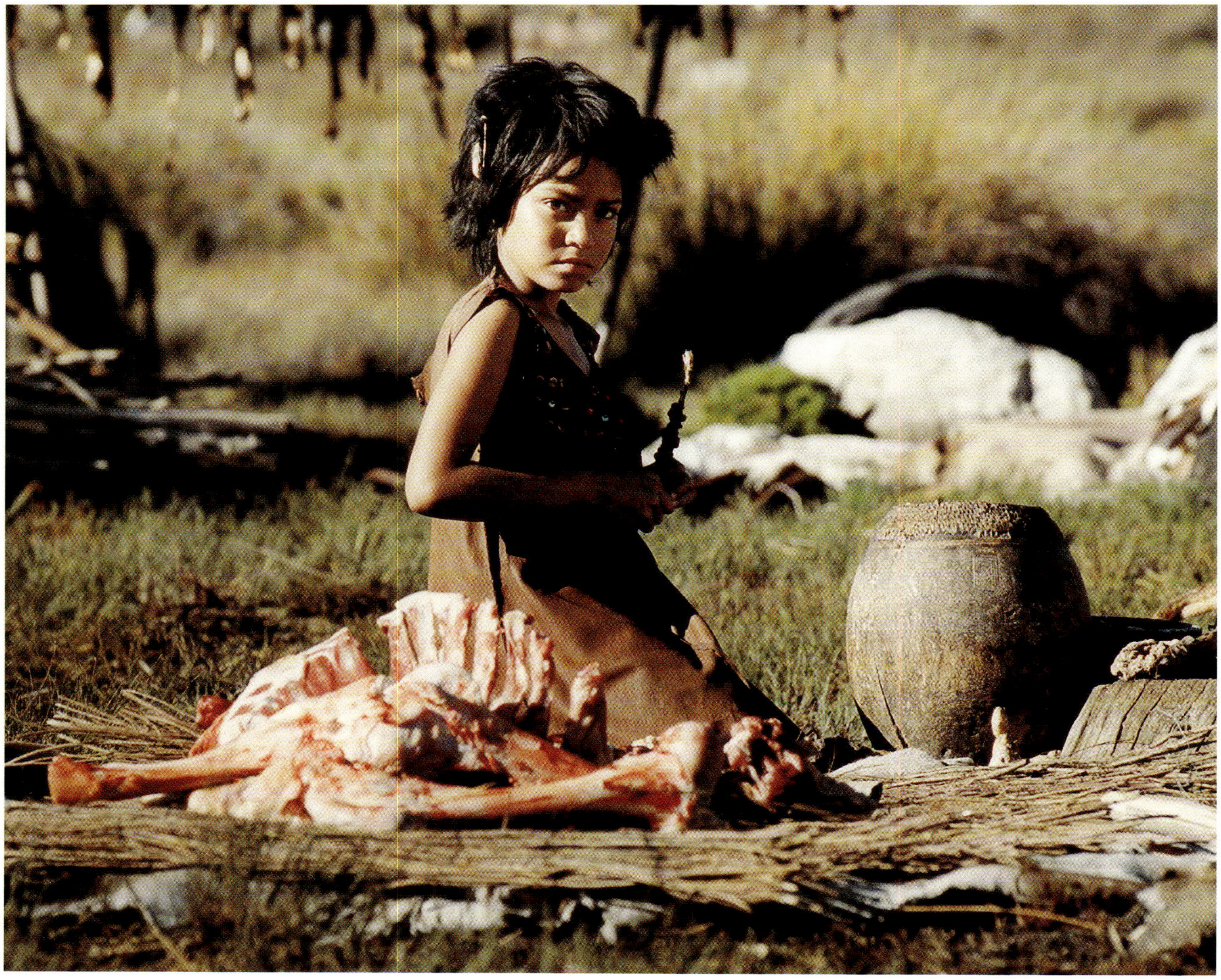

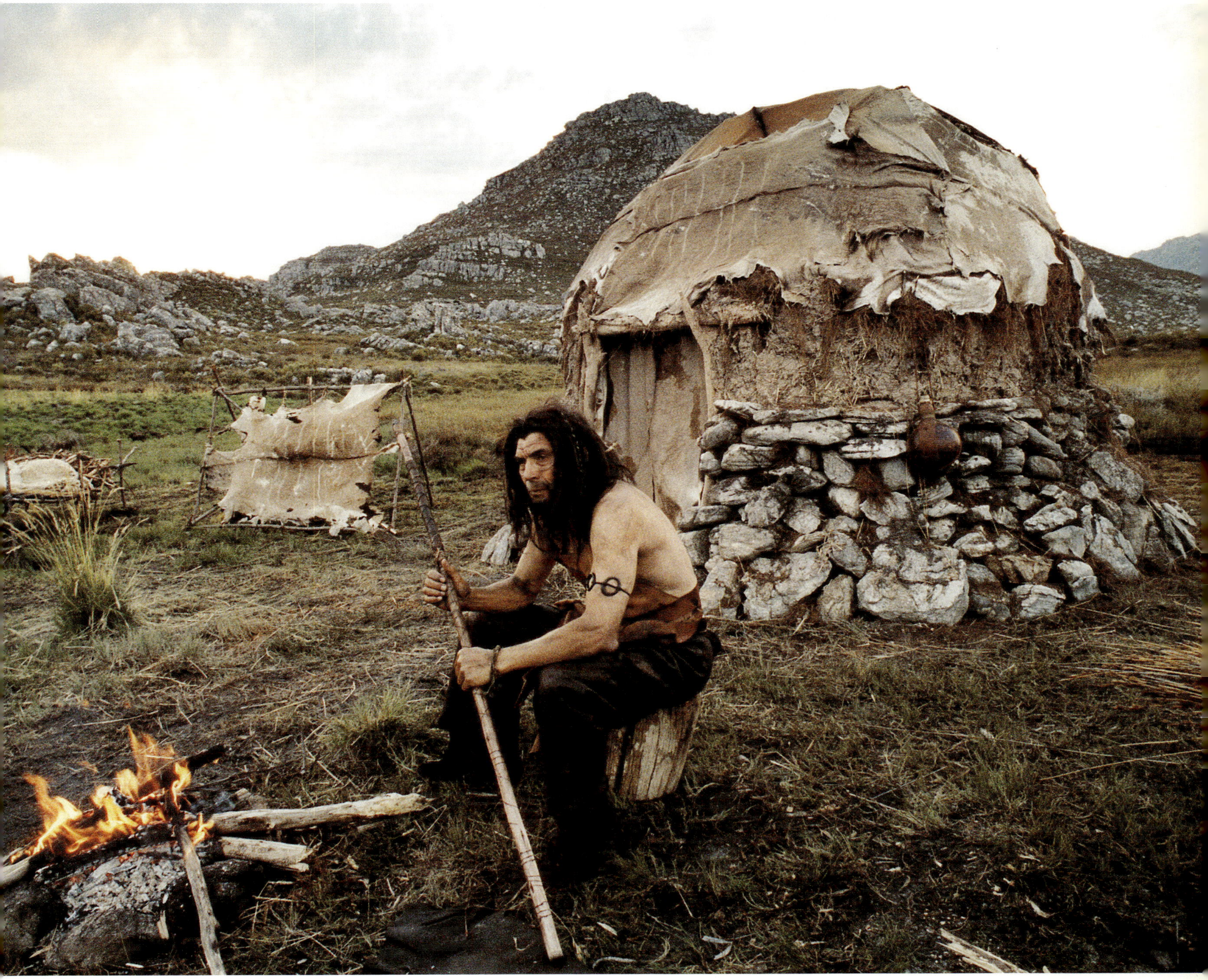

Les pots permettent de conserver les aliments, le grain ou le lait des animaux du troupeau qui est versé dans une jarre placée à l'abri dans l'habitation. Les récipients en céramique sont cuits dans des fours, et parfois ornés de décorations.

Dans le bassin de l'Euphrate, il y a 9 000 ans, les hommes fabriquent une véritable vaisselle dans un matériau blanchâtre constitué de calcaire ou de gypse mêlés à un liant herbeux.

LA FAMILLE EST LA STRUCTURE DE BASE DE LA SOCIÉTÉ. AVEC L'AMÉLIORATION DES CONDITIONS DE VIE, LES HOMMES VIVENT PLUS LONGTEMPS. LA POLYGAMIE QUI COMPENSAIT LE FAIBLE NOMBRE D'HOMMES TEND À S'EFFACER AU PROFIT DE LA MONOGAMIE.

DOUBLE PAGE SUIVANTE AVEC LE NÉOLITHIQUE, LE PARTAGE, L'APPRENTISSAGE ET LA TRANSMISSION DU SAVOIR SONT PLUS QUE JAMAIS INDISPENSABLES À LA PÉRENNITÉ DES SOCIÉTÉS HUMAINES.

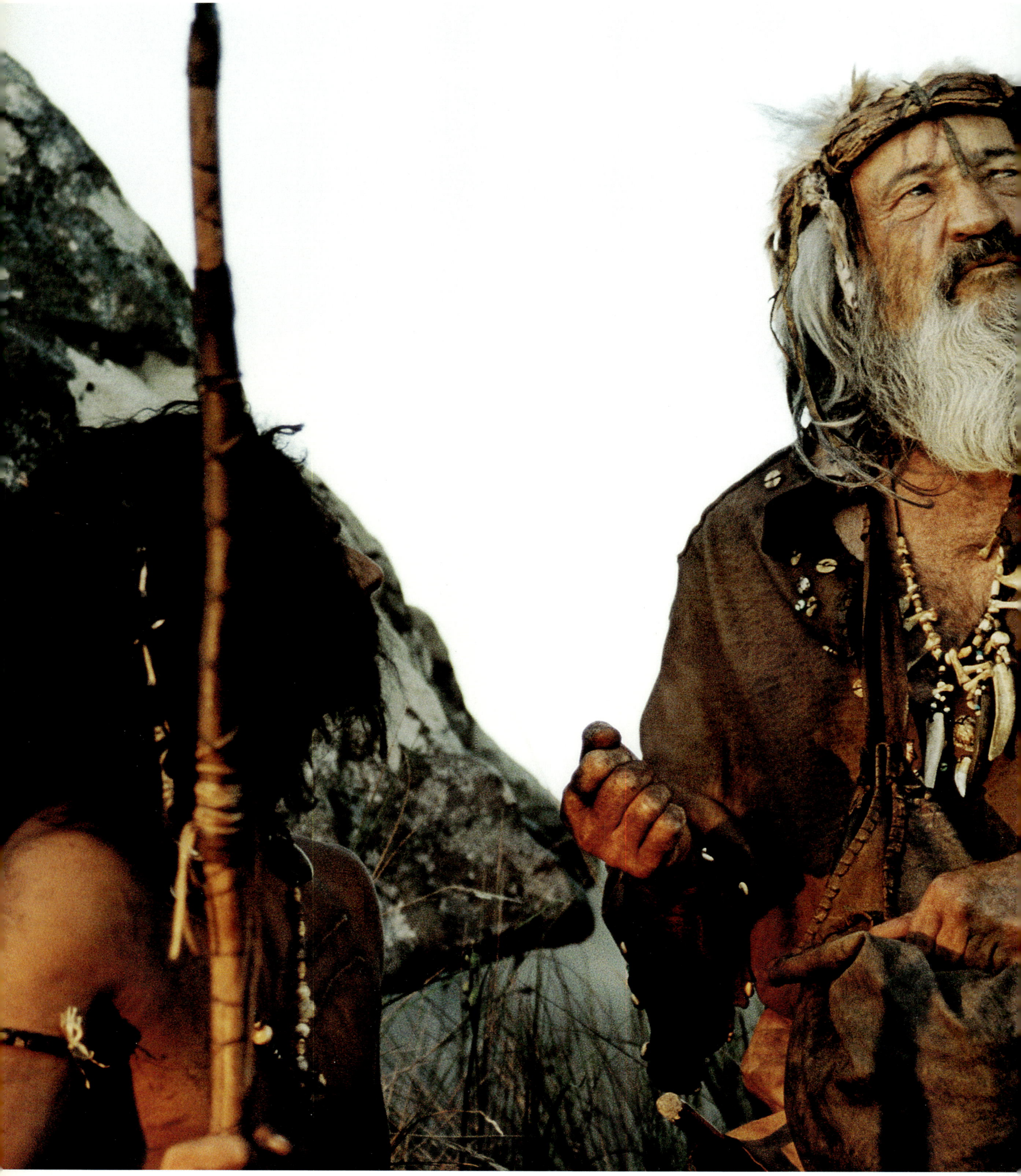

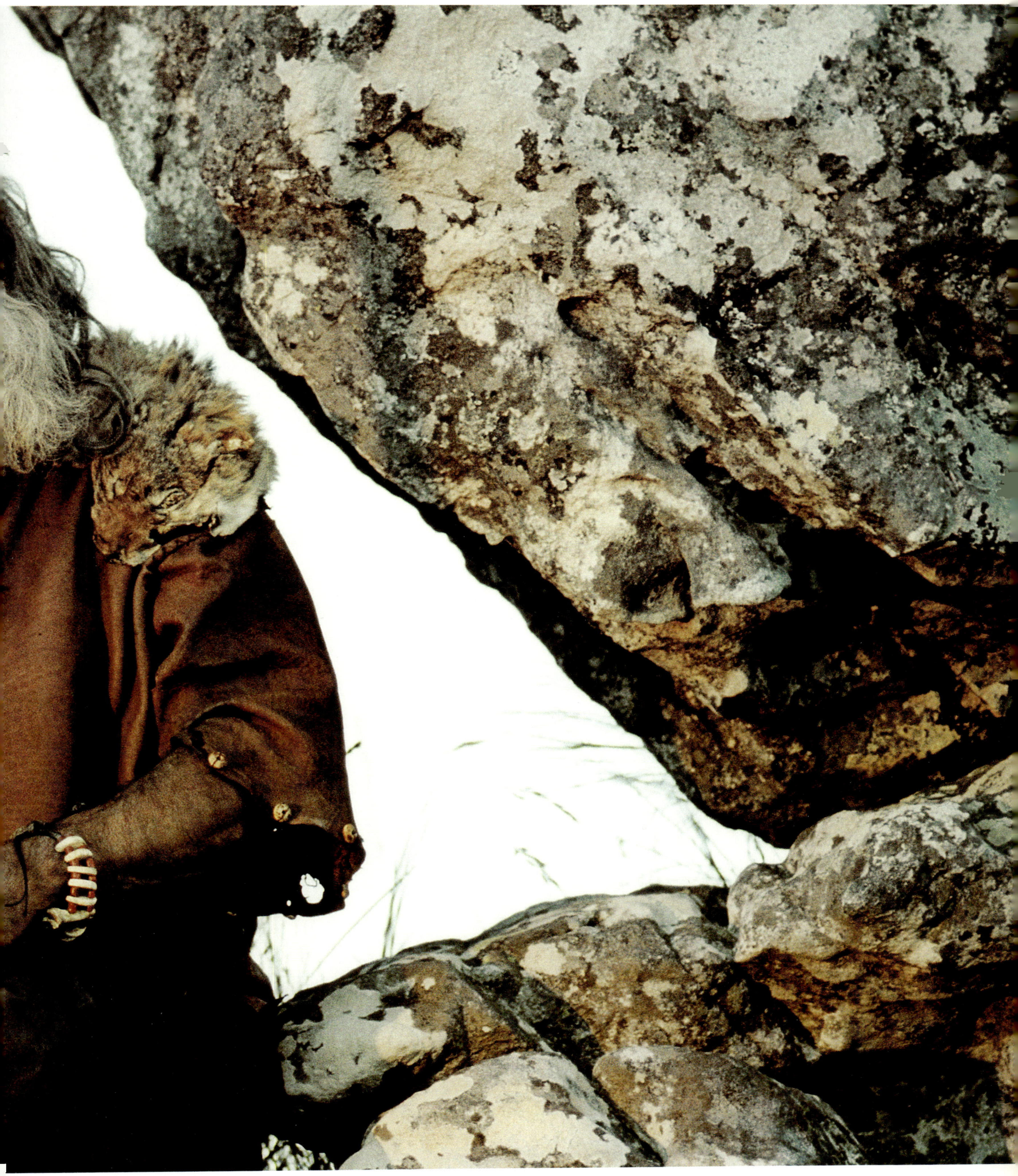

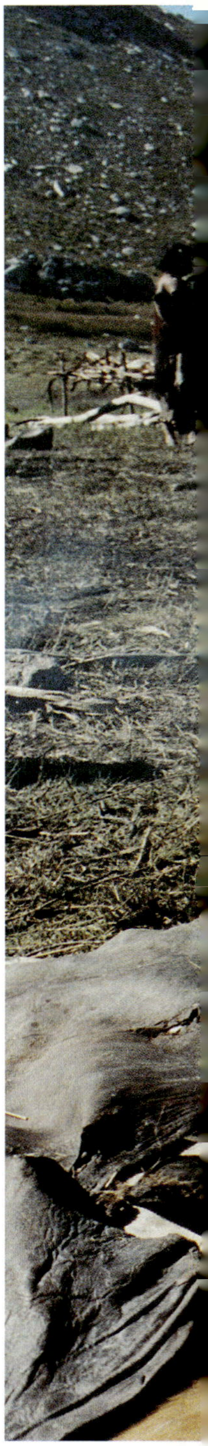

L'espérance de vie des hommes augmente

Avec l'ensemble de ces activités de plus en plus spécialisées, c'est donc une organisation sociale complexe qui se met en place. Les semailles et la récolte sont certainement restées longtemps des travaux collectifs, mais une division des métiers fait son apparition, avec par exemple des charpentiers et des potiers. Les croyances et les cultes se modifient également, avec l'apparition des premières figures divines, et l'émergence du mégalithisme. Grâce à ses nouveaux modes de subsistance et ses structures sociales complexes, sapiens connaît alors le premier « boom démographique » de son histoire, portant sa population à plusieurs dizaines de milliers de personnes.

Cette fois-ci, il ne fait plus aucun doute que sapiens est installé pour longtemps sur la planète. Il en possédera désormais le contrôle, et réussira même à la quitter pour explorer un territoire longtemps resté inaccessible : la lune. Mais sapiens sera-t-il assez sage pour préserver le cadre de vie qui l'a vu naître, il y a plus de 150 000 ans, quelque part du côté de l'Afrique ?

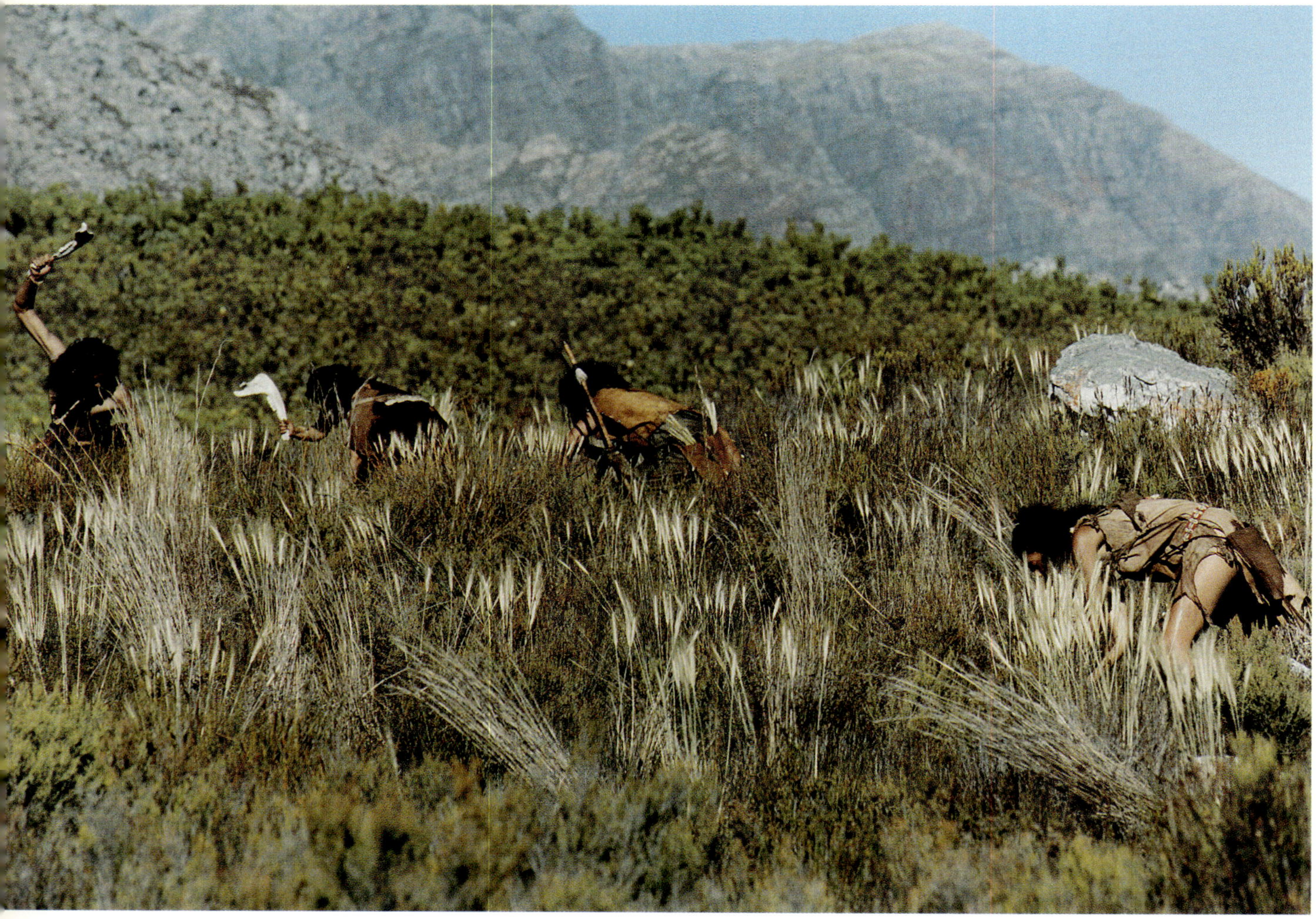

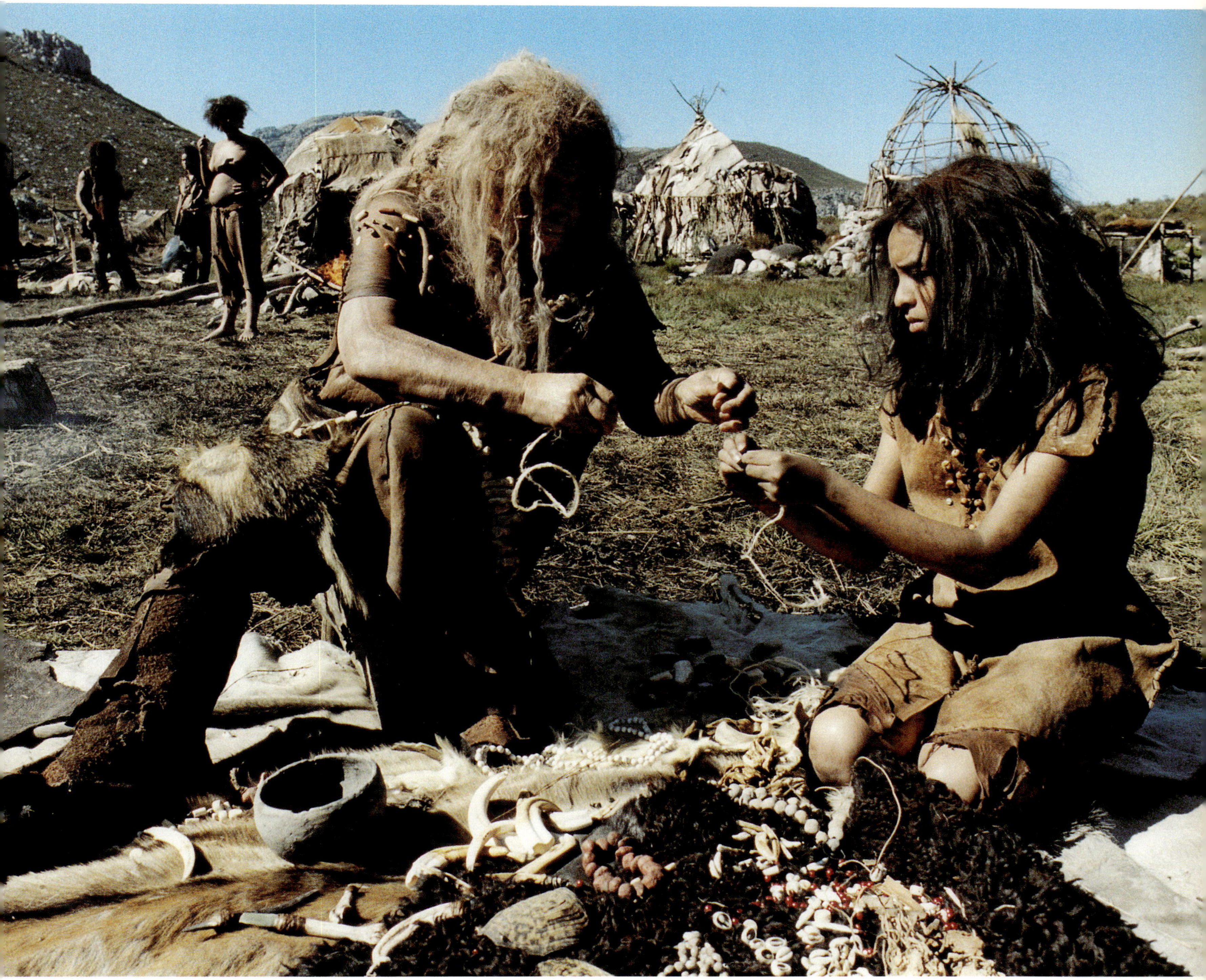

UNE ORGANISATION SOCIALE SE MET EN PLACE. SAPIENS SE SPÉCIALISE DANS UNE ACTIVITÉ.

DOUBLE PAGE SUIVANTE IL Y A 8 000 ANS, LES SÉPULTURES ORNÉES DE MÉGALITHES FONT LEUR APPARITION. CES PIERRES GIGANTESQUES HONORENT LA MÉMOIRE DES PERSONNES DE HAUT RANG.

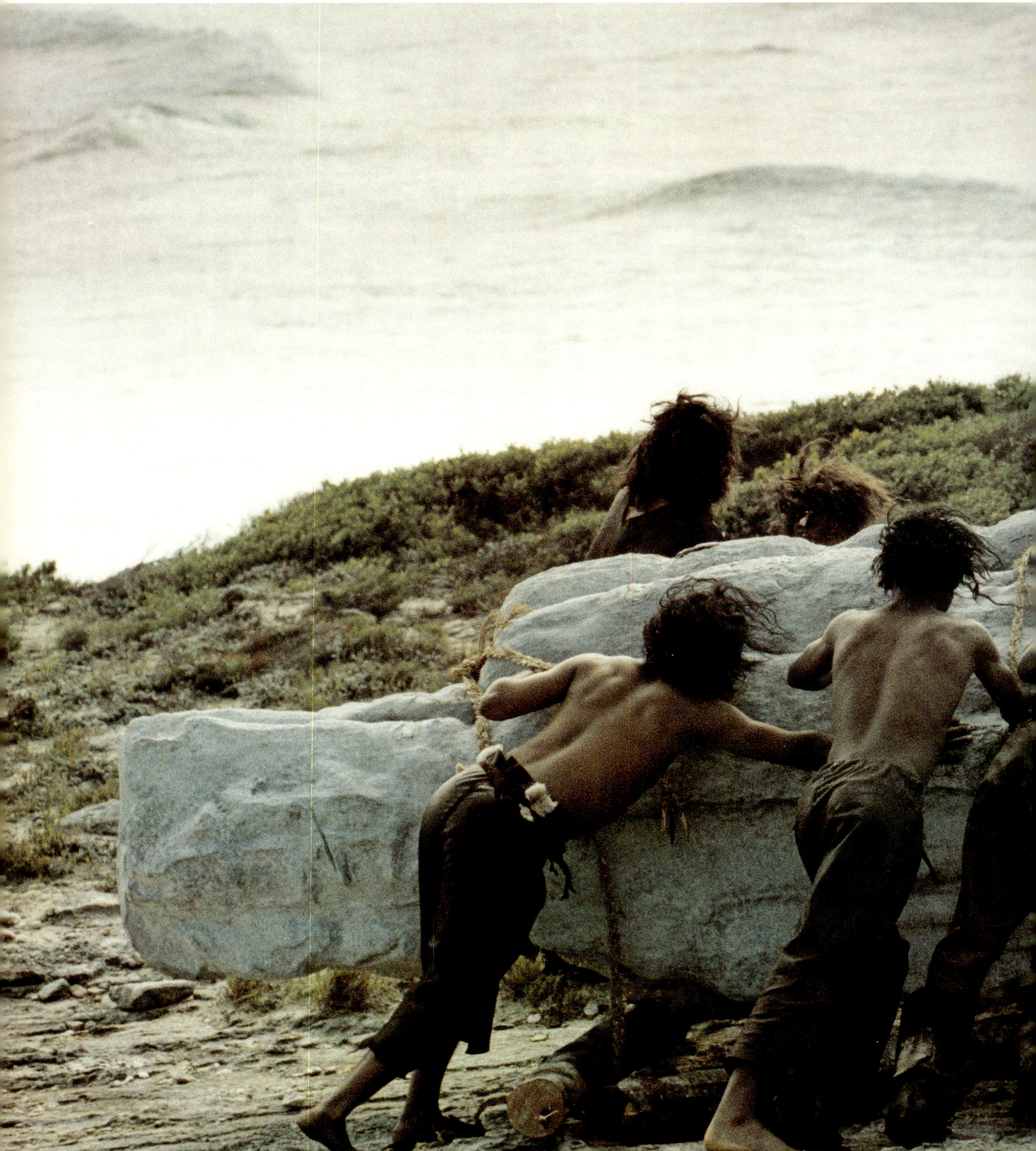

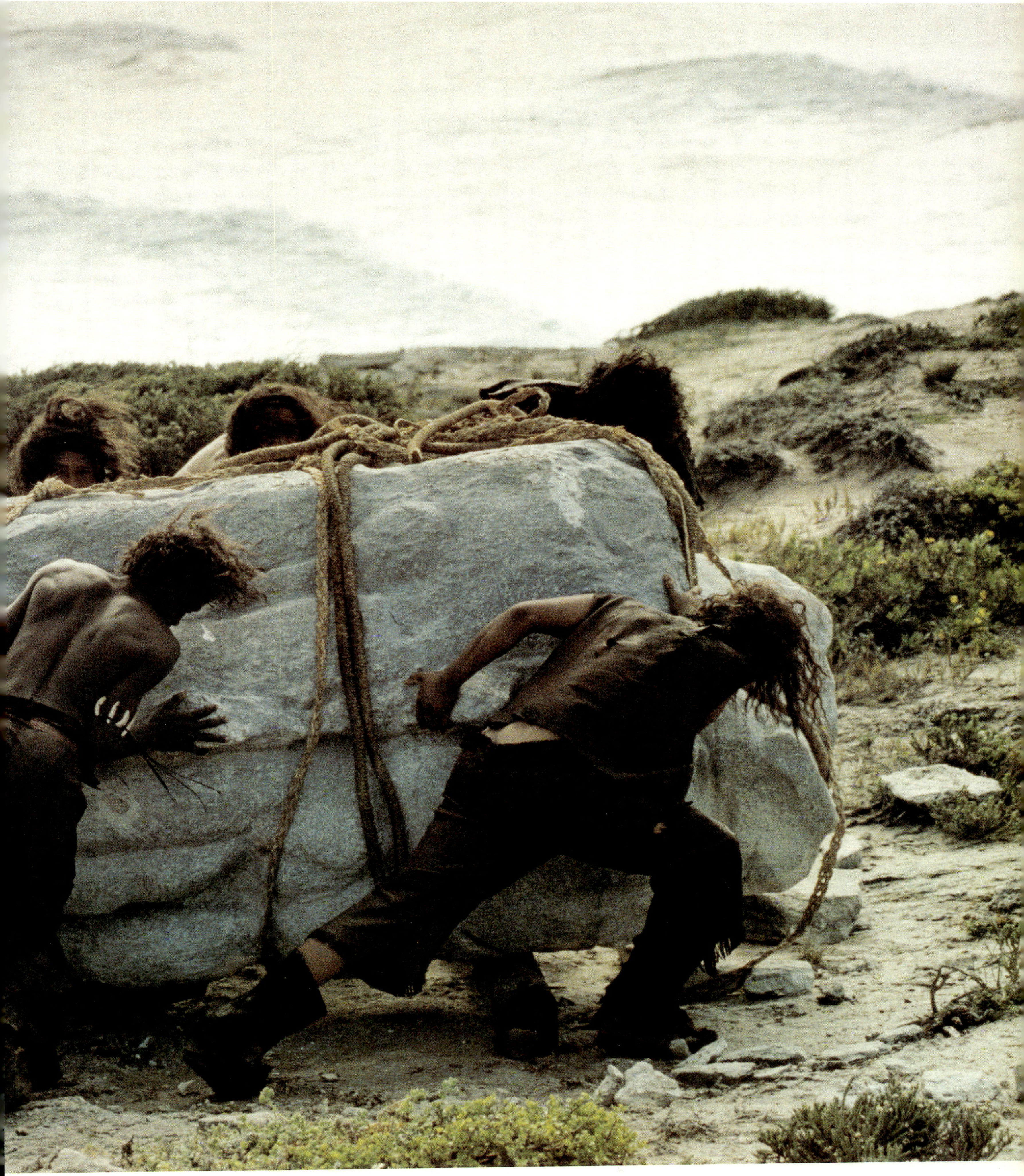

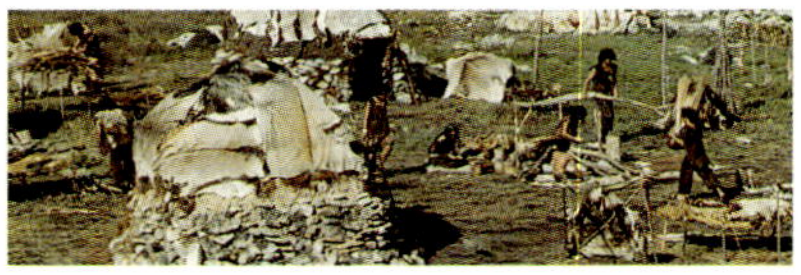

Les premières vraies villes

Les avis divergent sur les prémices de la vie citadine au néolithique. Les débuts de l'urbanisation furent-ils fulgurants au point de transformer, en quelques siècles, les villages en villes ?

Les agglomérations les plus anciennes se trouvent en Syrie et en Israël, notamment en Mésopotamie et en Anatolie, ou Asie mineure, qui correspond à une partie de l'actuelle Turquie. De –8000 ans à –6000 ans, l'agriculture s'y pratique intensément et draine des concentrations humaines croissantes. Ainsi Jéricho (en Israël) se développe vers 8350 av J.-C., et la population aurait rapidement atteint 2 000 habitants. Çatal Höyük (en Turquie) prend son essor vers 6200 avant J.-C., rassemble 6 000 individus et couvre 32 hectares. Mais des archéologues pensent que le terme de « ville » a été avancé un peu vite pour décrire des regroupements d'habitations constituant, en réalité, de gros bourgs. Le statut urbain repose en particulier sur la présence d'édifices défensifs comme des tours ou des remparts. Selon ces chercheurs, à y regarder de près, l'emplacement ou la structure de ces bâtiments ne confirmeront cependant pas nécessairement la fonction de protection de la cité qui leur a été attribuée. Il est par ailleurs difficile d'évaluer le nombre d'habitants en raison des caractéristiques étonnantes que peut présenter cet urbanisme, au travers notamment de l'absence de rues, mais aussi de l'empilement des maisons. Dans certaines régions, celles-ci n'ont pas de portes, on y accède par les toits, reliés entre eux par des échelles. Vers –6500 ans, la culture, le pâturage et le déboisement intensifs auraient épuisé les terres, stoppant net l'expansion de nombreuses bourgades. Beaucoup auraient alors été abandonnées au profit de nouveaux noyaux d'urbanisation. Les premières grandes cités dignes de ce nom, telles Our et Babylone, n'apparaîtront que quelques milliers d'années plus tard.

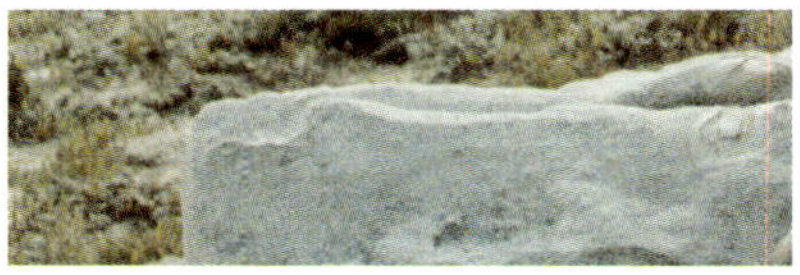

Tombeaux mégalithiques

Ce sont les monuments mégalithiques, généralement construits en grandes pierres assemblées de façon à former des chambres intérieures (dolmens), ou simplement dressées (menhirs).

Ces monuments apparaissent il y a environ 8 000 ans, se propagent dans toute l'Europe occidentale, le bassin méditerranéen et au-delà, avant de disparaître lors de l'âge du bronze, aux alentours de 2 000 avant J.-C. Pourquoi avoir construit de tels monuments ? Loin des explications ésotériques, les mégalithes ont essentiellement eu une fonction de sépulture, abritant la dépouille de membres importants des sociétés néolithiques, peut-être les chefs de clans ou les guerriers valeureux. L'intérieur des mégalithes pouvait comprendre une chambre fermée ou accessible par un couloir ou une ouverture, des tombes collectives ou individuelles... De plus, les corps n'étaient pas toujours disposés de la même façon, tandis qu'au cours du temps, des os étaient parfois ajoutés et rangés. Certains mégalithes ont également pu servir de support à des observations astronomiques, comme à Carnac en France, ou à Stonehenge, en Grande-Bretagne.
Selon ces hypothèses non confirmées, les alignements de pierres dressées ou disposées en cercle servaient à réaliser des visées astronomiques, comme le repérage des levers et des couchers lunaires et solaires.

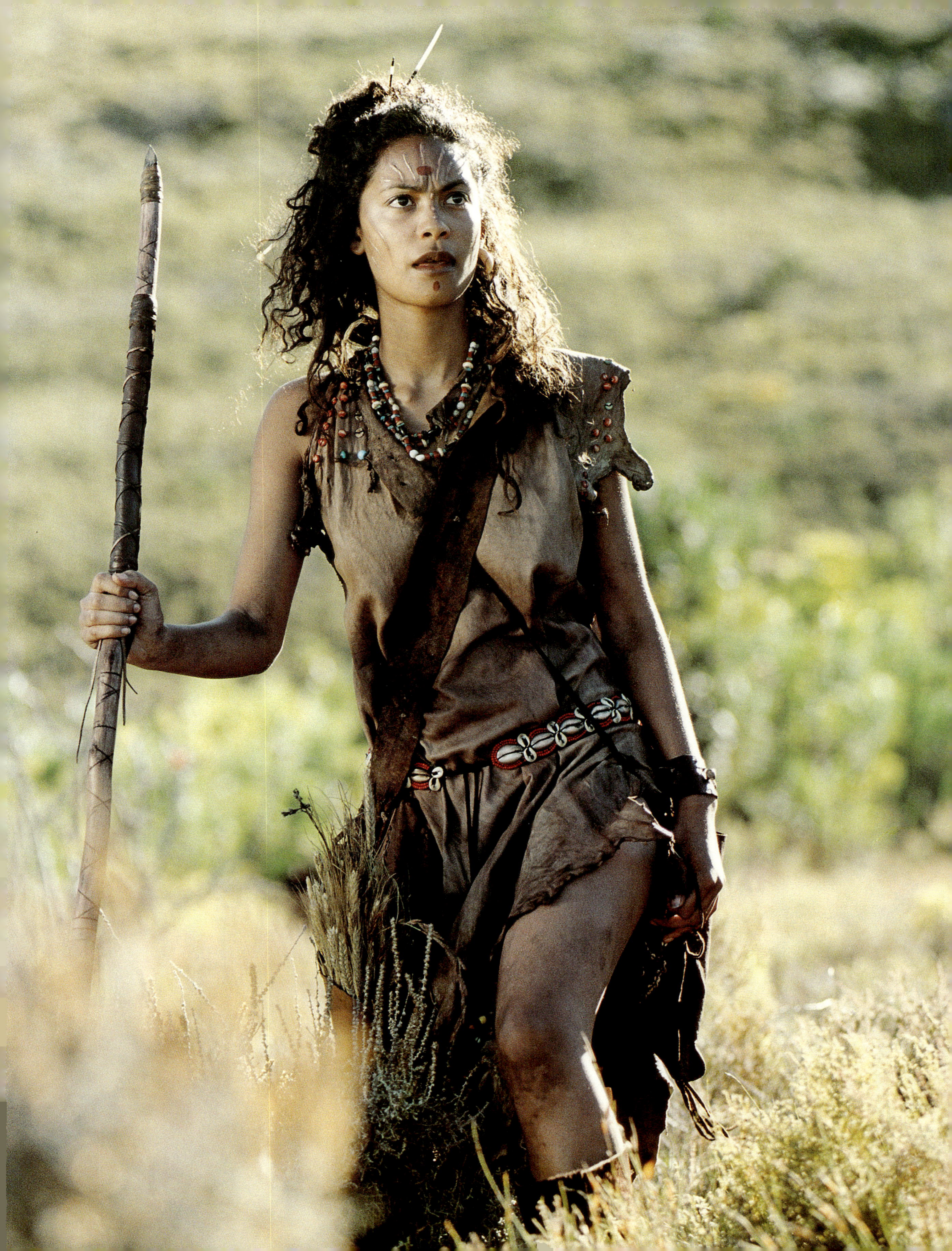

MAKING OF

NOUS SOMMES TOUS DES HOMO SAPIENS

Lorsque la production Boréales et le réalisateur Jacques Malaterre m'ont proposé de réaliser le « making of » du docu-fiction *Homo sapiens*, je me suis lancé dans l'aventure avec une certaine excitation. Comment résister à ce voyage spatio-temporel, à la fois scientifique et romanesque ?
Je me suis donc retrouvé « envoyé spécial » sur le tournage d'un des projets télévisuels les plus ambitieux sur l'Homo sapiens, notre ancêtre à tous. Le scénario à lui seul a demandé à Jacques Malaterre, Frédéric Fougea et Pierre Pelot plusieurs mois de travail. Pas si simple d'écrire une histoire qui commence il y a –400 000 ans, finit en –12 000, sur la base de quelques certitudes et de beaucoup d'hypothèses. Si le tournage n'a duré que huit semaines, entre l'écriture d'une histoire « paléontologiquement correcte », le repérage de décors géologiquement crédibles, la constitution des équipes techniques et la recherche de financements, la seule préparation du projet n'a pas demandé moins d'une année de travail.

par Patrick Glaize, photographe

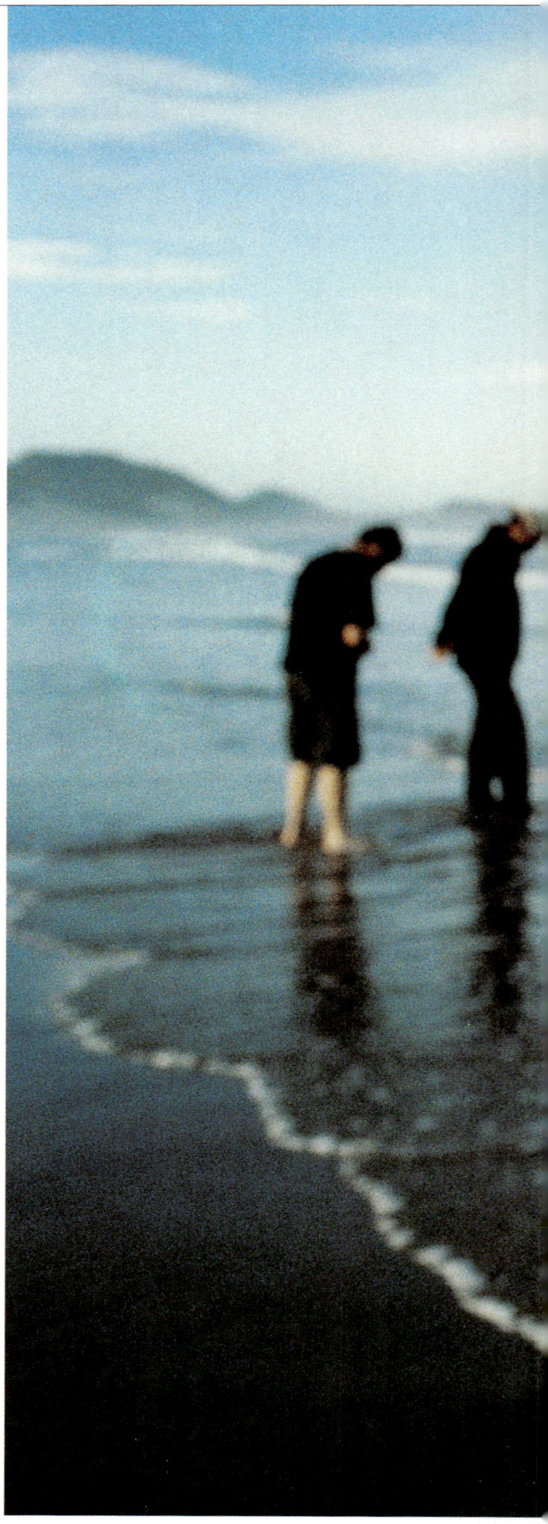

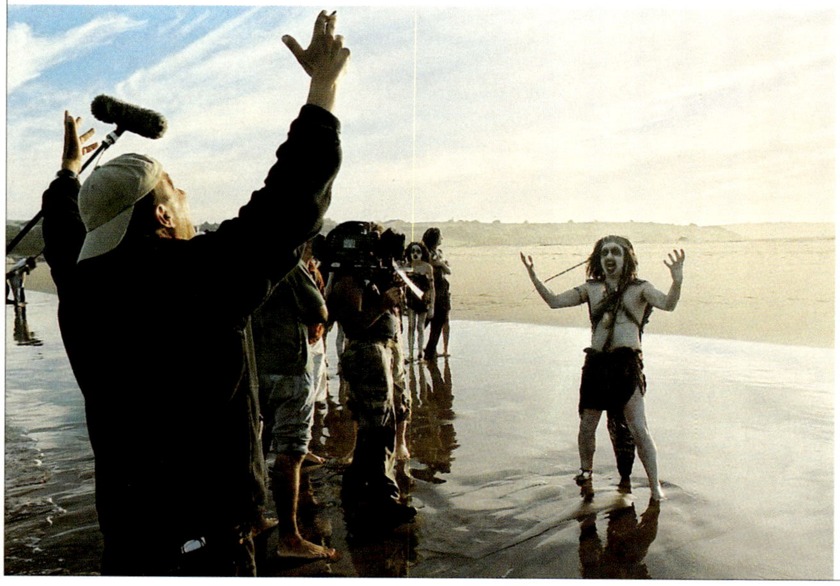

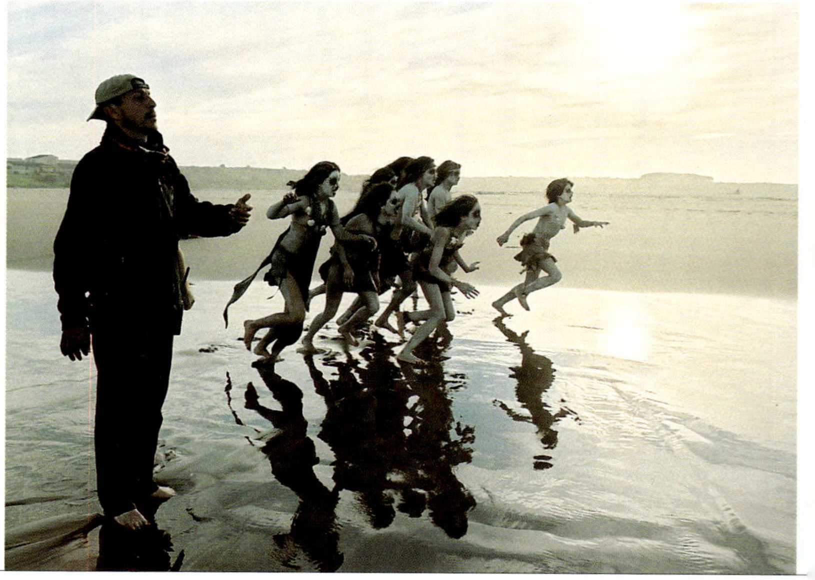

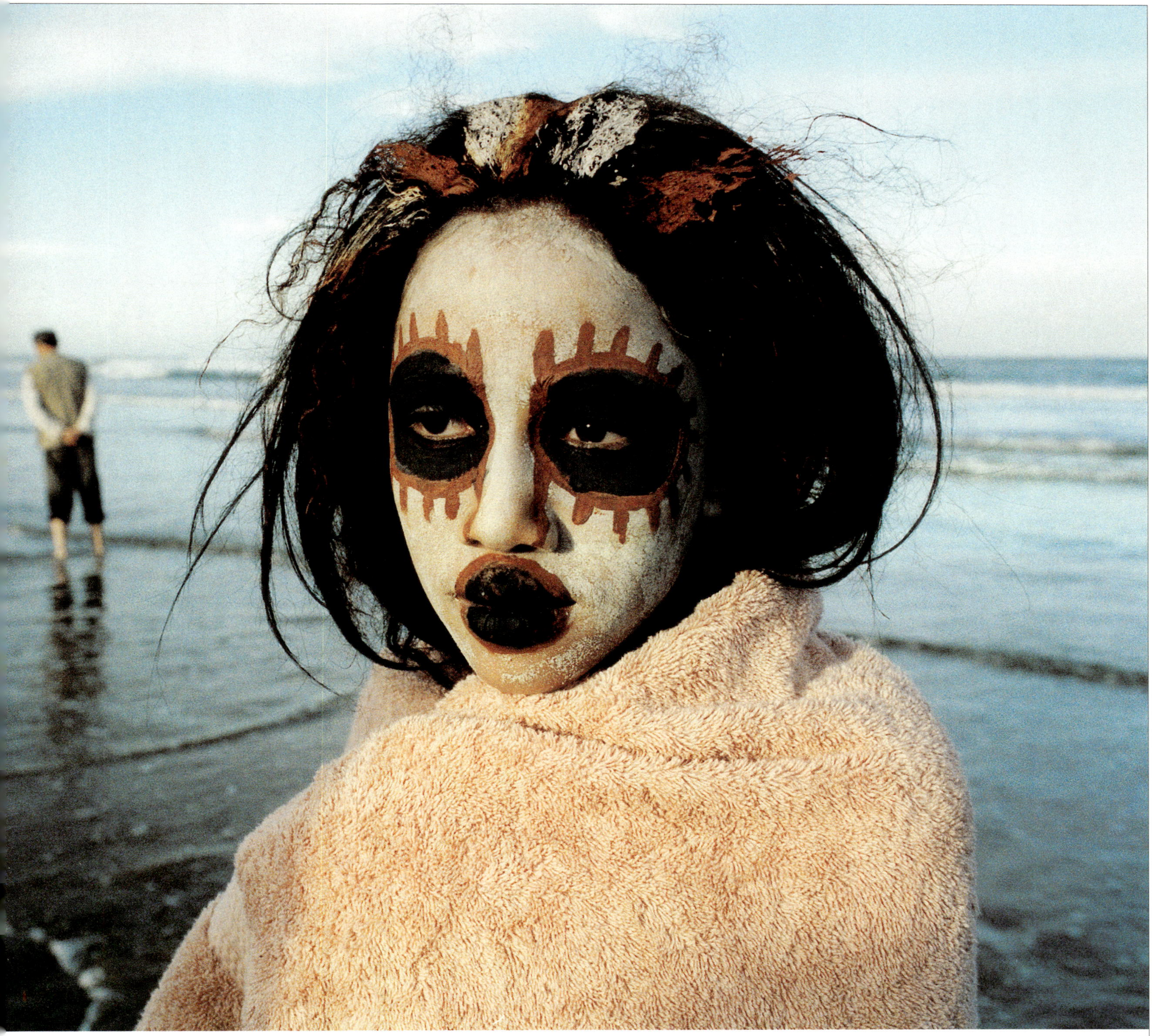

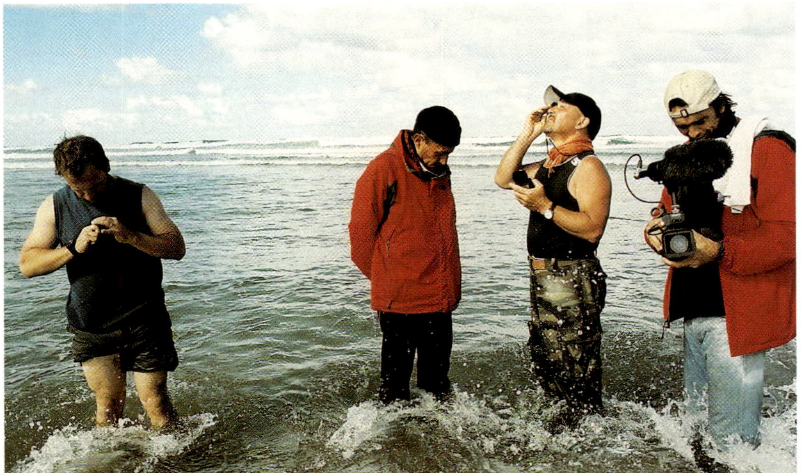

Le résultat était là. Cette reconstitution d'une partie décisive de notre préhistoire m'a permis dès les premières prises de vues d'embarquer dans une véritable machine à remonter le temps. Avec une rare liberté, j'ai pu travailler les images que je voulais et à ma manière.

Du premier au dernier jour, dans le viseur de mes appareils, je voyais d'un côté les membres de l'équipe technique, tout en jeans, anorak et technologie et, de l'autre, des comédiens, nus ou en peaux de bêtes, avec le silex mal taillé pour arme de pointe.

Nous, aujourd'hui, et nous, avant-avant-hier. Il y a longtemps, et pas si longtemps. Voilà aussi pourquoi une atmosphère spéciale s'est immédiatement dégagée de ce tournage : le héros du film n'était personne en particulier mais l'humanité tout entière. Une star dont les caprices nous concernent tous.

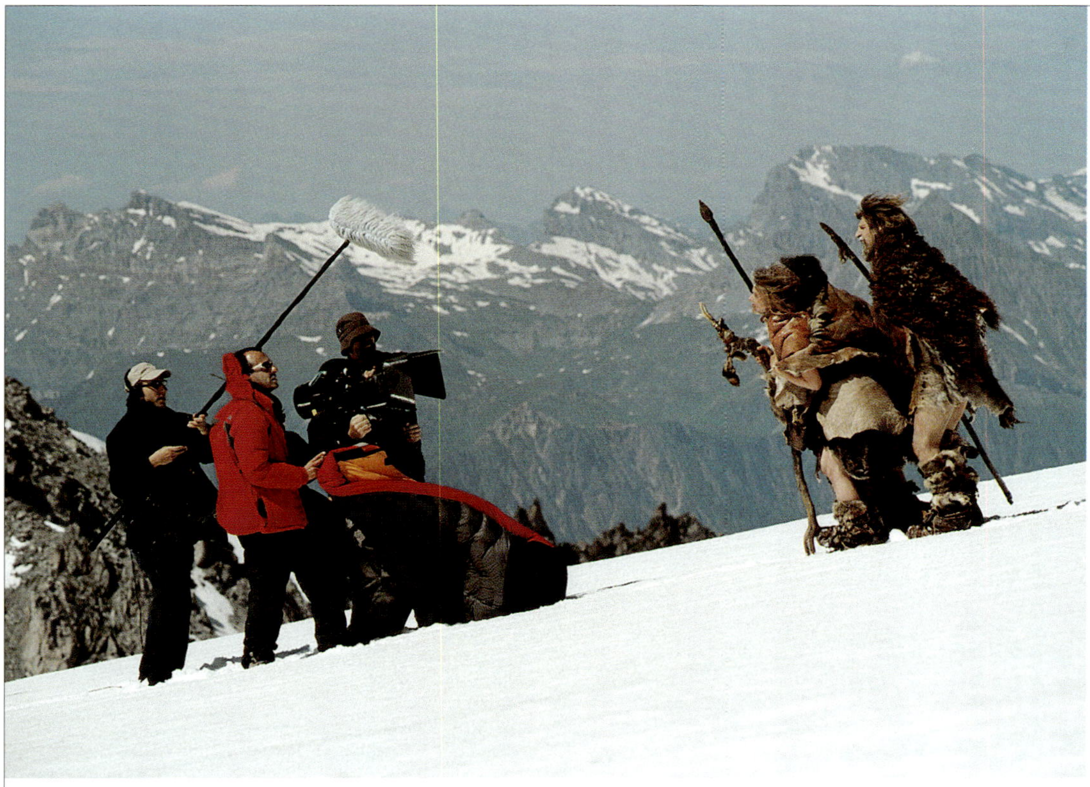

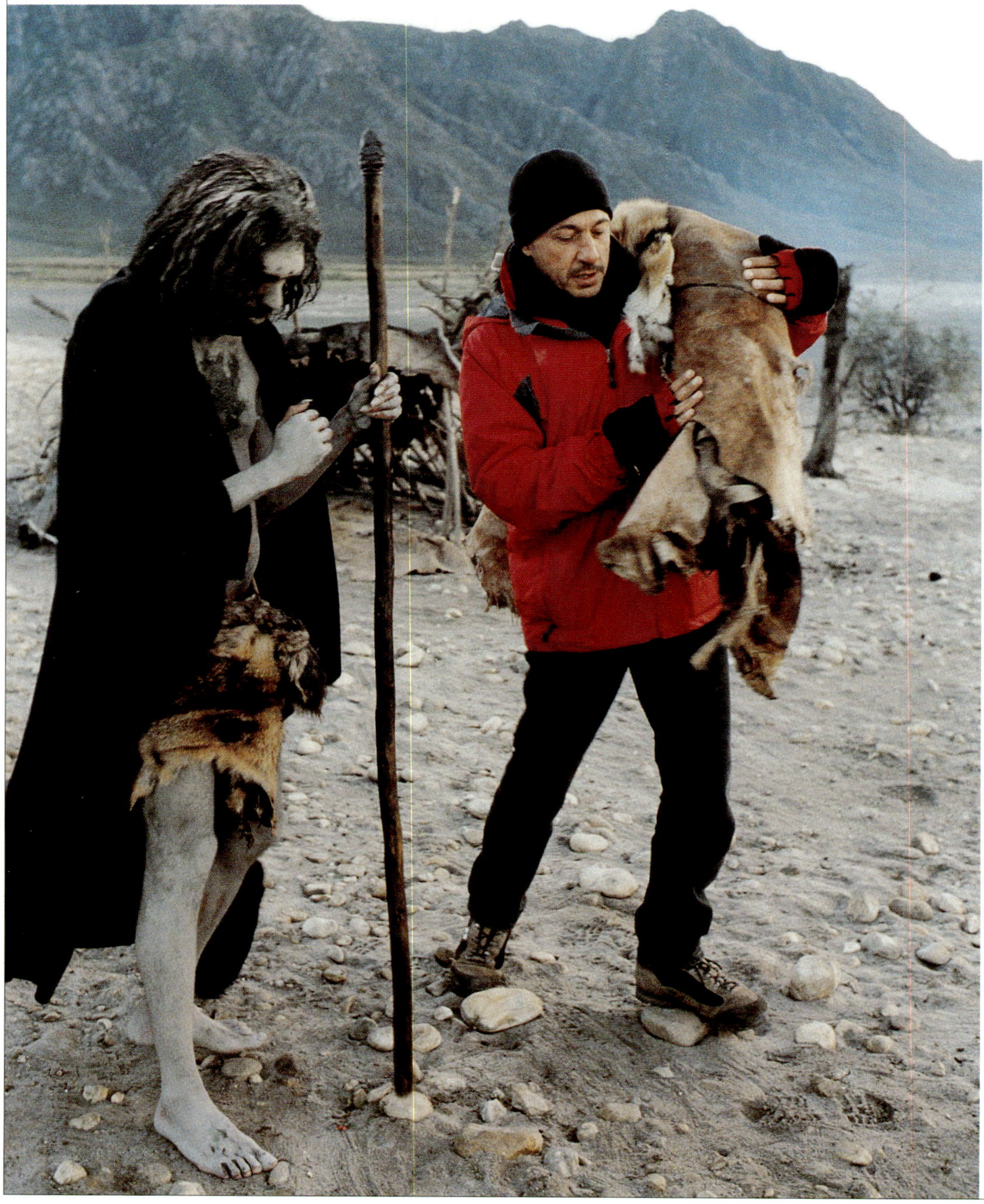

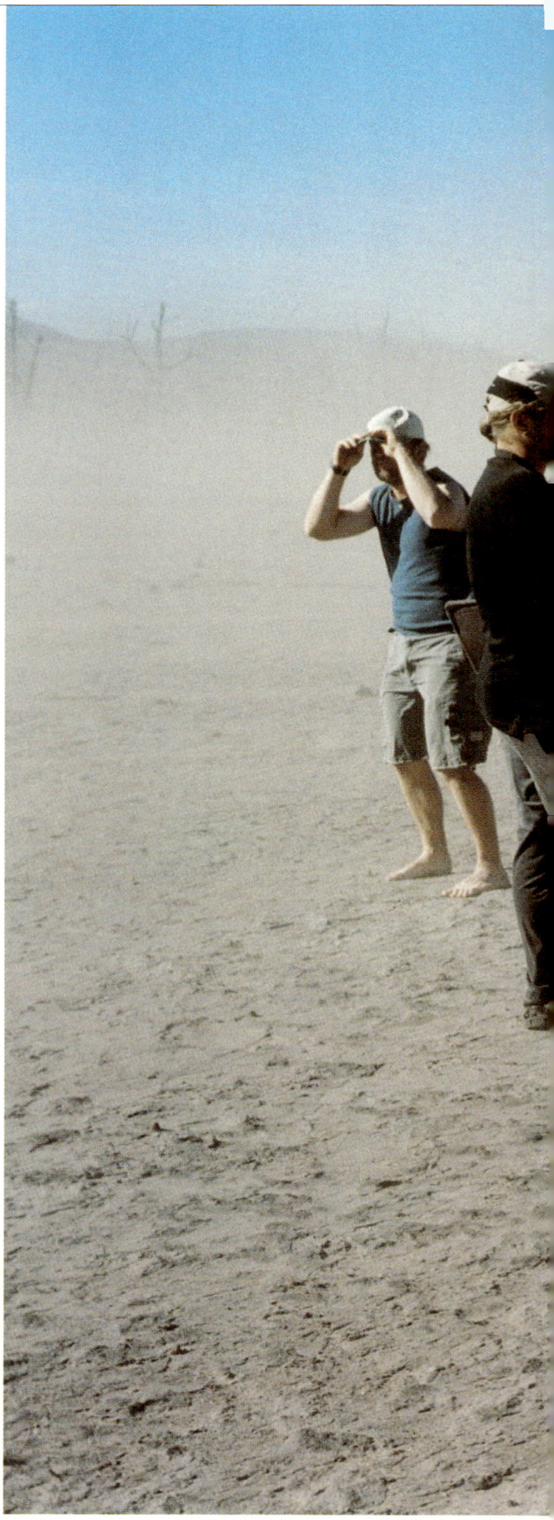

Tout le film a été tourné en extérieur. Le scénario se déroulait sur plusieurs centaines de milliers d'années, l'action sur plusieurs continents : il fallait donc trouver des décors dans un pays capable d'en évoquer plusieurs, à différentes époques. Seules les scènes en forêt et celles en haute montagne ont été filmées en Suisse, les autres en Afrique du Sud où la diversité des sites naturels rappelle autant l'Afrique que le Moyen-Orient, l'Asie...

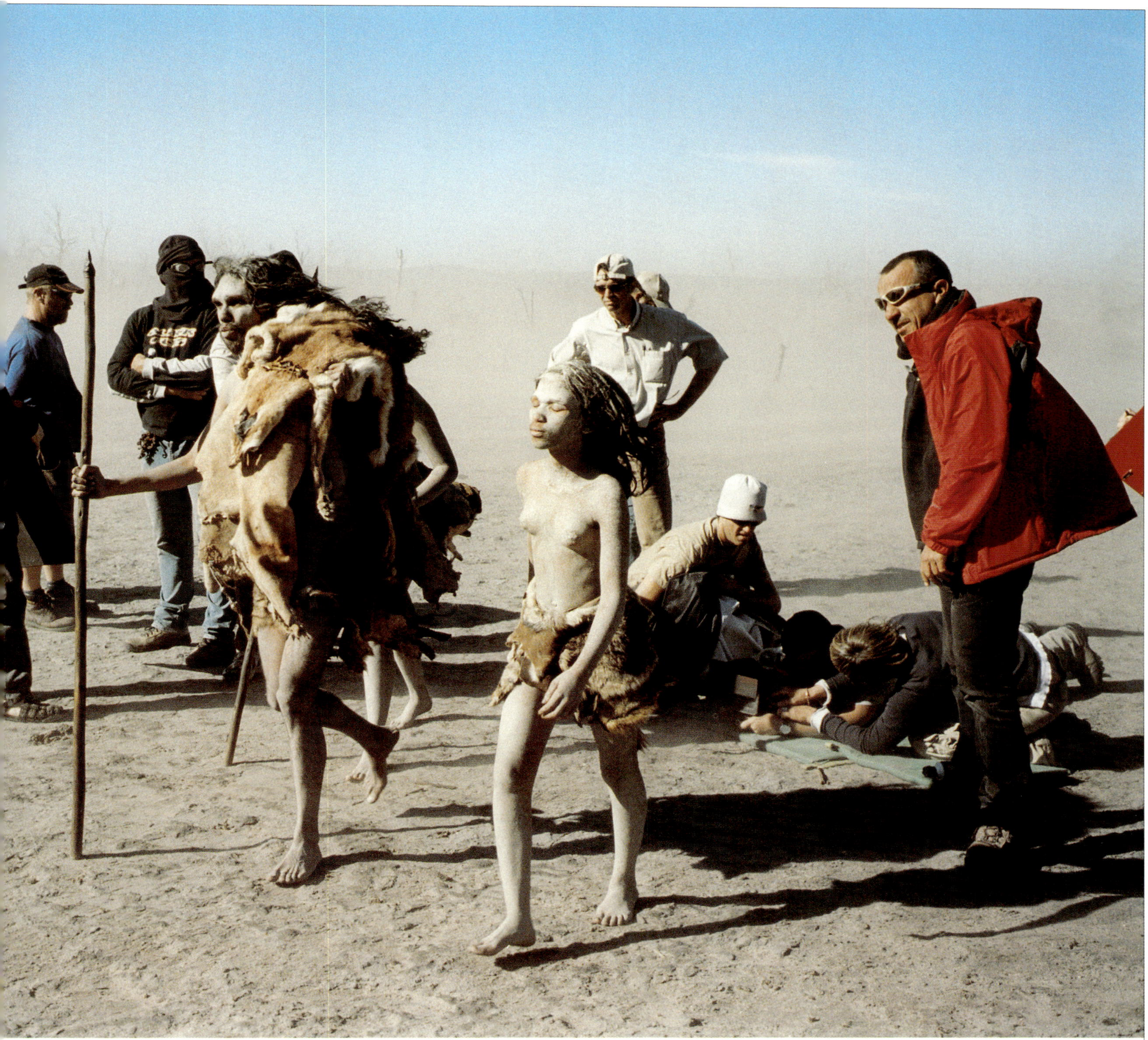

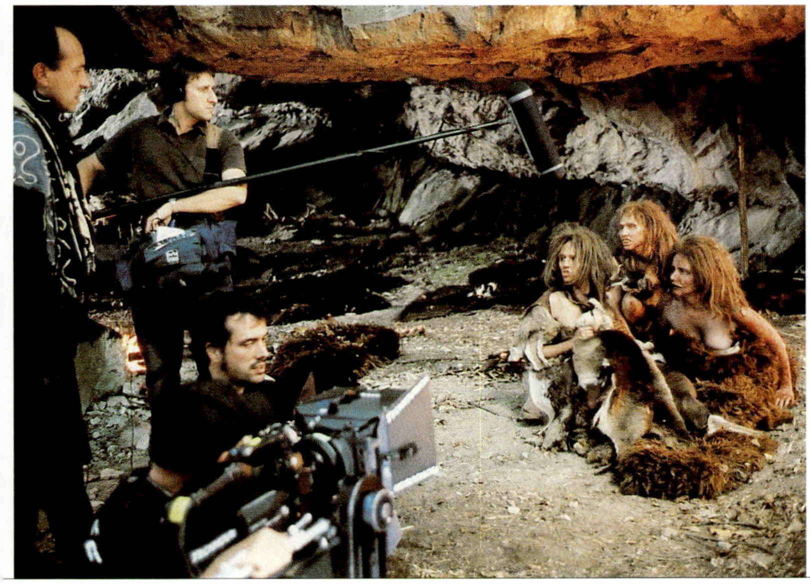

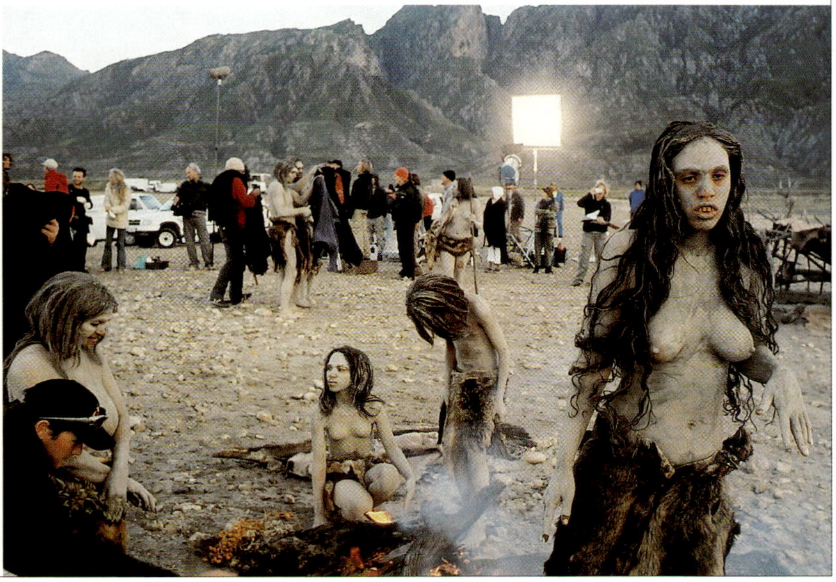

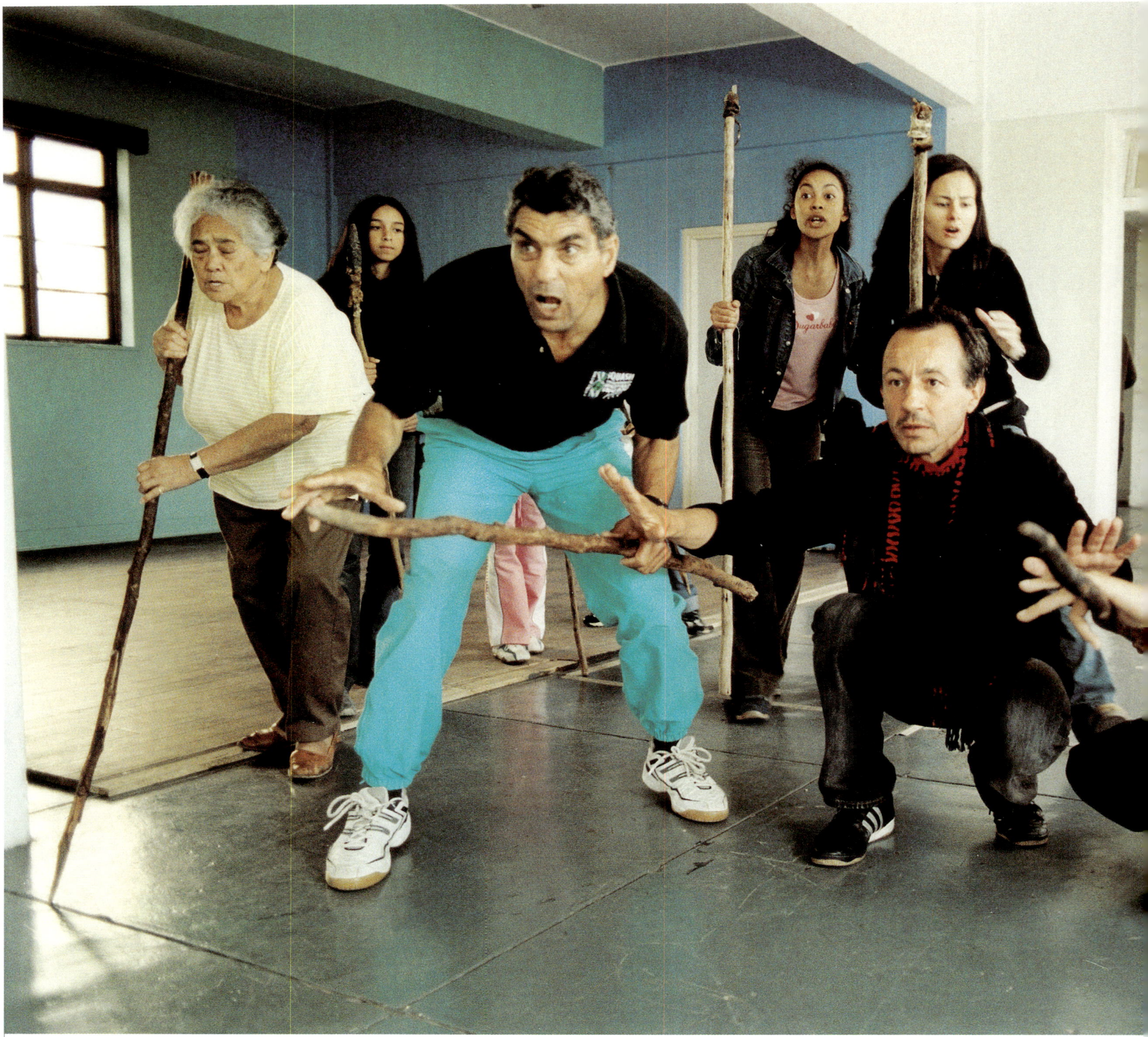

Après l'écriture du scénario, sous la supervision scientifique d'Yves Coppens, l'équipe a entamé la seconde étape du projet : le casting. Pas moins de 156 rôles à distribuer... Jacques Malaterre et son compère, le chorégraphe-comédien Craig Morris, ont visionné plus de 3 000 photos. En quelques jours, ils ont auditionné près de 1 000 personnes, du comédien de théâtre confirmé au SDF anonyme d'un township *de Johannesburg...*

Puis vint le temps des répétitions. Par petits groupes de douze, tous se sont entraînés à ne pas jouer à l'homme préhistorique, mais à rechercher une vérité intime de plusieurs dizaines de milliers d'années enfouie au plus profond de chacun d'entre nous. Les comédiens ont aussi appris à faire passer des émotions à travers un langage inventé pour les besoins du film, à se passer de costume quelle que soit la météo, à marcher

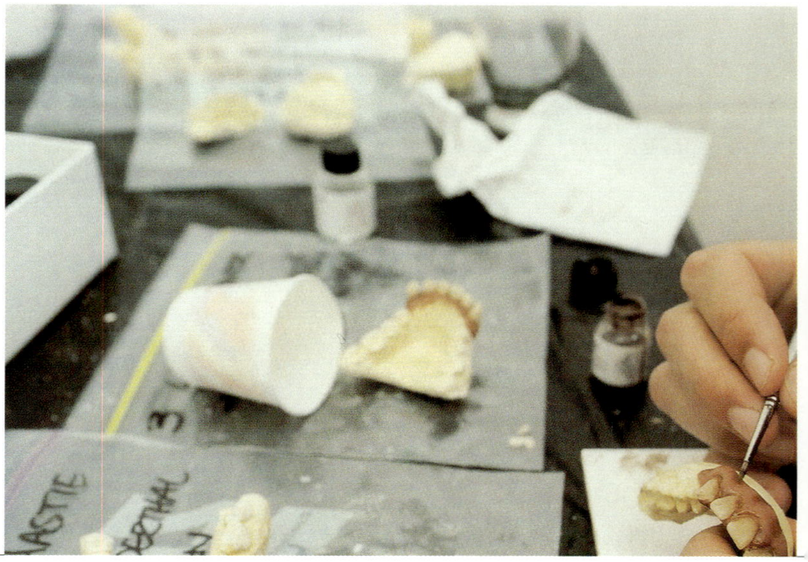

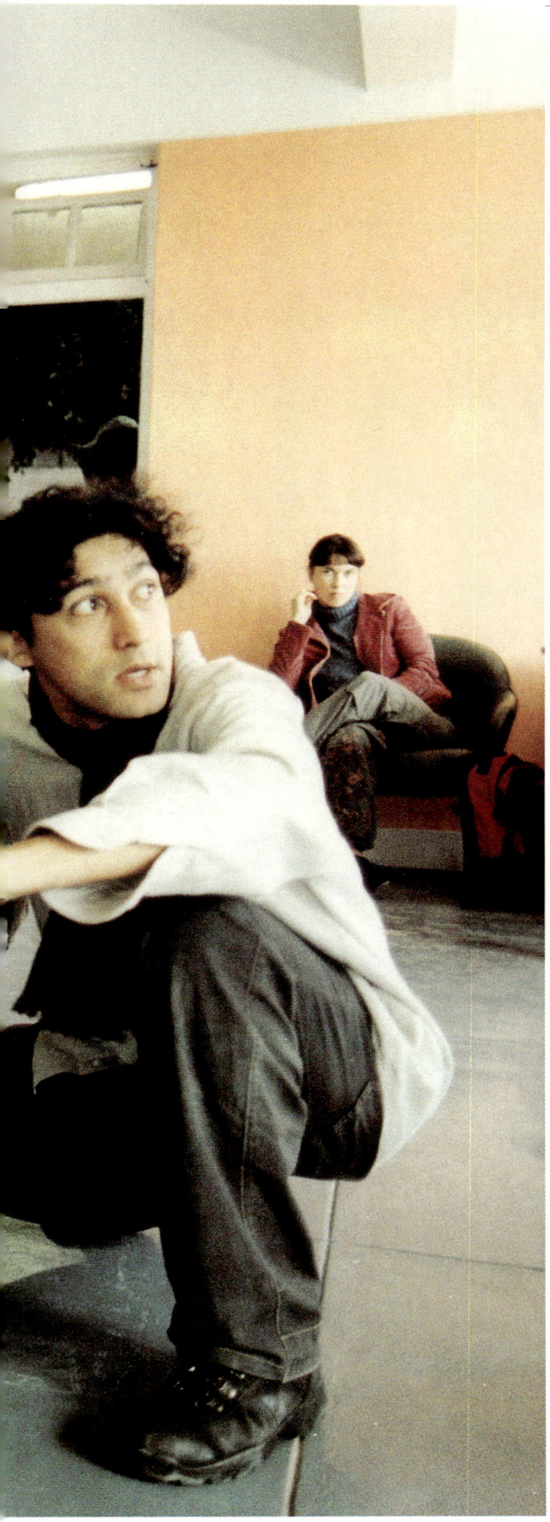

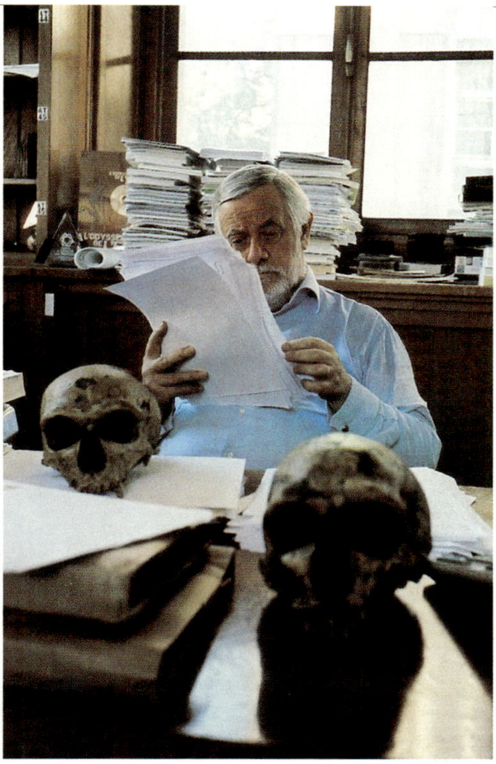

pieds nus avec un naturel préhistorique, à rester plus qu'ils ne voudraient, couchés dans la neige, les pieds dans l'eau, ou fouettés par le sable, à supporter près de quatre heures quotidiennes de maquillage... Au départ, certains comédiens avaient peur de rôles peu valorisants, mais très vite, même les plus confirmés ont trouvé l'expérience plus enrichissante et plus profonde qu'ils ne l'avaient imaginée.

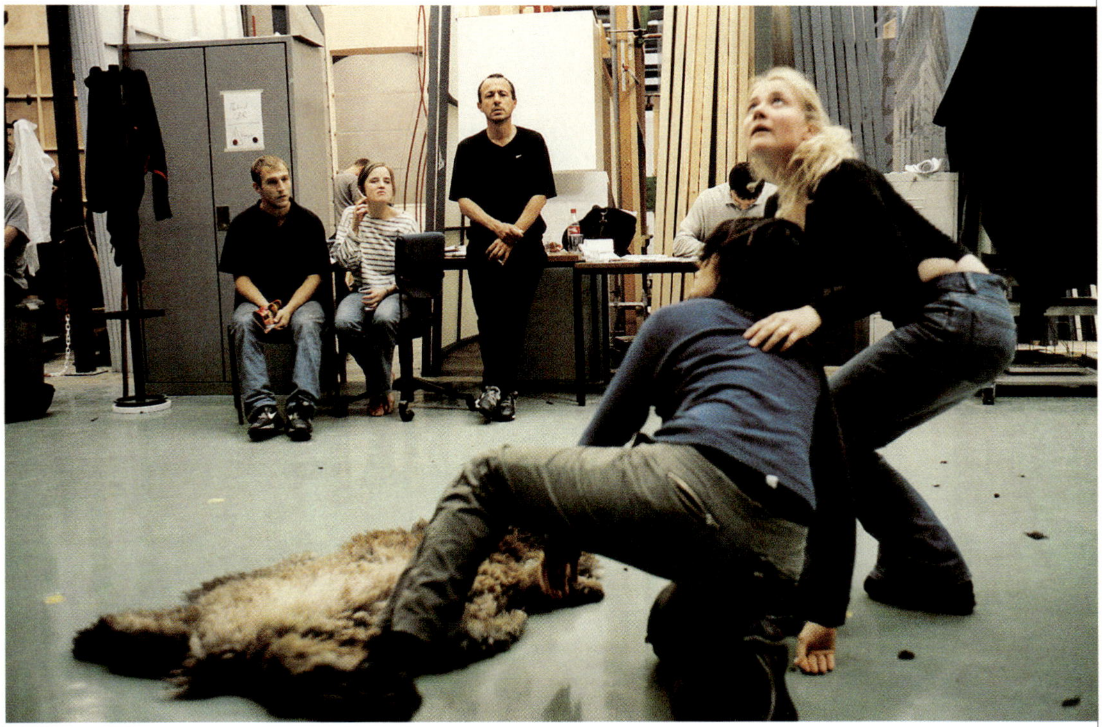

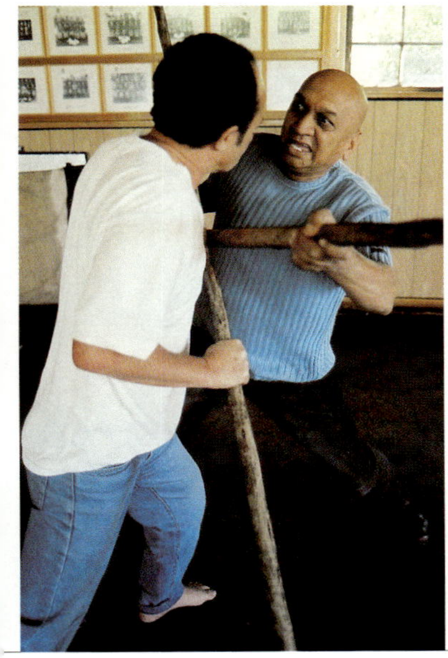

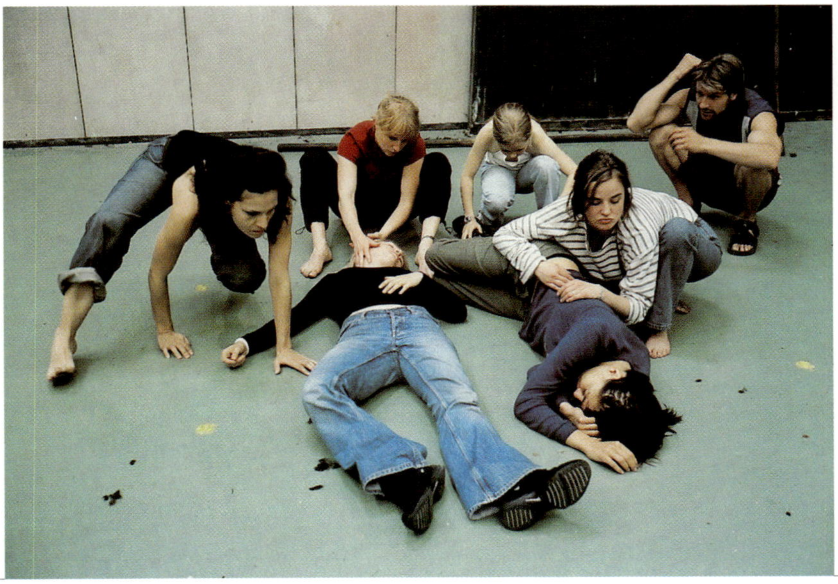

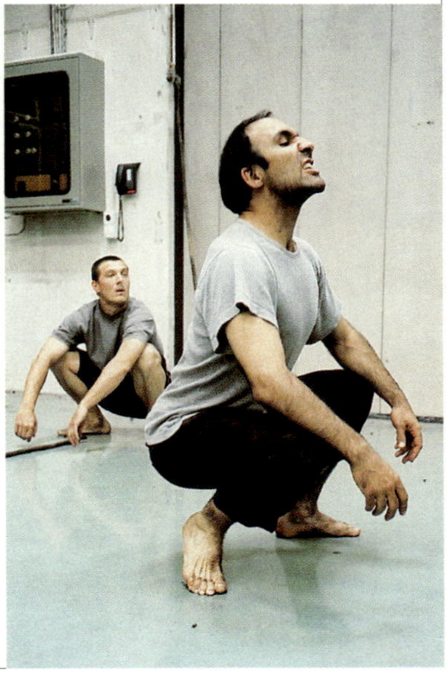

D'un site naturel à un autre – océan, grotte, désert, savane, rivière, massif rocheux –, des bords de mer de Cape Town aux plages vierges du Transkei, en passant par l'arrière-pays Boer, la « caravane » du film a parcouru plus de 5 000 kilomètres. Et toujours dans le plus grand respect de l'environnement, au point d'avoir interrompu une scène et évacué la grotte dans laquelle nous tournions pour ne pas perturber le biorythme d'une communauté de chauve-souris, et les laisser sortir chasser. Tous les trois jours, nous changions de décor, de période préhistorique, et de « Bed & Breakfast ».

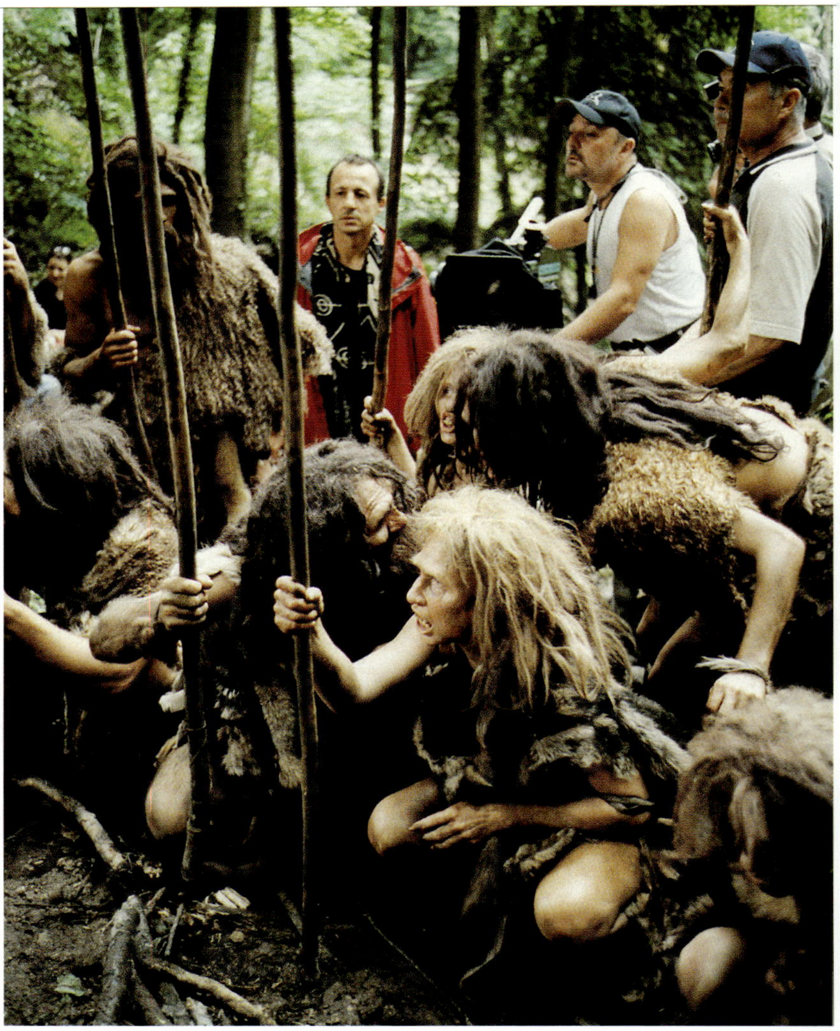

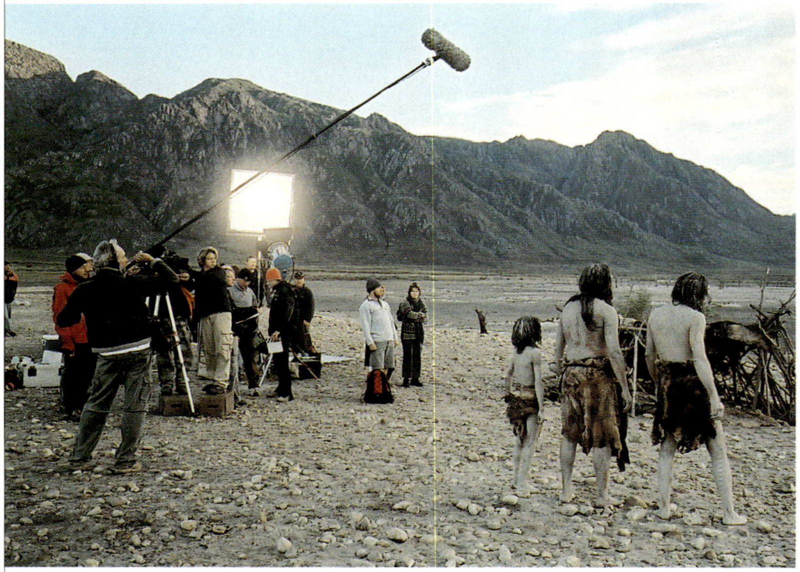

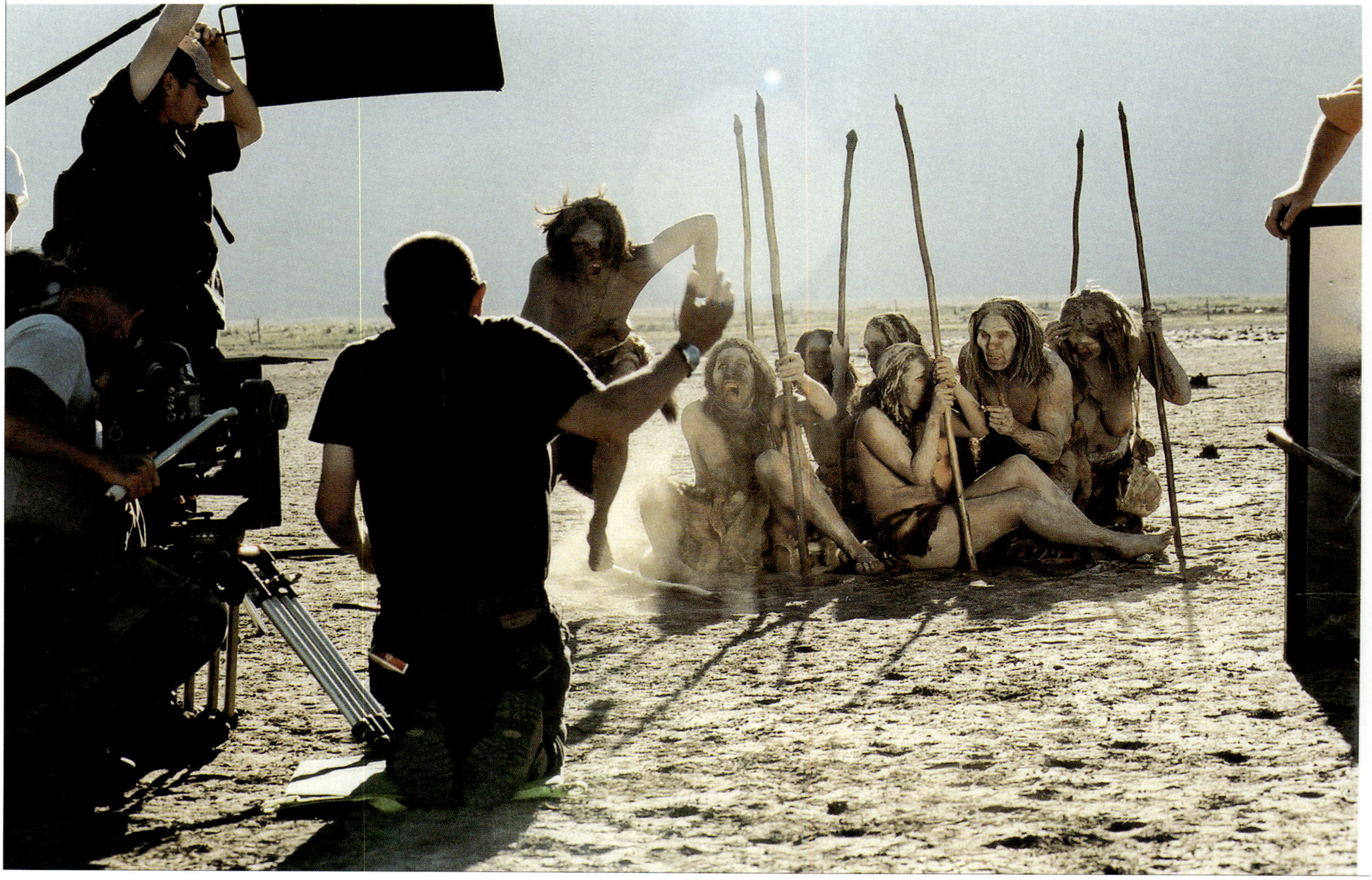

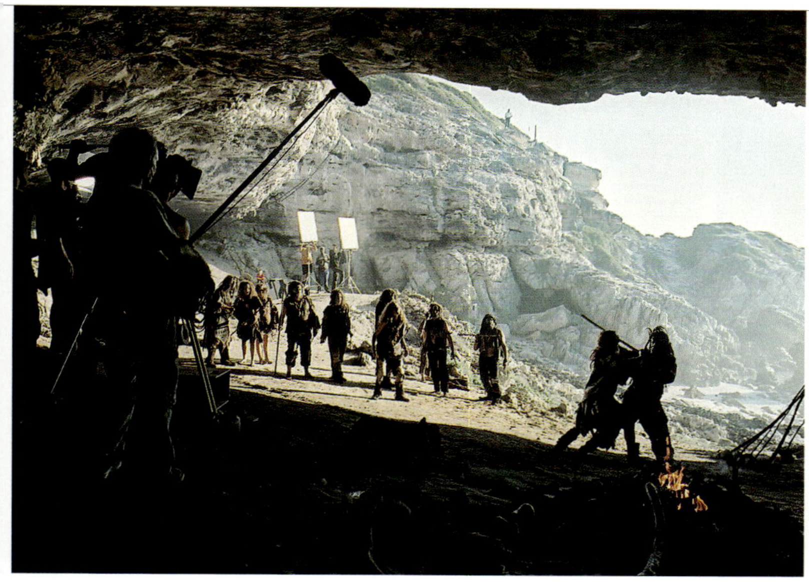

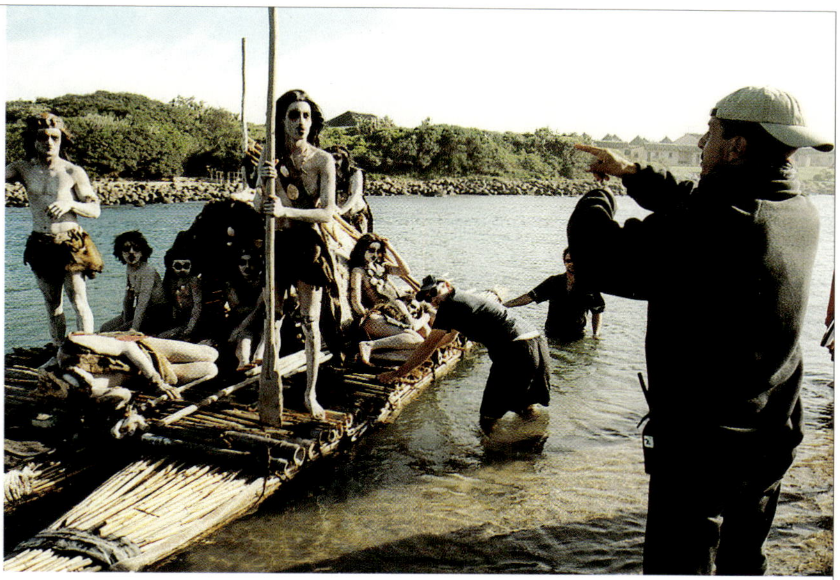

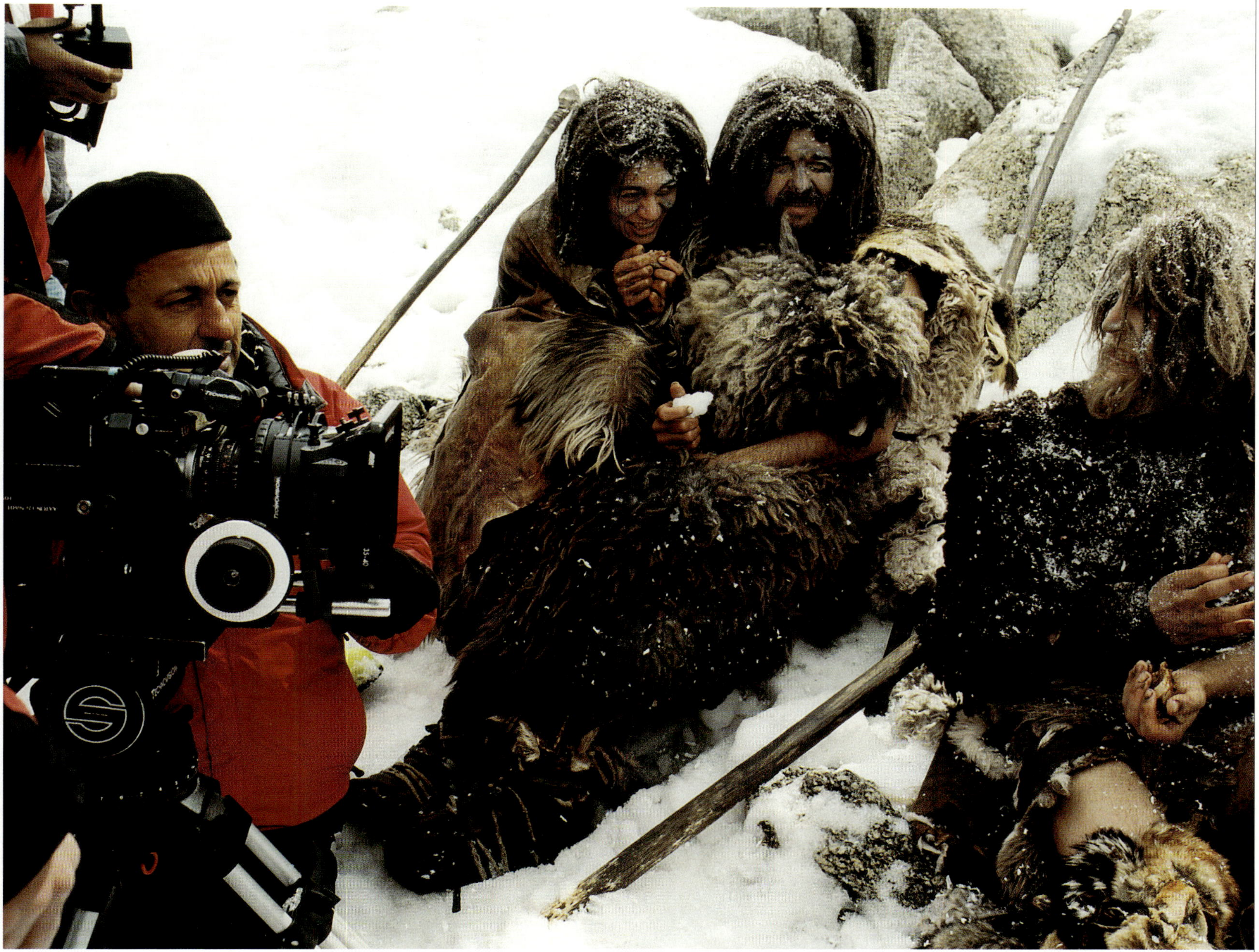

Soleil de plomb, tempête de sable ou de neige, eaux glaciales, les comédiens ont tout enduré. La plupart des endroits où nous sommes passés étaient quasi désertiques. Et les quelques témoins de notre tournage, comme les alpinistes suisses qui ont dû partager leur refuge spartiate à 3 200 m d'altitude avec une vingtaine d'hommes préhistoriques arrivés par hélicoptère doivent encore s'en souvenir. Le jour de notre rencontre, ils avaient vraiment l'air halluciné de ceux qui ont vu une bande de yetis ...

Jacques Malaterre a choisi l'école de la simplicité : une seule caméra, et pas de contrôle vidéo. Plutôt que sur le matériel (travelling, Steadycam, grue...), il compte sur sa parfaite complicité avec le chef opérateur Martial Barrault, et leur capacité d'adaptation hors-norme. Résultat : une seule prise par plan dans 60 % des cas. Il pleut ? Jacques tourne quand même. Un comédien a une faiblesse ? Il exploite son défaut pour renforcer le caractère du personnage. Un costume a été oublié lors d'un plan ? On réorganise les séquences suivantes et souvent le scénario original s'en trouve

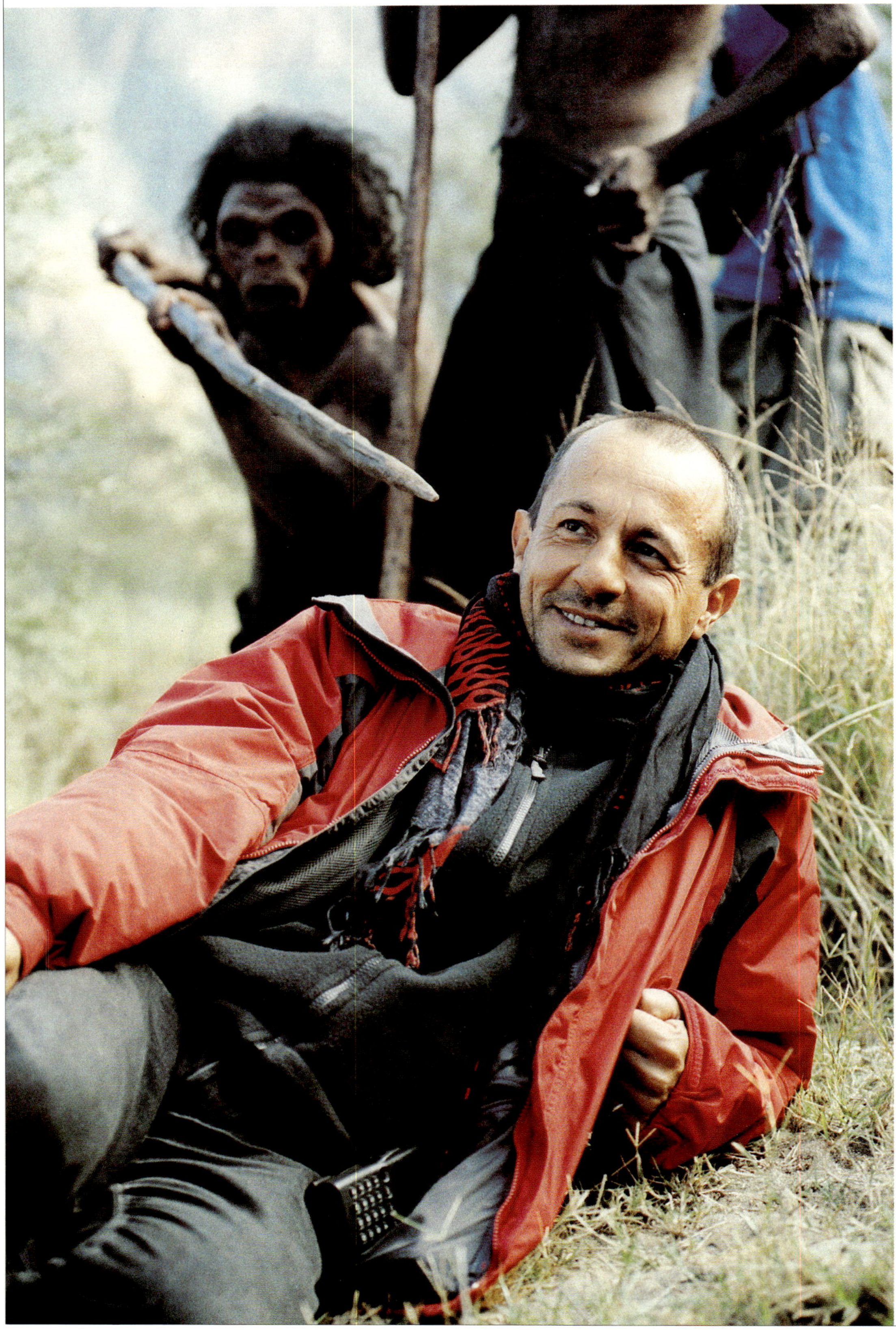

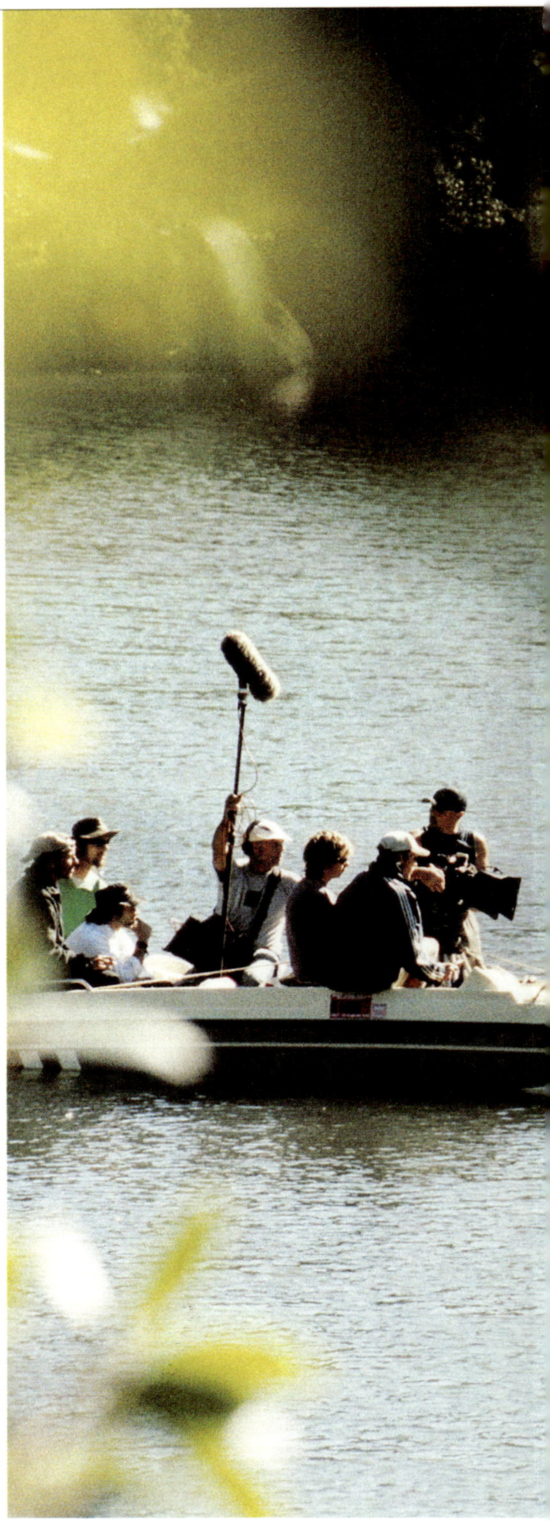

même renforcé. Si la réalité offre des opportunités plus séduisantes, plus émouvantes, pas question de les laisser passer. S'il ne reste plus que 30 minutes avant le coucher du soleil pour les deux heures de travail prévues, on réduit les plans, et on en profite pour intensifier les scènes. Et quand de vraies tempêtes de neige ou de sable se déchaînent alors qu'on s'apprêtait à en simuler, on range les ventilateurs et on tourne, avec des comédiens à moitié nus.

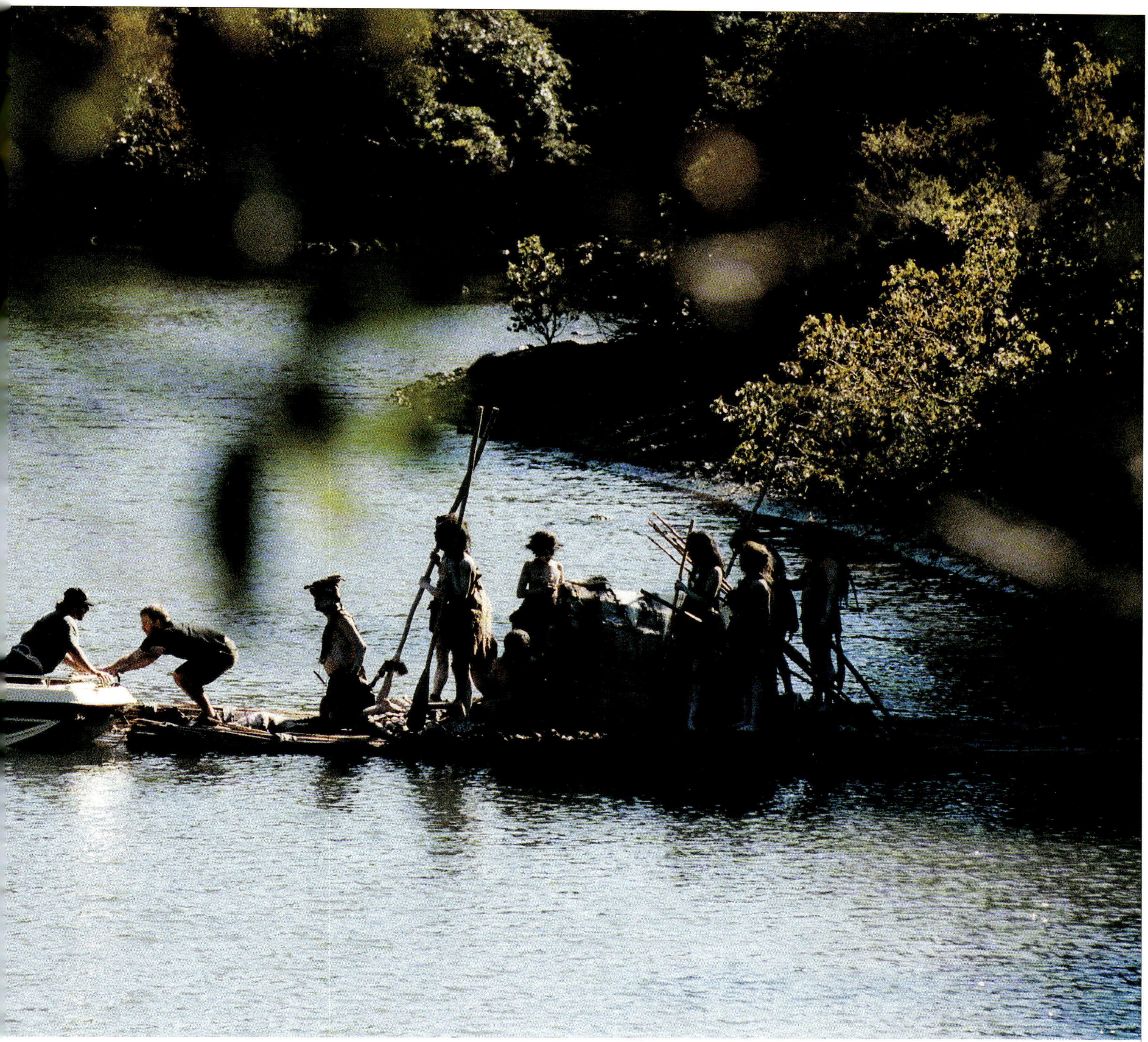

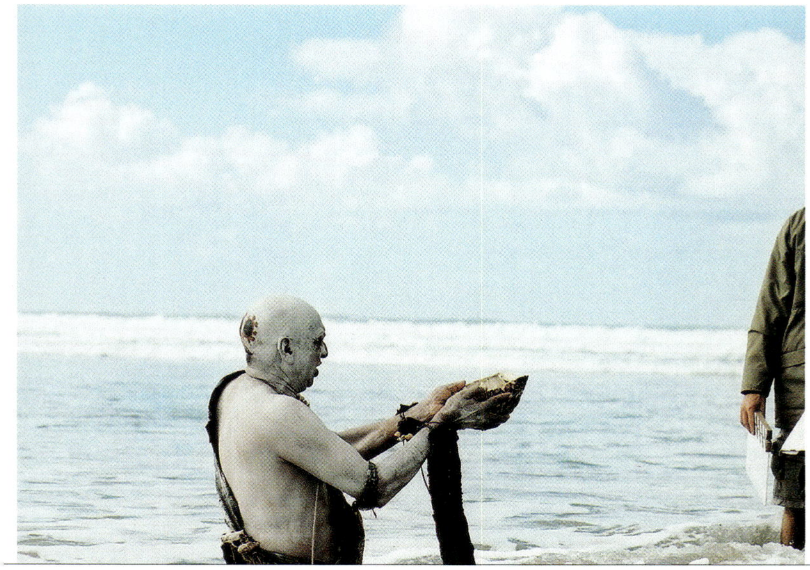

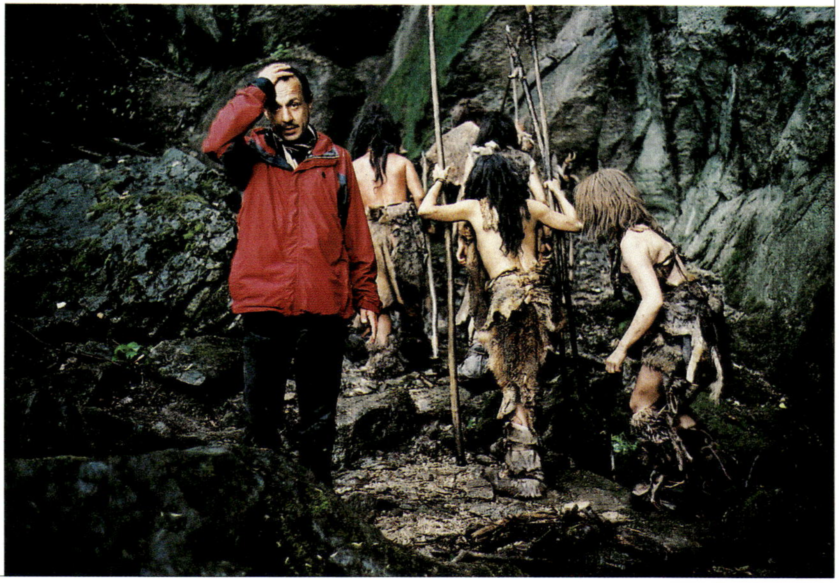

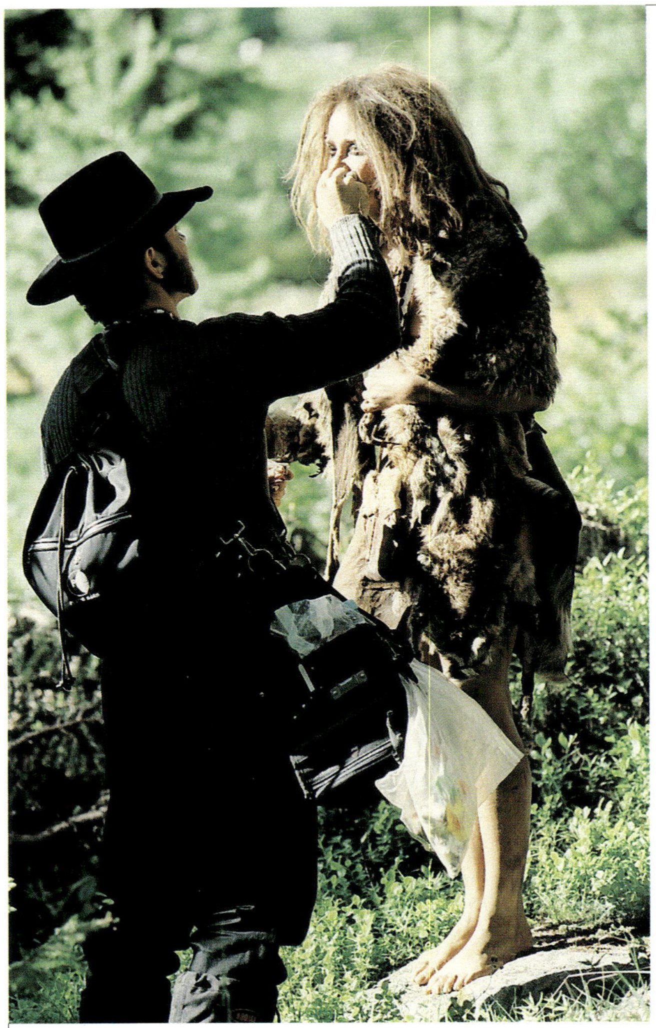
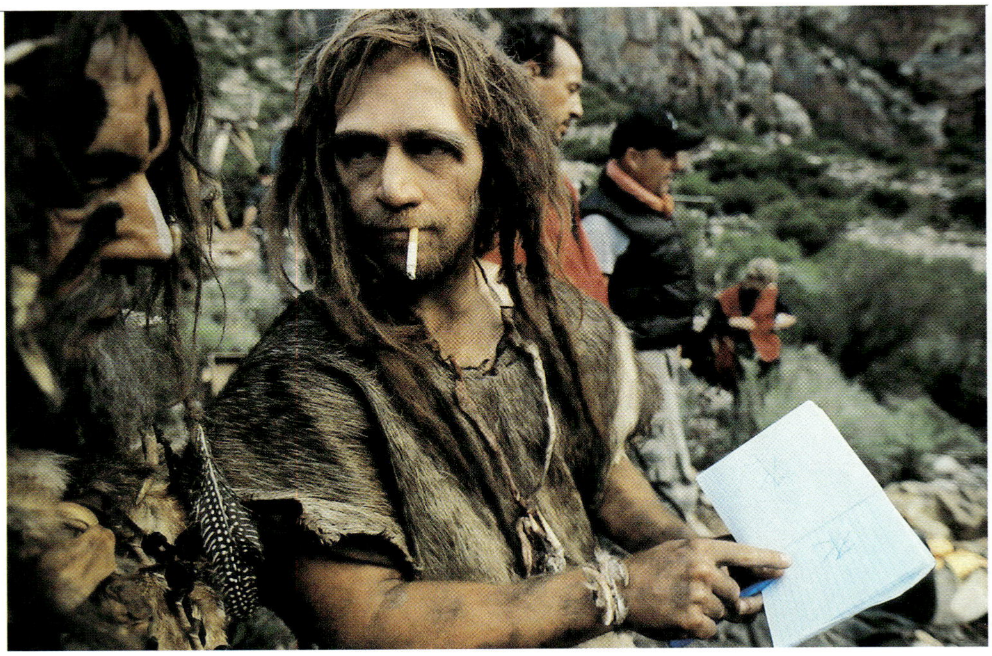
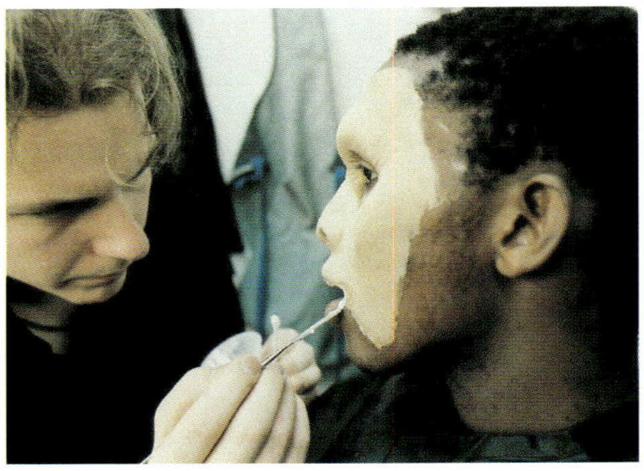
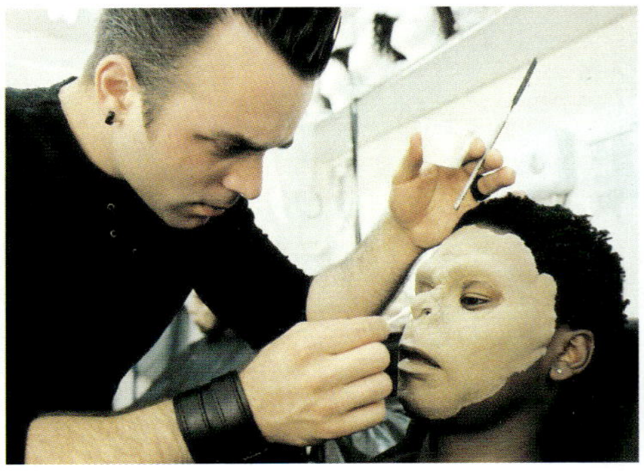
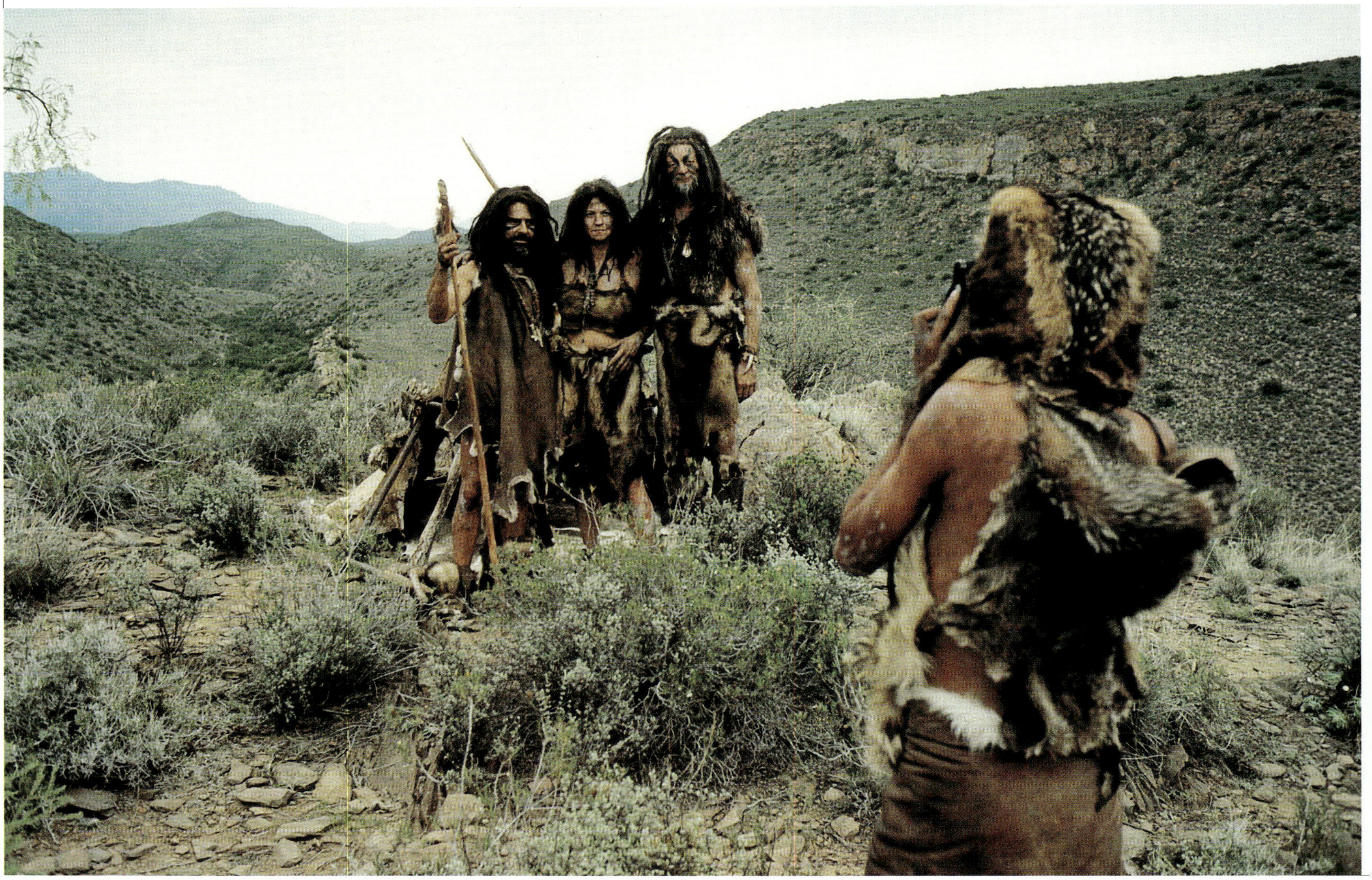

Le maquillage joue un rôle capital sur ce tournage. Il doit être tout à la fois crédible, expressif et résistant. L'incroyable équipe canadienne réunie chaque jour autour d'Adrien Morot commençait à poser prothèses en mousse, poils, dents, scarifications, rides et autres perruques dès trois heures du matin. Le maquillage de chaque personnage était élaboré à la fois à partir de données historiques mais aussi de la personnalité de l'acteur. C'était saisissant comment chacun se retrouvait avec « son » physique préhistorique personnel et unique...

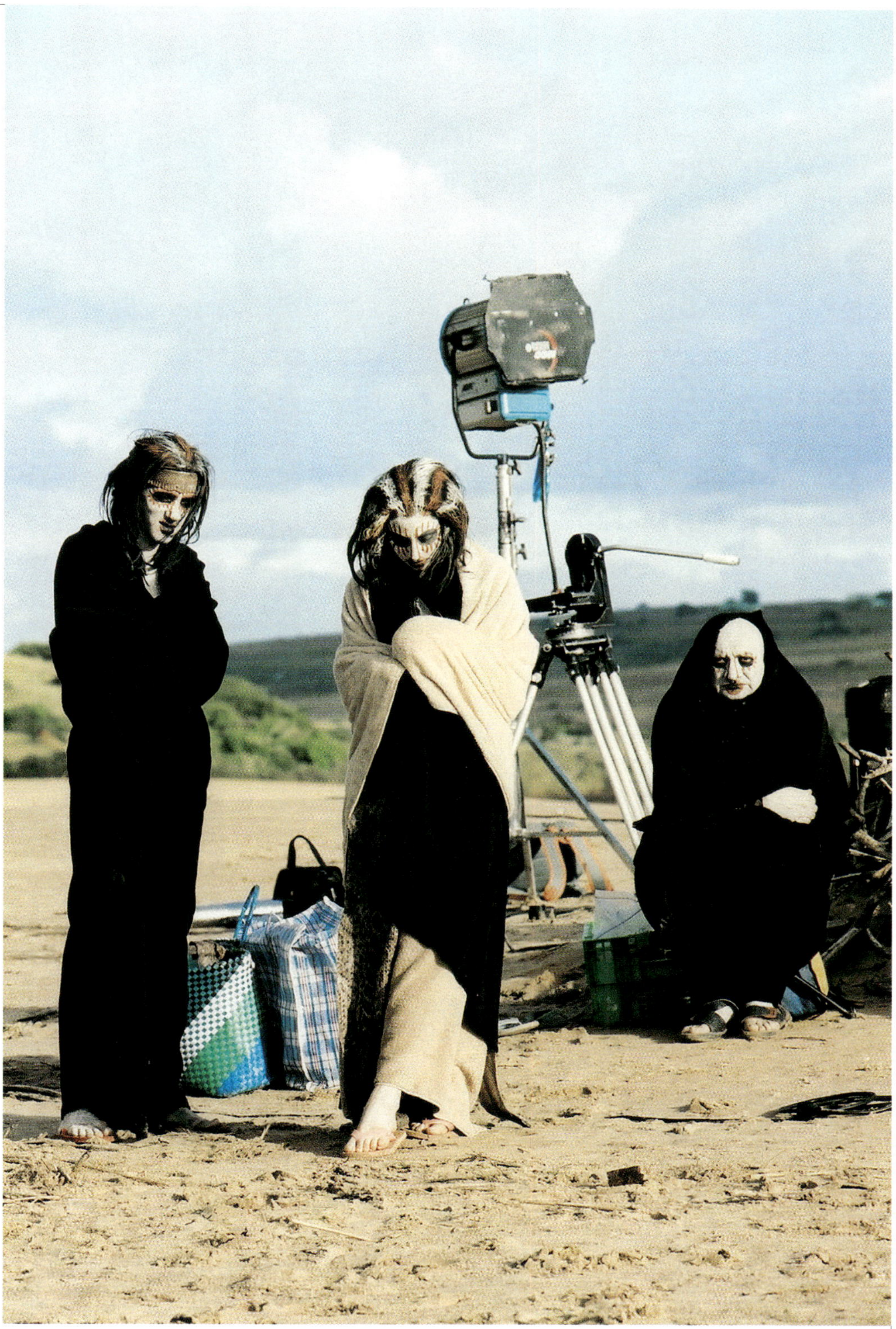

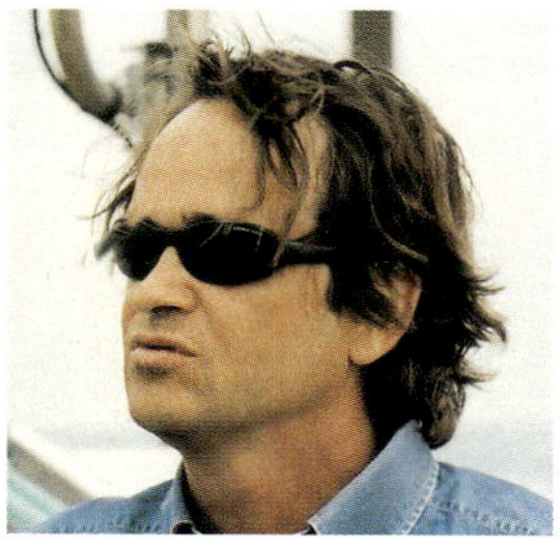

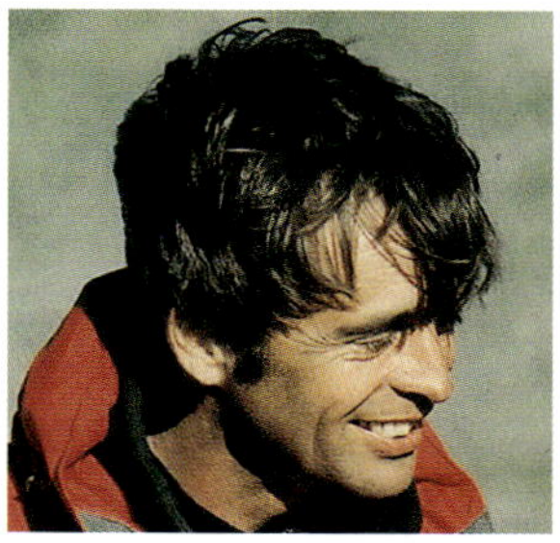

Un film est toujours une subtile machinerie humaine, artistique et financière, qui ne demande qu'à s'enrayer et qu'il est nécessaire de régler en permanence. A fortiori un docu-fiction. Pendant tout le tournage, il a fallu que l'équipe soit à la fois souple et réactive comme une petite équipe de documentaire, prévoyante et organisée comme une grosse équipe de fiction. Homo sapiens n'aurait jamais pu aller à son terme sans la complicité du réalisateur avec le tandem des frères Fougea, les producteurs, précurseurs du documentaire-fiction en France.

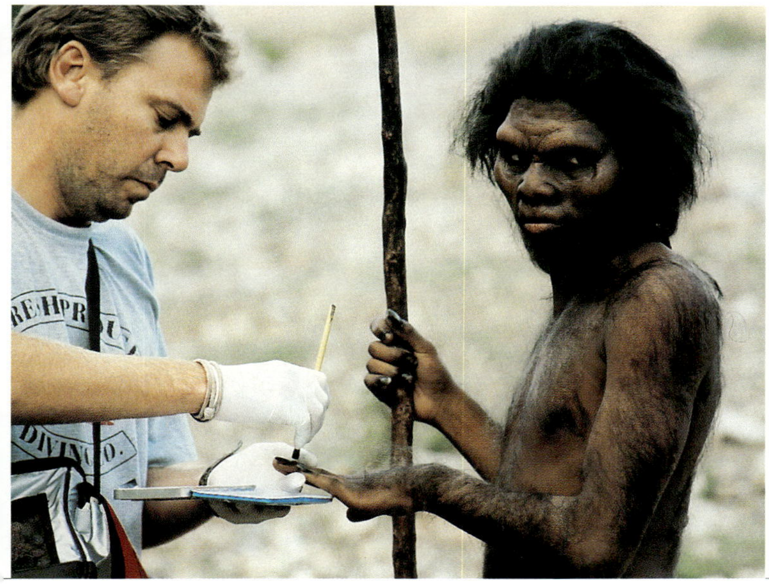

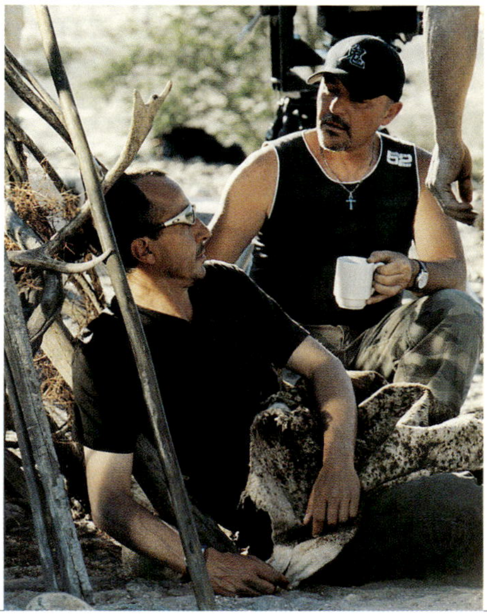

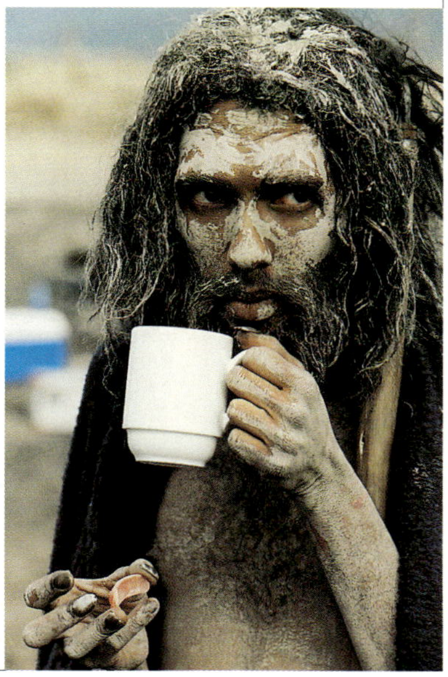

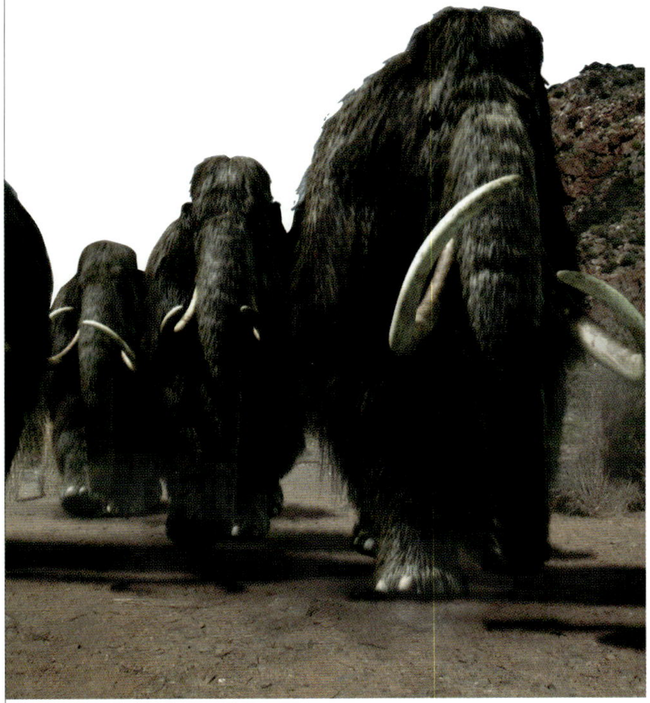
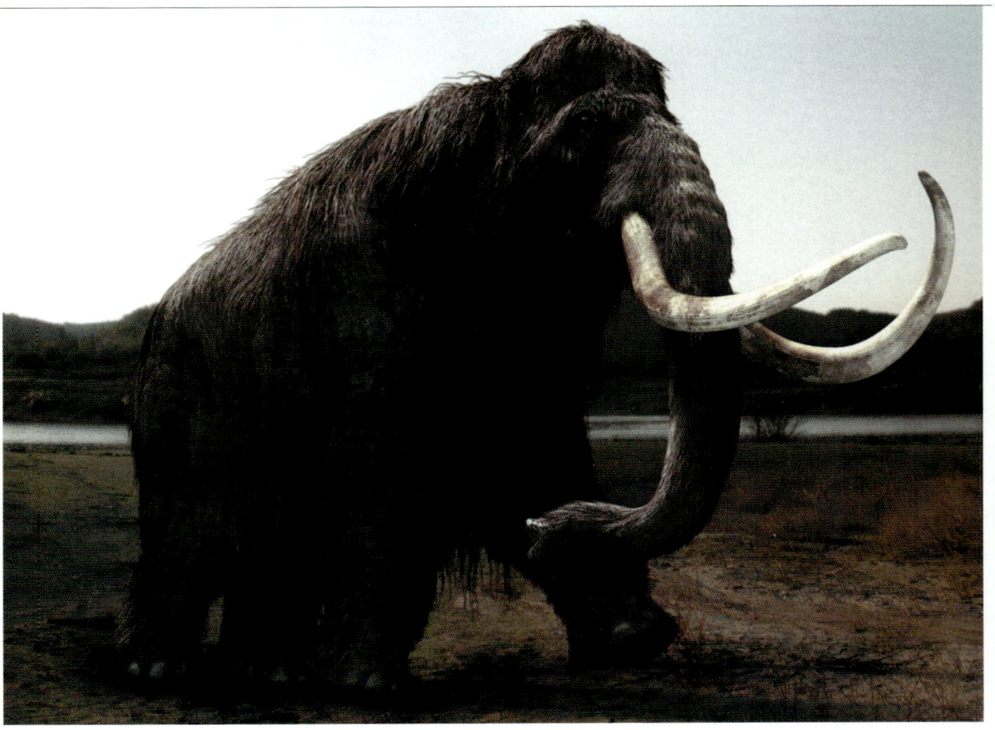

Pas de préhistoire sans mammouths. Ceux-là ont été entièrement créés en image de synthèse par le studio Mac Guff Ligne qui les a ensuite « intégrés » dans les scènes où des néandertaliens et sapiens les attaquaient. Pour enregistrer et mémoriser les volumes, les comédiens ont répété face à une silhouette de polystyrène et de toile.

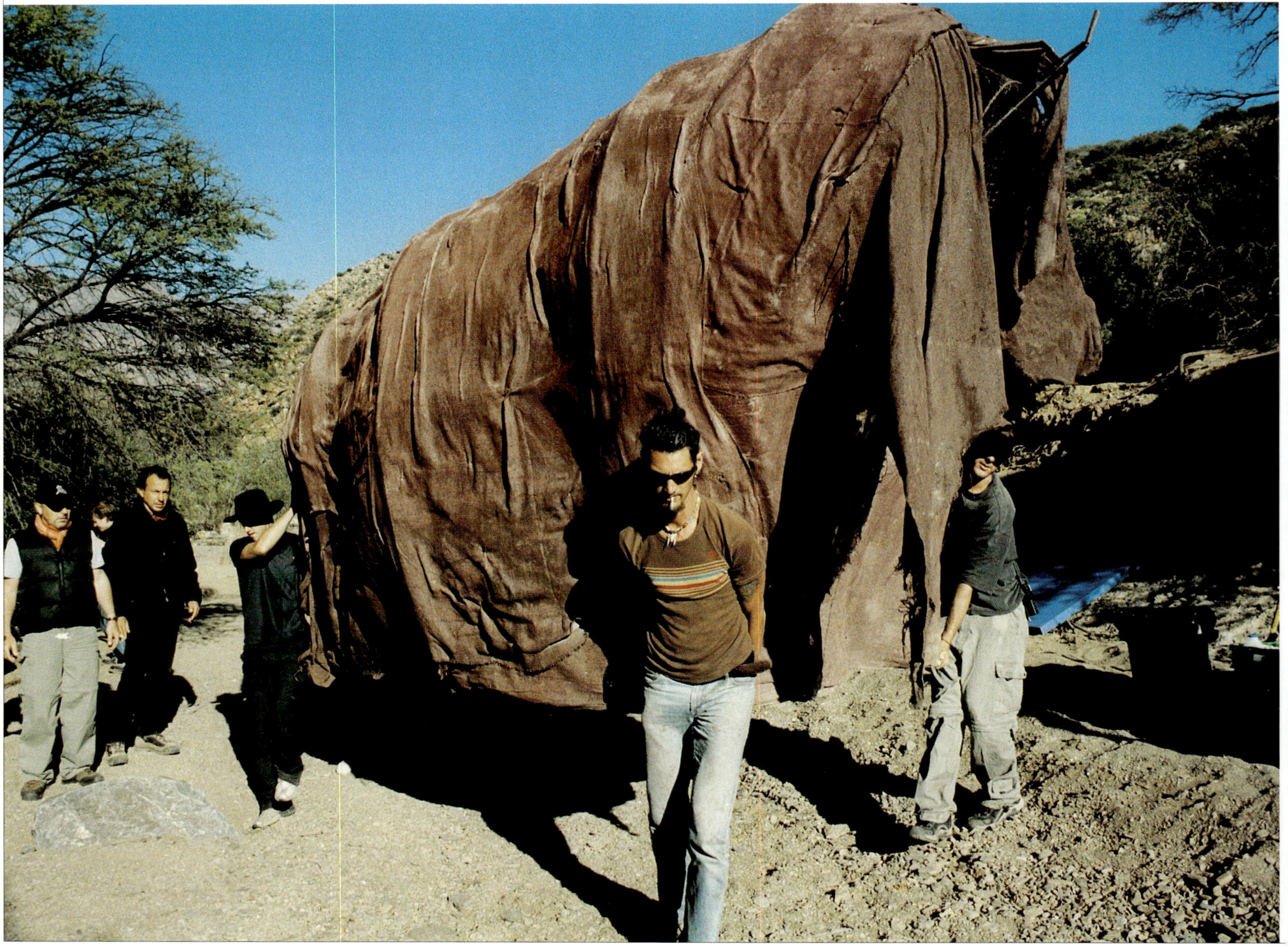

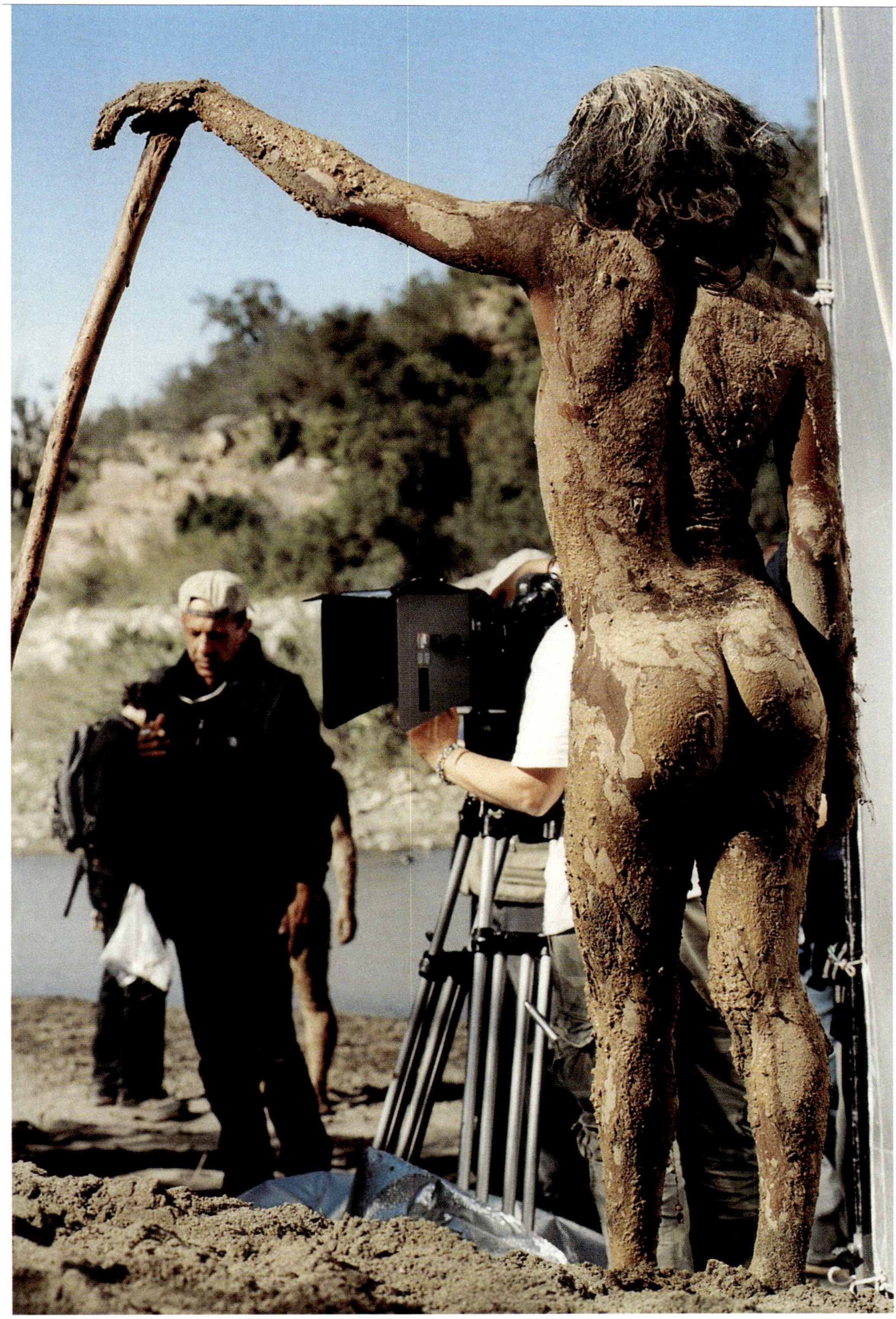

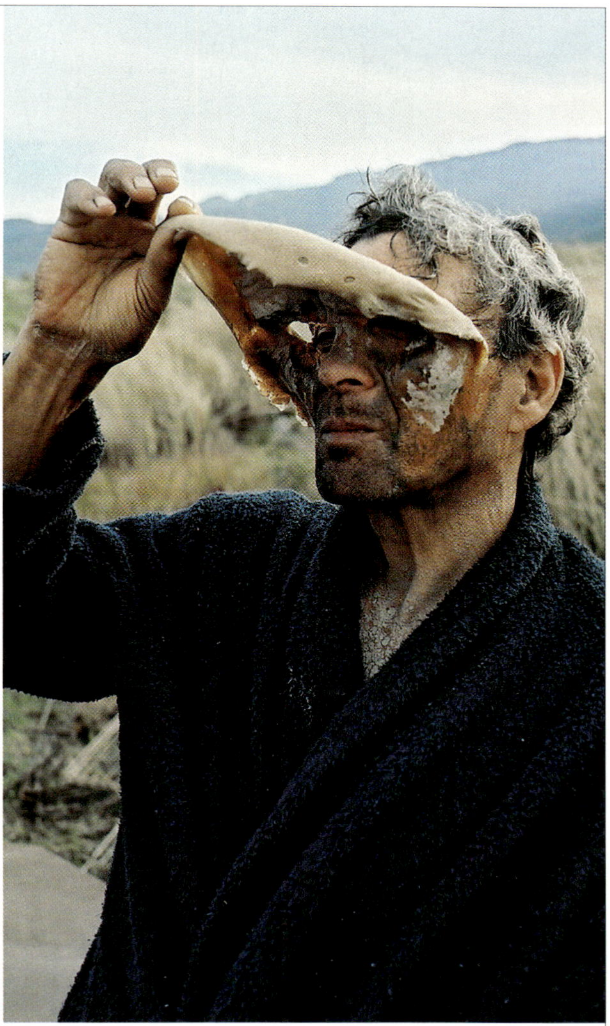

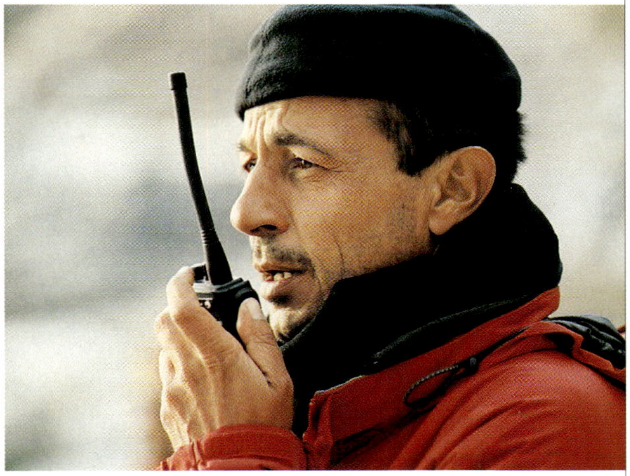

Dernier jour de tournage. Extrême sud de l'Afrique du Sud, bord de l'océan. Toute l'équipe est épuisée. On tourne le tout dernier plan de cette épopée sur l'origine de l'Homme, au soleil couchant. Petit à petit, d'étranges spectateurs viennent nous observer. De moins en moins discrètement, de plus en plus nombreux. Des babouins attendaient le départ des humains pour reprendre le contrôle de leur territoire...
Un clin d'œil de nos cousins éloignés ?

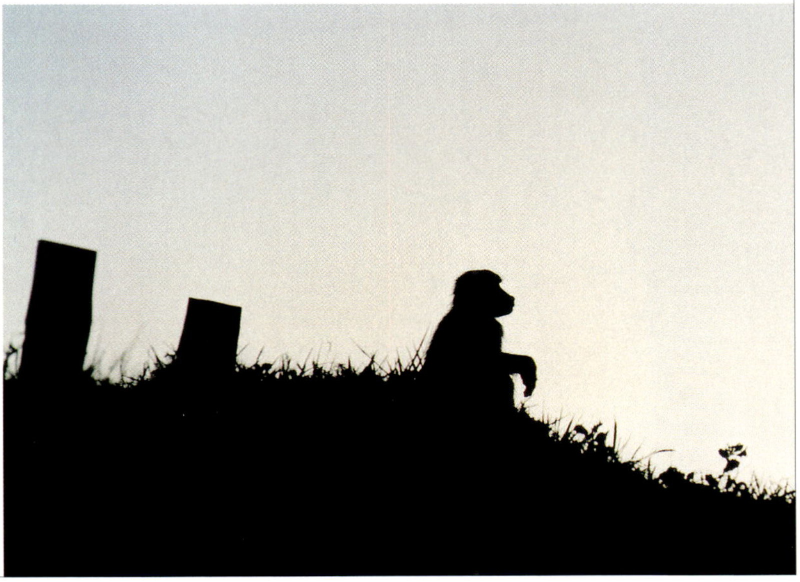

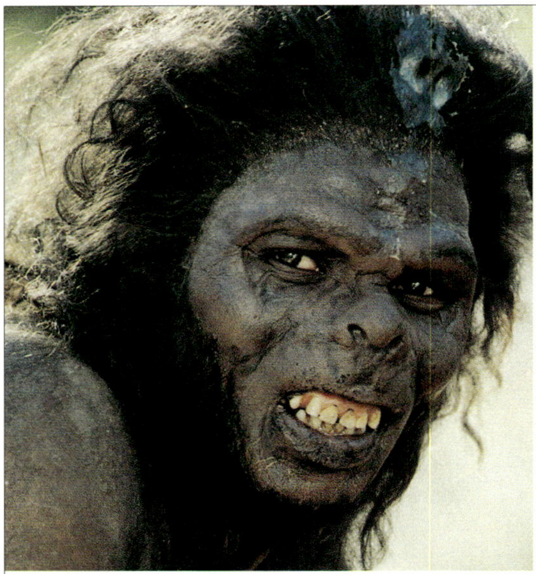
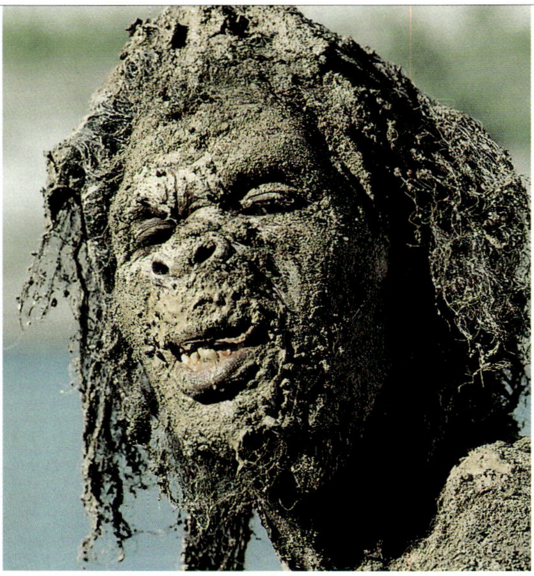
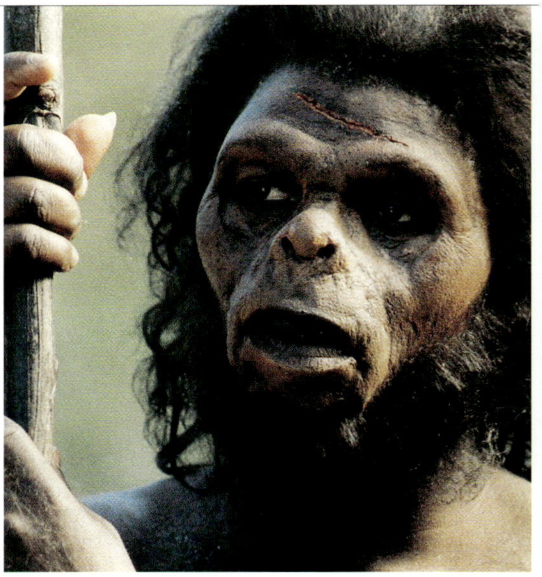
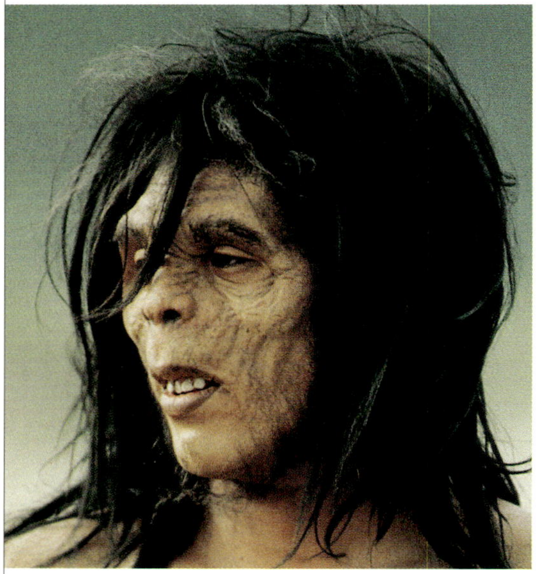
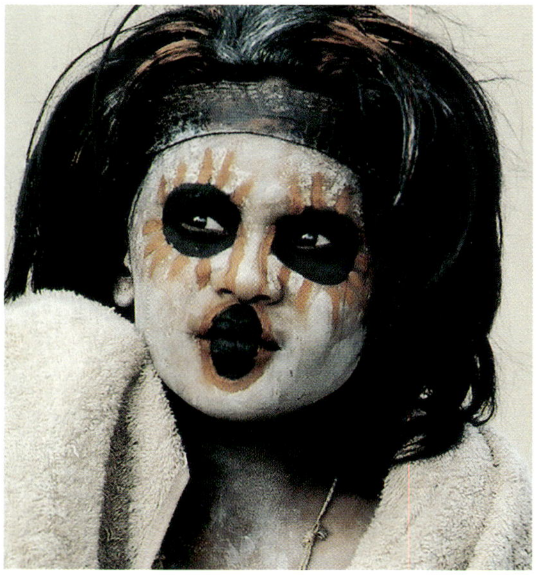
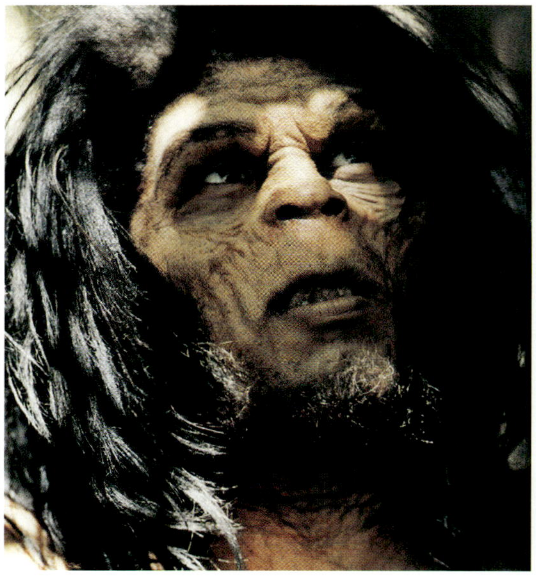

10 mois d'écriture, 12 mois de préparation, 10 pays impliqués dans le projet, 350 mots inventés pour les dialogues, 4 versions du story-board, 8 semaines de repérages, 8 semaines de fabrication de décors, 9 semaines de tournage, 2 000 heures de maquillage, 100 kilos de prothèses faciales, 120 perruques, 200 costumes en peaux, 2 500 repas servis, 20 sites de tournage, 19 kilomètres de pellicules, 7 mois d'images 3D, 13 semaines de

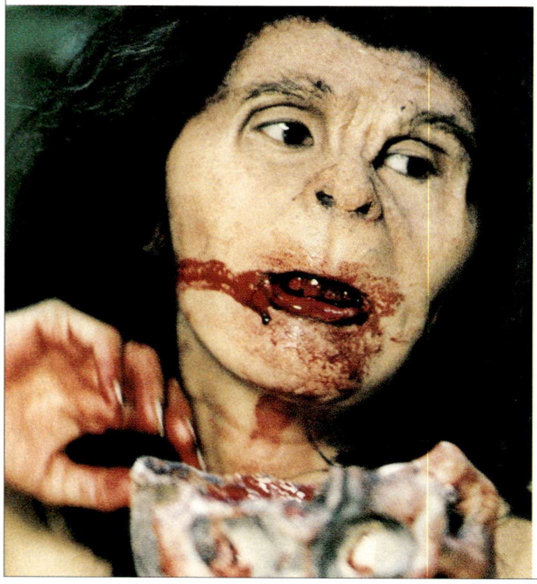
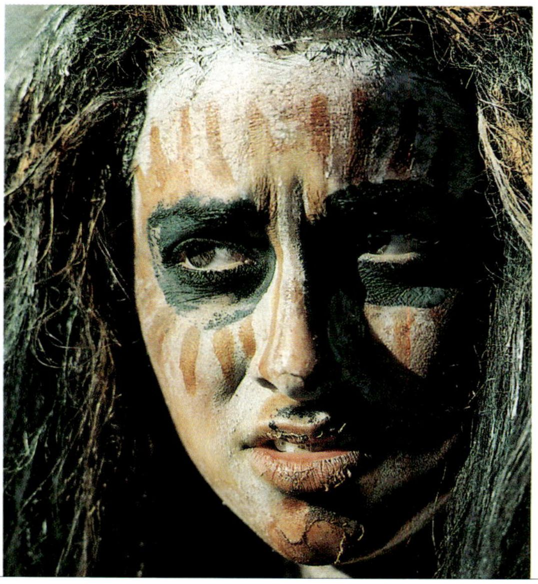
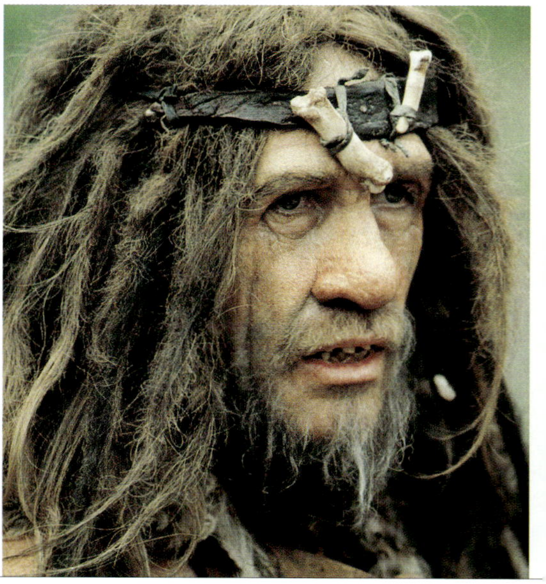

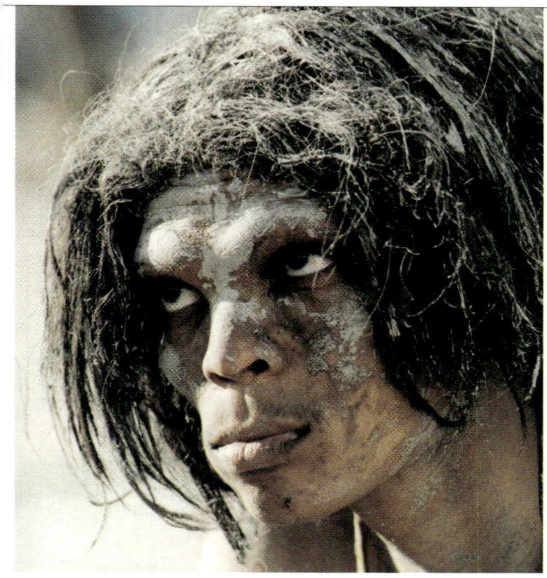
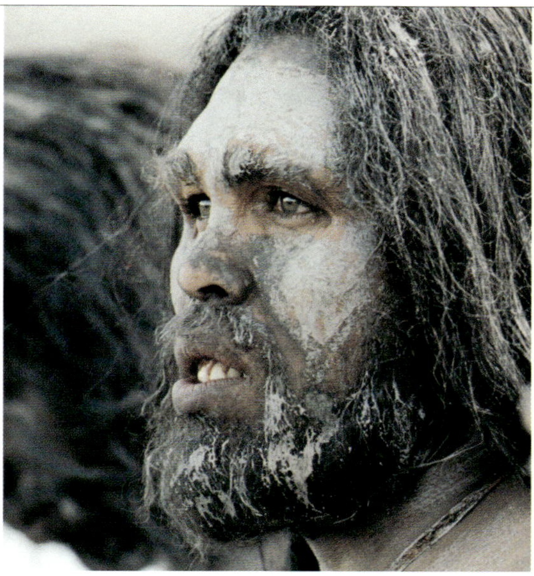
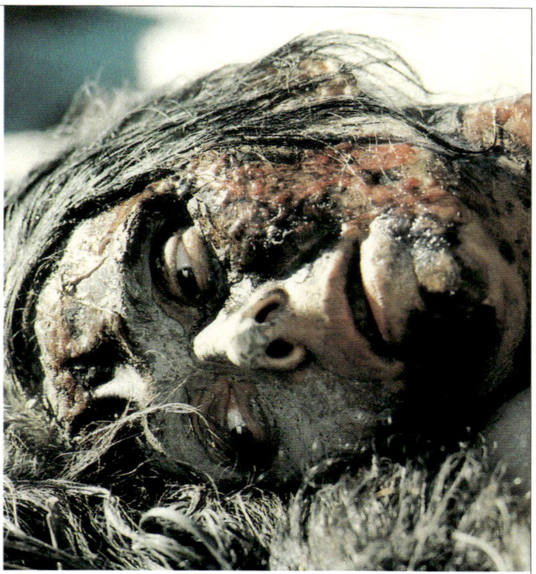
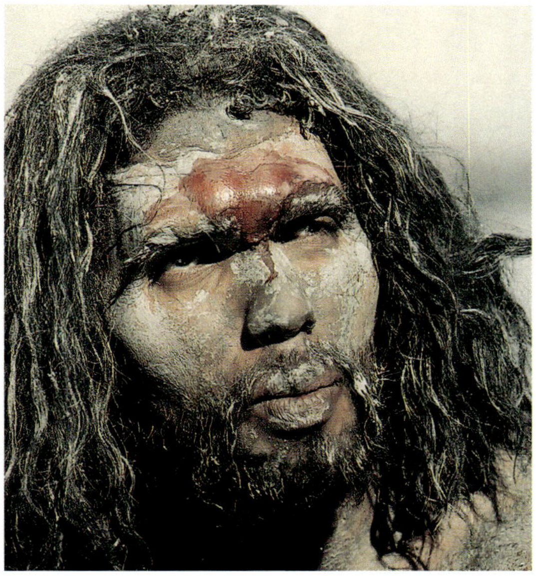
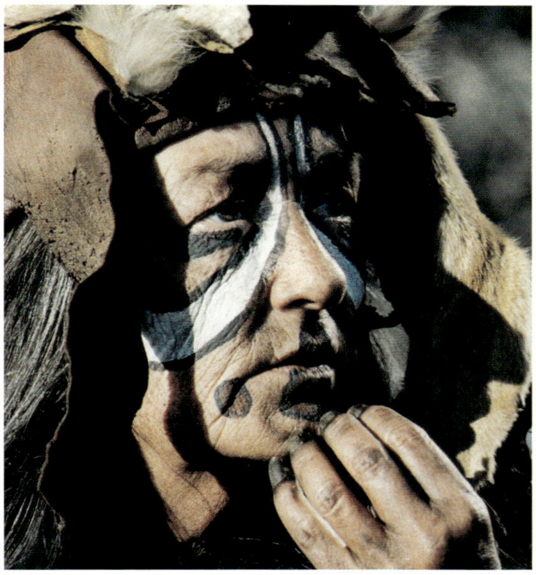
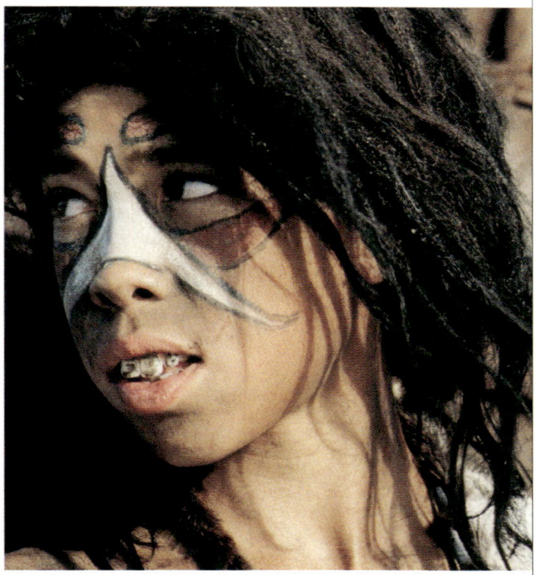

montage, 100 techniciens, 156 comédiens, 4 nationalités francophones dans l'équipe (belge, canadienne, française, suisse), 5 jours, âge du plus jeune des comédiens, 79 ans, âge du moins jeune des comédiens, 100 000 km parcourus par le producteur et le réalisateur, 35 rotations d'hélicoptère, 1 élan, 1 autruche, 1 chien-loup, 5 scorpions, 1 faucon, 1 corbeau, 1 aigle, des quartiers de viande et des mouches...

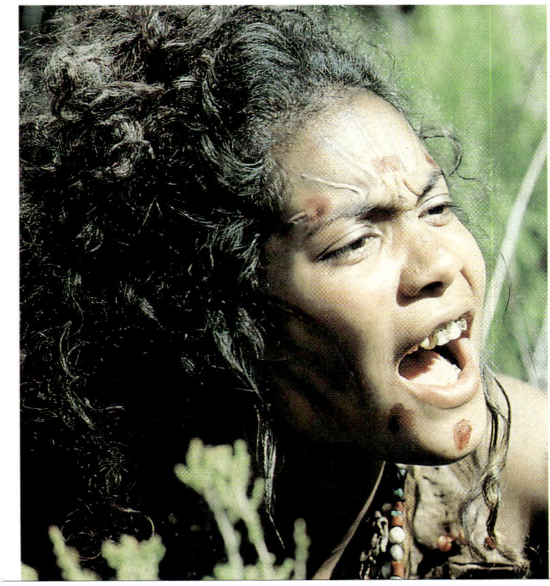
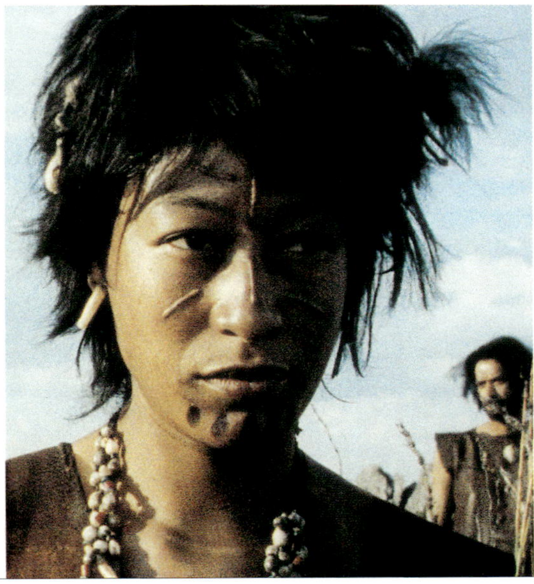
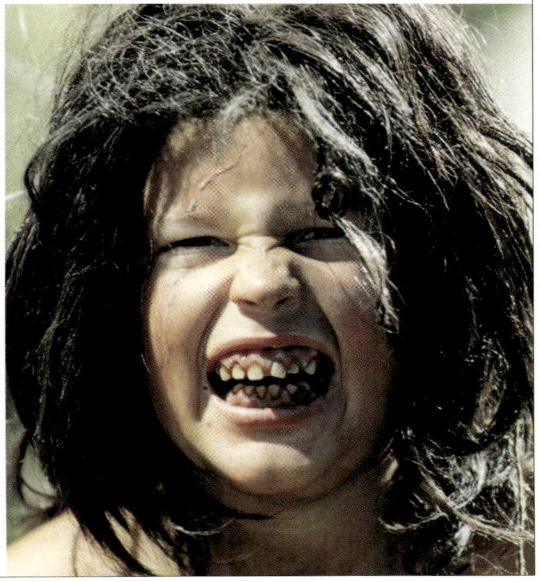

DU RÉEL DE LA FICTION À L'IMAGINAIRE DU DOCUMENTAIRE

par Jacques Malaterre

Homo sapiens est un film qui raconte 400 000 ans de notre histoire. Pour transmettre le savoir et s'adresser à un large public, il est ce que l'on appelle aujourd'hui un documentaire-fiction. Forme que l'on dit nouvelle si l'on veut bien oublier que, en 1922, lorsque Flaherty tourne *Nanouk l'Esquimau*, il inaugure le genre.

Pour mieux comprendre alors ce qu'est un documentaire-fiction, peut-être doit-on d'abord revenir à la définition des mots qui le composent. Qui dit documentaire, dit capter la vie, faire des choix au tournage, au montage pour transmettre un point de vue, recréer une dramaturgie et faire exister une sorte de mise en scène du réel. La fiction utilise les mêmes techniques narratives. À la différence du documentaire, elle crée l'événement et en gère son évolution dramatique. Par le vecteur de l'émotion, la mise en scène raconte alors une vérité imaginée.

Le documentaire-fiction, comme son nom l'indique, utilise ces deux techniques pour traiter et aborder la « connaissance » sur un sujet donné. Certaines périodes de l'Histoire ne nous offrent que quelques fossiles ou objets et discours pédagogiques pour comprendre ce qu'a pu être la vie en ces temps lointains. Carence d'images, carence cinématographique. Le documentaire-fiction va alors, dans un grand souci de vérité et grâce au travail conjoint de scientifiques et d'artistes, reconstruire ces époques à travers le récit d'un événement et amener le spectateur à voyager dans le temps.

Ainsi, comme dans *Homo sapiens*, il voit s'animer et vivre sous ses yeux l'histoire de ses ancêtres. Petits et grands s'y reconnaissent et chacun peut y trouver son niveau de lecture.
Le succès de *L'Odyssée de l'espèce* prouve aujourd'hui que la soif d'apprendre du public ne doit pas se désolidariser du plaisir de l'imaginaire et de l'émotion.

Aujourd'hui, je suis heureux que le travail que j'ai accompli avec toute mon équipe se prolonge dans ce livre. Le lecteur qui n'avait avant que quelques gravures ou photos d'objets pour seules illustrations va pouvoir faire dérouler sous ses yeux 400 000 ans d'histoire à travers les photos du film. Qui sera-t-il ? Futur spectateur d'*Homo sapiens* à la télévision ou en DVD, télé-spectateur du film ayant envie d'en savoir plus, ou tout simplement une personne passionnée de préhistoire ? Dans tous les cas, je lui souhaite d'éprouver le même plaisir que celui que j'ai eu avec mes partenaires à faire qu'*Homo sapiens*, « le film », existe et, par la force des choses, que ce livre soit entre ses mains.

HOMO SAPIENS

LE FILM

© France 3 – Boréales – Productions Pixcom – R.T.B.F – TSR – France 5 – To Do Today Productions

EN COPRODUCTION AVEC
ZDF/ZDF Enterprises – Discovery Channel – Mac Guff Ligne – Télé Québec – CBC – Tang Média – SAGRERA / TVE – Melchior Studio/Center TV

PRODUCTEURS ASSOCIÉS
Charles Gazelle/Transparences – Christian Gerin/17 Juin Productions

EN ASSOCIATION AVEC
TV5, Planète, Slovak TV

RELAIS DE PRODUCTION
Ballistic Pictures – Cab Productions – Imagique

AVEC LE SOUTIEN DU
CNC / MEDIA / PROCIREP / ANGOA

RÉALISATEUR Jacques Malaterre
PRODUCTEURS Barthélemy et Frédéric Fougea
DIRECTEUR SCIENTIFIQUE Yves Coppens
DIRECTRICE DES DOCUMENTAIRES DE FRANCE 3 Patricia Boutinard-Rouelle
SCÉNARISTES DU FILM DE 90 MINUTES Jacques Malaterre, Frédéric Fougea et Pierre Pelot
SCÉNARISTES DE LA SÉRIE DE 3 X 52 MINUTES Jacques Malaterre, Frédéric Fougea, Fabrice Demeter
DIRECTEUR DE LA PHOTO Martial Barrault
CHEF MONTEUR Bob Rayers
IMAGES DE SYNTHÈSE Mac Guff Ligne
PRODUCTEUR Jacques Bled
CONCEPTION ET SUPERVISION 3D Philippe Sonrier
MUSIQUE COMPOSÉE ET DIRIGÉE PAR Louis Dandrel
PRODUCTEUR DE LA MUSIQUE Jean-Marie Leau
CRÉATION DES MAQUILLAGES Maestro Studio F/X / Adrien Morot
PHOTOGRAPHE DE PLATEAU ET RÉALISATEUR MAKING-OF Patrick Glaize
DIRECTEUR DE CASTING EN AFRIQUE DU SUD Ana Feyder
DIRECTEUR DE CASTING EN SUISSE Martine Demierre
ADMINISTRATEUR DE PRODUCTION Jean-Marc Vignet
DOCUMENTATION Isabelle Bourdial, Fabrice Demeter, Olivier Voizeux
PRODUITS DÉRIVÉS Frédérique Sarfati Romano

COMÉDIENS
Abrahams Dale, Abromowitz Lindy, Adams Rezia, Albasini Cyril, Balmer Zina, Bastar Lambert, Belbachir Ahmed, Bossi Gino, Bredenkamp Max, Buil Antonio, Butler Peter, Campanile Luisa, Chan Adam, Chang Benji, Collins Liezl, Cornell Dale, Da Salza Colin, Dao Yushun, Davids Christo, Davids Tashriq, Dekeni Cyril, Druc Marie, Dupuy Samuel, Dwayi Lizo, Fibicher Estelle, Flückiger Marc, Freel Peter John, Garnier Yves, Gasant Maruwan, Guhl Geneviève, Guibert Olivier, Gunther Dawn, Hastie Yvonne, Haut Nicolas, Hawes Tony, Hendricks Leanne, Huber Denise, Judes Daniel, Khoza Barry, Knowles Robyn, Lasker Natalie, Lee Adriana, Liao Yuki, Louw Brendan, Lukasik Sophie, Magne Marine, Maken Neeta, Mhlongo Sibusiso, Morris Craig, Morkel Azania, Morkel Cecil, Mthembu Maggie, Naidoo Gary, Nortier Anton, Nydegger Sophie, Palmer Brent, Perez Maria, Pete Robyn, Piedt Marlon, Rees-Davies Natasha, Robyn Pugin Lauren, Rossouw Andre, Ryan James, Schwitter Roby, Smith Daniella, Smith Rebecca, Valley Omar Fahruq, Vanga Zandile, Van Vauren Noel, Vuilleumier Philippe, Wehrli Jonathan, Wilcox Lucile, Wood Margot, Zufferey Chloé.

REMERCIEMENTS AUX CONSEILLERS SCIENTIFIQUES
Baruch Arensburg, Dr Graham Avery, Anna Belfer-Cohen, Mickael Bisson, Jean Clottes, Boris Cyrulnik, Jean Guilaine, Jean-Jacques Hublin, André Langaney, Wu Liu, Marylène Patou-Mathis, Chris Stringer, Francis Thackeray, Erik Trinkaus, Jean-Denis Vigne, Millford Wolpoff, Xinzhi Wu.

Achevé d'imprimer sur les presses de Pollina à Luçon, France, en novembre 2004 - n° L94988